本书为 2022 年度晋商文化研究专项课题"构建双循环新发展格局：以晋商历史轨迹为中心的研究"（课题编号：2022jskt54）阶段性成果

集聚视角下的清代山西城镇研究

乔南 ◎ 著

中国社会科学出版社

图书在版编目（CIP）数据

集聚视角下的清代山西城镇研究 / 乔南著 . —北京：中国社会科学出版社，2022.8
ISBN 978 – 7 – 5227 – 0374 – 9

Ⅰ.①集… Ⅱ.①乔… Ⅲ.①城镇—地方史—研究—山西—清代 Ⅳ.①K292.5

中国版本图书馆 CIP 数据核字（2022）第 106446 号

出 版 人	赵剑英
责任编辑	安　芳
责任校对	张爱华
责任印制	李寡寡

出　　版	中国社会科学出版社
社　　址	北京鼓楼西大街甲 158 号
邮　　编	100720
网　　址	http://www.csspw.cn
发 行 部	010 – 84083685
门 市 部	010 – 84029450
经　　销	新华书店及其他书店
印　　刷	北京君升印刷有限公司
装　　订	廊坊市广阳区广增装订厂
版　　次	2022 年 8 月第 1 版
印　　次	2022 年 8 月第 1 次印刷
开　　本	710×1000　1/16
印　　张	22.75
插　　页	2
字　　数	368 千字
定　　价	128.00 元

凡购买中国社会科学出版社图书，如有质量问题请与本社营销中心联系调换
电话：010 – 84083683
版权所有　侵权必究

目　录

第一章　绪论 …………………………………………………………（1）
　　一　研究背景 ………………………………………………………（1）
　　二　研究意义 ………………………………………………………（2）
　　三　相关概念界定 …………………………………………………（5）
　　四　章节安排、重点、难点及分析思路 …………………………（10）
　　五　基本观点、创新之处及不足 …………………………………（14）
　　六　所用资料 ………………………………………………………（16）

第二章　文献综述与理论方法 ………………………………………（18）
　第一节　文献综述 ……………………………………………………（18）
　　一　清代城市研究 …………………………………………………（19）
　　二　清代山西城镇的研究 …………………………………………（26）
　第二节　理论方法 ……………………………………………………（29）
　　一　集聚理论发展脉络 ……………………………………………（30）
　　二　本书所运用的集聚机制 ………………………………………（33）

第三章　清代山西城镇集聚发展的前提 ……………………………（37）
　第一节　交通、驿路 …………………………………………………（37）
　　一　陆路网络 ………………………………………………………（38）
　　二　从省治太原辐射而出的驿路官道 ……………………………（39）
　　三　茶道和粮道 ……………………………………………………（41）
　第二节　人口的增加及城镇人口构成 ………………………………（42）
　　一　人口的增加 ……………………………………………………（43）

二　职业构成概况……………………………………………（46）
　　三　城镇居民的职业构成…………………………………（48）
第三节　社会发展水平的跃升………………………………………（52）
　　一　纺织业……………………………………………………（52）
　　二　烟草加工业………………………………………………（55）
　　三　造纸业……………………………………………………（55）
　　四　皮毛加工业………………………………………………（56）
　　五　酿造业……………………………………………………（57）
　　六　榨油业……………………………………………………（61）
　　七　铁器制造业………………………………………………（62）
　　八　煤炭开采业………………………………………………（66）
　　九　池盐业……………………………………………………（69）
　　十　陶瓷及玻璃制造业………………………………………（71）
第四节　活跃的晋商贸易……………………………………………（72）
　　一　路线及范围………………………………………………（72）
　　二　从事行业…………………………………………………（84）

第四章　清代前期山西城镇的恢复与发展……………………（105）
第一节　明末清初城镇的破坏………………………………………（105）
　　一　战乱破坏的城镇…………………………………………（105）
　　二　因年久失修而遭破坏的城镇……………………………（106）
　　三　遭自然灾害破坏的城镇…………………………………（107）
第二节　清前期山西城镇恢复及发展的前提………………………（110）
　　一　恢复城镇发展的前提……………………………………（111）
　　二　山西行政区划……………………………………………（118）
第三节　清前期山西城镇的恢复与扩建……………………………（120）
　　一　对受灾城镇的重修与扩建………………………………（121）
　　二　由于改朝换代而进行补修、增修的城镇………………（125）
　　三　统治需要而新设、徙址或降级改组的城镇……………（130）
　　四　城市经济的恢复与发展…………………………………（133）
第四节　城池重建经费的来源………………………………………（134）

一　捐俸、捐资、发帑 …………………………………… (135)
　　二　以工代赈 ……………………………………………… (139)
　　三　依托当地百姓修补 …………………………………… (140)

第五章　清代山西城镇的深化发展 …………………………… (142)
第一节　大城市的活跃 …………………………………… (142)
　　一　太原 …………………………………………………… (142)
　　二　运城镇 ………………………………………………… (144)
　　三　解州城 ………………………………………………… (145)
　　四　绛州城 ………………………………………………… (147)
　　五　大同府城 ……………………………………………… (148)
　　六　归化厅城 ……………………………………………… (150)
　　七　绥远厅城 ……………………………………………… (153)
　　八　杀虎口 ………………………………………………… (154)
　　九　丰镇厅城 ……………………………………………… (157)
　　十　西包头镇 ……………………………………………… (160)
　　十一　代州城 ……………………………………………… (163)
　　十二　凤台城 ……………………………………………… (164)
　　十三　平阳府城 …………………………………………… (165)
第二节　一般县城、厅城的发展 ………………………… (166)
　　一　平遥县城 ……………………………………………… (166)
　　二　太谷县城 ……………………………………………… (167)
　　三　祁县城 ………………………………………………… (168)
　　四　榆次县城 ……………………………………………… (169)
　　五　介休县城 ……………………………………………… (170)
　　六　永济县城 ……………………………………………… (171)
　　七　河曲县城 ……………………………………………… (172)
　　八　宁武府城 ……………………………………………… (174)
　　九　托克托厅城 …………………………………………… (175)
　　十　萨拉齐厅城 …………………………………………… (176)
　　十一　宁远厅城 …………………………………………… (176)

十二　保德州城 …………………………………………（177）

　　十三　徐沟县城 …………………………………………（179）

　　十四　高平县城 …………………………………………（180）

　　十五　太平县城 …………………………………………（181）

　　十六　平陆县城及各渡口、市镇 ………………………（182）

　　十七　平定州城 …………………………………………（184）

　　十八　灵丘县城 …………………………………………（184）

第三节　活跃的市镇及村 ……………………………………（185）

　　一　碛口镇 ………………………………………………（185）

　　二　河口镇 ………………………………………………（187）

　　三　张皋镇 ………………………………………………（187）

　　四　隆盛庄村 ……………………………………………（188）

　　五　隆兴长镇 ……………………………………………（189）

　　六　南海子镇 ……………………………………………（190）

　　七　张兰镇 ………………………………………………（190）

　　八　义堂镇 ………………………………………………（191）

　　九　茅津渡镇 ……………………………………………（192）

　　十　黑峪口镇 ……………………………………………（192）

　　十一　孟门镇 ……………………………………………（193）

　　十二　壶口镇 ……………………………………………（193）

　　十三　风陵渡 ……………………………………………（194）

　　十四　河底镇 ……………………………………………（195）

　　十五　赛鱼村 ……………………………………………（195）

　　十六　西烟镇 ……………………………………………（196）

　　十七　小店镇 ……………………………………………（196）

　　十八　晋祠镇 ……………………………………………（196）

　　十九　孟封镇 ……………………………………………（197）

　　二十　楼烦镇 ……………………………………………（197）

　　二十一　布村镇 …………………………………………（197）

　　二十二　荫城镇 …………………………………………（198）

　　二十三　鲍店镇 …………………………………………（198）

二十四　洪水镇 …………………………………………（199）

二十五　东阳关镇 ………………………………………（199）

二十六　常隆镇 …………………………………………（199）

二十七　西营镇 …………………………………………（200）

二十八　虒事镇 …………………………………………（200）

二十九　夏店镇 …………………………………………（201）

三十　大阳镇 ……………………………………………（201）

三十一　拦车镇 …………………………………………（202）

三十二　润城镇 …………………………………………（202）

三十三　东冶镇 …………………………………………（203）

三十四　周纂镇 …………………………………………（203）

三十五　石末镇 …………………………………………（203）

三十六　横水镇 …………………………………………（204）

三十七　北高腴村 ………………………………………（204）

三十八　太阳村 …………………………………………（204）

三十九　翟店镇 …………………………………………（205）

四十　高显镇 ……………………………………………（205）

四十一　北关镇 …………………………………………（205）

四十二　永乐镇 …………………………………………（206）

四十三　陌南镇豆津渡 …………………………………（206）

四十四　忻州城及周边繁华市镇 ………………………（207）

四十五　砂河镇 …………………………………………（207）

四十六　要村镇 …………………………………………（208）

四十七　范村镇 …………………………………………（208）

四十八　曹张镇 …………………………………………（208）

第四节　普通城镇发展的局限 ……………………………（209）

一　解州安邑县城 ………………………………………（209）

二　和林格尔厅城及清水河厅城 ………………………（209）

三　兴和厅城、陶林厅城、武川厅城、五原厅城及

东胜厅城 …………………………………………（210）

四　毕克奇及察素齐 ……………………………………（213）

五　右玉城与左云城 …………………………………………（213）

第六章　清代山西城镇发展的特点 ………………………………（216）
　第一节　城镇的发展与城镇体系的完善 …………………………（216）
　　一　府、州城 ………………………………………………（216）
　　二　县城 ……………………………………………………（219）
　　三　市镇的普遍兴起及相关问题 …………………………（221）
　第二节　城市规模扩大 ……………………………………………（222）
　　一　城市人口的增加 ………………………………………（222）
　　二　城池规模的扩大 ………………………………………（227）
　第三节　城市经济日益发达 ………………………………………（237）
　　一　城内商业活动繁盛 ……………………………………（237）
　　二　城内集市交易频繁 ……………………………………（242）
　第四节　城镇集聚发展日益明显 …………………………………（246）

第七章　清代山西商业城镇的集聚发展及理论分析 ……………（249）
　第一节　清代山西商业城镇的集聚现象 …………………………（249）
　　一　以产业发展为基础的城镇集聚 ………………………（249）
　　二　道路两旁的城镇集聚 …………………………………（256）
　　三　其他城镇及其周边的集市、庙会所形成的集聚 ………（262）
　第二节　理论分析 …………………………………………………（276）
　　一　人口集聚 ………………………………………………（276）
　　二　产业集聚 ………………………………………………（277）
　　三　资本集聚 ………………………………………………（283）
　　四　城市集聚 ………………………………………………（285）

第八章　清代山西城镇集聚发展的影响 …………………………（287）
　第一节　传统都市文明的确立 ……………………………………（287）
　　一　市民阶层的崛起与壮大 ………………………………（287）
　　二　城市社会角色的调整 …………………………………（294）
　　三　城市扩张与市民文化的扩散 …………………………（296）

第二节　城市化的困境 …………………………………………（301）
　　一　城市化走向深入的三个层面 …………………………（301）
　　二　内外因素的制约 ………………………………………（304）
第三节　清代山西的城市转型 …………………………………（308）
　　一　城市形态转变及区域体系调整 ………………………（308）
　　二　城市工商业的分化与产业化 …………………………（312）
　　三　多种产业的兴起与发展 ………………………………（315）
　　四　清代山西城市转型及产业转型的个案研究 …………（320）
第四节　充满商业气息的社会生活和奢侈风气 ………………（339）
　　一　教育和文化的发展 ……………………………………（339）
　　二　社会生活与奢侈风气 …………………………………（345）

结语 ……………………………………………………………（350）
　　一　清代山西城镇发展水平得到很大提升 ………………（350）
　　二　城市集聚发展特征显著 ………………………………（351）
　　三　初步形成了大中小城镇相结合的多层次城市体系 ………（353）
　　四　城乡发展二元特征显著 ………………………………（355）

第一章

绪　论

清代，商品经济的快速发展带来了山西传统社会的变革，城镇发展迅速。以雇工为主的商品经营及农家经营的商业化程度日益提高，以手工业、经济作物种植为主的乡村工业化，在丝织业、铁货业、盐业及烟业等领域特色凸显，其产品不仅畅销全国各地，而且远销海外，白银源源不断地流入省内。同时，随着商品经济的更加发展及晋商经营活动的不断深化，山西境内许多城镇的专业化特点开始出现：明代的潞安、泽州、高平等成为丝织业城镇。清代的阳城、凤台、荫城、交城等成为冶铁专业城镇。运城在作为盐务专城的同时，与绛州一同成为清代晋南商品集散地。平遥、祁县、太谷则在清中后期成为山西乃至全国的金融中心。大同、归化城、杀虎口等城镇成为中蒙贸易商品交易中心。黄河沿线的包头、碛口、河曲、蒲州、茅津渡等随着航运业的发展而成为航运城镇。而这些城市中，除了一直以来规模较大的省城、府城、州城和县城外，还有相当部分的市镇也在这一时期发展起来，其经济、商业影响力不断增强，山西城镇数量增多的同时，以产业和商路为主导的城镇集聚初见端倪。

一　研究背景

清代城镇的发展是彼时中国经济发展的一个重要组成部分。其中除了作为流通枢纽而崛起的运河，以及沿江、沿海的较大商业城镇外，作为地区性商业中心崛起的中等商业城镇也数量庞大。它们中有相当一部分在行政建制上可能仅仅是一个镇，但经济地位及对区域的影响力已经远超过一般的府、州、县城。①

通过对清代山西经济的整体考察,② 我们可以知道,山西境内出现了"集聚经济"的雏形,凸显了"人口集聚""产业集聚""资本集聚"。这些"集聚"现象不仅使清代山西地区出现了大量著名的商业城镇,更形成了以产业和商路为主导的"城镇集聚";不仅使彼时山西境内以太原、归化城、大同、运城、长治、凤台、解州城、绛州城、杀虎口、丰镇厅城、西包头镇、代州城、平阳府城等为代表的大城市发展迅速,也使平遥、祁县、太谷、榆次、介休、永济、河曲、宁武、托克托厅城、萨拉齐厅城、保德州城等为代表的一般城镇得到了发展,碛口镇、张皋镇、河口镇、南海子镇、张兰镇、义堂镇、茅津渡镇、孟门镇、壶口镇等村和镇也迅速崛起。同时,出现了以金融业、盐业、冶铁业、蒙汉贸易业、黄河运输业为主导的产业城镇集聚;还出现了以水路、陆路为主导的运输业城镇集聚。城镇的发展及城镇集聚的出现,是区域经济发展的产物,会反作用于区域经济。因此,清代山西在农业生产条件并非优越的前提下成为全国屈指可数的"富省"之一。笔者综合运用包括账簿、碑刻、契约、文书、方志、墓志、《清实录》及档案等资料,结合当时人的著作、游记,借鉴国外学者的清代山西商业研究成果,从"集聚"视角对清代山西的"城市集聚"做进一步考察。从其内在规律、产生发展的原因、对周边区域经济的影响、经济辐射范围及扩散效应、城镇与商人间的互动、对民风民俗的影响等方面进行研究,考察其特点及作用机制的同时,得出一些客观的研究结论。

二 研究意义

以往对清代山西城镇及相关问题的研究成果大都集中在对城镇发展脉络的梳理、山西商人及票号与山西城镇的互动等方面。而对彼时出现在山西城镇中的产业集聚、资本集聚、人口集聚,及由以上集聚现象最终带来的城镇集聚等问题的关注稍显不足。本书在充分吸纳前人研究成

---

① 许檀:《清代河南赊旗镇的商业——基于山陕会馆碑刻资料的考察》,《历史研究》2004年第2期。

② 乔南:《山西经济集聚论》,经济管理出版社2008年版。

果的基础上，试图从集聚视角出发，对清代山西城镇集聚进行现象的考察和理论的分析，以期在对清代山西城镇发展进行总体梳理和把握的前提下，为相关研究开辟一个新的视角。

城镇集聚是目前经济学界讨论的一个热点，而清代山西城镇发展已经呈现出集聚化的特点，并促进了当地乃至更为广阔区域的经济、贸易的快速发展。因此，本书研究的意义在于：

第一，可以丰富清代山西城镇的研究成果。中国地域面积广阔，各区域由于地理和区位不同，相互之间差别很大，如果从史实入手探讨细节，而后综合，就可以对区域经济、区域社会获得更为具体的认识。因此，历史城镇的区域研究也越来越多地引起人们的注意。

山西城镇的发展历史较为久远，在历史城镇研究中占有非常重要的地位。早在公元前21世纪的夏朝，人们就在今山西境内兴建了中国较早的一批城市。位于山西省襄汾市的陶寺城遗址，据考古发掘考证，恰好与传说中的尧、舜、禹时代吻合。此后，山西城市在多种综合因素的共同作用下，发展水平不断提升，在我国历史上各个时期均出现了著名的城市。例如，位于垣曲县古城镇境内、黄河北岸高台地上的垣曲商城就是一座商前期的城址，该城三面临河，一面背山，是我国已发现的第五座商前期的城池。再如位于曲沃县西北2公里，与侯马市交界处的凤城村附近的曲沃古城，是一座西周时期的晋国古城址。其他如春秋战国时代晋国的都城——新田（今侯马市），为彼时的政治经济文化中心。战国七雄之赵国早期的都城——晋阳城（今太原），则位于太原市西南郊古城营村。传说中的禹都——安邑（今夏县），位于今山西夏县西北7000米处，是我国现存战国—秦汉时代保存最完整的一座古城。此外，还有北魏时期的平城（今大同），扩建于汉代平城县基础之上。平城作为北魏的都城有97年的时间，历经了六帝七世，在很长一段时间内是我国北方地区的政治、经济和文化的中心，曾拥有百万人口。太原城，在北齐时期就是当地的经济、政治、文化中心；在唐代又是地位重要的北都，不仅是龙兴之地，更为北方重镇，是彼时全国最重要的城市之一。蒲州（今永济），在唐代与陕、郑、汴、怀、魏五城并称六大雄城。唐开元九年（721），改蒲州为河中府，升为中都，与西都长安、东都洛阳遥相呼应，位于城西的蒲津渡历来为长安联系北方诸省的必经之地。位于山西省西南部、临汾盆地西南边缘的绛州（今新绛），在唐代就是陕、晋商品集散中心，直至明清时期，与山西北部的汉蒙交易重镇——代州城被称为"南绛北代"。除此之外，明清两朝的太原、大同、运城、平遥、祁县、太谷、榆次、平阳、凤台、长治等城镇，都各具特色，是古代中国城镇建设的典范，也是山西城市发展水平的代表。

第二，通过从集聚角度对清代山西城镇进行研究，可以以古鉴今，为当代资源型省份未来走集中型城镇化发展道路及区域内产业集群的发展提供借鉴。

城市集聚的重要特征就是经济核心城市的出现，经济核心城市是指在经济区域中居于核心地位、对于区域中其他各类城市在经济上发挥主导作用的城市。著名学者赫希曼（A. O. Hirschman）的不平衡增长理论，以及哈格斯特朗（T. Hagerstrand）的扩散理论，都把城市与区域间各种"力"的消长概括为两种力的作用——"集聚力"和"扩散力"。

美国著名城市理论家刘易斯·芒福德（Lewis Mumford）进一步用"磁力"理论来阐释城市的集聚与扩散功能。刘易斯·芒福德指出：城市作为一个封闭型容器的本质功能，是将各种社会成分集中起来，并为它们提供一个封闭的场所，使之能最大限度地相互作用。但是城市又不仅仅是一个容器，它的"形状和容量"并不是完全预定好的，必须首先吸引人群和各种组织，否则就无生命可言。对于这一现象，埃比尼泽·霍华德称之为"磁力"。一座城市就是一个巨大的"磁场"，它通过"磁力线"向外放射出强烈的磁力，吸引着周围众多的人、财、物。这些人、财、物一旦被吸引到城市里来，便会被"磁化"，从而与城市里原来的人、财、物一起放射出更强烈的磁力。通过城市"磁场"磁化了的这些"磁化物"——物质产品和精神产品，即使离开了城市，被抛到偏僻遥远的山乡，依然带着这个城市明显的"烙印"，成为传播城市文明的重要媒介物。磁力理论亦把核心城市的各种"力"高度抽象为两种磁力——集聚力和扩散力。核心城市的集聚主要源于核心城市的规模效益、市场效益、信息效益、人才效益、设施效益等，正是这些效益的吸引，使得区域中的第二、第三产业，人口、人才、原料、资金和科学技术向核心城市集聚。

第三，通过对清代山西城镇集聚问题的研究，更加深刻地认识当代山西城镇体系形成的特点，增强对清代中国中部地区城镇发展状况的全面了解，进而从一个侧面反映出当时中国社会经济发展的内生性特征。同时，为区域经济史的研究提供一个新的视角。

总体来说，各历史时期的山西城市发展水平随着政治地位及经济发展程度的提高而提升。特别是清代，随着商业、手工业的进一步发展，山西境内大批的商业城镇兴起并繁荣。城镇中的雇佣关系得到发展，商业资本异常活跃，城镇的建设得到相当改善，城镇职能亦有显著变化。可以说清代山西的城镇，无论从数量、规模，还是城市类型、城市机能，都较前代有显著的发展和变化，有些城镇在区域经济发展中呈现举足轻重的作用。城镇是区域经济活动的中心，是经济活动集聚体，第二、第三产业主要集中在城市中，城镇从而成为区域经济中发展最快的点。而从集聚视角对彼时山西城镇发展的状况进行考察，则可以为我们研究区域经济史和城市史提供一个新的视角。

三 相关概念界定

本书是以集聚视角对清代山西城镇及江南市镇为研究对象，那么对"集聚""城市""清代城市""清代山西城镇"等概念进行探讨，则是题中应有之义。

（一）城镇

城镇的出现是历史发展的必然结果。城和镇原先是分开的，城的出现较早。最早的城是一种大规模的防御性设施，用于防御野兽及外族的入侵，中国古代的城通常有用来防卫的城墙或者壕沟，城通过城墙或者壕沟与外界隔离。住在城中的居民脱离农业生产，需要进行消费，所以城中进行商品交易的场所——市开始出现。最初市没有固定的位置，常常位于居民点的"井"旁边，故有市井之称。由于城和市关系密切，所以城和市合称为城市。

城市是一个物质经济实阵：高楼林立、车水马龙、企业商场云集、人口集聚的经济实体，是一个人工的物化环境。20世纪初以来，众多学者从地理学、社会学、历史学、文化人类学等各自的学科角度去认识和分析城市，并给其下定义。如德国地理学家 Walter Christaller 在 1933 年从地理学的角度将城市定义为"是人类社会经济活动在空间的投影"①。

刘易斯·芒福德从人文主义思想的角度对城市进行了定义,指出"城市是改造人类,提高人类的场所,人类凭借城市发展这一阶梯,逐步提高自己,丰富自己,甚至达到了超越神灵的境界";"城市的主要功能是化力为形,化能量为文化,化死物为灵活的艺术形象,化生物繁衍为社会创新";"城市乃是人类之爱的一个器官,因而最优化的城市经济模式应该是关怀人,陶冶人"。②

从事设计学家凯文·林奇（Kevin Lynch）从六个方面对城市下定义,指出城市是独特的历史现象;城市是人类聚落的生态系统;城市是生产和分配物质产品的地点;城市是一种社会力的场;城市是一个相互关联的决策系统;城市是社会矛盾冲突的舞台。③

美国芝加哥学派创始人帕克（Robert Ezra Park）在《城市:对于开展城市环境中人类行为研究的几点意见》一文中认为:"城市,它是一种心理状态,是各种礼俗传统构成的整体,是这些礼俗中所包含并随传统而流传的那些统一思想和感情所构成的整体。"城市是人类文明的自然生息地,世界史从某种意义上讲就是人类城市的发展史。④《简明不列颠百科全书》对城市的解释是:"一个相对永久性的、高度组织起来的人口集中的地方,比城镇和村庄规模大,也更为重要。"⑤《中国大百科全书·社会学卷》如此定义城市:"大量异质性居民聚居,以非农职业为主,具有综合功能的社会共同体。"⑥

上述定义,并没有给城市规定一个具体的判断标准。不同国家地区、不同时代及不同的研究角度对城市的评判标准也不尽相同。如联合国为

---

① Walter Christaller, *Central Places in Southern Germany*, Englewood Cliffs, N. J.: Prentice Hall, 1966, pp. 5 – 6.

② [美] 刘易斯·芒福德:《城市发展史——起源演变和前景》,倪文彦、宋俊岭译,中国建筑工业出版社 2005 年版,第 582 页。

③ [美] 凯文·林奇:《城市形态》,林庆怡译,华夏出版社 2001 年版,第 228—236 页。

④ [美] 帕克:《城市社会学》,宋俊岭等译,华夏出版社 1987 年版,第 2 页。

⑤ 中国大百科全书出版社和美国不列颠百科全书公司合作编译:《简明不列颠百科全书》（第二卷）,中国大百科全书出版社 1985 年版,第 272 页。

⑥ 中国大百科全书总编辑委员会组织编纂:《中国大百科全书·社会学卷》,中国大百科全书出版社 1991 年版,第 34 页。

了进行国家间的对比研究，建议对集中居住的人口达两万以上的地点都以城镇和城市看待。① 而美国划分城市的标准是常住人口达 2500 人以上。② 而我国的规定标准则为常住人口在 10 万人以上，且非农业人口占 80%，则视为城市。③ 而作为历史时期的城市，我们评判的标准应当有所不同。不能用现代的城市标准来衡量中国古典时期的城市。在我国古代，城市主要是政治统治的载体，大多具有完整的行政体系。因此，大多数学者在界定中国古典时期城市的时候把历史上曾经作为县一级政府驻地的聚落称为城市，包括首都、省会、府、州、县级政府驻地。此外，中国历史时期因为经济要素而产生的城市，即市镇或镇市，也是城市的一种形式。赵冈认为，中国历史时期的城市分为政治意义很强烈的行政区划制所，即"城郡"（Cities），以及基于经济因素而自然形成的"市镇"（Market towns）两类。④ 李伯重也明确指出，市镇应该归入城市地区。⑤

大约在北魏时期，镇的军事色彩浓厚。至宋代，镇逐渐成为县治与农村之间的商品交易中心。由于城和镇都是相对于农村经济而言，都有从事商品交易的市，所以城和镇合称为城镇。

本书所指的城镇，是指除了县级以上政府所在地外，还包括经济发达、规模较大的市镇。不仅包括县以下的自然城镇，而且包括县级以上，各级行政机构驻地。因此，为了表述方便，城市和城镇在我们的课题中是相通和互用的。城市在发展过程中因其发展受到的地理环境、社会经济发展水平、人口与文化等因素的综合影响而具有鲜明的地域特色，山西城市发展也是如此。因此，要研究清代山西城市的发展问题，还需要搞清楚"清代山西城镇"的概念。

（二）清代山西城镇

区域是先于统一国家的客观存在，正是在统一的过程中，村庄和集

---

① 北京市社会科学研究所城市研究室选：《国外城市科学文选》，宋俊岭、陈占祥译，贵阳出版社 1984 年版，第 1 页。
② 王旭：《美国城市史》，中国社会科学出版社 2000 年版，第 5 页。
③ 于光远主编：《经济大辞典》（下），上海辞书出版社 1992 年版，第 1654 页。
④ ［美］赵冈：《中国城市发展史论集》，新星出版社 2006 年版，第 155—186 页。
⑤ 李伯重：《工业发展与城市变化：明中叶至清中叶的苏州》（上），《清史研究》2001 年第 3 期。

镇、集镇和城市、地区和行省才终于被统合成一个整体。也正是因为统一国家与中央集权的存在，使多样性的地区经济发展成为可能，进而保证了社会文化的地区多样性的存在。这种区域多样性也自然而然地被赋予了城市地域性的特征。明初，在山西置山西行中书省，不久改为山西承宣布政使司，共领5府、3直隶州、77县。清代，山西的地方行政区划基本沿袭明制，省下各设府、厅、州、县，州虽还有直隶州、散州之别，但散州不再隶县，行政层属关系较明代更为清晰。清顺治时，山西建制仍沿明制，明清两代山西省的版图不尽相同。明代，为抵御北方民族入侵，山西省北部以长城为界与蒙古相隔。清代山西省区域面积较明代大很多，东、南、西三侧基本不变，只是北部延伸至蒙古，包括今内蒙古的一部分地区。清康熙时，山西省属府、州、县设置与明末相同，共领5府、3直隶州、16属州、79县。雍正、乾隆年间有较大变动：雍正元年（1723），设归化厅。雍正二年（1724）增平定、忻、代、保德、解、绛、吉、隰八直隶州，削蒲州之河津县。次年（1725）又增宁武、朔平两府，设阳高（以阳高卫降置）、天镇（以天镇卫改置）、右玉（以右玉卫改置）、左云（以左云卫改置）、平鲁（以平鲁卫改置）、宁武（以宁武所改置）、偏关（以偏关所改置）、神池（以神池堡改置）、五寨（以五寨堡改置）9县。雍正六年（1728）升蒲州及直隶州泽州为府，设永济、凤台2县；而以大同府属之蔚州归直隶宣化府，蔚州所属广灵、广昌、灵丘3县仍属大同。雍正八年（1730）析蒲州府临晋县置虞乡县。雍正十年（1732）以大同府属之广昌县改隶直隶之易州。此时，山西共领9府、1厅、11直隶州、6属州、89县，其中一级行政区治所1个、二级行政区治所19个、三级行政区治所86个。

清乾隆元年（1736），设绥远城及清水河厅。乾隆四年（1739）置萨拉齐及善岱2厅。乾隆六年（1741）置归绥道，领归化城厅和绥远城厅，乾隆二十五年（1760）并善岱厅入萨拉齐厅，置托克托、和林格尔2厅。乾隆二十八年（1763）并清源县入徐沟县。乾隆二十九年（1764）并平顺县入潞城县。乾隆三十五年（1770）升霍州为直隶州，改吉州为散州。乾隆三十七年（1772）改吉州为府隶州，属平阳府，同年升霍州为直隶州。

嘉庆元年（1796）并马邑县入朔州，乐平县入平定州。光绪八年

（1882）改大同府之丰镇同知、朔平府之宁远通判皆为直隶厅。光绪二十二年（1896）置兴和厅。光绪二十九年（1903），置陶林、武川、五原3厅。光绪三十二年（1906）置东胜厅。至清末，山西共领9府、10直隶州、12厅、6属州、85县，除12厅皆属今内蒙古自治区外，其余均在今山西境内，共一级行政区治所1个，二级行政区治所18个，三级行政区治所82个。[①]

县以下设有乡、镇，彼时它们虽不具有法律地位，亦非正式的行政建置，却是地方政治、经济和文化中心。一些乡、镇的经济发展水平甚至超过了一般的县城，有些为府、州、县派出机构的所在地。因此，这些乡镇理所当然地被看作是清代山西城镇的组成部分。据光绪年间的《山西通志府州厅县考》的不完全统计，清代末年山西地区有乡城4个、镇580个。今山西地区共有大大小小的城镇685个以上。

"清代山西城镇"既属于一个地理范畴，又是一个历史范畴。首先，在地理上"清代山西城镇"指的是清代山西行政辖区下，各小区域内的大、中、小型城市以及相当规模的建置镇，以山西辖区内各地理单元的社会经济发展为基础。其次，"清代山西城镇"发展是一个长期的历史发展、变迁的过程。在这一过程中，每个城市的发展都对后期的发展产生了深远的影响。最后，"清代山西城镇"发展是以地理城市与历史城市为基本载体的，在发展的过程中，两者结成一个有机统一体，逐渐形成了有别于其他区域城市的特征。为相关研究提供了一个极具价值的研究方向。

需要指出的是，清代以来山西与相邻的蒙古、陕西、直隶、河南等省份在经济、政治、文化上有着千丝万缕的联系。因此，本书在研究清代山西城镇时，必然要涉及上述省份。

此外，需要说明的是本书的研究范围除地理范围外，还有时间、空间的问题。即以清代为断点，为了研究的科学性，在行文时会向前或向后做适当的延伸。

[①] 王社教：《明清时期山西地区城镇的发展》，《西北大学学报》（自然科学版）2007年第4期。

四 章节安排、重点、难点及分析思路

（一）研究的章节安排

第一章，绪论。包括问题研究背景、研究意义、相关概念的界定、章节的安排、重点、难点、分析思路、基本观点及创新点的阐述等内容。

第二章，文献综述及理论方法。本章分为两节，第一节对与本书有关的研究成果进行综述。目前对我国清代城镇的研究主要集中在清代城市的特征、发展、人口研究，以及边疆城市的治理。有关山西清代城市研究方面虽然文献较少，但依然可以从清代山西城镇发展的背景、山西省内商路、城镇商业发展水平及相关问题的整体出发，来关注20世纪对山西商业问题研究的主要线索、时代特征、问题意识及重要的学术积累。第二节是对本书采用的集聚理论进行阐述，重点在于对集聚理论发展脉络的梳理，以及对书中使用的集聚理论与史实的融合进行叙述。

第三章，清代山西城镇集聚发展的前提。本章分为四节。第一节主要从山西地区的交通驿路等基本交通条件问题入手，对清代山西城镇发展的背景进行讨论。第二节主要探讨彼时山西人口增长及城镇人口的主要构成，从一个侧面反映城镇的人口集聚。第三节主要从农副产品加工业、工矿业的发展入手，讨论清代山西的商品生产。清代山西的农副产品加工业和工矿业有较为明显的发展，并且在烟草加工业、盐业、冶铁业等行业中显现出产业集聚的特点。第四节通过讨论彼时山西商人的经营范围及经营行业，讨论其资本集聚问题。

第四章，清代前期山西城镇的恢复与发展。本章分为四节。明清两朝，山西有将近百分之五十的县级及以上行政治所的城池为扩建或新筑。第一节讨论明末清初山西城镇破败的原因。除了少数城镇遭到流寇破坏外，大部分城镇平稳度过了朝代更迭时期。但大多数山西城镇或因年久失修，或因连日暴雨，或因河水倒灌，或因地震等原因使城垣及附属建筑不同程度地遭到了破坏。第二节讨论清初山西城镇恢复发展的前提。国朝初定，百废待兴，城镇作为经济发展的集中体现及重要载体，急需改变其残破的现状。有的城镇由于遭到战乱、流寇或灾害的破坏而需要整修。有的城镇由于改朝换代而需要重新修葺，粉饰一新。亦有城镇或因政治统治需要而新建，或因所在地区政治级

别的变化或重组而需要恢复和扩建。而清政府也采取了相关的措施来重建城镇，恢复社会经济，加强政治统治，以维护新政权的稳定。第三节讨论清前期山西城镇的恢复与扩建。彼时，山西境内的城镇重建主要分为以下几种情况：对由于灾祸而毁坏城镇的重建、对年久失修城镇的修补、由于政治统治需要而新设城镇的建设、因风水而改建的城镇等。第四节讨论城池重建经费的来源。主要有国家拨款、帑金、以工代赈、官员捐资等方式。

第五章，清代山西城镇的深化发展。本章分为四节。第一节讨论清代山西大城市的活跃发展。一些大城市，无论从数量、规模，还是城市类型、城市机能，都较前代有显著的发展和变化。第二节讨论一般县城、厅城的发展。相对于大城市的活跃，清代山西地区一般城市的发展也十分引人注目，尤其以各地县城、厅城为代表。从山西城市发展的地域格局来看，晋中和晋南地区明显走在各地的前列。第三节主要对活跃发展的市镇及村进行讨论。在大城市和一般的县城、厅城发展的同时，山西省内的市镇随着经济的发展亦活跃起来，特别是位于交通要道或河流渡口的市镇，商品交易活跃，城建规模亦较大。第四节讨论了普通城镇发展的局限。

第六章，清代山西城镇发展的特点。本章分为四节。第一节讨论清代山西城镇的发展与城镇体系的完善。山西城镇形成的省、府（包括直隶州、直隶厅）、县和市镇四级城镇体系，由于政治、经济、疆域等若干因素的变化，城镇等发展表现出数量的增加，城镇体系在空间构成上的改变。第二节讨论城市规模有所扩大。山西城镇经过清前期城市的重建和初步发展，至清中后期，特别是乾嘉时期，山西城市规模进一步扩大，主要表现在城市人口的增加与城市占地面积的扩大。第三节讨论城镇经济日益发达。清代山西城镇经济日益发达，居于中部的地理区位优势，使山西很好地融入了全国性的商业贸易体系。成为清代万里茶道的重要组成部分，境内的诸多城市成为万里茶道的重要节点。同时，随着山西商人商业实力的增加，山西诸多城市随着商人活跃的贸易活动而日益繁荣。第四节讨论城镇集聚发展日益明显。出现城镇商业繁荣；在产业特征明显区域出现特征相似城镇；核心城镇出现；城镇数量增加的特征。

第七章，清代山西城镇的集聚发展及理论分析。本章分为两节。第一节讨论清代山西城镇的集聚现象。随着商业的进一步发展，清代山西境内大批的商业城市繁荣起来。城市中的商业资本异常活跃，城市建设得到相当大的改善。清代的山西城市，无论从数量、规模，还是城市类型、城市机能，都较前代有显著的发展和变化，特别是出现了城市以地区或产业为主导的集聚。第二节对这种现象运用集聚理论进行了分析。集聚是指资源、要素和各种经济活动在地理空间上的集中趋势和过程。它是区域经济不平衡发展的必然要求，对区域经济发展有着重大意义。集聚机制的作用存在一定的惯性，能够通过经济活动的空间集聚形成巨大的经济效应。其对区域经济的作用主要通过人口集聚、产业集聚、资本集聚和城镇集聚来实现。而城镇集聚的前提就是人口集聚、产业集聚和资本积聚。城镇集聚同时具有扩散效应。

第八章，清代山西城镇集聚发展的影响。本章分为四节。第一节讨论清代山西城镇集聚使传统都市文明得到确立。从历史角度讲，清代山西城镇由原来封闭的政治中心逐渐走向不同层次的开放性商业经济和社会中心，传统都市文明真正全面地确立起来。第二节城市化的困境。与城市的发展状况相对应，清代山西的城镇集聚使当地城市化在前代的基础上有所深入，并表现出一些新的特点和趋向，但这种升华是在历史的延续和完善的基础上进一步产生的。此时的城市化逐渐走出困境，面临重大调整。第三节讨论清代山西城市的转型。指出彼时城市与社会关系发生的重大调整：一方面，随着城市普遍突破原有政治军事性质所构成的限制经济、社会、文化功能，不断增强其在地区社会体系中的影响力显著扩大；另一方面，城市的扩张与市民文化的破绽都是文明开始冲破农耕文明的园囿，向社会各层渗透引发思想意识文化生活的相应变动。第四节讨论充满商业气息的社会生活与奢侈风气。这是城镇集聚扩散效应的重要表现之一。

(二) 研究重点

第一，对清代山西城镇进行广泛的个案分析，并选取代表性城镇进行重点考察。在研究中大量运用地方志、碑刻、笔记和文集等资料，对清代山西前期城镇的破败与重修，各级各类城镇的具体发展情况，以及以产业及商路为核心的城镇集聚进行探讨。

第二，从集聚视角对清代山西城镇进行研究。由自然资源、区位条件、文化背景等不同角度入手，对清代山西城镇在发展过程中所出现的集聚现象进行分析，得出规律及作用机理。集聚机制的作用存在一定的惯性，能够通过经济活动的空间集聚形成巨大的经济效应。其对区域经济的作用主要通过人口集聚、产业集聚、资本集聚和城镇集聚来实现。

（三）研究难点

与研究重点相对应，本书之难点如下：

第一，现有资料对清代山西城镇的发展状况描述大多语焉不详，因此需要获取和挖掘新的数据和资料。本书所使用资料主要有：地方志、正史、文集、笔记、游记、碑刻资料，以及当代学者对相关问题的研究成果和出版的资料集等。在清代山西商业问题的研究方面，学者们多从清代方志、墓志、账簿、信函以及清朝档案等资料入手进行研究，而对现存于山西各地的大量碑刻资料利用较少，笔者在本书中则利用了大量实地考察所得到的碑刻资料。

第二，比较指标的制定、资料的解释、得出何种结论等都是在研究工作中需要克服的难点。

（四）思路及方法

1. 基本思路

第一，从广泛和深入的个案分析入手，研究清代山西城镇集聚的表现、规律及作用。对清前期山西城镇的恢复，清中后期山西城镇的发展进行分类研究。并按照大城市、一般的府州县城、镇和村等三个等级，对彼时山西城镇进行个案研究。

第二，在充分吸纳前任研究成果的基础上，在对清代山西城镇进行广泛个案研究的同时，运用集聚理论对山西的城镇集聚现象进行理论分析，讨论其作用机制，进一步探讨其在山西区域经济发展中的促进作用及扩散效应。

2. 研究方法

第一，通过田野调查及实地考察的方法，赴山西各地收集反映城镇发展状况的多种历史资料。

第二，用集聚经济学的理论框架及分析方法对清代山西地区的集聚问题进行研究。

五　基本观点、创新之处及不足

（一）基本观点

第一，清代山西城镇数量较前代明显增加；城内商业繁荣、人口众多；区域内出现核心城市；城镇集聚特征显著。清代，山西城市的发展，虽因社会环境的兴衰交替而经历了曲折过程，总体上呈现晋南、晋中、晋北和晋东南地区大城市发展较快的特点，其突出表现是以太原、运城为代表的大城市的活跃和繁盛。随着商业的进一步发展，山西境内大批的商业城市繁荣起来。城市中的雇佣关系得到发展，商业资本异常活跃，城市的建设得到相当大的改善。特别是一些大城市，无论从数量、规模，还是城市类型、城市机能，都较前代有显著的发展和变化。相对于大城市的活跃，清代山西地区一般城市的发展也十分引人注目，尤其以各地县城、厅城为代表。从山西城市发展的地域格局来看，晋中和晋南地区明显走在各地的前列。在大城市和一般的县城、厅城发展的同时，山西省内的市镇随着经济的发展亦活跃起来，特别是位于交通要道或河流渡口的市镇，商品交易活跃、城建规模亦较大。

第二，清代山西地区的经济发展均呈现了集聚化特点，出现了产业集聚、资本集聚、人口集聚、城镇集聚，并对当地的经济发展起到了相当大的促进作用。随着商品经济的发展，山西商业城镇数量大幅增加，且众多城镇商业繁荣、人口众多。在某些产业特征明显的区域均形成了一批特征相似的城市，并出现核心城市。即在产业集聚的基础上，形成了城镇集聚。

（二）创新之处

本书的研究是在众多学者对相关问题研究基础上展开的，通过汲取和吸收相关学者的研究成果，学习运用相关理论，本书认为在对集聚视角下清代山西城镇研究方面有以下几点收获：

第一，从集聚这一全新视角对清代山西城镇进行研究。从目前各区域性研究来看，山西城镇方面的研究相对薄弱。按照山西方面的研究来说，也主要集中在山西社会史和晋商的研究方面，有关山西城镇的研究，学界关注较少。通过研究笔者认为，清代山西的城镇有较大发展，具体表现在：晋中地区出现了金融城镇集聚，城镇结构体系比较完整。晋南地区出现了盐业城镇集聚，并有核心城市出现。晋北地区有较大规模的蒙汉贸易城镇出现，但小城镇相对落后。晋东南地区出现了冶铁业的城镇集聚。

第二，本书所使用的研究资料，有很大一部分是课题主持人及成员进行大量田野调查和实地考察所获得的珍贵的第一手资料，而这些资料是前辈学者们较少使用的，其中有的资料为第一次使用。本书利用了大量实地考察所得到的碑刻资料。

（三）不足之处

虽然对清代山西城镇集聚现象的研究取得了一些粗浅的认识，但本书认为还有一些需要改进和加强的地方：

第一，区域比较研究还有待加强。区域比较研究包括两方面的内容：其一，山西省作为一个区域和中国其他区域之间的省份比较，特别是与山西周边其他省份之间的比较。通过这种比较，可以更加显示出清代山西作为一个特定区域所具有的独特气质。其二，山西省各个区域之间的比较，这实际上是进一步深入研究清代山西城镇的需要，通过对山西内部各区域之间进行比较研究，可以使我们对彼时山西各个城镇在自己微观环境中所具有的个性有更加明晰的认识。

第二，对清代山西的城乡之间、城市之间、城镇之间的相互联系，还需要进一步的研究。城镇之间、城市之间、城乡之间并不是可以截然分开的，它们之间的相互联系共同构成了一个有机整体，在某种程度上说每一个城镇都是各种关系网点中的焦点或者集合。清代山西各城镇自身发展变化的同时，与外界及乡村之间的联系也发生着深刻的变化，这种变化既影响着城镇自身的发展，同时也影响着城镇周边区域经济的发展。在个案分析的基础上，把城镇综合起来进行研究，找出其中的规律和联系，是本书需要加强和努力的另一个方向。

第三，清代影响山西城镇发展的因素是多方面的，政府的推动、商人的贸迁，以及外来商品的影响是比较重要的因素。但对于这三个因素以怎样的方式影响城镇发展，它们之间有什么内在的联系，以及这三个因素与其他因素之间的相互关系，都需要进一步加强研究。

此外，本书是综合运用历史学以及集聚经济学的相关理论对清代山西城镇的发展进行研究的一次尝试，在更加详细的历史复原和规律探索方面仍需要进一步努力。

六 所用资料

本书使用资料主要有：地方志、正史、文集、笔记、游记、碑刻资料，以及当代学者对相关问题的研究成果和出版的资料集等。以下就本书写作过程中主要用到的资料作以说明。

（一）碑刻资料

对清代商业城镇研究较少的一个重要原因是由于资料的匮乏。因为此类商业城镇一则非国家税关之所在，无税收档案可供查阅；二则由于行政建制较低，地方文献（如府志、州县志等）大多语焉不详。对清代山西地区商业城镇的研究也存在以上问题。不过，当地商人会积极参与本地庙宇、祠堂、桥梁、河堤的修葺，甚至地方志的撰写，并多镌诸贞珉以冀永久，从而为我们保留了一批十分珍贵的商业资料，而这些资料是相对细致和准确的。近年来，开始有学者运用碑刻资料来分析中等商业城镇的规模，以及商品流通状况。借助这些碑刻资料，可以对相关商镇进行较深入的个案考察，对其发展脉络、商业构成、商业规模及其在区域市场中的地位等，得出一些具体、翔实并更加符合历史实际的认识。

（二）山西地方志

山西地区的地方志数量相对较多，编纂的年代也涵盖了清前期、中叶和晚期。本书利用的地方志以清代编修地方志为主，兼及明代、民国时期，以及现代编修的地方志，共百余部。在这数百部地方志资料中，有一些对于当地商业发展状况、民俗及民风有概括性的描述，有些地方志中还有较为翔实的论述，将这些地方志中相关的内容整合起来，可以对本书研究课题的梳理提供详细的资料。

（三）清代的档案文献汇编

如《清实录》《雍正朱批谕旨》《宫中档乾隆朝奏折》等，这些资料是研究清代山西地方史常见的史料。在《清实录》中，对清代山西土地的屯垦、移民，矿山的采掘，河东池盐的捞采等情况都有记载。而在《雍正朱批谕旨》《宫中档乾隆朝奏折》等资料中，则对山西潞绸的征收、输出流向，以及税关的设立、征收税额等情况均有较为详细的记载。

（四）晚清图书

晚清图书主要有李宏龄著《同舟公告》《山西票商成败记》和李燧著《晋游日记》，以及俄国学者阿·马·波兹德涅耶夫著《蒙古及蒙古人》（共二卷）。

《同舟公告》是晚清山西金融业商人李宏龄在北京、上海和汉口主持担任票号经理时写给总号经理们的 76 封信件的汇总，比较详尽地记录了光绪十六年（1890）至民国元年（1912）年间票号分庄所处的形势及个人建议。《山西票商成败记》也由大量信函汇编而成，其中有一部分是李宏龄倡议各票号联合改组银行所形成的文字与信函，为学者研究山西票号衰败的原因提供了重要史料。

《晋游日记》成书早于《同舟公告》和《山西票商成败记》，是作者李燧于乾隆五十八年（1793）任山西学政幕僚后，游历祁县、平遥、介休、汾州等 48 府州县城，记录的 4 万余字的日记。该书的价值在于对当时各府州县的名胜古迹、山川险要、古今人物、乡土风俗等有详尽记载，为学者研究清代中期山西社会提供了重要史料。

《蒙古及蒙古人》（共二卷）是俄国学者阿·马·波兹德涅耶夫在 19 世纪 90 年代对当时蒙古实地旅行考察时写成的考察日记。其中不仅对蒙古地区的地理、地貌、宗教、民俗等做了细致描述，还对当时在蒙古地区进行贸易的中国商人及商号做了较为详细的记录，为学者研究旅蒙商提供了翔实史料。

（五）当代学者出版的资料集

由中国社会科学院中国边疆史地研究中心编《中国边疆史地资料丛刊·蒙古卷》之"清末蒙古史地资料荟萃"。山西学者所编的资料集，如《平祁太经济社会史料与研究》《山西票号史料》《明清晋商资料选编》《山西戏曲碑刻辑考》《明清晋商商业资料选编（上、下）》等，还有山西学者出版的著述及论文，均对本书有所帮助。此外，笔者在山西省内晋中市、解州、洪洞县、盂县、雁门关等地进行了一些实地调查，收集到一批珍贵的碑刻资料，也运用到本书的写作当中。

第二章

文献综述与理论方法

第一节 文献综述

城市是人类文明的产物，亦为人类文明发展的中心，是人类文明前进的动力。中国是世界上最早的城市起源地之一，5000年前就出现了早期的城市。中国还是世界上唯一的城市发展历史从未中断过的国家。

清代是中国农业文明时代城市发展的最高潮，彼时中国城市开始步入转型时期，由农业时代的城市过渡到工业时代的城市。清代中国城市不仅集古代城市发展之大成，而且开近代城市之先河，是中国城市发展史上一个重要的时期，具有重要的作用。纵观前人研究成果，笔者试图在对清代中国城市研究的整体情况进行总体考量的基础上对彼时山西城镇研究现状进行分析。目前对清代城镇的研究主要集中在清代城市的特征、发展、人口研究，以及边疆城市的治理。有关山西清代城市研究方面虽然文献较少，但依然可以从山西城镇发展的背景、山西省内商路、城镇商业发展水平及相关问题的整体出发，来关注20世纪对山西商业问题研究的主要线索、时代特征、问题意识及重要的学术积累。尽管这一思路不可避免地遗漏不少有关清代山西城镇的研究成果甚至重大成就，但在笔者看来，这是在相当有限的篇幅与时间内对20世纪山西城镇研究进行回顾的最好方式之一。笔者拟在对不同历史时期的山西城镇及相关问题研究取向略作评述的基础上，再对若干主要研究领域的学术成果试作总结。不妥之处，敬请方家指正。

一 清代城市研究

关于清代城市的研究,最早可以追溯到清代学者朱彝尊的《日下旧闻考》,该书大量记录清代中前期北京城的资料。① 彼时,官方编纂的典籍、方志,以及文人的文集、笔记、丛书和碑刻资料等均不同程度地记录了清代城镇的实况。清末上海的《申报》及近代的《点石斋画报》分别以文字及绘画的方式对晚清城市社会进行了记录。此外,一些口岸城市创办的报纸杂志均对清代城市进行了报道。总的来说,20世纪之前,有关清代城市的资料大多以记述为主,而理论分析和规律探讨较为缺乏。

20世纪初期,清代城市研究逐步走向繁荣。1902年创办的《大公报》开始登载有关清代城市的文章。1904年创办的《东方杂志》发表的一系列有关清代城市论文,标志着国内学者开始研究清代城市。1913年,美国学者马士(Morse)在《中朝制度》一书中用大段篇幅描写了晚清开埠城市的情况。② 1914年开始编纂的《清史稿》分别在《食货志》《地理志》等部分记录了清代城市经济和建置沿革的情况,为后来学者研究清代城市提供了重要资料。③ 1934年,全汉昇发表论文《中国庙会之史的考察》④,开创早期清代城市研究之先河。与此同时,费正清运用"冲击—反应"模式分析晚清通商口岸城市,创立了"西方中心论"指导下的近代中国转型研究框架。

清史研究逐渐成为国内外史学研究的热点,清代城市一般在研究经济、地理和其他问题时有所涉猎,但并未成为一个专门的研究对象。20世纪六七十年代,随着国内学术界对清史研究的重视和拓展,清代城市也逐渐进入清史研究专家的视野。沈云龙主编的《近代中国史料丛刊》⑤、严中平主编的《中国近代经济史参考资料丛刊》,以及1955年出版的《中国近代经济史统计资料选辑》等资料集,其中有不少涉及清代晚期城

---

① (清)英廉等奉敕编:《日下旧闻考》卷2《图会》,乾隆五十三年武英殿刻本。
② 何一民:《清代城市研究的意义、现状与趋势》,《湘潭大学学报》(哲学社会科学版)2009年第5期。
③ 民国《清史稿》卷121《食货志》;民国《清史稿》卷146《地理志》。
④ 全汉昇:《中国庙会之史的考察》,《食货》1934年第2期。
⑤ 沈云龙主编:《近代中国史料丛刊》,文海出版社1966年版。

市的经济资料。① 傅衣凌的《明清时代江南市镇经济分析》② 以及刘石吉的《明清时代江南地区的专业市镇》等系列论文③奠定了明清江南市镇研究的范式,并带动相关研究的兴起。

20 世纪 50—70 年代,国外学者对清代城市的研究掀起了一个新的高潮。如美国学者墨菲的《上海:开启近代中国之门的钥匙》④、包德威的《中国城市的变化:山东济南的政治和发展(1890—1949)》⑤ 等。这一时期的国外研究成果中,对中国城市史研究影响最大的是美国学者施坚雅的研究,主要集中在其《中国农村的市场和社会结构》及《中华帝国晚期的城市》中。⑥ 其研究运用中心地理论、历史学、社会学及人类学等多学科的研究方法,深入剖析中国农村市场、城市化、城市空间结构、城乡关系等问题,并提出著名的市场层级理论。

20 世纪 70 年代以后,清代城市的研究逐渐成为热点,研究成果层出不穷。

首先,关于清代城市整体的研究。除了戴均良的《中国城市发展史》⑦、何一民的《中国城市史纲》⑧、宁越敏的《中国城市发展史》⑨ 等著作对清代城市进行了整体研究外,傅崇兰的《中国运河城市发展史》⑩、

---

① 严中平:《中国近代经济史统计资料选辑》,科学出版社 1955 年版。
② 傅衣凌:《明清时代江南市镇经济分析》,《历史教学》1964 年第 1 期。
③ 刘石吉:《太平天国乱后的江南市镇的发展(1865—1911)》,《食货》1978 年第 7 卷第 11 期;《明清时代江南地区的专业市镇》,《食货》1978 年第 8 卷第 6—8 期;《明清时代江南市镇之数量分析》,《思与言》1978 年第 16 卷第 2 期。
④ 参见何一民《清代城市研究的意义、现状与趋势》,《湘潭大学学报》(哲学社会科学版)2009 年第 5 期。
⑤ [美]包德威:《中国城市的变化:山东济南的政治和发展(1890—1949)》,张汉译,北京大学出版社 2010 年版。
⑥ [美]威廉·施坚雅:《中国农村的市场和社会结构》,史建云、徐秀丽译,中国社会科学出版社 1998 年版。[美]威廉·施坚雅:《中华帝国晚期的城市》,叶光庭等译,中华书局 2000 年版。
⑦ 戴均良:《中国城市发展史》,黑龙江人民出版社 1992 年版。
⑧ 何一民:《中国城市史纲》,四川大学出版社 1994 年版。
⑨ 宁越敏:《中国城市发展史》,安徽科技出版社 1994 年版。
⑩ 傅崇兰:《中国运河城市发展史》,四川人民出版社 1985 年版。

顾朝林的《中国城市地理》①、曹树基的《中国人口史（第5卷）》②、郭正忠的《城郭·市场·中小城镇》③、赵冈的《中国历史上的城镇与市场》④、何一民的《天时、地利与人和：清代省会城市形成的条件探析》⑤等论著也从不同角度对清代城市进行了相关研究。

其次，关于清代前中期城市的研究。以江南市镇的研究成果最多，国内学者的论文林林总总有700多篇，加上著作则数量更多。随后又逐渐扩展到专门对市镇经济进行宏观及个案的研究。其中对市镇的宏观研究主要有：日本森正夫等的《江南三角洲市镇研究》⑥、茅家琦等的《横看成岭侧成峰——长江下游城市近代化的轨迹》⑦、罗一星的《明清佛山经济发展与社会变迁》⑧、王兴亚的《明清河南集市庙会会馆》⑨、钟文典的《广西近代圩镇研究》⑩、王笛的《跨出封闭的世界——长江上游区域社会研究（1644—1911）》⑪、黄达远的《清代新疆政区变革与城市发展》⑫、何一民的《国家战略与民族政策：清代蒙古地区城市之变迁（上、下）》⑬、何一民的《清代民国时期西藏寺院经济嬗变及对城市的影响》⑭等。个案研究主要有日本学者今崛诚二的《清代港口城镇的社会体

---

① 顾朝林：《中国城市地理》，商务印书馆1999年版。
② 曹树基：《中国人口史（第5卷）》，复旦大学出版社2001年版。
③ 郭正忠：《城郭·市场·中小城镇》，《中国史研究》1989年第3期。
④ [美] 赵冈：《中国历史上的城镇与市场》，《食货》1983年第5期。
⑤ 何一民：《天时、地利与人和：清代省会城市形成的条件探析》，《西南民族大学学报》（人文社科版）2009年第4期。
⑥ [日] 森正夫等：《江南三角洲市镇研究》，名古屋大学出版会1992年版。
⑦ 茅家琦等：《横看成岭侧成峰——长江下游城市近代化的轨迹》，江苏人民出版社1992年版。
⑧ 罗一星：《明清佛山经济发展与社会变迁》，广东人民出版社1994年版。
⑨ 王兴亚：《明清河南集市庙会会馆》，中州古籍出版社1998年版。
⑩ 钟文典：《广西近代圩镇研究》，广西师范大学出版社1998年版。
⑪ 王笛：《跨出封闭的世界——长江上游区域社会研究（1644—1911）》，中华书局2001年版。
⑫ 黄达远：《清代新疆政区变革与城市发展》，《西域研究》2009年第7期。
⑬ 何一民：《国家战略与民族政策：清代蒙古地区城市之变迁（上、下）》，《史学月刊》2010年第3、4期。
⑭ 何一民：《清代民国时期西藏寺院经济嬗变及对城市的影响》，《兰州学刊》2014年第3期。

制——以绥远省托克托县河口镇为重点》①、王革生的《清代东北商埠》②、风良的《清代进行丝绸与马匹交易的新疆城市》③、廖志豪等的《清代的苏州城市经济》④、日本学者近藤富城的《清代归化绥远城市区的形成过程》⑤、陈新海的《清代青海的城市建设与商业经济》⑥、许檀的《清代前期北方商城张家口的崛起》⑦、陈喜波等的《清代杭州满城研究》⑧、邹怡的《清代城市社会公共事业的运作——以杭州城消防事业为中心》⑨ 等。

再次，关于清后期及近代城市的研究。相关研究从20世纪80年代兴起，迄今已取得了丰硕的成果，主要包含单体城市的研究、区域城市史的考察及城市发展与社会互动三个方面的内容。

单体城市研究方面的代表作主要有隗瀛涛主编的《近代重庆城市史》⑩、罗澍伟主编的《近代天津城市史》⑪、皮明庥主编的《近代武汉城市史》⑫、张仲礼主编的《近代上海城市研究》⑬ 等。上述四本书用丰富的资料、新颖的观点，透视了城市内部发展各个方面的状况，总结了城市发展的特点，揭示其发展规律，为国内其他城市史的编写提供了范本。此外，乐正的《近代上海人社会心态（1860—1918）》⑭、史正明的《走

---

① ［日］今崛城二：《清代港口城镇的社会体制——以绥远省托克托县河口镇为重点》，《法制史研究》1967年第16卷。
② 王革生：《清代东北商埠》，《社会科学辑刊》1994年第1期。
③ 风良：《清代进行丝绸与马匹交易的新疆城市》，《中国历史地理论丛》1994年第1期。
④ 廖志豪：《清代的苏州城市经济》，《铁道师院学报》1995年第11期。
⑤ ［日］近藤富城著，潘梅花译：《清代归化绥远城市区的形成过程》，《蒙古学信息》1996年第1期。
⑥ 陈新海：《清代青海的城市建设与商业经济》，《青海民族大学》（社会科学版）1997年第2期。
⑦ 许檀：《清代前期北方商城张家口的崛起》，《北方论丛》1998年第9期。
⑧ 陈喜波等：《清代杭州满城研究》，《满族研究》2001年第3期。
⑨ 邹怡：《清代城市社会公共事业的运作——以杭州城消防事业为中心》，《清史研究》2003年11月。
⑩ 隗瀛涛主编：《近代重庆城市史》，四川大学出版社1991年版。
⑪ 罗澍伟主编：《近代天津城市史》，中国社会科学出版社1993年版。
⑫ 皮明庥主编：《近代武汉城市史》，中国社会科学出版社1993年版。
⑬ 张仲礼主编：《近代上海城市研究》，上海文艺出版社2008年版。
⑭ 乐正：《近代上海人社会心态（1860—1918）》，上海人民出版社1991年版。

向近代化的北京城》①、谢本书的《近代昆明城市史》②、何一民的《变革与发展：中国内陆城市成都现代化研究》③、忻平的《从上海发现历史——现代化进程中的上海人及其社会生活》④、何一民的《清代东北地区城市发展与变迁》⑤，以及《南通现代化》《开封城市史》《鞍山城市史》《宝鸡城市史》《自贡城市史》《北京通史》《成都城市史》《拉萨史》《重庆——一个内陆城市的崛起》《包头史稿》等专著，都有相当多的篇幅对晚清的城市进行了相关研究。这一时期，还有大批与晚清单体城市相关的论著问世：徐公肃的《上海公共租界史稿》⑥、邹依仁的《旧上海人口变迁研究》⑦、徐学绮的《上海近代社会经济发展概况（1882—1931）》⑧、陈从周的《上海近代建筑史》⑨、孙国群的《旧上海娼妓秘史》⑩、胡光明的《天津商会档案汇编》⑪、陈克的《19世纪末天津民间组织与城市控制管理系统》⑫、李天纲的《从"华洋分居"到"华洋杂处"——上海早期租界社会论析》⑬、桑兵的《论清末城镇社会结构的变化与商民罢市》⑭、刘海岩等的《近代天津工业结构的演变与城市发

---

① 史正明：《走向近代化的北京城》，北京大学出版社1995年版。
② 谢本书：《近代昆明城市史》，云南大学出版社1997年版。
③ 何一民：《变革与发展：中国内陆城市成都现代化研究》，四川大学出版社2002年版。
④ 忻平：《从上海发现历史——现代化进程中的上海人及其社会生活》，上海大学出版社2009年版。
⑤ 何一民：《清代东北地区城市发展与变迁》，《四川大学学报》（哲学社会科学版）2010年第2期。
⑥ 徐公肃：《上海公共租界史稿》，上海人民出版社1980年版。
⑦ 邹依仁：《旧上海人口变迁研究》，上海人民出版社1980年版。
⑧ 徐学绮：《上海近代社会经济发展概况（1882—1931）》，上海社会科学院出版社1985年版。
⑨ 陈从周：《上海近代建筑史》，同济大学出版社1997年版。
⑩ 孙国群：《旧上海娼妓秘史》，河南人民出版社1988年版。
⑪ 胡光明：《天津商会档案汇编》，天津人民出版社1989年版。
⑫ 陈克：《19世纪末天津民间组织与城市控制管理系统》，《中国社会科学》1989年第11期。
⑬ 李天纲：《从"华洋分居"到"华洋杂处"——上海早期租界社会论析》，《上海研究论丛》第4辑，上海社会科学院出版社1989年版。
⑭ 桑兵：《论清末城镇社会结构的变化与商民罢市》，《近代史研究》1990年第5期。

展》[1]、詹玉荣的《旧中国大城市地价变动的研究与启示》[2]、涂文学的《近代汉口城市文化生成机制探源》[3]、陈蕴西的《论民国时期城市家庭制度的变迁》[4]、沈祖炜的《上海租界房地产业的兴起》[5]、张济顺的《近代上海社会研究解说》、王笛的《清代移民，移民社会与城市发展》、王怀卓的《试析中国近代城市市民的矛盾心态》[6]、周俊旗的《清末华北城市文化的转型与城市成长》[7]、何一民的《从军城到商城：清代边境军事城市功能的转变——以腾冲和张家口为例》[8] 等，这些论文从不同角度对不同的单体城市进行了较为深入的研究。

关于区域城市史的研究主要以武斯的《区域中原城市史略》[9]、傅崇兰的《中国运河城市发展史》[10]、王长升等的《长城沿线城市》[11] 等著作为开端，以王笛的《近代长江上游城市系统与市场结构》[12]、罗澎伟的《试论近代华北的区域城市系统》[13]、茅家琦的《长江下游城市近代化的轨迹》[14]、王革生的《清代东北沿海通商口岸的演变》和《清代东北商埠》[15]、隗瀛涛等的《上海开埠与长江流域城市近代化》[16]、熊月之等的

---

[1] 刘海岩等：《近代天津工业结构的演变与城市发展》，《城市史研究》第6辑。
[2] 詹玉荣：《旧中国大城市地价变动的研究与启示》，《中国土地科学》1990年第3期。
[3] 涂文学：《近代汉口城市文化生成机制探源》，《近代史研究》1992年第3期。
[4] 陈蕴西：《论民国时期城市家庭制度的变迁》，《近代史研究》1997年第3期。
[5] 引自何一民《清代城市研究的意义、现状与趋势》，《湘潭大学学报》（哲学社会科学版）2009年第3期。
[6] 引自何一民《清代城市研究的意义、现状与趋势》，《湘潭大学学报》（哲学社会科学版）2009年第3期。
[7] 周俊旗：《清末华北城市文化的转型与城市成长》，《城市史研究》第13—14辑。
[8] 何一民：《从军城到商城：清代边境军事城市功能的转变——以腾冲和张家口为例》，《史学集刊》2014年第6期。
[9] 武斯：《区域中原城市史略》，湖北人民出版社1980年版。
[10] 傅崇兰：《中国运河城市发展史》，四川人民出版社1985年版。
[11] 王长升等：《长城沿线城市》，东方出版社1990年版。
[12] 王笛：《近代长江上游城市系统与市场结构》，《近代史研究》1991年第6期。
[13] 罗澎伟：《试论近代华北的区域城市系统》，《天津社会科学》1992年第6期。
[14] 茅家琦：《长江下游城市近代化的轨迹》，《湖北大学学报》（哲学社会科学版）1994年第5期。
[15] 王革生：《清代东北沿海通商口岸的演变》，辽宁社会科学院历史所1986年版；《清代东北商埠》，《社会科学辑刊》1994年第1期。
[16] 隗瀛涛等：《上海开埠与长江流域城市近代化》，《城市史研究》1995年第1辑。

《论东南沿海城市与中国近代化》[1]、吴晓松的《交通拓展与近代东北城市建设》[2]、胡光明的《清末民初京津冀地区城市化快速进展的历史探源与启示》[3]、张利民的《近代华北城市人口发展及其不平衡性》[4]、杨天宏的《清季东北"自开商埠"述论》和《清季自开商埠海关的设他置及其运作制度》[5] 等为代表的论著,从区域层面展示了清末城市发展的状况。

在城市发展与社会互动的研究中,较为突出的主题是城市化与城市早期现代化问题。在城市化研究方面,行龙的《近代中国城市化特征》指出近代中国城市化进步与落后并存的两面性。[6] 乐正的《开埠通商与近代中国的城市化问题(1840—1911)》[7]、皮明庥的《洋务运动与中国城市化、城市近代化》[8]、王瑞成的《中国近代城市化内容探析》[9]、陶贵武的《试论中国近代城市化进程》[10] 等论文对包括清代在内的近代时期的城市化问题进行了探讨和分析。在城市早期近代化方面,侯蕊玲的《对中国城市近代化过程的思考》[11]、何一民的《晚清城市近代化的发展》和《论外力对中国城市早期现代化的影响》[12]、李运华的《中国城市近代化与城市化之命脉》、涂文学的《中国城市近代化与城市近代化略论》、隗瀛涛的《城市近代化与辛亥革命》[13] 等论文从不同角度对近代中国城市近代化和晚清城市发展进行了讨论。此外,侯蕊玲的《对中国城市近代化

---

[1] 熊月之等:《论东南沿海城市与中国近代化》,《史林》1995年第2期。
[2] 吴晓松:《交通拓展与近代东北城市建设》,《城市规划学刊》1996年第3期。
[3] 胡光明:《清末民初京津冀地区城市化快速进展的历史探源与启示》,《河北大学学报》(哲学社会科学版)1997年第1期。
[4] 张利民:《近代华北城市人口发展及其不平衡性》,《近代史研究》1998年第1期。
[5] 杨天宏:《清季东北"自开商埠"述论》,《长白学刊》1998年第1期;《清季自开商埠海关的设他置及其运作制度》,《社会科学研究》1998年第3期。
[6] 行龙:《近代中国城市化特征》,《清史研究》1999年第4期。
[7] 乐正:《开埠通商与近代中国的城市化问题(1840—1911)》,《中山大学学报》(社会科学版)1991年第3期。
[8] 皮明庥:《洋务运动与中国城市化、城市近代化》,《文史哲》1992年第3期。
[9] 王瑞成:《中国近代城市化内容探析》,《云南学术探索》1997年第1期。
[10] 陶贵武:《试论中国近代城市化进程》,《咸宁师专学报》1997年第12期。
[11] 侯蕊玲:《对中国城市近代化过程的思考》,《云南民族学院学报》1991年第6期。
[12] 何一民:《论外力对中国城市早期现代化的影响》,《天府新论》1994年第2期。
[13] 载何一民《清代城市研究的意义、现状与趋势》,《湘潭大学学报》(哲学社会科学版)2009年第3期。

过程的思考》①、周新华的《中国沿海近代城市繁兴的特点及其原因》②、何一民的《近代中国城市发展与社会变迁》③ 等文章分别对晚清城市兴起、发展原因及城市结构功能的演变，做了较为充分的探讨。

最后，城市体系、类型等方面的研究。顾朝林的《中国城镇体系：历史、现状与展望》，对清前期和清中后期的城市功能及特点进行了总结，并指出清后期城市功能增强，现代城镇体系初步形成。④ 隗瀛涛的《中国近代不同类型城市综合研究》，指出伴随国内市场的拓展及长途贩运贸易的兴起，明末清初形成了商业城市网络。⑤ 施坚雅的《中华帝国晚期的城市》运用中心地理论剖析了中国明清时代的城市体系，创立了研究明清时期城市的区域体系理论。⑥ 何一民通过对城垣的静态和动态分析指出，在清代前中期的城市总体规模不大，并呈现等级分布的特点，而城市规模的大小与城市行政级别高低有着直接正相关关系。⑦

此外，关于清代的城市规划建设、空间形态与建筑、城市社会群体等方面的研究都有诸多的成果，不胜枚举。

二 清代山西城镇的研究

20 世纪 60 年代之后，明清城镇研究逐步得到重视，经过五十多年的积累，其研究文献已达到汗牛充栋的程度。但学界对清代山西城镇的研究起步较晚，张驭寰的《中国城池史》、庄德林等编著的《中国城市发展与建设史》以及何一民的《中国城市史纲》等都对山西历代城镇的情况有所涉及。周立山的《汉代城市研究》、韩大成的《明代城市研究》等断代性质的城市研究对山西的城镇都有所涉及。⑧ 这些研究侧重点各有不

---

① 侯蕊玲：《对中国城市近代化过程的思考》，《云南民族学院学报》1991 年第 6 期。
② 周新华：《中国沿海近代城市繁兴的特点及其原因》，《江苏社会科学》1994 年第 2 期。
③ 何一民：《近代中国城市发展与社会变迁》，科学出版社 2004 年版。
④ 顾朝林：《中国城镇体系：历史、现状与展望》，商务印书馆 1992 年版。
⑤ 隗瀛涛：《中国近代不同类型城市综合研究》，四川大学出版社 1998 年版。
⑥ ［美］施坚雅：《中华帝国晚期的城市》，叶光庭等译，中华书局 2000 年版。
⑦ 何一民：《清代城市规模的动态与静态考察》，《西南民族大学学报》（人文社科版）2014 年第 11 期。
⑧ 张驭寰：《中国城池史》，百花文艺出版社 2003 年版。周立山：《汉代城市研究》，人民出版社 2001 年版。韩大成：《明代城市研究》，人民大学出版社 1991 年版。

同，但都不外乎城镇形态和城镇生活两方面。刘景纯的博士毕业论文《清代黄土高原地区城镇地理研究》是较为专业的历史地理文章，对清代山西地区城镇的等级、规模、形制、职能等方面的内容都有较为深入的研究，认为彼时山西地区的城镇处于一个调整和变革的时期，在城镇的许多方面均显示出地区的不平衡性。①

在山西城镇的研究方面比较专业的历史地理研究论文是王社教的《清代中后期太原盆地城镇的类型及形成因素》②《辽宋金元时期的山西地区城镇》。③《清代中后期太原盆地城镇的类型及形成因素》对近代太原盆地城镇的职能类型进行了划分，指出太原盆地的城镇类型和江南地区不同，政治因素和地理因素对城镇类型影响很大。《辽宋金元时期的山西地区城镇》认为辽宋金元时期山西城镇的发展，大致经过了辽宋金元时期的快速发展和元代的衰弱及调整两个阶段，宋金时期山西城镇的快速发展实际上是一种畸形发展，除太原、临汾等少数城市有手工业外，其他城市都是单纯的消费型城市。

黄鉴辉在对晋商进行研究的前提下，开始关注绛州、平遥及杀虎口等商业城镇，行龙进而从社会史角度对山西的庙会和集市进行研究，并以清代民国山西各州县地方志资料为基础，运用实证分析指出山西近代集市数量、分布及变迁与江南城镇有着天壤之别，在自然地理环境和近代商品经济因素的影响下有独特发展。④ 同时乌云格日勒部分地研究了清代属于山西境内的蒙古城镇。⑤ 乔南通过对碑刻资料的分析，考察了清代晋中平遥的商业及金融业发展，并对彼时平遥金融中心的形成进行了分析⑥；许檀同时对山西北部雁门关商道及沿线的张家口、多伦、归化成、

---

① 曾谦：《近代山西城镇地理研究》，宁夏人民出版社2009年版，第9页。
② 张青瑶、王社教：《清代中后期太原盆地城镇的类型及形成因素》，《中国社会经济史研究》2003年第4期。
③ 王社教：《辽宋金元时期的山西地区城镇》，《西北地区农村产业结构调整与小城镇发展》，西安地图出版社2003年版。
④ 行龙：《近代山西集市数量、分布及变迁》，《中国经济史研究》2004年第3期。
⑤ 乌云格日勒：《十八至二十世纪内蒙古城镇研究》，内蒙古人民出版社2005年版。
⑥ 乔南：《清代山西的商业城镇，平遥——以平遥市楼碑刻资料为中心的考察》，《晋阳学刊》2006年第6期。

西包头镇、丰镇等商镇进行了考察①。曾谦在此基础上从地理和农业基础等影响城镇发展的因素入手,通过实证方式对近代山西城镇发展进行了论述,进一步考察了近代山西城镇的变化。② 这一时期,也有学者开始对山西南部城镇进行个案研究,刘焕波在分析了清代运城地区人口流动的规模、原因及影响的基础上,指出商业经济和自然地理是运城人口流动的主要原因,并且对社会造成了重要影响。③ 乔南利用碑刻资料结合其他线索,对山西中部的太谷进行了分析,考察其商业及金融业发展的脉络。④ 同时,冯汉卿通过收集大量数据及地方志等资料,对大同地区集市的数量、周期、贸易商品做了详细阐述,并分析得出集市对大同及周边区域的经济影响。⑤ 随后,陶宏伟对山西城市的兴起进行了分时段、分地域的论述,并指出山西城镇的兴衰与晋商经历了相同的轨迹,在市镇发展史和经济史上具有一定的地域特殊性。⑥ 乔南运用碑刻资料对清代的寿阳及盂县商业发展状况进行了考察。⑦ 高春平同时对晋商与山西城市发展之间的关系进行了一些讨论。⑧ 乔南从集聚经济学的独特视角对清代山西商业市镇与江南商业市镇进行比较,指出地理位置、资源禀赋、思想观念,以及近代开辟的结果等造成了这两者发展的差异。⑨ 乔南通过对运城池神庙的碑铭资料和传统文献的分析,以清代盐务专城——运城的商业发展为研究对象,对传统社会的资源型城市商业发展的特点进行考察和梳理,并进一步考察了当地支柱产业对区域经济发展的作用。⑩ 丰若非以

---

① 许檀、乔南:《清代的雁门关及塞北商城——以雁门关碑刻资料为中心的考察》,《华中师范大学学报》2007年第3期。
② 曾谦:《近代山西城镇地理研究》,宁夏人民出版社2009年版。
③ 刘焕波:《清代运城盆地乡村人口流动规模、原因及影响》,《运城学院学报》2009年第6期。
④ 乔南:《清代山西的商业城镇——太谷》,《晋阳学刊》2010年第2期。
⑤ 冯汉卿:《清代大同地区集市发展变迁研究》,山西大学,硕士学位论文,2012年。
⑥ 陶宏伟:《明清山西商业市镇的兴起》,《忻州师范学院学报》2012年第2期。
⑦ 乔南:《清代盂县及寿阳县的商业发展》,《晋阳学刊》2013年第2期。
⑧ 高春平:《晋商与明清山西的城镇化研究》,三晋出版社2013年版。
⑨ 乔南:《集聚视角下的清代山西商业城镇》,《山西日报(理论版)》2014年4月15日。
⑩ 乔南:《传统社会中资源型城市的商业发展——以清代运城为中心的考察》,《晋阳学刊》2014年第4期。《传统社会中的支柱产业与区域经济发展:以清代运城地区为例》,《兰州商学院学报》2014年第8期。

杀虎口、张家口和归化城三个清代北部边疆重要的榷关为中心，综合运用中国第一历史档案馆和台北"故宫博物院"的大量档案资料，从"北路三关"的历史沿革制度演进，尤其是实证关税的波动与分配、贸易项目统计，以及贸易额估算等诸多方面，揭示清代北路贸易的一般发展路径，并对之作出了较为深入的分析和评价。① 乔南以个案研究的形式，对清代晋南解州城的商业发展进行了考察。② 郭文炯等立足于流域城镇化和城镇体系发展与空间格局的特质，从历史流域学的角度，研究了汾河流域城镇化和城镇体系发展过程空间格局和演化机制，力图揭示流域城镇化与流域体系的时空演化特征与规律。③

具体而言，中国幅员辽阔，各地区间自然地理、人文环境、历史基础与水平不尽相同，城市发展呈现区域不平衡，具有鲜明的地域特征，如果不对城市发展的历程进行充分研究，就很难揭示出各历史时期中国城市发展和变迁的轨迹。区域城市史的研究是为了更加具体和细致地认识整个中国，以省为单位将材料做基本有序的归纳整理，可以详尽掌握彼时中国城市发展的总体水平。此外，对区域城市发展变迁的探讨，有利于通过历史与现实的有机联系，完整地揭示据城市发展演变的历史脉络，从而更好地为地区乃至全国城市现代化建设提供历史借鉴和智力支持。因此，对上述问题的研究不仅有助于展开区域城市发展个性的研究，而且因其作为中国城市史的有机部分，可从中折射出中国城市发展的一些共性问题，同时对当代山西的城市化问题、资源型城市转型问题等的研究和讨论都具有十分重要的现实意义。

第二节　理论方法

由于本书研究的是集聚视角下的清代山西城镇，所以除了大量的史

---

① 丰若非：《清代榷关于北路贸易——以杀虎口、张家口和归化城为中心》，中国社会科学出版社 2014 年版。

② 乔南：《清代山西解州城的商业——以关帝庙碑刻资料为中心的考察》，《中国经济史研究》2017 年第 3 期。

③ 郭文炯、姜晓丽、张侃侃、田毅：《汾河流域城镇变迁与城镇化》，科学出版社 2017 年版。

料支撑之外，集聚经济学的相关理论是本书的主要依据。

一 集聚理论发展脉络

经济理论的实践意义就在于它能够解释经济现实。一个不容置疑的经济现象是经济体系当中普遍存在着"簇群"（clusters）（簇群就是位于某个地方，在特定领域内获得了不同寻常的竞争胜利的集合，是集聚的一种类型）或产业集聚的现象，例如纽约、东京等国际大都会的出现，欧洲及亚洲产业带的形成，等等。[①] 从经济理论发展的历史看，经济学家早已涉足这一领域的研究。在古典政治经济学时期，亚当·斯密提出的绝对利益学说，李嘉图提出的比较利益学说，都是关于生产特定产品的区位理论。马克思在《资本论》第三卷中论述超额利润如何转化为地租时，提到论级差地租的第一种形式，即是从土地位置与地租的关系角度加以阐述的。由此可见，关于区位的经济理论很早就受到经济学家的关注。甚至可以说，区位经济理论的历史如同整个经济理论的历史一样久远。至 18 世纪 30 年代，古典区位理论的创始者屠能（Thunen）最早将空间引入经济学领域加以研究。在其代表作《孤立国与农业和国民经济的关系》中，屠能创立了农业区位论。他假设空间是均质的，推导出在一个孤立国的模型中，由于运输成本距离不同而变化所导致的农业分带现象，即农业生产围绕中心城市呈现出向心环带状分布的特点。这就是著名的"屠能圈"。屠能的分析模型不仅有效地用于农业生产的布局分析，也适用于工业布局等问题，尤其是城市土地利用问题。然而，屠能在分析考察运输成本在集聚过程中的作用时，是基于均质空间这一假定，而没有将非均质性——空间的本质特征之一，纳入理论模型当中并加以系统的分析。而且屠能的分析是在一个完全竞争中进行的，而一般均衡分析的结果是经济体系当中存在的分散化、自给自足的经济，这显然不能解释我们无处不在的集聚现象，诸如城市中心区、产业簇群等。

19 世纪 90 年代，构建了新古典经济学分析框架的经济学家马歇尔提出产业集聚及空间外部性的概念。马歇尔提出产业空间集聚有三个原因：

[①] [美] 迈克尔·E. 波特、郑海燕、罗燕明：《簇群与新竞争经济学》，《经济社会体制比较》2000 年第 2 期。

第一，集聚能够促进专业化投入和服务的发展；第二，集聚能够为具有专业化技能的工人提供集中的市场；第三，集聚使得企业能够从技术溢出中获益。马歇尔认为，集聚经济根源于生产过程，企业、机构和基础设施在某一区域内的联系能够带来规模经济和范围经济，带动一般劳动力市场的发展、专业化技能的集中，并促进区域供应者和消费者之间增加相互作用、共享基础设施以及其他区域外部性。

1909年，产业区位理论的奠基人，德国经济学家阿尔弗雷德·韦伯（Alfrod Weber）发表了世界第一部近代工业区位著作《工业区位论》。在其工业区位是最好的区位。他认为小的企业不能影响由一个完全竞争市场所决定的销售价格，因此企业家的目的是尽量减少产品运到市场的费用，以取得最大利润。运费是各种费用中的主要费用，与距离和所运送货物的重量成正比，企业家要寻找运费最小的区位，就需要考虑原料运到工厂的距离和产品运到市场的距离以及加工中原料（或产品）重量的减少（或增加）。韦伯还提出，当劳动力或集聚的节省抵消了较高的运费时，企业家将寻找劳动费用最低（或较低）、集聚经济最大的区位。

1936年，胡佛（Hoover）拓展了韦伯的体系，考察了更复杂的运输费用结构、生产投入的替代物和规模经济。1940年，产业区位理论的集大成者洛施（Losch）扩展了区位理论的应用范围，将贸易流量与运输网络中的"中心地区"的服务区位问题也纳入其中进行研究。他把产业区位分析的对象推至多种产业，并分析了区域中城市规模和类型，推导出在既定资源、人口分布情况下规模经济差异导致了空间集中现象。他的分析表明，不可能把成本和需求的两个假设条件同时放宽，而把最优区位定义为总收入与总成本的差额最大时的区位。

与此同时，熊彼特将技术创新与产业集聚的发展结合在一起进行研究，他在解释经济周期或经济波动时认为，除了战争、革命、气候等外部因素之外，技术创新的产业集聚和增长的非同期因素是经济波动的主要原因。熊彼特主要是从创新角度来说明产业集聚现象的。他认为产业集聚有助于创新，创新有赖于产业集聚，创新并不是企业的孤立行为，它需要企业间的相互合作和竞争，需要企业集聚才得以实现。熊彼特认为，创新不是孤立事件并且不在时间上均匀分布，相反，它们趋于群集。这是因为在成功地创新之后，首先是一些企业取得竞争优势，接着是大多数企业步其后尘；其次，创新甚至不是随机地分布于整个经济系统，而是倾向于集中在某些部门及其相关部门。

大体上说，20 世纪 50 年代之前对区位理论的研究主要侧重于微观静态的方法，随着韦伯、熊彼特观点影响的日益扩大，20 世纪 50 年代之后以区域经济增长与发展为核心的动态区域发展理论开始受到重视。这一时期出现了大量有关研究成果，其中非常有影响的是增长极理论、依附理论、收入趋同假说等。20 世纪七八十年代，区位经济理论主要探讨生产的空间组织变化，对产业集聚现象的研究主要集中在灵活的"产业区"或新的"产业空间"。20 世纪 90 年代以来，区位经济理论从新熊彼特主义观点出发，将创新、技术变化与经济增长和贸易分析结合起来，研究产业集聚的创新体系。克鲁格曼应用不完全竞争经济学、递增收益、路径依赖和累积因果关系等解释产业的空间集聚现象。

新古典分析框架中标准的阿罗－德布鲁（Arrow－Debrew）一般均衡模型有两个基本的前提假设，即规模报酬不变，不存在交易成本（包括运输成本）。在标准的竞争性均衡分析当中，由于假设规模报酬不变和运输成本为零，而且至少有一种要素是能够完全流动的，那么由此得出的结论便为米尔斯（Mills）所描述的"无城市世界"（world without cities）："每一英亩（10000 平方米＝2.4711 英亩），土地上都有着相同数量的人，以及相同的生产活动的组合。建立这一结果的关键就在于，不变的报酬允许每一生产活动都能够在不丧失效率的情况下以任意的水平实现。并且所有的土地都具有相同的生产力，均衡状态也要求边际产品的价值及利率处处相等。因此在均衡状态下，所有必须直接或间接满足消费者需求的投入或产出都能够坐落在一个邻近消费者居住地的小区域内。在那种方式下，每一个小区域都能够自给自足，从而避免了人和物的传输。"这其实就是所谓的自给自足社会。这意味着，报酬不变并且完全精准的范例不能解释大规模经济集聚现象的出现和增长。

然而，"只有当交易成本与可变的或递增的规模收益同时具备时才可能存在着某种在经验上有意义的区位均衡"，理查德·阿诺特（Rrchard Arnott）对此有很好的说明，"空间经济的两个重要特征，即运输成本（交易成本的一种形式）和生产与消费中的递增收益（如区域的公共物品）在标准的阿罗－德布鲁（Arrow－Debrew）一般均衡模型中双双被抽象掉了。因此，作为新古典方法典范的竞争性均衡模型与规模经济是不相容的，它无法考察运输成本在经济体系形成中的作用。事实上，新古典理论经济学的研究当中，一直都把空间作为外生的、均质的，并且认为运输成本已经自然地包括在生产者的成本当中了"①。

经济理论的生长发展就是一个不断放松其前提假设，使之逼近现实的过程。作为主流的新古典经济学在分析能力和实证研究方面都要明显优于经济学中其他的理论体系，对分散化市场条件下交易的本质和资源配置提供了许多有价值的见解，并且提供了一种有效的分析工具，可以用来预测均衡结果如何由于单个决策者面临的约束发生改变时所受到的影响，尽管它过于抽象化、简单化。② 在这样一个分析过程中得到的理论特征是：由于该理论的抽象性它几乎不能直接应用于任何一个具体的经济，同时又具备普适性，因而可以在适当具体化的条件应用于一切存在这种基本关系的地方。经济理论的发展契机就在于：将前提假定放松，使之逐步逼近现实，得到抽象性和普适性较弱、但准确性更强的结论。由此经济学自身的发展也更加丰富多彩。

二 本书所运用的集聚机制③

从经济学角度上讲，集聚是指资源、要素和各种经济活动在地理空间上的集中趋势和过程。它是区域经济不平衡发展的必然要求，对区域经济发展有着重大意义。集聚机制的作用存在一定的惯性，能够通过经济活动的空间集聚形成巨大的经济效应。其对区域经济的作用主要通过人口集聚、产业集聚、资本集聚和城市集聚来实现。

人口集聚是指人口由分散的广域空间向相对狭小的空间密集的过程，与产业集聚和资本集聚的关系密切，相互促进。产业集聚是指资金、设备、信息、技术和劳动力向相对狭小的地域空间聚合。从严格意义上讲，资本集聚包括在产业集聚内，它是企业扩展自身实力的基础，资本的多

---

① "空间经济学"词条，载《新帕尔格雷夫经济学大辞典》第4卷，经济科学出版社1996年版，第460页。
② Ronald Coase, "The New Institutional Economics 1", *The American Economic Review*, Vol. 88, Issue 2, May 1998, pp. 72–74.
③ 乔南：《清代山西经济集聚论》，经济管理出版社2008年版。

少直接关系到商业活动的交易量及其扩展能力。城市是区域经济活动的中心，是经济活动的集聚体，工业、交通运输业、第三产业主要集中在城市这个特殊的经济区域中。由于集聚和扩散都是相对而言的，当一个中心城市向周围的腹地产生扩散效应时，从更宏观的角度看，也是其他周围城市以中心城市为核心集聚的过程，即城市的集聚。

产业的集聚是城市化发展的重要推动力，是一个长期的过程。特定地域的产业集聚将吸收区域要素向特定地域流动、集聚，在整个区域范围内重新配置资源。在区域主导产业不断集聚的推动下，区域的增长中心和发展中心逐渐形成，从而为区域经济增长提供强大拉动力。同时产业的集聚在边际报酬递减规律的作用下，会促成集聚地的要素向周围地区转移，辐射整个区域，使区域资源在流动中实现再配置，从而对区域经济发展产生扩散效应。一定数量的人口不仅为区域经济发展提供必要的劳动力资源，而且为消费提供了市场。因此人口集聚是产业集聚和城市集聚的基础。城市的形成虽然必须以稠密的人口和商业与贸易等产业的发达为条件；城市的集聚必须以人口的集聚和产业的集聚为基础，但是城市的集聚也可以反作用于人口的集聚和产业的集聚。一个城市的规模越大，人口越多，集聚性越强，对周围地区的产业和人口的向心力越强。一般来说，城市的规模越大，城市的功能越完善、交通运输网络更健全，为产业的发展和人民的生活提供的外部环境更好；相关的产业更愿意集中到城市中，更多的劳动者和消费者也愿意随之流动到或移民到该城市中，从而形成更大规模的产业集聚和人口集聚。

由于省内自然条件的限制和工矿业的发展等因素，晋商懋迁省外，进行商贸活动，带回大量商业资本，在省境形成了资本集聚。而商人将集聚的资本大量投向土地和金融业，结果是进一步促进了人口集聚和金融业等新兴产业的集聚。

晋商的资本流向生产部门和消费部门，具体而言即商业、金融业、近代产业和奢侈品。这里我们只对其投入生产部门的资本所带来的影响进行分析，不对奢侈品消费进行讨论。此外，由于投资近代产业也不是晋商中的普遍现象，故在此不作讨论。晋商的一部分资本继续投向商业领域，在省内和省外均引起山西所属商业企业的繁荣发展，出现商业企业的产业集聚，例如茶业、金融业、铁货制造业、池盐业等。

商业、金融业、铁货制造业、池盐业等产业的集聚促进了清代山西城镇的崛起与繁荣。平遥县城"市肆纵横，街衢皆黑壤，有类京师，盖人烟稠密之故"①。太谷城内"商贾辐辏，甲于晋阳"②。介休县"城内烟火万家，商贾宾客之所至，云来辐辏"，"入其市门，俨如都会"。③ 其张兰镇原先只是一个小村镇，乾隆嘉庆年间成为"屋舍鳞次，不下万家，盖藏者十之三商贾，复四方辐辏，俨如大邑"④。地处解池边的运城，随着潞盐生产和销售而繁盛，城内九坊四街，烟火万家，成为"群商所处，诸路所通，百物所聚，商旅辐辏，卖贩云集"⑤的晋南商城。河津县"商贾盈途，渐趋繁华"⑥。旅蒙要冲——杀虎口"商贾农工，趋赴贸易，内地民人难以数计"⑦。归化城亦由于诸货流通，而成为蒙古地区的贸易中心，商业枢纽城镇。九边重镇之一的大同，原先只是军事重镇，随着运输业和城内零售、批发业务的增多，逐渐发展成为"繁华富庶，不下江南"⑧的商业城市，等等。凡此种种，在后面的章节中会有具体论述，故此处不再赘述。

清代山西城镇的发展繁荣，在地域上形成具有相似特点的城镇的聚集，以晋中平遥、祁县、太谷三座金融业城市的形成为例，三城在票号创立之前，由于地处通衢，而成为商品集散中心，以及晋商南茶北运的中转站。首家票号日升昌在平遥创立之后，受利益驱使，许多资本实力雄厚的商号转行经营票号，从而形成票号业的集聚，进而平遥、祁县、太谷三城发展成为金融中心。潞泽地区的长治、凤台、阳城三城，随着境内冶铁业和铁制品加工业的发展而逐渐繁荣，由当地的行政中心逐渐发展成为以铁制品生产和销售为主导产业部门的城镇。晋南的解州、运城和绛州也是在池盐的产、运、销等活动的过程中，逐渐成为以池盐生

---

① （清）祁韵士：《万里行程记》，山西人民出版社1992年版，第67页。
② 乾隆《太谷县志》卷1《序》。
③ 嘉庆《介休县志》卷1《疆域》；嘉夫《介休县志》卷13《艺文》，祝德全：《缮修县城记》。
④ 嘉庆《介休县志》卷12《艺文》，刘尔聪《修张兰城记》。
⑤ 雍正《河东盐法志》卷11《艺文》。
⑥ 光绪《河津县志》卷2《风俗》。
⑦ 黄鉴辉：《杀虎口关的消长隆替》，《文史研究》1992年第1—2期。
⑧ （明）谢肇淛：《五杂俎》卷4《地部二》。

产为主导产业的城市群。晋北的杀虎口、归化城、大同、丰镇也是在中蒙贸易过程中，逐渐成为以贸易为主导产业的城镇。黄河沿线的西包头、河曲、碛口、永济在航运贸易过程中，逐渐成为以航运业为主导产业的城镇。空间上聚集在较近区域的城镇，出现了城镇集聚现象，从而加强了其所在区域的特点，随即形成了晋中金融区、晋南盐业产区、晋东南煤铁产区、晋北中蒙贸易区、黄河沿线航运区等特征明显的经济区域。

第三章

清代山西城镇集聚发展的前提[①]

第一节 交通、驿路

山西自古"路当孔道",地理位置具有优势。光绪《山西通志·风土记》曾对山西地形地貌进行了准确的概括,并指出山西之于国家安全的重要性:"夫山西,其东则太行为之屏障,其西则大河为之襟带;于北则大漠阴山为之外蔽,而勾注、雁门为之内险,于南则孟津潼关,皆吾门户也。"[②] 山西地形虽然相对封闭,但却保持了良好的内外交通条件。山河相间是山西地貌的基本特征,河流的走向对山西交通网络的形成及山西城镇的布局产生了重要影响。这些河流所流经的峡谷地区构成了山西与外界联系的天然通道。属于海河水系的桑干河、滹沱河、漳河、沁河、唐河等,向东切穿太行山脉流入华北平原,沿河谷地带形成了数条穿越太行山脉的峡谷通道。例如,开凿于北魏的灵丘道,就是沿唐河河谷分布的。[③] 除了沿河谷形成的天然通道外,山间峡谷也是区域间的交通要道。由山西穿越太行山脉通往华北平原的交通道路,就多利用山间陉口,形成了自春秋战国以来就十分重要的八条主要的自然通道,即"太行八陉"。山西西部与西南部均隔黄河与陕西、河南为界,渡口就成为沟通晋陕、晋豫间的必要设施,比较大的渡口有蒲津渡、禹门渡、大阳渡、茅津渡等。山西自北向南依次分布有六大盆地,这些地区历来为山西政治、

---

① 乔南:《清代山西经济集聚论》,经济管理出版社2008年版,第56—80页。
② 光绪《山西通志》卷99《风土记上》。
③ 荆生禾、赵成玉:《灵丘道钩沉》,《山西大学学报》(哲学社会科学版)1991年第3期。

经济、文化的中心，也是人口分布和城镇发展的中心区域。而太行山区、吕梁山区等广大山区，人口相对稀少，经济发展迟缓，城镇数量小且分散。随着几条较大河流对盆地边缘山地的切割，古代的交通沿着河流的走向将各大盆地连接起来。盆地中的城镇多沿河分布，呈现出明显的带状分布特征，如太原盆地至临汾盆地沿汾河分布了榆次、平遥、祁县、介休等一系列县级城市。此外，盆地之间有山脉阻隔，关口便成了沟通盆地之间的必经之路。代州雁门关、忻州石岭关、平陆虞坂、霍州隘口、宁武阳方口等，均属此列。[①] 山西北部，山脉众多，其间亦分布众多关口，成为山间往来之通道。因此，自古以来，山西北部地区的军事防线一旦被攻破，这些天然通道就成为北方游牧民族南下的捷径，通过关口、陉口，以及纵贯山西腹地的盆地、河谷，南下中原。

一　陆路网络

清代，山西省地域较当代大，其中东西南三面与今略同，北部超出当代山西省范围，包括今内蒙古的一部分。山西北隅有一道边墙，旧设堡门四十三处，清初开放杀虎口等三十五处，以便百姓出入。乾隆二十五年（1760）又准开通宁鲁口，"由宁鲁口出入计至左云县仅止五十三里，路极平坦，车辆可通，朝往夕还，于商民甚为便易"[②]，是连接口外与山西省驿路的一个通道。清廷官方设置道路的主要是为政治、军事和税收服务，不用考虑运输成本；又由于清朝统治者是少数民族，善于骑术，不习舟船，所以清代的驿路、铺路（包括后期）主要以陆路为主，即使在有水驿、水铺的地方，也同时设置陆驿、陆铺，这是彼时官方道路的重要特点。

为了巩固西南、西北的统治，清廷加强了京师经山西进入陕西的驿道建设：该驿道由京师经正定向西穿越太行山至太原，而后沿汾河谷地，涑水河谷南下至陕西潼关，西行达西安，再西行过凤翔府经川陕栈道至云贵川；经西安北上，则可达青陇川藏，是中央沟通整个西部边疆地区

[①] 李孝聪：《中国区域历史地理》，北京大学出版社2004年版，第180—181页。

[②] 乾隆二十九年三月二十二日山西巡抚和其衷奏，见《宫中档乾隆朝奏折》第20辑，第842页。

的重要通道。与此同时，在北部边疆开通了由京师至居庸关入山西，沿长城达甘、新的塘路。此为沟通京师与西北广大内陆最为便捷的通道。此外，清亦沿明长城开辟通往蒙古地区的杀虎口路，沿途遍设台站，其行经路线由京师至大同段与塘路相同，由大同西北行经杀虎口入蒙地，此路成为蒙古各部每年进京朝贡的指定路线。彼时，由杀虎口至归化城、包头等地的商业路线已发展成熟，清廷因此设立税关征收税银。① 由此可知，清代的山西是清廷控制整个西北边疆的必经之地，因此无论从国家政治军事层面上来说，还是从民间往来、商业贸易来讲，清代山西都处于沟通国家东西部地区的重要节点之上，其道路交通的通畅与否直接关系国家西部边疆的稳定以及西部地区的开发。在这种背景之下，清代山西的交通驿路发展迅速。

二 从省治太原辐射而出的驿路官道

清代，山西设驿站 125 个，急递铺 1059 个，分别位于全国第七和第三。省治太原"正当孔道交通之冲"，东经平定、井陉可达京师；南经平阳、蒲州过黄河可至陕西潼关、西安；西经汾州，由军渡过黄河可至陕西吴堡；北经忻州、代州、大同，可与蒙古相通；东北经繁峙、灵邱、广昌，过紫荆关可入冀；西北经岢岚、偏头关，可达陕西榆林等地；东南经沁州、潞安、泽州，越太行山可入豫。省内以省治太原为中心，有六条重要官道驿路，它们是：

第一条，东南路。自阳曲县临汾驿起，经徐沟县同戈驿，祁县子洪口盘陀驿，武乡县南关驿，入武乡县界。东南行至昌源河源头，过分水岭至涅河源头，沿河而行至权店驿，南行至西漳河源头，沿河而下至沁州沁阳驿，沿河东南行至襄垣县虒亭驿，屯留县余吾驿，长子县漳泽驿，高平县长平驿、乔村驿，凤台县太行驿、星轺驿，到河南境内。②

第二条，西南路。自太原府阳曲县临汾驿起，经徐沟县同戈驿，祁

---

① 丰若菲、刘建生：《清代杀虎口的实征关税与北路贸易》，《中国经济史研究》2009 年第 2 期。
② 雍正十三年六月十三日山西巡抚觉罗石麟奏，见《官中档雍正朝奏折》第 24 辑，第 813 页。

县贾令驿，平遥县洪善驿，介休县义棠驿，南行至冷泉关，入雀鼠谷道，至灵石县瑞石驿、仁义驿，霍州霍山驿，沿临汾河东岸行，至赵城县赵城驿，洪洞县普润驿，至平阳府临汾县建雄驿，太平县史村驿，曲沃县侯马驿，由此西南行，过隘口，至闻喜县涑川驿，沿涑水河谷西南行，至安邑县宏芝驿，临晋县樊桥驿，永济县河东驿，至蒲州府城，沿黄河至陕西潼关驿。

第三条，西路。自太原府阳曲县临汾驿起，经平遥县洪善驿，西渡汾河，至汾阳县汾阳驿，后沿阳城河溯源至源头，至大东川河，沿河谷至永宁州吴城驿、玉亭驿、青龙驿、军渡，由此西渡黄河，到陕西吴堡县河西驿。

第四条，北路。分为至大同府及朔平府个方向。至大同府，自太原府临汾驿北行，经成晋驿、九原驿、原平驿至代州雁门驿，路同太原府至北京的东北路驿道，自代州雁门驿至朔州广武边站，在此与北京至伊犁的塘路相接，沿塘路西行可至陕甘等地。自广武边站沿桑干河支流东北行，至山阴县山阴驿，应州安银子驿，北行至怀仁县西安驿，大同县瓮城驿，入大同府，与杀虎口路相接。自大同城沿御河北行，出得胜口，至丰镇厅，路通归化城等地。

至朔平府，自阳曲县临汾驿起，分三路：第一路自太原府临汾驿北行，经成晋驿、九原驿至崞县原平驿，由此西行，沿阳武河河谷溯源而上，至崞县马圈村闹泥驿，再西行至宁武边站，后经神池边站、利民边站、井坪军站、平鲁军站、右玉县威远堡军站、右玉军站至朔平府。此为忻、代地区通往朔平府的主要路线。第二路自太原府临汾驿北行，沿扫峪河河谷溯源而上过天门关，至凌井驿，继续沿河谷至静乐县康家会驿，静乐县城，沿汾河河谷北行至宁武县宁化边站、宁武边站，再到神池、利民、井坪、平鲁、威远、右玉等军站，达朔平府。北出杀虎口至宁远厅，路通绥远城。是太原北通朔平府的主要驿路，也被称为"咽喉之路"。[1] 第三路自太原府阳曲县临汾驿北行，经阳曲县成晋驿，忻州九原驿，崞县原平驿，代州雁门驿，至朔州广武驿、朔州城缘边塘站，转而北行，至平鲁县井坪军站，再到平鲁军站、右玉县威远军站，至右玉

---

[1] 乾隆《太原府志》卷7《关隘·阳曲县》。

军站，达朔平府。

第五条，东北路。自阳曲县临汾驿起，经榆次县鸣谦驿，寿阳县太安驿、寿阳驿，盂县芹泉驿，平定州平潭驿、柏井驿、甘桃驿，井陉县井陉驿，为山西通达京师之"大驿"，全程1150里，有桥11座。[1]

第六条，西北路。自太原府阳曲县临汾驿起，至保德州，分两路：一路北行至朔州城缘塘站，沿塘路西行，至保德州，西渡黄河入陕西省府谷县。另一路经凌井驿至静乐县康家会驿，沿碾河西北行，至静乐县城，西渡汾河，至岢岚州永宁驿，河曲县沙泉驿，后经红崖缘边塘站、年延边塘站达保德州。

三　茶道和粮道

由于驿路官道网络密集，安全性高，因此商贾运输货物，一般都要利用驿路官道。尤其在不通水路的地区，和没有运价高低考虑的情况下，更是沿驿路官道行走。

清代，国家统一、疆域扩大，邻近山西北部的归化城土默特地区陆续得到开发，土默特平原已经成为重要的粮油产地。清廷在此相继设直隶厅进行管理，而这些新设置的直隶厅就近划归山西布政司管辖，促进了山西北部地区南北向道路的开拓。这一时期，清廷设置了太原经大同至丰镇厅；太原经宁武、朔平至归化城厅；太原经岢岚、偏关至归化城厅的驿路。归化城土默特地区所产粮油经两条道路转运山西境内：其一，经黄河水运至临县碛口镇，起岸转运三交镇，后沿不同道路陆运至山西腹地，此路被前辈学者称为"晋蒙粮油故道"；[2] 其二，东行至大同，而后南下运往晋中地区。由于口外各厅运至山西粮油数量庞大，致使太原、汾州两府米价变化要"恒视北路之丰歉为准"[3]。此外，清代山西地区商品经济进一步发展形成了太原、平遥、侯马、运城、长治等区域性的商品集散中心，围绕这些城镇形成了四通八达的交通网络。

---

[1] 杨纯渊：《山西历史经济地理述要》，山西人民出版社1993年版，第499—500页。
[2] 张世满：《晋蒙粮油故道研究》，山西大学，博士学位论文，2008年。
[3] 曾国荃：《申明栽种罂粟旧禁疏》，载曹新宇《清代山西的粮食贩运路线》，《中国历史地理论丛》1998年第2辑。

清代，山西境内已经形成一条重要的陆路商道，即南茶北运商道，晋商把闽、粤和江淮流域的各种物资，经水路分别集聚到湖北汉口、河南周口，之后经河南开封、怀庆府（沁阳），入山西省境内泽州、经潞安、子洪运抵太谷、祁县，经过加工分包，再继续北运，沿着旧时的军事道路雁门关山区，经忻州、原平，出雁门关，至山阴县黄花梁分道，一路去东口（张家口），一路走西口（杀虎口—归化城）。从西口进入蒙古的物资，可由归化—包头—宁夏—兰州—敦煌到叶尔羌，或由归化城—库仑—乌里雅苏台—科布多—哈密—乌鲁木齐到塔尔巴哈台；往东则经张家口—多伦—齐齐哈尔到呼伦贝尔，再经库仑—恰克图—伊尔库兹克—西伯利亚—莫斯科到彼得堡，进入欧洲市场。这条商路在山西的长城线上与明代已经形成的北京—张家口—大同—杀虎口—榆林—凉州—甘州—嘉峪关的东西商路相交叉，同时又位于形成于汉朝、成熟于隋唐的丝绸之路的东端延长线西安—潼关—太原大同—北京。[1]

彼时，山西境内亦有可以通航的水路。康熙时期，汾河"自河津县至洪洞县船皆可行"[2]。雍正时期，经过凿挖疏通，洪洞以上至省城河段"皆通流"。[3] 汾水河宽水深，可以行船。[4] 而黄河，自包头至碛口段、蒲州段亦可行船。

综上所述，清代山西境内陆路、水路交通运输条件的改善，为境内交通道路沿线城市商业的发展和人口的扩容提供了前提。

第二节　人口的增加及城镇人口构成

人口是城市发展最基本和最关键的因素，是衡量城市化发展水平的基本标准之一。城市的发展是指城市人口以及与之相关的政治、经济、文化、市政设施、城市社会等方面的综合发展，人口的增减对城市发展会产生重大影响。从山西城市发展史角度分析，但凡山西省域内人口数

---

[1] 孔祥毅：《近代史上的山西商人和商业资本》，见江地主编《近代的山西》，山西人民出版社1988年版，第266页。
[2] 《清圣祖实录》卷216，康熙四十三年四月丙申、戊子。
[3] 雍正七年四月初三日工部侍郎马尔泰等奏，《宫中档雍正朝奏折》第12辑，第795页。
[4] 参阅（清）朱云锦《豫乘识小录》。

量增加的时期，城市发展都较为繁荣，反之则出现衰败之颓势。

一 人口的增加

清初，受明末战乱影响，山西人口大幅度减少，到康熙二十年（1681）前后才有所改变。清顺治十八年（1661）山西地区人口为627.87万；康熙二十四年（1685）为678.03万；乾隆二十七年（1762），山西人口数首次突破千万大关，达1023.99万；乾隆五十六年（1791）达到1338.7万，此后山西人口呈逐年上升趋势。而道光二十年（1840），山西人口达到1489.2万。从顺治十八年到道光二十年的179年间，山西人口增加了861.331万人，平均每年增加48119人。这一时期，山西人口增长较快的原因有以下三点：其一，赋役改革。清政府为巩固已建立的政权而采取一系列休养生息政策，如康熙五十一年（1712）实行"盛世滋生人丁，永不加赋"，雍正时期实行"摊丁入亩"，乾隆时期又进一步调整保甲制度，这一切不仅大大刺激了人口的增长，而且使大量隐匿的户口涌现出来。其二，辖区扩大。乾隆时期，清政府把今内蒙古自治区的归化城、清水河、萨拉齐、和林格尔和托克托划归山西领属，使该地区12万人口加入山西。其三，乐户入籍。明代，山西各地有大量乐户被统治者视为贱民而不编入户，雍正元年（1723）起，改业为良，"与编氓同列"，也使此时山西人口总数有所增加。光绪三年（1877），山西人口达到高峰即1634.3万。此后，由于连年灾荒，瘟疫流行，加之清政府内外交困，人口大量流亡，至光绪十四年（1888），人口锐减至1098.4万，宣统三年（1911），减至1009.9万。（参见表3-1）

表3-1　　　　　　　　清代山西人口表　　　　　　　　（单位：万）

年代	人数	年代	人数
顺治十八年（1661）	627.869	咸丰七年（1857）	1604.9
康熙二十四年（1685）	678.026	咸丰八年（1858）	1608.8
雍正二年（1724）	750.9738	咸丰九年（1859）	1612.8
乾隆二十二年（1757）	965.42	咸丰十年（1860）	1619.9
乾隆二十七年（1762）	1023.99	咸丰十一年（1861）	1624.2
乾隆三十一年（1766）	1046.8349	同治元年（1862）	1628.9

续表

年代	人数	年代	人数
乾隆五十一年（1786）	1319.0	同治二年（1863）	1632.4
乾隆五十二年（1787）	1323.2	同治三年（1864）	1633.25
乾隆五十三年（1788）	1326.8	同治四年（1865）	1634.1
乾隆五十四年（1789）	1330.7	同治五年（1866）	1634.95
乾隆五十五年（1790）	1334.6	同治六年（1867）	1635.8
乾隆五十六年（1791）	1338.7	同治七年（1868）	1636.6
嘉庆十七年（1812）	1400.421	同治八年（1869）	1637.5
嘉庆二十四年（1819）	1432.5	同治九年（1870）	1638.35
嘉庆二十五年（1820）	1435.2	同治十年（1871）	1639.2
道光十年（1830）	1465.8	同治十一年（1872）	1639.27
道光十一年（1831）	1467.8	同治十二年（1873）	1639.3
道光十二年（1832）	1469.6	同治十三年（1874）	1639.4
道光十三年（1833）	1471.4	光绪元年（1875）	1640.6
道光十四年（1834）	1473	光绪二年（1876）	1641.9
道光十五年（1835）	1480.7	光绪三年（1877）	1643.3
道光十六年（1836）	1482.4	光绪四年（1878）	1555.7
道光十七年（1837）	1481.4	光绪五年（1879）	1556.9
道光十八年（1838）	1485.8	光绪六年（1880）	1458.7
道光十九年（1839）	1487.5	光绪七年（1881）	1434.9
道光二十年（1840）	1489.2	光绪八年（1882）	1221.1
道光二十一年（1841）	1492.7	光绪九年（1883）	1074.4
道光二十二年（1842）	1494.6	光绪十年（1884）	1090.9
道光二十三年（1843）	1496.6	光绪十一年（1885）	1079.3
道光二十四年（1844）	1495.6	光绪十二年（1886）	1084.7
道光二十五年（1845）	1500.8	光绪十三年（1887）	1065.8
道光二十六年（1846）	1503.1	光绪十四年（1888）	1098.4
道光二十七年（1847）	1505.6	光绪十五年（1889）	1103.4
道光二十八年（1848）	1507.8	光绪十六年（1890）	1105.9
道光二十九年（1849）	1510.3	光绪十七年（1891）	1107.1
道光三十年（1850）	1513.1	光绪十八年（1892）	1126.1
咸丰元年（1851）	1569.27	光绪十九年（1893）	1145.44
咸丰二年（1852）	1589.2	光绪二十年（1894）	1165.1
咸丰三年（1853）	1592.1	光绪二十一年（1895）	1110.4

续表

年代	人数	年代	人数
咸丰四年（1854）	1595.7	光绪二十二年（1896）	1119.1
咸丰五年（1855）	1599.2	光绪二十三年（1897）	1149.3
咸丰六年（1856）	1601.6	光绪二十四年（1898）	1153.1
		宣统三年（1911）	1009.9

数据来源：据赵文林、谢淑君《中国人口史》《各省清代人口数统计表》的核算数，人民出版社1988年版，第452页。

由表3-1可知，清代前期的山西人口，在乾隆二十二年（1757）前为第一阶段，人口大体在600万—900万。从乾隆二十七年（1762）起，为第二阶段，人口达到千万以上，到道光二十年（1840）年山西人口已近1500万。

表3-2　　清嘉庆二十五年（1820）山西各府州人口密度统计

府州别	人口（万）	面积（平方公里）	密度
太原府	208.6640	16500	126.46
平阳府	139.7546	12300	113.62
蒲州府	139.8811	3300	423.88
潞安府	94.514	9000	104.50
汾州府	180.7377	15000	120.46
泽州府	89.9698	8700	103.41
大同府	76.4923	19200	39.84
宁武府	23.8692	6000	39.78
朔平府	53.6066	27000	19.85
平定府	64.484	8100	79.07
忻州直隶州	36.6146	5400	67.80
代州直隶州	51.3135	8700	58.98
保德直隶州	14.769	3300	42.66
霍州直隶州	35.1147	3000	117.05
解州直隶州	79.9521	3730	214.34
绛州直隶州	101.7312	5400	188.39

续表

府州别	人口（万）	面积（平方公里）	密度
隰州直隶州	13.4045	6300	21.28
沁州直隶州	26.6811	5700	46.81
辽州直隶州	21.2715	4500	47.27
归化城厅	12.776	缺	缺
合计	1459.7428	—	—

数据来源：梁方仲《中国历代户口、田地、田赋统计》，第274页，甲表88之《清嘉庆二十五年（1820）各府州人口密度》，上海人民出版社1980年版。

从表3-2可以知道，清嘉庆二十五年（1820），山西省的太原府、汾州府、蒲州府、平阳府、绛州人口最多，人口密度以蒲州为最大，其次为解州、绛州、太原府。

二 职业构成概况

恪守礼制和社会分工是中国一以贯之的文化传统，《管子》明确指出，"士农工商四民者，国之石民也，不可使杂处"，以达到"使民载其事而各得其宜"的目的。① 士农工商的职业设定为我们考察清代山西居民的职业类别提供了范式。士、农、工、商的职业构成，因地域不同而有所差别。一般而言，山西民人安土重迁，各地百姓"专务耕读"②，尤以晋北明显，晋中、晋南地区亦有之。大同府广灵县"县属居民专务农业，应童子试者不过百余人。……其性恋土怀，乡不能牵车服贾，凡俯仰、交际、租税之费皆取给于田"③。代州繁峙县"其士务农力田，不事商贾"④。崞县"俗务农业而少行商……女不晓织纺"⑤。汾州府永宁县老百姓"勤于农业，拙于服贾"⑥。石楼县"农不商贾，女不纫织"⑦。霍州赵

---

① 江涛：《管子新注》，齐鲁书社2006年版，第178页。
② 光绪《解州志》卷2《风俗》。
③ 乾隆《广灵县志》卷4《风土·乡俗》。
④ 道光《繁峙县志》卷2《风俗》。
⑤ 乾隆《崞县志》卷4《风俗》。
⑥ 康熙《永宁县志》卷1《风俗》。
⑦ 雍正《石楼县志》卷3《风俗》。

城县"地少沃壤而勤于稼穑,妇女皆任耕作"①。而晋南绛州则"民风质朴,好尚勤俭,耕稼之余多事副业,如西韩梁庄人之制绳;武平丁村辛堡人之织苇;刘建庄与刘家庄人之编柳罐;西行庄人之编搓;北行庄北燕村人之制木器;宋温庄人之钉碗;史家庄人之做饧;王钦庄人之烧石灰;涧西村人之编驮笼;木赞村人之鞔鼓龙;香村人之制灯笼;王村人之塑像与凿井;周流村人之编箅箔;苏村下船头人之烧砖瓦;娄庄人之灌烛;磨头人之造木盘,亦不无微利,可图而为农家之一种收入也"。②

但在山西很多区域却是另外一番景象,多数县份有民人外出经商或在本地习贾。"太原汾州所称饶沃之数大县,及关北之忻州,皆服贾于京畿,三江、两湖、岭表,东西北三口,致富在数千里或万余里外,不资地力。"③ 平定府"(民)贾易于燕赵齐鲁间者,几十之五"④。盂县"往往服贾于远方,虽数千里不辞远"⑤。介休县"人民繁庶,重迁徙,服商贾"⑥。榆次县"人操田作者十之六七,服贾者十之三四"⑦。太谷县"向以田少民多"⑧,故县人重商习贾,"经商异域,讲信耐劳,足迹遍天下,执各大埠商界之牛耳,起家至数十百万者尤为谷人之特色"⑨。"自有明迄于清中叶,商贾之迹几遍行省。东北至燕、蒙、俄,西达秦陇,南抵吴、越、川、楚"⑩,经商所得为"惟谷地向以田少民多,故商于外者甚夥,中下之家除少数薄有田产者得以耕凿外,余背恃行商为生,涓涓滴滴为本地大宗来源"⑪。灵石"远服贾者正复不少"⑫。寿阳县"贸易于燕南塞

---

① 道光《赵城县志》卷18《风俗》。
② 民国《新绛县志》卷3《生业略》。
③ 光绪《五台新志》卷2《生计》。
④ 光绪《平定州志》卷5《食货·风土》。
⑤ 光绪《盂县志》卷6《地舆考·风俗》。
⑥ 乾隆《介休县志》卷4《风俗》。
⑦ 乾隆《榆次县志》卷6《风俗》。
⑧ 民国《太谷县志》卷4《生业·商会》。
⑨ 民国《太谷县志》卷1《序》。
⑩ 民国《太谷县志》卷1《新修太谷县志序》。
⑪ 民国《太谷县志》卷4《生业·商会》。
⑫ 嘉庆《灵石县志》卷3《食货》。

北者亦居其半"①。高平县"四郊东务农，西服贾"②。绛州"负贩贸迁以为谋生之计"③。曲沃县"重迁徙，服商贾"④。解州运城"阛阓之夫率趋盐利握算，佣工不务本业"⑤。甚至连晋北都有民人外出经商，左云县"（民）大半皆往归化城，开设生理或寻人之铺以贸易……且有以贸易迁居者大半"⑥。偏关县"关民多有出口谋生"⑦。保德州"习俗惟利是趋，而不以五谷为本计也"⑧。河曲县"业农者多开油店，此商贾之业"⑨。因此，山西重利之念，甚于重名。子弟之俊秀者，多从事商业贸易活动，其次是务农，再次是当兵，最末才读书。

彼时，山西地狭人稠，农业生产不足供给，从明代起，即有大量人口外出经商，商人地位逐渐上升，"经商"观念渐渐被大众所接受。明人韩邦奇记山西商人席铭"幼时学举子业，不成，又不喜农耕"，曰："丈夫苟不能立功名于世，抑岂为汉粒之偶，不能树基业于家哉"⑩，于是做了商人。归有光则指出："士与农商常相混。"⑪ 由此可以看出，明清之际，商人四民观的排列顺序已经是士商农工。四民可以分为两大类：士、商为社会上层；农、工为社会下层。这种观念在商人势力比较强的地区表现得尤为突出，人们纷纷外出经商，山西犹然，境内重商风气浓重。

三　城镇居民的职业构成

上述资料从区域总人口的角度分析了清代传统时期山西人口的职业构成，但具体到城市人口的构成上就大相径庭了：

---

① 光绪《寿阳县志》卷10《风土·风俗》。
② 雍正《泽州府志》卷11《风俗》。
③ 乾隆《直隶绛州志》卷17《艺文》，马恕《绛民疾苦记略》。
④ 乾隆《新修曲沃县志》卷23《风俗》。
⑤ 乾隆《解州安邑县运城志》卷2《风俗》。
⑥ 光绪《左云志稿》卷4《风俗》。
⑦ 道光《偏关志》卷上。
⑧ 李文治：《中国近代农业史资料》，生活·读书·新知三联书店1957年版，第84页。
⑨ 同治《河曲县志》卷5。
⑩ （明）韩邦奇：《苑落集》卷6，《大明席志铭》，兰州古籍书店1990年版。
⑪ （明）归有光：《震川先生集》卷13，《白庵程翁八十寿序》，光绪元年（1875）归氏重刊本。

(一) 国家行政、军事人员与士绅集团

城市无论在传统社会还是现代社会，都是一个国家，一个地区的行政中心或军事中心，因此，地方官吏及驻军是清代山西城市居民的重要组成部分之一。

清代，太原是山西省会、太原府府治、以阳曲县为附郭，省、府、县三级官署衙门聚集一地，这三级官署衙门的文武官员，以及隶属书吏、人役、女眷为数众多，是构成太原人口的重要部分。此外，清代的大同城是府、县两级行政机构所在地，故城内官署衙门众多。城内有府署、经历司署、县署、典吏署、提督学院行署，还有阴阳学、医学、僧纲司、道纪司。军事机构有总镇署、中营游击署、左营游击署、右营游击署、前营都司署。府署在城内西北隅，内有清军厅、理刑厅、兵刑分署、司狱宅、督粮厅、经历宅、知事宅、粮署分署、吏曹公解银亿库、寅宾馆、杂货库、市货库。① 在北门、东门及南门外发展了大片的关厢地区，后增筑城墙；并在北门外，出于军事需要，增修兵营。② 因此，城内有为数众多的大小官吏、隶属书吏、兵丁。

除国家行政人员外，山西还有一批地方官府所倚重的属于国家政权力量的绅士集团，该集团人数众多，大多数居于城镇之中。以晋南运城为例，城内除了官署衙门的文武官员、隶属书吏、人役等为数众多的国家行政人员外，还居住着大量"或以科第奋迹，或以赀郎起家"的安邑缙绅。③

上述人员虽不直接进行物质生产，但其收入较高，是城市消费群体的主要组成部分。其消费观念和水平对城市社会经济生活都会产生一定的指向性影响，同时按照清政府地方官员的任命规定，在山西任职的各级官员都是由外省科甲之士迁任的，由此一来就不可避免地将其眷属带入本省，在一定程度上促进了山西城市社会文化生活的发展与变迁。

(二) 手工业者

清代，随着经济的恢复发展以及山西城镇的繁荣，吸引了越来越多

---

① 乾隆《大同府志》卷12《衙署》。
② 宁越敏等：《中国城市发展史》，安徽科学技术出版社1994年版，第263页。
③ 乾隆《解州安邑运城志》卷2《风俗》。

的人进入城镇务工,从事手工业。天镇县"碱随地有之,富商大贾为备器具,募工匠,遍设作房,岁所得不下百万斤,贩往京畿,每获重利"①。怀仁县城内"匠作之事……惟陶冶一技如琉璃瓦兽之物,独擅北方"②。汾州府孝义县"民业勤苦,谋食无他奇技淫巧,除农圃之外则负薪掏煤,赶骡脚,大抵夏秋力南亩,春冬地冻则入深山砍木掏煤"③。大同城内人口日益增多,使"城中四角街巷一百三十六条,房舍比栉,毫无隙地",且城内房屋还在不断修建和增多,需要大量修建房屋的匠人,使得匠人"盖一人之身而百工之所为备"④。

(三)商人

平遥城内"迩来商贩云集,居奇罗珍增前数十倍"⑤。祁县城内茶庄、票号及零售商业亦十分活跃。⑥榆次县城商业发达,市廛繁华。介休境内张兰、义安、洪山、义棠等镇由于地处要冲,商贾云集,镇上除有京货、杂货等商号外,还有钱庄、当铺、金珠铺等商行。解州城内店铺林立,商贾辐辏。⑦清前期,运城"商民辐辏,烟火万家"⑧,乾隆年间更是"顾商贾聚集处,百货骈集"⑨。绛州城"市廛辐辏,商贾云集"⑩。杀虎口在雍正年间城内"商贾络绎"⑪。归化城亦"商贾云集,诸货流通"⑫。道光年间大同城有从事斗行、牲畜贩卖、泥靛补衬、棉麻、铁、炭货、水果、烧酒业、车辆、棺板、木材、脚力等行业的官牙310人。城内还有当商52名。⑬这都充分显示了彼时商业人口在山西城镇内集聚的事实。

---

① 光绪《天镇县志》卷2《土地志》。
② 光绪《怀仁县新志》卷4《风俗》。
③ 乾隆《孝义县志》卷1《物产风俗》。
④ 道光《大同县志》卷8《风俗》。
⑤ 嘉庆十八年(1813)《重修市楼碑记》。
⑥ 《山西文史资料》编辑部:《山西文史资料全编(第95辑)》,2002年版,第1050页。
⑦ 据镶嵌于解州关帝庙印楼、刀楼南北墙的《重建春秋楼绅商布施碑记》统计。
⑧ 雍正《河东盐法志》卷8《运城》。
⑨ 乾隆《解州安邑运城志》卷2《物产》。
⑩ (清)李燧:《晋游日记》,山西经济出版社2003年版,第85页。
⑪ 雍正《朔平府志》卷7《赋役·税课》。
⑫ 张正明、薛慧林:《明清晋商资料选编》,山西人民出版社1989年版,第50页。
⑬ 道光《大同县志》卷8《赋役》。

（四）客民

清代城市作为其所处区域的政治、经济、军事和文化中心，不断吸引各类人员来此求官、求学、经商、旅游及谋生。清乾隆年间，随着盐务专城地位的确立，位于晋南的运城里"五方杂处，富商大贾，游客山人骈肩接踵"[①]。晋北的杀虎口"商贾农工、趋附贸易、内地民人难以数计"，"汉夷贸易，蚁聚城市，日不下五六百骑"[②]。商贾云集，集市繁荣，店铺林立。彼时，山西许多城镇商业繁荣，庙会、市集开市频繁，交易商品琳琅满目，吸引大量外地客商前来。解州关帝庙会为山西传统四大庙会之一，会期长达一个月，会上交易商品种类繁多，不仅有省内商人前来交易，更吸引邻近陕、豫两省各地客商前来买货[③]。绛州庙会以古龙坡的"老君庙会"和"东华山娘娘庙会"名气及规模最大，每逢会期，陕、甘、豫、冀、鲁等省客商云集[④]。汾州府介休县农历九月二十至二十九是张兰镇泰山庙庙会，届时平遥、沁源、霍县、孝义、汾阳等地商号和手工业作坊都前来参加[⑤]。临县六镇古会尤以三交会驰名，每年的骡马大会，陕西米脂、定边、关中、神木、榆林等地来的骡马驴数量可观；河南、河北、晋东南、洪赵等地前来购买牲畜者摩肩接踵。三交骡马大会时，周围十数里村庄都住满各地客人[⑥]。潞安府鲍店镇庙会以药材交易为主，故又称药材大会。每逢会期，四川、广东、福建、河南、安徽、贵州、西藏、青海、太原、北京等地药商，纷纷赶着骡马队、骆驼队前来进行药材交易[⑦]。

总体而言，清代山西各个城市居民构成不尽相同。省会太原、北部重镇大同等城，军政人员人数相对较多。平遥、祁县、太谷、运城、绛

[①] 乾隆《解州安邑运城志》卷2《风俗》。
[②] 黄鉴晖：《杀虎口的消长隆替》，《文史研究》1992年第1—2期。
[③] 民国《解县志》卷2《物产略》。
[④] 绛县地方志编纂委员会编：《绛县志》卷10《商业》，陕西人民出版社1997年版，第375页。
[⑤] 山西省介休市志编纂委员会编：《介休市志》卷9《商业》，海潮出版社1996年版，第421页。
[⑥] 临县志编纂委员会编：《临县志》卷10《商业》，海潮出版社1994年版，第247页。
[⑦] 张小根：《鲍店药材会》，载《山西文史资料》编辑部《山西文史资料》第10卷，1998年版。

州等商业城镇的商贾、手工业人数众多。而一些集市庙会商品经济较为活跃的城镇，则外来人口在一定时间内所占比重较其他城市要大。至于其他州县城镇，由于缺乏对各群体所占比重确切的史料统计，故无法得出准确的结论，但可以粗略估计一下，其人口构成应该与城市经济发展水平、城市行政等级及居民构成等大体一致，从而塑造了清代山西城镇居民构成的多样性，进而导致城市社会生活向多元化发展，并造就了城镇居民生活彼此间的差异性，使清代山西城市社会生活呈现出丰富多彩的景象。

第三节　社会发展水平的跃升

山西历来地狭人众，农业生产条件较差，粮食生产比较落后。但气候条件和土壤条件的多样性为粮食作物以外的农副作物的生长提供了较为良好的条件。加上省内矿产资源十分丰富。因此，清代山西经济发展的一项重要内容就是手工业经济的高度发展。

一　纺织业

（一）潞绸及泽绸

明代，潞安府是全国著名的丝绸产地，曾在明万历年间（1575—1620）达到高峰，由于"潞绸机杼斗巧，织作纯丽"[①] 而被朝廷征派，成为贡品。在明洪武初年于山西设立"织染局"，万历中期又派出"织造内臣"赴各处督造催征。洪武二十四年（1391）潞州府所辖 7 县，166147户，而仅"长治、高平、潞州卫三处，共有绸机一万三千余张"[②]，平均每户都有织机。万历三年（1575）至十八年（1590），朝廷向山西坐派潞绸1.5万匹，用银8万两。[③] 明代，潞绸生产的规模空前，明末除按规定数额完交、贡纳、互市外，舟车辐辏传输于河北、内蒙古等地，还作为外贸商品流通到国外。

[①]　（明）郭子章：《郭青螺先生遗书》卷16，光绪年间刊本。
[②]　乾隆《潞安府志》卷9《田赋》。
[③]　王尚义：《晋商商贸活动的历史地理研究》，科学出版社2004年版，第69页。

清代，长治和高平仍向朝廷纳贡潞绸，但其规模远不及明代。康熙年间（1662—1722），潞绸纳贡每年维持在 300—400 匹。乾隆年间规定："十年一派，造绸四千九百七十匹，分为三运，九年解完……以十分为率，长治分造六分二厘，高平分造三分八厘。造完各差官解部交纳。"① 其时每年仅纳贡大小潞绸 152 匹。② 乾隆中叶开始，新疆与境外贸易所需潞绸缎和泽绸，均由"山西供给"③。乾隆三十年（1765），陕甘总督因喀什噶尔贸易需要，特请准从山西采办潞绸、泽绸，由驿传递送到甘肃。由长治县办解的潞绸品种有红色缎、绿色缎、酱色缎、蓝色缎、灰色缎；由高平县办解的潞绸品种有宝蓝色绸、库灰色绸、古铜色绸、青色绸。④ 此后，新疆伊犁与俄罗斯贸易所需绸缎，高平县"输必百匹"⑤。乾隆四十八年（1783），指定运往新疆的各色绸缎中，晋省备办的泽绸 200 匹，专用于"购买哈萨克牲畜"，以解决清政府在新疆军屯所需马牛。每年仅销往新疆的泽绸 100—300 匹。嘉庆年间（1796—1820），山西每年上解户部的农桑绢 300 匹、生丝绢 1200 匹、大潞绸 30 匹、小潞绸 50 匹。特别是双丝泽绸，以织工精细，质地精良，色泽鲜艳，而畅销西北等地。潞绸而外，晋东南还产其他绢绸。泽州"府境产丝，织成素帛，以橡壳皂之，谓之乌绫帕，用以抹额"⑥。清代，潞绸除完课纳贡之外，还投入市场。乾隆《潞安府志》曾记载："是绸（潞绸）也，士庶皆得为衣。"⑦

（二）棉纺织业

明初，山西民间棉纺织业已有一定的生产规模。自平定州寿阳县向西南延伸，经太原府榆次、徐沟、太谷、祁县等地，直至汾州府的平遥、孝义县，形成一个斜长的棉纺织业集中区。清代，晋省许多地方棉织业发展较为迅速，织布细分出择花、弹花、搓花、纺花、缠线、拐线、浆

---

① 乾隆《潞安府志》卷 9《田赋》。
② 乾隆《高平县志》卷 9。
③ 《清高宗实录》卷 968，乾隆三十九年十月丙戌，中华书局 1985 年版。
④ 《户部提本》，兼管吏部事务总管内务府大臣傅恒等《谨题为奏明事》，存第一历史档案馆。
⑤ 光绪《续高平县志》卷 6。
⑥ 雍正《山西通志》卷 47。
⑦ 乾隆《潞安府志》卷 31《艺文续》，《请停止砂锅绸疏》。

线、络线、钩线、引布、安机、卸布、锤布、浆布、裁缝 15 道工序。[①] 一名妇女，一年可以织布 50 匹，每匹可卖 150 钱，50 匹可得 7500 钱。[②] 乾隆时，榆次县乡村"家事纺织，成布至多，以供衣服租税之用"[③]。此外，榆次布在清代山西的棉布中最著名，"榆人家事纺织成布，至多以供衣服、租税之用，而专其业者，贩之四方，号榆次大布，旁给西北诸州县，其布虽织作未及精好，而宽于边幅紧密，能久，故人咸视之"[④]。寿阳县于清康熙时，居民务农之外，兼资纺织；至乾隆时，县民"事耕织者十之五"[⑤]，县所产布"鬻于北路，每尺钱二十上下"[⑥]。太谷县在明后期"无问城市乡村，无不纺织之家"；清代"男务耕，女务织，勤俭至殷阜"[⑦]。孝义县"男妇皆能纺织，所制棉布，鬻于西北州县外"[⑧]。清道光时，晋中及晋南地区的棉布生产已有很大发展，产品不仅供应本省，且销往邻省，"每见省南寿阳、榆次、太谷、祁县等邑，机声轧轧……偶逢集市，抱布贸丝者踵履相接，是以室家饶裕"。晋南闻喜县"女红甚勤，东乡尤佳，称横水布。又织为巾，黑白相间，名闻巾"[⑨]，"健妇一岁得布五十匹，一布可得百五十余钱，计五十匹得七千五百余钱，得五十二三丈余布"[⑩]。同时，山西从事棉织手工业生产的地区也愈趋广泛，就连晋北地区也一改过去依靠外地贩来的习俗，开始学习并兴起棉纺织业。如大同地区"塞北妇女，自古不识纺织，尺寸布缕皆买之市肆……民间稼穑登场，半以易布……选择邑内木匠二三人给予资斧，趁此长夏，前往省南学制纺车织机梭扣等物，即于省南觅雇二三堪教纺织之妇人前来"[⑪]。

[①] （清）祁隽藻：《马首农言》，清咸丰五年（1855）刻本。
[②] （清）祁隽藻：《马首农言》，清咸丰五年（1855）刻本。
[③] 乾隆《榆次县志》卷7。
[④] 同治《榆次县志》卷15《物产》。
[⑤] 乾隆《寿阳县志》卷8。
[⑥] （清）祁隽藻：《马首农言》，清咸丰五年（1855）刻本。
[⑦] 光绪《太谷县志》卷3。
[⑧] 乾隆《孝义县志》卷5《民俗物产》。
[⑨] 乾隆《闻喜县志》卷2。
[⑩] （清）祁隽藻：《马首农言》，清咸丰五年（1855）刻本。
[⑪] 道光《大同县志》。

二 烟草加工业

山西烟草加工业的发展，是以曲沃县烟草种植业和加工业的发展为基础的。明末清初，曲沃烟坊的年产量达到 1000 多万斤，经营烟叶生产加工的烟坊有数十家，成为山西烟草生产基地。清代是曲沃烟叶种植与加工的鼎盛时期，在曲沃县北荣裕、杨谈、北白集、城关等地均建有烟坊，相继出现了一批专业经营烟草的商号，如裕顺永、魁太和、东谦亨、西谦亨、南谦亨、北谦亨等。清末，全县种植面积约 8 万亩，年均产烟 900 万斤，最高年产达 1400 万斤。此时曲沃有大小百十家烟坊，烟叶生产成为当地重要产业，全县的烟坊年产烟丝 4000—5000 吨，烟丝从曲沃运至晋中平遥，而后运往广大的北方市场。[①]

曲沃烟坊制作的烟叶依据不同配料和具体工序，可分为生烟、皮烟（潮烟）、香料烟（杂拌烟）三大类。清末，曲沃数百家烟坊中，规模较大、资金实力较强的有 31 家。在曲沃烟坊迅速发展的刺激下，晋东南许多县份相继有烟坊产生，清末拥有烟坊的县份发展到曲沃、翼城、芮城、襄陵、沁水、晋城、襄垣、汾城 8 个。除曲沃外，山西保德州也在乾隆时期就有烟草大规模种植的记载："（乾隆时）烟草处处有之……凡河边淤土，不以之种禾、黍，而悉种烟草。尝为河边叹云云，盖深怪习俗惟利是趋，而不以五谷为本计也。"[②]

三 造纸业

山西手工造纸始于北周中期。唐代，全国有 15 州造纸，蒲州就是其中之一。宋代，平阳的白麻纸、稷山的竹纸都曾闻名京师。历经元、明两代，麻纸产区又扩展到太原、汾州、潞安、泽州四府。到了清代，造纸业不仅为数众多，而且纸的质量也达到相当高的水平。自雍正三年（1725）始，潞、泽二府年解京师呈文纸 4 万张，这些纸张分别产于长

[①] 段士朴：《曲沃烟史简述》，载《山西文史数据》编辑部《山西文史资料全编（第二卷）》，1998 年版。

[②] （清）陆耀：《烟谱》，《昭代丛书》卷 46，引自李文治《中国近代农业史资料》，生活·读书·新知三联书店 1957 年版，第 84 页。

治、长子、屯留、黎城、襄垣、潞城、壶关、凤台（今晋城）、高平、陵川、阳城 11 个县。清乾隆初年，"岁造十万张送京师纳于户部"①。乾隆二十八年（1763），年解京师毛头纸 50 万张。乾隆二十九年（1764）又将年解毛头纸增加为百万张，仍由太原、汾州、平阳、蒲州四府解办。这些纸分别产于阳曲、太原、榆次、交城、文水、汾阳、介休、临汾、永济 9 县，以临汾、永济、汾阳、介休 4 县为最多，各 20 万张。此百万张之上解数，持续了 120 多年，至光绪十年（1884）才予停解。②

四 皮毛加工业

山西多山，畜牧业历来比较发达，皮毛产量颇丰，遂于清代形成了大同、忻州、交城、寿阳、潞安等多处皮毛加工生产和集散中心。③ 其中，尤以交城县突出。《中国实业志·山西省卷》载："山西以牧羊著称，硝皮业也随之发达。全省硝皮业之发轫，以大同、交城两地最早，在明末清初之际，已有硝皮场之经营。"交城县"城内东南隅，离相寺圣母庙前，清流一曲，地属离震，实启文明，何为洗皮浸革之需，居民苦之。暮春初夏，秽气满城，见者伤心，行人掩鼻，遂使清净法坛，终年龌龊，风雅圣地，昼日腥膻"④。由此可以看出，当时交城皮革加工规模较大，已经影响环境。山西硝皮业最繁荣的时期，是在光绪二十一年至二十四年（1895—1898）之间，彼时国外皮货贸易兴旺，交城、大同两地每年销售值各在百万两以上，交城硝皮庄由十家增至一百余家，大同由十余家增至八十余家，可谓晋省皮货业之黄金时代。⑤ 其时，绛州也是省内皮革的重要产地，其境内"皮货甚多，而皮货制作则必有待于工匠，即所谓皮工是也，在白皮行者有裁活、铲皮及共作等工。在黑皮行者有剥皮、揭筋及染皮、熏皮等工。其余股子皮行、皮条铺及弦房、闸房等行亦各有专门工匠，就各行之家数计之，白皮行四十余家，在皮行中为最占实

---

① 乾隆《蒲州府志》卷 3《物产》。
② （清）刚毅修，安颐纂：《晋政辑要》，光绪十三年（1887）刻本。
③ 杨纯渊编著：《山西历史经济地理述要》，山西人民出版社 1993 年版，第 377 页。
④ 张正明等：《明清晋商资料选编》，山西人民出版社 1989 年版，第 18 页。
⑤ 解光启：《交城县民间硝皮业历史资料综述》，载《交城文史资料》第 9 辑，中国人民政治协商会议山西省交城县委员会文史资料研究委员会编 1990 年版。

力；黑皮行及股子皮行约均十家；皮条铺、弦房、闸房亦各三五家不等，每家用人平均以二十人计之，实不下千有余人，亦可谓一种特别之生业也"①。彼时，山西的皮毛产品主要分为黑皮革、精细皮毛制品、毡制品等。②

五 酿造业

（一）酿酒业

山西酒产，素负盛誉，在唐代就已居全国酒业之重要地位，唐文宗太和八年（834）至武宗会昌六年（846）曾敕扬州、陈许、汴州、襄州、河东5处榷麹，浙西、浙东、鄂岳3处置官店酤酒③，其中的河东即为山西，所产"羊羔儿酒"已"名重海内"④。

清代，山西与直隶、河南、山东、陕西等省份为北方酿酒业最盛的地区，被时人称为"北五省"⑤。彼时，山西境内有酒坊数百家，所产酒类品种繁多，主要有白酒、黄酒、潞酒、本绍酒、葡萄酒、柿子酒、枣酒、甜菜酒、桑落酒及玉米酒等十余种。其中以白酒、潞酒、葡萄酒及黄酒产量最大。白酒中最著名的是汾酒，其产地汾州府烧锅业盛行，"民间烧造，视同世业"⑥，四海驰名。清代汾酒的酿造工艺更趋成熟，"汾酒之制造法与它酒不同，它酒原料下缸，七八日之酝酿，酒糟齐出矣。汾酒酝酿最缓，原料下缸后须经四次，历月余，始能完全排出。且其性最易发挥，存积消久，则变色减秤，暗耗不资"⑦。故所产汾酒醇香绵远，远近闻名。潞酒因其产于潞安府而得名，亦为山西酒中较为著名的一种，此酒具有浓郁的梨香味，晶莹透明，入口绵甜。⑧ 然因潞酒酿造方法长期

---

① 民国《新绛县志》卷3《生业》。
② 衡翼汤编：《山西轻工业志》，山西省地方志编纂委员会办公室1984年版。
③ （清）嵇璜、曹仁虎等撰：光绪《钦定续通志·食货》卷155，商务印书馆1983年版，第15页"榷酤"。
④ 乾隆《孝义县志》卷4。
⑤ （清）李鸿章等修纂：光绪《畿辅通志》卷107《胡聘之疏》，上海古籍出版社1995年版。
⑥ 乾隆七年十二月十八日，严瑞龙奏，《档案》1987年第4期。
⑦ （清）徐珂：《清稗类钞·工艺类》，中华书局1986年版。
⑧ 《中国实业志·山西省卷》，第六编第三章，实业部国际贸易局1937年版。

未有改进，遂于民国渐见衰落。葡萄酒，多产于太谷、文水、清源、汾阳、榆次诸县，清代为朝廷贡品。此外，解州安邑县北部一些村庄大量种植葡萄用于酿酒，有"土人种葡萄如种田，架不及肩……元珠应接不暇，惟杜村近杜康祠者尤佳，酿以为酒"①的记载。至于黄酒，系用小米为原料，仿照绍兴酒之酿造方法，中路、南路产酒各县均有仿制。

山西所产酿酒的销售，"远至直属，西至秦中，四处发贩"②，如汾酒销往甘肃，在甘肃市场上，"因来路甚遥，价亦昂贵"③。

清代，山西商人除在本省经营酿酒业外，还前往国内其他地区从事酿酒及其原料——酒曲的生产和经营。山西酿酒原料，大约有三种：一为高粱及小米；二为葡萄；三为柿子。葡萄、柿子所需较少，大都来自本省。高粱所需较多，除部分来自本省，所谓"每年所收之粟，烧锅几耗三分之一"④外；更多则来自邻近陕、豫等省及较远的安徽、江苏等产麦之区。山西商人在陕、豫两省投资生产酒曲的规模和数量颇为巨大。⑤清乾隆年间，每遇麦熟，山西富商"群至陕省，广收麦石"，生产酒曲⑥；而咸阳、朝邑等地则多开设作坊"踩曲成块"，"盈千累万，骡负船装"，发往外省（山西）。⑦同时期的河南巡抚尹会一也曾指出："豫省产粮，惟二麦为最广……凡直隶、山、陕等省需用酒曲，类皆取资于豫。"因此每年麦熟之后，"山西富商大贾挟其厚赀，乘麦收价贱之时，在于马头集镇，广收麦石，开坊踩曲。每商自数十万以至百余万块不等，车载船装，贩运他省"⑧，"耗麦奚啻数千万石"⑨。又说："从前陈曲，不过西省数商罔利囤积之物，既免其治罪，而又为之设法疏销，既给以照票，任其运

---

① 乾隆《安邑县志》卷2。
② 光绪《平遥县志》卷12《王绶疏》。
③ 乾隆二年八月五日，德沛奏，《档案》1987年第3期。
④ 光绪《定襄县补志》卷12《艺文中》。
⑤ 范金民：《清代山西商人和酒业经营》，《安徽史学》2011年第1期。
⑥ 乾隆三年九月十五日陕西巡抚张楷《为遵旨复陈陕省行禁踩曲情形之奏折》。中国第一历史档案馆整理公布有《乾隆年间江南数省行禁踩曲烧酒史料》《乾隆年间江北数省行禁踩曲烧酒史料（上）、（下）》，分别刊于《历史档案》1987年第1期和第3、4期。以下凡未指明出处者，皆取自于此。
⑦ 乾隆三年十月十一日川陕总督查郎阿《为曲坊之禁实有裨民事奏折》。
⑧ （清）尹会一：《尹少宰奏议》卷5《覆奏禁曲疏》。
⑨ （清）尹会一：《尹少宰奏议》卷2《请禁酒曲疏》。

行，而又宽以期限，听其售卖。现在各属销卖之数甚多，即如祥符，已销过陈曲一百六十四万余块。"① 由此可知，彼时山西富商于陕、豫两省投资制造酒曲，更于河南在官府厉行禁止踩曲时囤积居奇。此外，安徽亦有"富商大贾，厚挟赀本，身赴麦多之地，或先期放银，或临时籴买。盈千累百，开厢踩曲……连驴满舳，装载而去。又或本地富民，囤积开踩，居奇贩卖"的记载，该省凤阳、颖州、泗州等地的"江口集、留陵集等处，向多聚客踩造，贩卖别处，岁以为常"②。江苏的徐州、淮安、镇江等盛产小麦之地，每遇麦秋之际，也有富商大贾"挟持重赀，赴各处大镇多买麦石，广为造曲。……远商盈千累万，水用船装，陆用车载，贩往北直、山西等处"③。可见，安徽、江苏两省所在的长江北部麦产区酒曲制造形式，与河南、陕西麦产区完全一样。这些前来购曲的商人中，不乏山西商人的身影，而上述四省所产酒曲应有相当一部分用于山西的酿酒业。

　　山西商人在明代即于北京从事酿酒的生产与经营活动。清以降，直隶与北京的酒业更为山西商人所垄断，④ 彼时"山西商人在直隶全省开设烧锅一千余家，其中，口北道和宣化府有烧锅数百家，承德府开设烧锅200余家，每家（酒工）少则十余名，多则30名，统计不下六七千名"⑤；在北京，山西临汾、襄陵、太谷等县的商人开设数量众多的从事酒类酿造与贩卖的店铺，并建有会馆。此外，山西商人还把持陕、豫、徽、苏等省的酒曲收购与贩卖；并将汾酒制作工艺带到了全国各地，据孔祥毅的研究，驰名中外的贵州茅台酒即为山西商人所创。⑥

　　山西酒的销售，"远至直属，西至秦中，四处发贩"⑦。清代，汾酒、

---

① （清）尹会一：《尹少宰奏议》卷5《覆奏禁曲疏》。
② 乾隆三年八月十三日安庆巡抚孙国玺《为严禁踩曲销毁酒具事奏折》。
③ （清）许容：乾隆三年九月二十八日《署理苏州巡抚许容为陈严禁贩曲宜宽民用事奏折》，《历史档案》1987年第1期。
④ 范金民：《清代山西商人和酒业经营》，《安徽史学》2011年第1期。
⑤ 山西杏花村汾酒集团有限责任公司编：《汾酒文化》第1辑，第36页。
⑥ 孔祥毅：《汾酒商人转型研究》，《山西财经大学学报》2008年第3期。
⑦ 光绪《平遥县志》卷12《王绶疏》。

潞酒……每年输出"为额颇巨"①。葡萄酒、白兰地,由于产量甚微,故不甚畅销,为扩大销路曾于民国间在汉口设立分销处。至于普通所产之白酒与黄酒,则供省内消费为主:浑源、盂县所产之白酒,专销河北之行唐、阜平一带;长治、潞城、长子、襄垣所产之酒,销往河南之武安、彰德,及河北之内邱、南和各县。②

汾酒在晋省酒类中最为名贵,销路最广,除在本省售卖外,在邻近的河南、陕西及甘肃都有销售,更遍销华北各大商埠都会及京沪一带。以明代嘉靖年的开封城为故事发生地的清代文学作品《歧路灯》即有"汾酒是原封的,燥烈异常"记载,并有"真汾酒"之说,表明当时的河南应有仿冒的假汾酒;而"汾酒是原封的"则表明还有散装汾酒售卖,由此可见汾酒在河南的销量不少。清代,甘肃有"通行市卖之酒,俱来自山西,名曰汾酒",且"因来路甚遥,价亦昂贵"③的记载,说明彼时汾酒在甘肃畅行于市。此外,定居南京的清代著名诗人袁枚,在其著作《随园食单》中对汾酒有"既吃烧酒,以狠为佳,汾酒乃烧酒之至狠者"的评述,可见汾酒在长江下游的江南地区亦甚为驰名及畅销。

与当代类似,清代及民国山西酒类营业亦分批发、零售两种。酿酒作坊与酒行商人均以批发为主;零售均属普通一般商店。酒行向作坊直接批发,转运省内各城镇或省外各大商埠销售。彼时,酒行向酒作坊批发,分期货、现货两种。如现款现货,概以时价为标准;而期款或期货,则须先将价格议定,嗣后即有市价涨落,亦须遵照原议执行。

彼时,山西的装酒器具有篓装、罐装、瓶装三种:篓系用竹丝编织而成,表里以油纸密封,每篓容量由80斤至100斤不等,竹篓经久耐用,宜于长途运输。山西运出外埠之酒,以篓装者居多。罐系瓦制,其装法与绍兴酒相似,每罐容量由50斤至80斤,罐酒只宜于储藏,运输颇不便。瓶酒系盛于玻璃瓶中,每瓶容量由1斤至2斤不等,如白兰地、葡萄酒、汾酒中之竹叶青以及潞酒等,市面零售,以装瓶置者居多;如向远

---

① 《续修四库全书》卷821《史部·政书类·皇朝续文献通考卷三八五》,上海古籍出版社2002年版,第69页。
② 山西省地方志办公室编:《中国实业志·山西省·第六编·工业》,山西人民出版社2012年版,第231(己)页。
③ 乾隆二年八月五日,德沛奏,《档案》1987年第3期。

道运销，则装以木箱，每箱60瓶。① 清末民初，随着连接省内外的多条铁路的开通，山西酒由火车运销，甚为便利。

（二）酿醋业

山西酿造醋的历史悠久，清代酿醋工艺在前代基础上有所提高，采用高粱做主料，加入大曲、麸皮、谷糠、盐、椒、茴香、姜、桂皮等佐料，经过粉碎、搅拌、浸泡、堆积润渗、熏蒸、糖化、醋酸发酵等工艺，熏、淋、醅结合，生产而成。从而使所产醋色黑红透亮，味绵甜香酸。② 其后，人们纷纷效仿，出现"山西老陈醋"的名牌。③ 以清源（今清徐）和当时太原城内的宁化府所产最为著名。彼时，全省酿造陈醋最优者5家，都是高粱醋，其贮存时间最长者为介休县通德如醋坊所产老陈醋达40年，伏晒陈醋达10年；其次是太原益源庆和宝丰裕所产老陈醋达5年；再次是清源县的永泉玉和聚庆成两家所产均不到1年。④ 清代，山西醋坊发展迅速，光绪二十年（1894），曲沃出现了"太和醋坊"，继而太谷、蒲县、襄陵、汾城、新绛、翼城、河津、沁县、平遥、祁县、汾阳、徐沟等县有一大批醋坊相继建立。⑤

六 榨油业

清代，山西地区亦产如芝麻、胡麻油料作物等。其中，芝麻既可制作食品，又可作为油料，南北各地皆种。胡麻则是晋北出产较多，如朔平府"胡麻种者极多，取其籽以磨油"⑥。偏关县"植物以莜麦为最，胡麻次之"。芝麻、胡麻可榨油，成为其产地一项重要的输出商品。例如，偏关县"胡麻油多贩运出境，是为本关大宗出息"⑦。胡麻除榨油外，还有多种用途，"晋北惟胡麻油其用最溥。胡麻产口外，秋后收买，载以船筏，顺流而下。乡人业其利者……磨碎蒸熟，榨取其汁为油，油净，则

---

① 山西省地方志办公室编：《中国实业志·山西省·第六编·工业》，山西人民出版社2012年版，第231（己）页。
② 杨纯渊编：《山西历史经济地理述要》，山西人民出版社1993年版，第377页。
③ 衡翼汤：《山西轻工业志》，山西省地方志编纂委员会办公室1984年版，第84页。
④ 《山西醋》黄海化工业研究社，研究调查报告第十一号，民国二十六年六月。
⑤ 衡翼汤：《山西轻工业志》，山西省地方志编纂委员会办公室1984年版，第85页。
⑥ 雍正《朔平府志》卷4《物产志》。
⑦ 道光《偏关志》卷上。

取渣滓饲牛。又其粗者，谓之麻糁，并可肥田，故业农者多开油店"①。这些开油坊的"本多者""土著""业农者"，应都是当地富厚之家。而开设油坊的目的，很大程度上是获取油饼作为肥料，也即这种形式的榨油业还与农业结合在一起，是服从于农业的。②

七 铁器制造业

山西冶铁业产生于汉代③，而发展于明代，《明实录》所记载明初全国所设的13个铁冶所，山西就占5个，分别设于平阳、太原、潞州、泽州等府。④ 明洪武十八年（1385）后，由于撤销冶铁所，变官冶为民冶，山西的冶铁产地随之增加，数量亦有所增多。明代山西的晋城、长治、平定、盂县、榆次、孝义、汾西、临汾、翼城、高平、阳城、交城、太原、阳曲、五台、吉县、山阴、右玉、永和、乡宁、稷山、绛县、洪洞、平遥、繁峙、怀仁、清徐、静乐、介休、灵石、壶关31县均有冶铁产出。⑤ 明天顺五年（1461），陕西总兵官奏疏称："臣闻山西阳城县铁冶甚多，每年课铁不下五六十万斤。"⑥ 根据明代铁课30取2的规定，可粗略推算出当时山西铁产量为750万—900万斤。明中叶后，山西铸造和打造的铁器和生铁销往陕西、河南、山东、直隶、关外以及蒙古地区。在冶炼技术上，普遍采用坩埚装矿石，以无烟煤作燃料与还原剂的方法。

清前期，山西的冶铁业集中在太原、潞安、泽州几府。晋城、高平、阳城、平定、太原、盂县都产铁，嘉庆《山西通志》载，"山西府州产铁之地十之八九，太原、泽州、阳城、高平大盛"，盂县"惟铁矿、炭窑及瓷器可利民"⑦。同治九年（1870），德国人李希霍芬在游历到这些地方时，

---

① 同治《河曲县志》卷5。
② 方行、经君健、魏金玉编：《中国经济通史·清代经济卷》，中国社会科学出版社2007年版，第446页。
③ 葛贤慧：《商路漫漫五百年》，华中理工大学出版社1996年版，第27页。
④ （明）解缙修：《明太祖实录·卷八八》，明永乐元年（1403）。
⑤ （明）李贤、彭时等纂修：《大明一统志》卷19，台湾1965年影印本。
⑥ （明）胡广等：《明英宗实录》卷329，第二十一册，台北"中研院"历史研究所校印1961年版，第6774页。
⑦ 《煤炭史料》，方行、经君健、魏金玉编：《中国经济通史·清代经济卷》，中国社会科学出版社2007年版，第731页。

看到"河谷里到处都是很大的矿渣堆，大道穿行其间往往亘若千里，其中绝大部分是属于久已结束的厂子"的场景，说明这里的冶铁业历史已久。彼时，山西铁货主要产自潞安府与平定州，被时人称为"潞铁"和"平铁"。铁质量较高，甚至超过进口洋铁，因此在价格相等的情况下，国人宁愿用山西铁而不用进口的欧洲铁。[①] 山西产铁除供应本省使用之外，还销往他省。在欧洲洋铁占领市场之前，山西铁行销全国，"曾经供应中国大部分地区销用"[②]，河北、河南及山东等省的铁货就主要来自山西。

清代，随着山西冶铁业的继续发展，山西本地的铁冶在技术上有较为明显的进步，在冶炼过程中普遍采用坩埚装矿石，以无烟煤作燃料与还原剂的方法。国外学者丁格兰在其专著《中国铁矿志》中说："山西铁矿在清季成为中国最大铁业者，在古时则尚无闻。推原其故，殆有山西铁矿在古时虽有采者，其量不多。迨稍迟发明以黏土作坩埚，及利用无烟煤为燃料之后，山西铁业始臻发达，此技术进步之关系也。"[③] 进行冶炼的小工厂具体是这样的：一个铲平的、略有坡度的广场，8英尺长，5英尺宽，两个长边垒起土泥墙。倾斜下去的一边为前边，是开敞的，第四个边则被一间小屋的泥壁封堵起来。小屋里是由2—4个人操纵的风箱，燃烧场上布满拳头大的无烟煤块，上面放150个坩埚。[④]

彼时，除冶炼生铁的"方炉"、炒炼熟铁（低碳钢）的"炒炉"之外，铸造铁器的"货炉"，煅打铁器的"烘炉""条炉"，以及打制铁钉的"钉炉"等也大量发展起来。山西境内铁产地所产铁货品种繁多。介休县产铁器，"出义棠镇"。高平、太原、榆次等县的刀、剪、锁、针都是著名产品。高平县出铁剪，清前期该县"西南与凤台接壤处多业此者"。榆次从事制铁业的人也很多，所出刀、剪、锁等产品快利、坚固，"榆次诸工技艺惟此独擅其良"，其产品往往作为馈赠物品，"四方之人往来过此，必市之或用为饷遗"。[⑤] 凤台所产铁器以锅、鼎、刀剪最多。泽

---

① 彭泽益：《中国近代手工业史数据（第二卷）》，中华书局1962年版，第140、143页。
② 姚贤镐：《中国近代对外贸易史资料（1840—1895）》第3册，中华书局1962年版，第1383页。
③ 彭泽益：《中国近代手工业史资料（第一卷）》，中华书局1962年版，第54页。
④ 彭泽益：《中国近代手工业史资料（第二卷）》，中华书局1962年版，第139页。
⑤ 嘉庆《介休县志》卷4；光绪《续高平县志》卷3；同治《榆次县志》卷15。

州府的高平县和凤台县大阳镇主要冶炼生铁。① 德国人李希霍芬说："在欧洲的进口货尚未侵入以前，有几亿的人是从凤台县取得铁的供应的……大阳（泽州府凤台县大阳镇）所产的针供应着这个大国的每一个家庭，并且远销中亚一带。"② 直隶沧州，"铁器来自潞汾，农具为多"；束鹿县，"铁器……多由获鹿、山西泽州、潞安等处运来"。位于河北、山西交界处的固关，是东西贸易要道，"过关者自东而西则花布是其大宗，自西而东则铁锅是其大宗，俱用大车、骆驼运载，赀本较大"③。彼时，山西是北方最大的铁器制造中心。据德国人李希霍芬观察，同治九年（1870）泽州有好几百家小铁铺，凤台的南村有铸造厂、化铁厂、打钉厂、拉丝厂等铁工厂数以百计。人们可以"遇到络绎不绝、成群结队的骡车，满载着种类繁多的铁器"，如铁丝、铁钉、平锅、犁头、铁箍等。④

清末，山西铁产量较大。参见表3-3。

表3-3　　　　　光绪二十四年（1898）山西产铁数表

地点	年产吨数（吨）	附注
盂县	4500	铁炉60座，每年作工日250日，每日每炉炼铁500斤
平定	18000	炉250座，每炉500斤
荫城（长治县属）	6000	本地报告
高平	4000	铁户报告
泽州	13333	大阳等处均在内，县知事调查报告
阳城	2000	县知事调查报告
沁水	415	同上
太原	2000	炉户报告
共计	50248	

数据来源：彭泽益《中国近代手工业史资料（第二卷）》，中华书局1962年版，第144页。

---

① 彭泽益：《中国近代手工业史资料（第二卷）》，中华书局1962年版，第139页。
② 彭泽益：《中国近代手工业史数据（第二卷）》，中华书局1962年版，第139页。
③ 乾隆《沧州志》卷4；光绪《束鹿县志》卷12；光绪《续修井陉县志》卷36。
④ 彭泽益：《中国近代手工业史资料（第二卷）》，中华书局1962年版，第138—144页。

清代，山西冶铁业较发达和集中的地区是晋东南的潞安、泽州二府。早在明万历年间就有泽州商人由于"田故无多"，"高赀贾人冶铸盐策，曾不名尺寸田"①，以经营冶铁而致富。明朝唐甄言："潞之西山中，有苗化者富于铁冶，业之数世矣，多致四方之贾，椎凿、鼓泻、担挽，所借而食者常百余人。"可见，潞安地区的冶铁业在明初已成规模。明洪武十八年（1385），裁撤冶铁所，变官冶为民冶，潞泽铁货业得到迅速发展，所产铁器流入各地市场，如"大同十一州县军民，铁器耕具，皆仰商人从潞州贩至"。明隆庆六年（1572），汉蒙"封贡互市"后，当地所产之潞锅更成为"与（蒙古）诸部互市"的重要商品之一。

清代，潞泽铁货业达到鼎盛。雍正年间，陵川县有专门打铁钉的铺户12家②。清道光间，泽州府凤台一县有生铁炉1000多座，熟铁炉约计100余座，铸铁业共有熔炉400余座，③ 据估计，铁的实际年产量应在12.5万—13万吨之间④。泽州府高平县最盛时有各种铁业炉1076个，从业人员约3.9万人，产出十分巨大。光绪年间，潞安府长治县南乡有冶铁炉20—30座，每炉每日产铁300—400斤不等，总计每天产铁1万斤左右。泽州府高平县东乡的陈曲河、米山河一带，西乡的香庄河、山后一带，共有铁矿炉156座，每日每炉出铁300—500斤，每天产铁总计7万—8万斤。彼时，潞泽铁器的质量较高，运销广泛，"曾经供应中国大部分地区销用"。

由于冶铁业及其相关产业的发展，山西境内出现一些以出产优质铁制品而著名的城镇。晋东南之阳城、凤台、荫城（长治县属），当时号称三城，以出产优质铁货闻名。阳城以生铁货为主，大小锅、笼盖、笼圈，以及犁、耙齿、炉条等。⑤ 凤台主要有铁丝、铁钉、平锅、蒸锅、犁头、杂件、铁箍、刀剪等。⑥ 长治县荫城镇，位于高平县和长治县交界，是两

---

① 《泽州府志》。
② 彭泽益：《中国近代手工业史资料（第一卷）》，中华书局1962年版，第460页。
③ 张捷夫：《山西历史札记》，书海出版社2001年版。
④ 彭泽益：《中国近代手工业史资料（第二卷）》，中华书局1962年版，第143、145页。
⑤ 任永昌、杨作梅：《新绛县的航运业与铁货业》，载《山西文史数据》编辑部《山西文史资料（第三卷）》，1998年版。
⑥ 彭泽益：《中国近代手工业史资料（第二卷）》，中华书局1962年版，第143页。

县铁矿萃聚之区，共有铁行 30 余家，制造铁器之炉 300 余家。[1]

八 煤炭开采业

煤炭业是山西在清代一项重要的产业。山西煤炭资源丰富，采煤有着悠久历史，清代之前山西的煤炭已经得到普遍的开发和利用。清代山西有州县 108 个，其中产煤的有 70 多个，较为集中的有太原、大同、汾州、平定等府州。自康熙以后，矿禁逐渐松弛。康熙五十二年（1713），大学士九卿等"遵旨复议"，准许商人王刚明于湖广、山西地方各雇本地人开矿；乾隆五年（1740），准许直隶、山东、山西等省"招商采煤"[2]；乾隆六年（1728），山西巡抚喀尔吉善奏请开采大同、朔平等地煤矿。此后，煤矿开采的区域又扩大到怀仁、平鲁、左云、右玉、广灵、朔州、河曲、繁峙、代州、五台、神池、岢岚、原平、定襄。山西的煤矿开采区域覆盖了当代山西所有的开采矿区。清代，山西创办于道光二十年（1840）前的煤窑有 25 处，分布在全省南北的十数个县。[3] 参见表 3-4。

嘉庆《通志》记载："山西府州惟石炭不甚缺⋯⋯俗称煤炭，有夯碳，微烟；有肥炭，有烟，出平定者佳；有煨炭，无烟，出广昌、广灵者佳，精腻而细碎，埋炉中可日夜不灭。"太原县西部各山区都产煤。五台县东北、东南诸山，"产炭最旺"，光绪时有炭窑百十余处。平定州"土产以炭为最"。盂县煤多，道光时有人说："晋阳北山多煤产，而盂邑一境所产尤多，民生赖之，自昔为然。"大同府有煤，"大同、怀仁西山中出者极多"。高平县，"邑原无奇货，独煤炭甲于天下"。孝义县，"产煤颇盛⋯⋯约东南可鬻至百里内，西北可鬻至二百里内，藉以为生者甚众"[4]。

清代煤矿的开采已经掌握了一定的勘探技术，"土人每视山上石脉，即知炭之有无"[5]。在采煤的方法上，基本延续明代的开采方式，即"凿

---

[1] 彭泽益：《中国近代手工业史资料（第二卷）》，中华书局 1962 年版，第 145 页。
[2] （清）潘颐福：《东华续录》，上海图书集成印书局，光绪十八年（1892）。
[3] 杨纯渊编著：《山西历史经济地理要览》，山西人民出版社 1993 年版，第 353 页。
[4] 《煤炭史料》，第 81、90、91、98、108、112、115 页。载方行、经君健、魏金玉编《中国经济通史·清代经济卷》，中国社会科学出版社 2007 年版，第 731 页。
[5] 乾隆《平定州志》卷 5《食货·风俗》。

山为穴，横入十余丈取之"①，"人从其上施镬拾取者，或一井而下，炭纵横广有，则随其左右阔取，其上支板，以防压崩"②。

山西的煤炭这一时期在生产上已经具有相当规模。嘉庆二十四年（1819）四月，平定县固庆沟炭窑被大水淹没，"内浸工人、驴骡四五十口"③。随着煤炭的开采，形成了以贩煤为业的商人。大同县"其西乡一带农人，冬日多贩煤"④。山西忻州所用的煤炭，"南资阳曲，北资元冈，数日始得往返"⑤。五台县"县治东北之天和山、东南之窑头山，产炭最旺。炭窑计百十余处……其炭供本境之外，旁溢于崞县、定襄、忻州。农民完课授衣婚丧嫁费，皆赖此乎"⑥。盂县"素称产煤乡，耕作而外利被簸"。崞县官地山，"山多炭窑，远近驮者络绎不绝……居民依此为生计焉"⑦。乡宁县东南产煤及铁，贫无田者，以煽炉、挖煤、贩铁为业，近煤场者，则以人畜负贩，日有取资。⑧ 阳曲县"东西北傍山各村，地土瘠薄，居民农事之暇，多策□贩炭为生"⑨。平遥县"晋之炭铁枣酒，车推舟载，日贩于秦"⑩。孝义县"产煤颇盛，城西六十里外，西北山中，多穿山为穴，深或数丈及数十丈。取者携灯鞠躬而入，背负以出，至大路始以畜驮，坦途始能车载。约东南可鬻至百里内，西北可鬻至二百里内"⑪。泽州府"其输市中州者，惟铁与煤，日不绝于途"⑫。

据不完全统计，明至清道光年间，山西全省开采煤窑 20 余座。清咸丰至光绪年间，据平定、太原等 45 州县不完全统计，开办具有一定规模

---

① （明）李时珍：《本草纲目·石部》卷 9，民国六年（1917）鸿宝斋石印本。
② （明）宋应星：《天工开物》卷 10，日本浪华书林 1930 年影印本。
③ 光绪《平定州志》卷 5《食货·风俗》。
④ 道光《大同县志》卷 8《风土》。
⑤ 方行、经君健、魏金玉编：《中国经济通史·清代经济卷》，中国社会科学出版社 2007 年版，第 737 页。
⑥ 光绪《五台新志》卷 2《生计》。
⑦ 方行、经君健、魏金玉编：《中国经济通史·清代经济卷》，中国社会科学出版社 2007 年版，第 739 页。
⑧ 乾隆《乡宁县志》。
⑨ 道光《阳曲县志》卷 2《舆地图下》。
⑩ 光绪《平遥县志》。
⑪ 乾隆《孝义县志》卷 5《物产民俗》。清乾隆三十五年（1770）刻本。
⑫ 雍正《泽州府志》卷 12《物产》。

的煤窑 240 座①，其中规模较大的参见表 3-4。值得一提的是，晋煤不仅供民用，还被广泛地用于冶铁、铸钱、烧石灰、烧砖、陶瓷、酿酒、制药等手工业中。

表 3-4　　　　　　明至清道光二十年（1840）山西煤炭表②

经济小区	县 别	开采地点	窑 名	开办时间
晋中区	太原县	明仙峪	石门	明万历年间
	太原县	凤峪	大成	明万历年间
	太原县	石庄头	和尚	乾隆年间
	太原县	柳峪	谦太元	道光年间
	清源县	西梁泉沟	西沟	明万历年间
	孝义县	程家庄	复胜	乾隆四十九年
	孝义县	兑九峪	兴胜	道光三年
	平定县	冯家庄	永聚德	嘉庆年间
	平遥县	普洞村	宝兴隆	乾隆年间
	榆次县	北山	曹家窑	乾隆二年
	榆次县	北山	大窑厂	道光三年
晋南区	赵城县	西沟	西沟	明季
	浮山县	北家沟	永兴	嘉庆
晋东南区	壶关县	不详	不详	明
	陵川县	不详	不详	明
	襄垣县	不详	不详	明
	潞城县	不详	不详	明
	潞城县	冈头村		乾隆三十二年
	潞城县	冈头村		道光四年
	潞城县	冈头村		道光六年
晋北区	阳高县	范家窑村	范家窑	明万历年间
	五台县	寨里村	寨里村	明万历年间
	大同县	屈家山		道光五年

---

① 张正明：《山西工商业史拾掇》，山西人民出版社 1987 年版，第 15 页。
② 杨纯渊：《山西经济史纲要》，山西人民出版社 1993 年版，第 320—321 页。

清末，山西煤炭产量有大幅度增长，在光绪三十三年至宣统三年（1907—1911）的短短 5 年中，由 2215 吨增长至 133261 吨，增长将近 60 倍。参见表 3-5。

表 3-5　　　　　　　　　　清末山西煤炭年产量表

年　份	产量（吨）
光绪三十三年（1907）	2215
光绪三十四年（1908）	5572
宣统元年（1909）	26810
宣统二年（1910）	55233
宣统三年（1911）	133261

数据来源：黄鉴辉《明清山西商人研究》，山西经济出版社 2002 年版，第 338 页。

九　池盐业

河东盐池，位于山西南部的解州境内，故河东盐池亦称解池。解池所产之盐称为潞盐，是因为运城自古就是解池盐的运销集散地，运城古称潞村，潞盐因而得名。① 潞盐在虞舜时代便得到开发，后渐成为国之渊薮，历代均设盐官管理盐政：汉代设河东均输长，唐代设两池榷盐使，宋代设提举潞盐司。② 元末于潞村修建盐务专城——运城，将运司驻扎于此。明洪武初，全国所设六个都转运司之一的河东都转运盐使司，治所亦驻运城，并增设巡盐御史。③ 清代亦设盐法道等管理河东盐政。宋以前的潞盐产量无稽可考，北宋食盐专卖以后，潞盐生产得到很大发展。宋庆历年间（1041—1048），潞盐产量达 375000 万大席（每大席重 220 斤），合 8250 万斤。④ 明初，潞盐生产继续采取元代征集民役的政策，生产方式以"集工捞采"与"垦畦浇晒"并重，潞盐大都由官丁浇晒与捞

---

① 山西省地方志办公室编：《民国山西实业志（中册）》，山西人民出版社 2012 年版，第 46（戊）页。
② 席瑞卿：《运城盐池·晒商·陕岸运商及其它》，《山西文史数据》编辑部《山西文史资料全编（第六卷）》，1998 年版。
③ （清）顾炎武：《天下郡国利病书（卷四十八）》，光绪二十七年（1901）刻本。
④ 阴朝英：《潞盐产量之起伏》，《山西文史数据》编辑部《山西文史资料全编（第六卷）》，1998 年版。

采。后因盐丁不堪困苦，大量逃亡，官府便鼓励商人自备工本赴解池晒盐，按官七商三分成，商人遂纷至沓来。清初对潞盐的生产也采取从晋南各县征集盐丁的制度。清顺治六年（1649），实行畦归商种，即将所有的盐池、盐畦、盐地交给商人生产，商人按所领畦地纳课，并拥行盐引。① 清康熙二十七年（1688），盐池的产销商人分开，为坐商和运商。此种行业内分工的生产和经营方式在一定程度上解放了生产力，提高了生产效率，从而增加了潞盐产量。②

清代，解池附近聚集了大量盐官、盐商、盐工及盐业生产相关人员。彼时有"河东坐商数百户"，雇佣盐工数千人进行潞盐生产。③ 此外，由于盐官驻节运城，系重员驻守，故其隶属之书吏、人役等为数众多。而负责潞盐运销的运商亦为数不少。因此，彼时麇集于运城及解池周边依盐务为生者规模庞大，近两万人。④ 河东坐商曾于清道光十八年（1838）集资成立行会组织——"集义会"，并将参与人的姓名、籍贯及捐银等镌刻于碑铭，立于运城池神庙。从碑铭中可知，集资成立"集义会"的坐商分别来自解州、安邑、运城、临晋、太谷、虞乡、猗氏、夏县及河南渑池等州县，共16户。⑤ 但从该碑所载"碣小难以悉镌"可知，由于碑碣面积所限，并没有将此次所有参与集资兴办"集义会"的坐商全部刻于碑铭之上。由此可以推断，除上述各县外，应该还有为数不少的、来自其他地区的坐商参与其中。清代至民国，潞盐的营销区域包括晋、陕、豫三省的大部分地区。民国以来，官制改编，盐税较前为重，陕、豫附税亦如此，以致潞盐销路疲滞，加上受光绪大祲及时局不靖的影响，河东池盐生产较清有所衰落。然而，据《民国实业志》载，彼时河东盐池仍有坐商40户之多，最多时曾雇佣3918名盐工进行池盐的浇晒，最少时亦有盐工2653名。⑥

---

① 杨纯渊编：《山西历史经济地理述要》，山西人民出版社1993年版，第373页。
② 乾隆《解州安邑县运城志》卷2《风俗》。
③ 雍正《山西通志》卷45《盐法》。
④ 山西省地方志办公室编：《民国山西实业志（上册）》，山西人民出版社2012年版，第135（丙）页。
⑤ 据清道光十七年（1837）重修盐池神庙碑记统计，该碑今在池神庙。
⑥ 据山西省地方志办公室编《民国山西实业志（中册）》，山西人民出版社2012年版，第46（戊）—49（戊）页表格统计。

清代潞盐年产量最高时达到1.5万斤,① 若按每斤单价25文计,② 则潞盐年产值约为312.5万两白银（1两白银折制钱1200文）。③ 清乾隆五十四年（1789），解池有引额417443引，折合潞盐85488600斤，也即近4.3万吨。据姜道章先生统计，自清道光二十年至光绪十六年（1840—1890），潞盐平均年产量为109002吨。④ 而道光时期，河东盐池的官盐销额更达到1.8亿斤。⑤ 由此，可对巨大的潞盐产量管窥一斑。

十 陶瓷及玻璃制造业

清代，山西陶瓷琉璃制造业的制作规模之大、分布地域之广、制作技艺之精、匠人技师之多等均是前所未有的。清中前期，山西陶瓷业发展达到黄金时期，仅晋北怀仁一县就有窑户五十多家。所产瓷器在品种和类别上都较明代有所增加。彼时，山西以瓷器为土贡者共有四窑：潞安、平定两处的杂色瓷，平阳（今临汾）、霍州两处的黑色瓷。⑥ 品种从食器、盛器到陈设、玩赏以及祭祀器皿一应俱全。其中以琉璃和法华器最为精巧。

琉璃器，其釉是以铅作为助溶剂，以含铁、铜、钴、锰的物质作为着色剂，再配以石英而制成。一般都采用二次烧成。元大都宫殿的琉璃、明清两代北京及沈阳故宫的琉璃有很大一部分是山西匠人烧造。⑦ 法华器，又称"珐华器"，是明代中期以后在山西南部盛行的具有特殊装饰效果与民族风格的日用器皿。产于平阳（临汾）、绛州、霍州（霍县）者，多为山水人物纹饰；产于潞安（长治）、高平、阳城、晋城者，花卉图案较多。法华器的胎与琉璃器的胎完全一致，釉的配方也大体相同，但是

---

① 阴朝英：《潞盐产量之起伏》，山西省政协文史资料研究委员会、山西省文史研究所合编《山西文史资料（第七十辑）》，山西人民出版社2000年版。

② （清）张廷玉撰，嵇璜、刘墉等再撰，纪昀校订：《清朝文献通考（卷三十五）·征榷七》，江苏古籍出版社1988年版。

③ 杨端六编：《清代货币金融史稿》，生活·读书·新知三联书店1962年版。

④ 姜道章：《论清代的盐业贸易》，《盐业史研究》1989年第1期。

⑤ 魏明孔主编：《中国手工业经济通史（明清卷）》，福建人民出版社2004年版，第545页。

⑥ 衡翼汤编：《山西轻工业志》，山西省地方志编纂委员会办公室1984年版，第33页。

⑦ 衡翼汤编：《山西轻工业志》，山西省地方志编纂委员会办公室1984年版，第35页。

助溶剂有差异：琉璃以铅作助溶剂，而法华器则以牙硝作助溶剂。法华器的装饰方法，采用彩画中的立粉技术，在陶胎表面上用特制带管的泥浆袋，勾勒成凸线的纹饰轮廓，然后分别以黄、绿、紫釉料填出底子和花纹色彩，入窑烧成。① 当时山西所造的法华器多为花瓶、香炉、动物摆设等装饰物。另外，还有一种名为砂器的陶瓷在民间烧造和使用十分普遍。山西砂器首产于潞安，明嘉靖三十九年（1560）坐派潞安府砂器5000个，第二年坐派15000个。万历十八年（1590）坐派19500个。② 由此可见，当时的砂器生产是很旺盛的。清代，榆次、大同、沁水、翼城、平定、阳城等县均有砂器窑，并以平定所产最为著名。民国时期，襄垣、武乡、和顺、昔阳、长治、壶关、广灵等县亦有砂器窑。

此外，山西一些地区还生产砖瓦和石灰。如孝义县"石灰产六壁头诸村"。崞县有"砖、瓦、石灰"。左云县有"石灰"。介休县有"石灰、砖、瓦"。③

第四节　活跃的晋商贸易

一　路线及范围

清代山西商人在全国范围内进行商贸活动，其活动范围包括京津、鲁、豫、两湖、江淮、东北、西南、西北地区，并开拓了蒙古及俄罗斯市场。

（一）京津和直隶

清代，京师是政治中心，也是商贾云集之地。山西商人在京师的工商业中占有绝对优势，把持和垄断了许多行业。如颜料行多山西平遥县商人，所谓"售卖者惟吾乡（平遥）人甚伙"④。山西临汾、襄陵商人控制着京师的油行，经营香油、花生油、豆油、胡麻油等。此外，还经营

---

① 高寿田：《山西琉璃》，《文物》1962年第4—5期。
② 雍正《山西通志》卷47。
③ 方行、经君健、魏金玉编：《中国经济通史·清代经济卷》，中国社会科学出版社2007年版，第838页。
④ 李华：《明清以来北京工商会馆碑刻资料选编》，文物出版社1980年版，第2页。

杂货、绸缎、酱菜、酿酒、纸张、钱铺等，并建有临汾东馆①和临襄会馆②。山西翼城商人在京主要经营布行，在京建有晋翼会馆③。山西潞安府商人在京"多业铜、铁、锡、炭诸货"，在京建有潞安会馆④。山西曲沃商人以经营烟业著称，在京建有河东会馆⑤。山西盂县商人在京经营氆氇业，建有盂县会馆⑥，等等。在京师的山西商人来自山西的各个地方，他们不仅依靠本地农副产品及手工业产品在京设立商号，而且根据京师市场的需要，组织贩运各种商品。随着经营规模的扩大和资金实力的日益雄厚，他们创建了为数众多的会馆。

除以上提到的会馆外，还有山西太原商人创建的太原会馆，太平县商人创建的太平会馆和襄汾县商人创建的太平会馆，浮山县商人创建的浮山会馆，襄陵县商人建立的襄陵会馆、襄陵北馆和襄陵南馆，汾阳县商人创建的汾阳会馆，曲沃县商人创建的曲沃会馆，赵城县商人创建的赵城会馆，翼城县商人创建的翼城会馆、晋翼会馆，襄陵县商人创建的太平会馆和山西商人创建的晋太会馆，平定县商人创建的平定会馆，解州商人创建的解梁会馆，介休县商人创建的介休会馆，洪洞商人创建的洪洞会馆，永济县商人创建的永济会馆，代州商人创建的代州会馆，河东商人和临汾商人创建的河东会馆和平阳会馆，平遥、介休商人创建的平介会馆。此外，还有山西商人创建的三晋会馆、山西会馆、汾水会馆等共36家会馆。⑦

山西商人在天津建有两座会馆，均名为山西会馆，一座位于河东杂粮店街，为山西烟商创建；另一座在锅店街。⑧ 山西商人在津所经营的行业，包括盐业、当铺、颜料庄、栈房、烟业、杂货行、票号等行业，其

---

① 李华：《明清以来北京工商会馆碑刻资料选编》，文物出版社1980年版，第86—88页。
② 李华：《明清以来北京工商会馆碑刻资料选编》，文物出版社1980年版，第23—27页。
③ 李华：《明清以来北京工商会馆碑刻资料选编》，文物出版社1980年版，第29—39页。
④ 李华：《明清以来北京工商会馆碑刻资料选编》，文物出版社1980年版，第40页。
⑤ 李华：《明清以来北京工商会馆碑刻资料选编》，文物出版社1980年版，第46—77页。
⑥ 李华：《明清以来北京工商会馆碑刻资料选编》，文物出版社1980年版，第89页。
⑦ 李华：《明清以来北京工商会馆碑刻资料选编》，文物出版社1980年版，第77页。
⑧ （清）张焘：《津门杂记》，光绪十年（1884）刻本。

中以颜料、栈房、票号等行业为最。① 嘉庆时，山西平遥县商人在津开有西裕成颜料庄，山西颜料庄直到民国时期仍然开有德昌公、公裕、福兴恒等字号。山西票号在天津实力强大，平遥票号帮的日升昌、蔚泰厚、蔚丰厚、蔚盛长、新泰厚、蔚长厚、天成亨、协和信、协同庆、百川通、乾盛亨、谦吉升、云丰泰、松盛长、汇源涌、永泰庆、宝丰隆等票号；祁县票号帮的合盛元、大德通、三晋源、存义公、长盛川、大德恒、大盛川等票号；太谷票号帮的志成信、协成乾、锦生润、大德川、大德玉义成谦等票号均在此开设分号。②

张家口是通往蒙古的物资集散地，在康乾时期已成为著名的"塞外商埠"。秦武域《闻见瓣香录》甲卷载："张家口为上谷要地，即古长城为关，关上旧有市台，为南北交易之所，凡内地之牛马驼羊多取给于此，贾多山右人，率出口以茶布兑换而归，而又有直往恰克图地方交易者，所货物为紫貂、猞猁、银针诸皮以及哈喇明镜、阿敦绸等物。"③ 李廷玉在其《游蒙日记》中记录："城里就口上商户论之，俄设道胜银行，英德设皮毛行（办十七家，均华人充买办），中国上下堡，商一千零三十七家（铺伙多山西人），以票号为大宗，杂货等次之"，"出口货，烟、茶、油为大宗，酒、米、麦、糖、枣、瓷、铁器及丝绸、杂货、绸缎、洋布等次之。运销库伦、恰克图、乌里雅苏台、科布多、乌梁海等处。而口外出产如驼马、牛羊及各色皮张、毛片、蘑菇并蓝白两旗之碱，乌珠穆沁之青盐，东西苏泥特之白盐，均为入口转售宣府十属三厅及京津或山西一带之货。其内地土货销售俄国者，以红茶各茶砖及大米为大宗，曲丝绸（河南鲁山绸）等次之。由俄销售蒙境及内地者，以哦喳绸（即哈喇），金线毕兔绒、回绒、牛皮并各色皮张、驼毛、黄芪、蘑菇、木板为大宗，口上设细皮作坊，凡由俄进口之水獭、海龙、银针、灰鼠、紫貂、白狐、元狐、红狐腿及乌城、库伦所来之黄狐、猞猁、沙狐、貂毛、羔儿皮等均由该作坊制之，乃能分批运销各处。其粗皮张以山羊、绵羊为

---

① 宋美云：《近代天津山西商人活动略述》，载《中国晋商研究》，人民出版社 2006 年版，第 103 页。

② 中国人民银行山西省分行、山西财经学院：《山西票号史料》，山西经济出版社 2002 年版，第 638—663 页。

③ 张正明：《晋商兴衰史》，山西古籍出版社 2001 年版，第 88 页。

最多。而鹿茸一项，口上设有专庄。广东、太谷帮收买金沙一项，口庄派众赴蒙界及俄境购来，由口熔成金条，销售京津一带，此张家口商业之大概情形也"。①

多伦也是山西商人外出经商较为集中的区域，"多伦诺尔，一名喇嘛庙，直隶之散厅也……自康熙年间……商务渐盛，居民亦众。今则人家鳞比，衡宇相望，居然汉漠之间一都会矣。市长三十里，广十八里，汉蒙异居……贸易以马市为最盛"②。山西商人从库伦等地换回的牲畜主要在多伦交易，"牲畜市以多伦诺尔为枢纽，岁自蒙古进口，以千万计，有牛、马、羊、猪、骆驼等，而马、羊、驼尤伙。秋冬间市肆喧闹，街衢拥挤"③，当地市场上多"晋省外出生理之人"④。多伦街市繁华，商号一千多家，其"繁盛之象甲于库伦"⑤。在多伦经商的山西商人众多，于乾隆十年（1745）修建山西会馆。据现存于馆内清道光二年（1822）重修会馆碑刻记载，有1000多家商号参与集资。⑥ 此外，直隶正定府无极县"商其大者曰盐、曰典，皆山西人挟资为之"⑦。宝坻"邑之列肆开典者，大率来自他省，惟山右为多"⑧。

（二）山东、河南地区

明末，山西商人的行商区域就已经扩展到山东地区。清代，山东的盐、当两业几乎全部为山西商人所垄断。此外，山西商人还经营铁器、丝绸、杂货、酿酒等行业，足迹遍布山东的许多城镇，临清"西路铁锅

---

① （清）李廷玉：《游蒙日记》光绪三十二年四月十八日，中国边疆史地资料丛刊·蒙古卷之《清末蒙古史地资料荟萃》，中国社会科学院中国边疆史地研究中心编，全国图书馆文献缩微复制中心1990年版。
② 光绪《蒙古志》卷2《都会》。
③ 光绪《蒙古志》卷2《贸易》。
④ 《清高宗实录》卷389，乾隆十九年（1754）九月癸酉。
⑤ （清）李廷玉：《游蒙日记·五月二十五日》光绪三十二年，中国边疆史地资料丛刊·蒙古卷之《清末蒙古史地资料荟萃》，中国社会科学院中国边疆史地研究中心编，全国图书馆文献缩微复制中心1990年版。
⑥ 阳泉市政协文史资料委员会编：《晋商史料与研究》，山西人民出版社1996年版，第482页。
⑦ 乾隆《无极县志》卷1。
⑧ 乾隆《宝坻县志》卷7。

大约即出自山西潞安的潞锅"①，其城内茶叶店铺数十家，"以山西商人经营的边茶转运贸易为主"②。潍县"铁器，山西客商贩来，销售岁约五百金"③。张秋"商品来源远及闽广、吴越、山陕，输入商品以杂货、绸缎为大宗"④。聊城"铁货自山西贩来"⑤，而且"仅有名号可考的山陕商号即有三四百家，可区分经营内容的店铺有：布店、皮货店、衣帽店、粮行、盐店、茶叶店、海味店、钱店、当铺、铁店、板店、丹店、炭店、烟铺、纸局、西货铺、蜡烛店、粉坊、毡坊、染坊"⑥等。19世纪票号创办之后，许多山西票号在济南开设分庄，光绪末年的《大公报》曾载："兹有山西志诚信票号来济设一分庄，专汇各省银两。"⑦山西商人在山东的临清、聊城、泰安、周村、东阿等地均建有山陕会馆。

河南是清代山西茶商南下贩茶的必经之路，山西商人活跃在河南境内的众多城镇，在开封、洛阳、朱仙镇、周口、北舞渡、赊旗等地都建有山陕会馆。山西商人在开封所经营的行业范围相当广泛，有典当业、金店、钱店、烟店、铁货店、米铺、酒行、油行、皮袄行、布行、汴绫行、成衣铺、蜡行、金珠行、水烟行、皮货行、估衣行等⑧。在洛阳经营的行业有杂货、布行、广货行、铁货行、油坊等⑨。在朱仙镇经营范围涉及"杂货业、典当业、粮油业、烟业、服饰业、饮食业、手工业"⑩等行业。在北舞渡镇主要经营"粮行、油店、杂货业"⑪等行业。在赊旗镇经营花粉行、盐驼店、烟店、票号⑫等行业。河南所产曲绸，是蒙古人非常喜爱的衣料，太谷商人曹氏所经营的字号，如锦霞明、锦泰亨缎庄，从

---

① 许檀：《明清时期山东商品经济发展》，中国社会科学出版社1998年版，第167页。
② 许檀：《明清时期山东商品经济发展》，中国社会科学出版社1998年版，第167页。
③ 葛贤慧：《商路漫漫五百年》，华中理工大学出版社1996年版，第27、29页。
④ 许檀：《明清时期山东商品经济发展》，中国社会科学出版社1998年版，第181页。
⑤ 光绪《聊城乡土志》卷1《商务志》。
⑥ 许檀：《明清时期山东商品经济发展》，中国社会科学出版社1998年版，第183页。
⑦ 中国人民银行山西分行、山西财经学院：《山西票号史料》，山西经济出版社2002年版，第321页。
⑧ 许檀：《明清时期开封的商业》，《中国史研究》2006年第1期。
⑨ 许檀：《清代中叶的洛阳商业》，《天津师范大学学报》（社会科学版）2003年第4期。
⑩ 许檀：《清代河南朱仙镇的商业》，《史学月刊》2005年第6期。
⑪ 许檀：《清代河南的北舞渡镇》，《清史研究》2004年第2期。
⑫ 许檀：《清代河南赊旗镇商业》，《历史研究》2004年第2期。

河南购进曲绸，重新包装后，运销蒙古地区。①

（三）蒙古、俄罗斯

"蒙古南连汉地，北接俄国，界汉俄之间，故为中俄贸易之大关键。"② 清代，山西商人对蒙古的贸易，无论在经营业务种类上，还是行商地域范围上，都是其他任何一个同时代商帮都无法比拟的。蒙古地区是山西商人从事贸易活动的主要地区，陈箓《蒙事随笔》称："外蒙商务基础成于西帮……就中如公和全、庆和达两家，总行在张家口，分行则在北京、上海、恰克图及俄国之莫斯科、乌丁斯克、赤塔、伊尔库茨克等处。"③ 著名商号大盛魁"单是同蒙古的贸易额就不下九百万两或一千五百万两白银。为了运输货物，该店有一千五百峰自备的骆驼，经常往来于归化城与乌里雅苏台之间"④。库伦、多伦、乌里雅苏台和科布多等城是蒙古草原上山西商人的贸易聚集地，恰克图是中俄贸易的枢纽。

库伦，蒙古草原上的中蒙贸易商城，城内街市分三部分：中为宫殿区，西为喇嘛区，东为买卖城，是商场所在。⑤ 康熙二十八年（1689），《尼布楚条约》规定："凡两国人民持有护照者，俱得过界来往，并许其贸易互市。"⑥ 从此，库伦成为与俄国通商都会。据《内蒙地志》载，康熙年间，有十二家山西商人到库伦经商，"当时商会之组织，即为十二家各举一商董，成为十二甲首，在东营子造屋办公"⑦。陈箓《蒙事随笔》中称："库伦西帮商号……统计山西商人一千六百三十四人……专为大宗批发营业者，其行栈麇集于东营子与买卖城。"⑧ "库伦商户百余家，晋人十之六，顺（天）直（隶）人十之一，俄人十之三，其交易以皮张、哈

---

① 张巩德：《山西票号综览》，新华出版社1996年版，第297页。
② 光绪《蒙古志》卷2《贸易》。
③ 张正明：《晋商兴衰史》，山西人民出版社2001年版，第98页。
④ ［俄］阿·马·波兹德涅耶夫：《蒙古及蒙古人（第一卷）》，刘汉明、张梦玲、卢龙译，内蒙古人民出版社1989年版，第97页。
⑤ 黄鉴辉：《明清山西商人研究》，山西经济出版社2002年版，第91页。
⑥ 王铁崖编：《中外旧约章汇编（第一册）》，生活·读书·新知三联书店1957年版，第2页。
⑦ 张正明：《明清晋商资料选编》，山西人民出版社1989年版，第63页。
⑧ 张正明：《明清晋商资料选编》，山西人民出版社1989年版，第64页。

喇、绸缎、布匹、茶叶为大宗，杂货次之。"①

乌里雅苏台在康熙年间成为屯防要地，乾隆三十二年（1767）筑城，②也是山西商人在蒙古的重要市场，其"街市，城之西距三里余，民人自建铺房一千余间，分东、西、北三街，贸易商民三千余名"③。市场上的主要交易货物为驼、马、牛、羊四项牲畜，以及皮张、黄油和蘑菇等。④科布多在蒙古最西部，乾隆二十二年（1757）筑城，内有商铺数十家，⑤分"京庄、山西庄两大别"⑥。山西著名商号大盛魁就以乌里雅苏台、科布多为商业阵地，将其从全国各地贩运来的货物，经过归化城，以驼队运至乌、科两地，分向外蒙销售；其从外蒙贩运的牲畜，皮毛和其他产品，也都经过归化城，再转销全国各地。⑦

恰克图买卖城位于中俄边界，雍正五年（1727），"择恰克图地为互市场，今之买卖城是也。又以理藩院司官驻扎其地，管理通商事务，是以蒙古沿边贸易，均归此处。俄国商人至京贸易者，亦取道于此。城内百货云集，商业繁盛，道路平坦，人口三千余，贸易品以茶为大宗"⑧。恰克图为中俄于蒙古陆路贸易之中心点，俨然都会。⑨距库伦800里，距张家口4300余里。"所有恰克图贸易商民，皆晋省人，由张家口贩运烟茶缎杂货，输往易换各色皮张毡片等物。"⑩ 由张家口至恰克图的

---

① （清）李廷玉：《游蒙日记·闰四月初九日》光绪三十二年，中国边疆史地资料丛刊·蒙古卷之《清末蒙古史地资料荟萃》中国社会科学院中国边疆史地研究中心编，全国图书馆文献缩微复制中心1990年版。

② 嘉庆《乌里雅苏台志略》，嘉庆年抄本。

③ 《定边记略》道光二十二年，（后有增补）。中国边疆史地资料丛刊·蒙古卷之《清末蒙古史地资料荟萃》中国社会科学院中国边疆史地研究中心编，全国图书馆文献缩微复制中心1990年版。

④ 《定边记略》道光二十二年，（后有增补）。中国边疆史地资料丛刊·蒙古卷之《清末蒙古史地资料荟萃》中国社会科学院中国边疆史地研究中心编，全国图书馆文献缩微复制中心1990年版。

⑤ （清）富俊等辑：《科布多事宜》，道光年增补抄本。

⑥ （清）徐珂：《清稗类钞（第五册）》，中华书局1986年版。

⑦ 《内蒙古文史资料》第十二辑《旅蒙商大盛魁》，中国人民政治协商会议内蒙古自治区委员会1994年版。

⑧ 光绪《蒙古志》卷2《都会》。

⑨ 光绪《蒙古志》卷2《贸易》。

⑩ 张正明：《明清晋商资料选编》，山西人民出版社1989年版，第65页。

商路有三条：东路自乌兰察布入察哈尔正蓝旗界，经锡林郭勒盟，入外扎萨克车臣汗部，到库伦，再达恰克图。西路自土默特旗翁棍坝、河洛坝，经四子部色拉木楞图什业图汗旗，至赛音诺颜分为两路，其一西达乌里雅苏台、科布多，其二东达库伦至恰克图。中路自张家口大境门外西沟之僧济图坝，经大红沟、黑白城子镶黄旗各游牧，入右翼苏尼特王旗，经图什图汗车臣部落之贝勒阿海公等旗游牧，渡克鲁伦河达库伦，抵恰克图。三路中以中路路程最短，俗称买卖路，乃山西商人最活跃的地方。① 乾隆年间，榆次常家在恰克图开设的大德玉商号对俄贸易，输出茶叶、绸缎，进口皮毛、牲畜、银锭。道光以后又陆续增设大升玉、大泉玉、大美玉、独慎玉等商号，并在莫斯科开设分店。在恰克图从事对外贸易的山西商号中，榆次常家经营长达150余年，而且规模最大。② 此外，据路履仁《外蒙古纪闻》称："各商号在莫斯科、多木斯克、耶尔古特斯克、赤塔、克拉斯诺亚尔斯克、新西伯利亚、巴尔纳乌、巴尔古金、比西克、上乌金斯克、聂尔庆斯克等俄国较大城市……都设有分庄。"③

（四）两湖地区

山西商人在湖南、湖北以及江西、福建一带的商贸活动以茶叶为最，涉及种植、加工、运输等领域。19世纪中叶山西茶商远赴福建武夷山一带贩茶，"太平天国"运动爆发之后，阻断了山西茶商与福建的茶场，他们在湖南、湖北的羊楼洞、羊楼司一带开辟新的茶叶生产基地。光绪中期，山西茶商在蒲圻等地建立起了茶叶加工作坊，进行较大规模的制茶作业。④ 山西商人销往恰克图的茶叶绝大部分取自湖北、湖南，而且数量庞大。

除了茶叶之外，山西商人在湖南、湖北的经营还涉及布匹、烟草、粮油、皮货等行业。如在湖北云梦县，"宽闲屋宇，多赁山西布商作寓。……凡山西客来楚贩布，必经云城，捆载出疆历运，布不变色，若

---

① 张正明：《晋商兴衰史》，山西人民出版社2001年版，第88—89页。
② 张正明：《晋商兴衰史》，山西人民出版社2001年版，第231页。
③ 张正明：《晋商兴衰史》，山西人民出版社2001年版，第97页。
④ 阳泉市政协文史资料委员会编：《晋商史料研究》，山西人民出版社2001年版，第130页。

不由云城改捆，至河南渡黄河，布多微暗，故西商于云立店号十数处。本地贸易布店，亦藉以有无相通"①。在湖南衡阳"山西、陕西大商以烟草为货者九堂十三号"②。长沙"贩卖皮货、金玉玩好、列肆盈廛，则皆山陕之客商"③。善化县"各省商于邑者，北客西陕……几遍城乡"④。

湖北汉口是山西商人汇聚之地，山西商人在此地建有山陕会馆，在汉口的山西商人包括：太原帮、汾州帮、红茶帮、盒茶帮、卷茶帮、西烟帮、闻喜帮、雅帮、花布帮、西药帮、土果帮、西油帮、陆陈帮、皮货帮、众账帮、核桃帮、京卫帮、均烟帮、红花帮、当帮、皮纸帮、汇票帮等⑤。山西票号创办之后，湖北省汉口也是山西票号业经营的一个重要市场，"汉镇市面，银根活源以西号票借为最巨，统汉镇而言。……一经西号收现，势必顷刻牵动全局"⑥，到光绪七年（1881），汉口有山西票号32家⑦。

此外，山西商人在两湖地区的经营活动遍及诸多州县，如湖北钟祥县⑧、郧西县⑨、随州⑩、江陵⑪、公安⑫、当阳⑬等地，湖南长沙、湘潭亦建有山陕会馆⑭。

（五）其他地区

明代，山西商人在江淮地区的活动以业盐为主，清代则以金融业为

---

① 道光《云梦县志略》卷1《风俗》。
② 同治《衡阳县图志》卷11。
③ 乾隆《长沙府志》卷14。
④ 光绪《善化县志》卷16。
⑤ 阳泉市政协文史资料委员会编：《晋商史料与研究》，山西人民出版社1996年版。
⑥ 中国人民银行山西分行、山西财经学院：《山西票号史料》，山西经济出版社2002年版，第313页。
⑦ 中国人民银行山西分行、山西财经学院：《山西票号史料》，山西经济出版社2002年版，第64页。
⑧ 同治《钟祥县志》卷5。
⑨ 同治《郧西县志》卷16。
⑩ 同治《随州志》卷14。
⑪ 光绪《荆州府志》卷4。
⑫ 光绪《荆州府志》卷4。
⑬ 同治《当阳县志》卷9。
⑭ 乾隆《湘潭县志》卷9。

最。同治年间，先后有日升昌、元丰玖、谦吉升、蔚长厚、乾盛亨、协同庆7家山西票号在上海设立分庄。① 光绪五年（1879），山西票号"在沪上者已有二十三家"②，光绪八年（1882），增至25家。③

山西商人在两广地区的商业活动以广州、佛山最盛。山西商人在广东设有广生远、广懋兴、广益义等字号。④ 山西商人曾与陕西商人共同在佛山修建山陕会馆，据道光三十年重修会馆碑刻资料可知，参与集资的两省商号达204家。⑤ 山西票号在广东设有20多家分庄，其中广州13家、汕头2家、潮州1家、琼州1家、香港2家、九龙1家。在广西开设分庄10家，即桂林5家、梧州4家、南宁1家。⑥ 此外，蔚长厚、新泰厚、蔚泰厚、协成乾等票号在同治年间先后在福州、厦门开设分庄。⑦

山西商人在四川经营的商品包括丝、盐、布、茶，以及铜绿（制作颜料的原料）。四川的生丝交易中心綦江扶欢坝丝市，"每岁二三月，山陕之客云集，马驮舟载，本银约百万之多"⑧。南江县"春分即有山陕客民来山置买（茶），落经济人家，以便交易"⑨。在贵州主要经营丝、食盐、黑铅、水银等，同时兼办汇兑业务。⑩ 山西商人是云南铜的主要经营者，光绪三十二年（1906），云南成立省垣商务总会，参加商会组织的行

---

① 中国人民银行山西分行、山西财经学院：《山西票号史料》，山西经济出版社2002年版，第59页。
② 中国人民银行山西分行、山西财经学院：《山西票号史料》，山西经济出版社2002年版，第59页。
③ 中国人民银行山西分行、山西财经学院：《山西票号史料》，山西经济出版社2002年版，第59页。
④ 王尚义：《晋商商贸活动的历史地理研究》，科学出版社2004年版，第129页。
⑤ 张正明：《明清晋商资料选编》，山西人民出版社1989年版，第261—272页。
⑥ 广东省政协资料编纂委员会编：《广东文史资料》第69辑，广东人民出版社1992年版，第73页。
⑦ 中国人民银行山西分行、山西财经学院：《山西票号史料》，山西经济出版社2002年版，第60页。
⑧ 道光《綦江县志》卷10。
⑨ 乾隆《南江县志》卷上《物产》。
⑩ 贵州省地方志办公室：《贵州省志》卷11《金融志》，方志出版社1998年版，第458页。

帮有59个，山西商人是省外的主要商帮之一。① 山西票号在西南地区设立多处分号，进行汇兑业务，"节次代解四川京饷、划拨滇省军饷，并由滇省汇兑"②。

山西商人在西北地区的行商范围包括陕西、甘肃、宁夏、新疆、青海、西藏等地。陕西与山西隔黄河相望，山西商人在陕西主要经营盐、木材、绸缎、皮革等商品。乾隆《周至县志》载："行盐、贩木及开张绸缎、皮革皆属晋人。"③ 山西商人在新疆经营票号、茶庄、杂货行等，将内地的丝绸、布匹、茶叶、铁制器具等与新疆的牲畜、皮毛、粮食交换。在乾隆三十三年（1768）内地与新疆的丝绸贸易中，需"晋省泽绸三百匹"④，乾隆三十八年（1773），伊犁调取贸易泽䌷二百匹移咨晋省织办。⑤ 山西商人在酒泉开设的票号有蔚丰厚、天成亨、协同庆三家，汇兑业务频繁，如"河东应解甘肃兰州饷银，三次发交平遥县商人汇兑银八万两"⑥，"甘肃省城只天成亨，协同庆开设汇兑号，该二号又在凉州府各设分店"⑦。兰州、永登、永昌、张掖等地的山西商帮以经营皮毛业为主。⑧ 山西商人在青海也以经营皮毛业为主，他们在青海各贸易中心设庄，收购皮毛土产，在西宁和贵德两地较有实力的山西商号是德兴旺、世诚和、义成昌、瑞凝霞、天德玉、协成裕等商号。⑨ 山西票号在陕西的西安、三原、汉中，甘肃的兰州、甘州、肃州，以及宁夏、新疆、西藏

---

① 王尚义：《晋商商贸活动的历史地理研究》，科学出版社2004年版，第125页。
② 中国人民银行山西分行、山西财经学院：《山西票号史料》，山西经济出版社2002年版，第61页。
③ 乾隆《周至县志》卷9《风俗》。
④ 《陕甘总督吴达善奏请敕办庚寅年新疆贸易䌷缎以备需用折》，《宫中档乾隆朝奏折》第32辑，第370—371页。
⑤ 《署山西巡抚湖南巡抚觉罗巴延三奏报解伊犁之贸易详细事》，《宫中档乾隆朝奏折》第33辑，第584—585页。
⑥ 中国人民银行山西分行、山西财经学院：《山西票号史料》，山西经济出版社2002年版，第61页。
⑦ 中国人民银行山西分行、山西财经学院：《山西票号史料》，山西经济出版社2002年版，第61页。
⑧ 王尚义：《晋商商贸活动的历史地理研究》，科学出版社2004年版，第133页。
⑨ 穆雯瑛：《晋商史料研究》，山西人民出版社2001年版，第65页。

等省份的城市均开有分庄。①

山西商人是最早前往东北的商帮,在沈阳"山西帮……纷至沓来,反客为主矣"②。"汉民到(黑龙)江省贸易,以山西为最早,市肆有逾百余年者,本巨而利亦厚,其肆中执事,不杂一外籍人。"③ 其经营业务范围很广,涉及土特产、杂货、粮食、铁、盐、酿酒、榨油、当铺、颜料,以及后来的票号业。据清档案载:闯关东者,"吉林、宁古塔等处,(人参)刨夫除本地旗民外,多系山东、山西、直隶等处流籍"④。当时,清康熙朝设置的从喜峰口到齐齐哈尔的驿路,实际上成了山西商人北运茶、丝绸、布、瓷器,南贩皮毛、人参、麝香的重要商路。⑤《黑龙江外纪》卷6记齐齐哈尔"商贩多晋人,铺户多杂货铺,客居应用无不备,然稍涉贵重,或贩自京师,若绸缎之类,恐入势要手致折阅,则深藏若虚,非素亲厚不能买,既卖尤数嘱毋令某某知也"⑥。吉林盛产人参,"每十月间","有苏州、山西参商来买者"。帽业也多晋商,《黑龙江外纪》称:"商贩春秋毡帽、夏草帽,唯晋商帽皆有缨。"⑦

山西票号创办之后,分庄很快开设到东北地区,咸丰十一年(1861),"在奉天等二十七个城镇设立总分号数百处"⑧。晋中富商侯家的蔚字号在沈阳、哈尔滨等东北城镇设立分庄。合盛元票号先后在奉天(今沈阳)、营口⑨、安东(今丹东)⑩、哈尔滨⑪等城市设庄。

---

① 中国人民银行山西省分行、山西财经学院:《山西票号史料》,山西经济出版社2002年版,第61页。
② 民国《沈阳县志》卷7。
③ (清)徐宗亮:《龙江略述》卷6,北京莱熏阁据光绪十七年(1891)本誊印。
④ 张正明:《晋商兴衰史》,山西古籍出版社2001年版,第292页。
⑤ 张正明:《晋商兴衰史》,山西古籍出版社2001年版,第75页。
⑥ (清)西清:《黑龙江外纪》卷6,北京莱熏阁据嘉庆十五年(1810)本誊印。
⑦ 张正明:《晋商兴衰史》,山西古籍出版社2001年版,第89页。
⑧ 中国人民银行山西分行、山西财经学院:《山西票号史料》,山西经济出版社1989年版,第802—803页。
⑨ 张正明:《平遥票号商》,山西教育出版社1996年版,第64页。
⑩ 张正明:《晋商兴衰史》,山西古籍出版社2001年版,第176页。
⑪ 阳泉市政协文史资料委员会编:《晋商史料与研究》,山西人民出版社1996年版,第317页。

二 从事行业

清代,随着农副产品、工矿产品商品化进程的加快,晋商逐渐分化为各专业化商人群体,所经营的行业也有了进一步发展。正如美国学者费正清所说:"中国在18世纪,如果不是更早些的话,已经有了一个真正的国内市场,任何一个地区的供应品,可以用来满足其他任何地方的需要……中国国内市场的兴起,可以从各种专业化的商人群体的成长来衡量。"①

晋商经营行业广泛,某些行业在全国独占鳌头,他们主要经营金融业、茶业、烟业、棉布业、铁货业、皮毛业、粮油业、杂货业、运输业、货栈业、酒饭行及牙行。其中又以金融业、茶业、烟业、棉布业、铁货业等行业为最。

(一) 金融业

与全国其他地区一样,山西金融业最早的形式是典当业,清康熙以后,为适应商品经济发展需要,各种形式、规模不等的金融机构在山西得到迅速发展。除当铺、钱庄、银号外,印局(印票庄)、账局(账庄)、票号等金融机构相继出现。

典当业,即当铺,又称典铺、质库、押店等,是从事消费抵押信贷的金融机构。在全国的典当业中,"江以南皆徽人,曰徽商。江以北皆晋人,曰晋商"②,山西商人操半壁江山。山西典商在京师、天津,以及山东临清,湖北的汉口黄陂、襄阳、光化等地均开设当铺。咸丰三年(1853),京师有当铺159家,其中山西典商开设109家,占当铺总数的68.5%。③ 天津的锅店街设有山西当商建立的当业会馆。④ 山东临清州在乾隆年间"乡合城存十六七家(典当铺),皆西人"⑤。湖北汉口有山西介休县商人开设的当铺15家,分别是咸益祥、福来同、广泰福、庆泰成、锦春发、永顺厚、永昌瑞、庆春隆、源丰涌、益昌升、天裕丰、晋

---

① [美]费正清:《伟大的中国革命》,世界知识出版社2000年版,第68页。
② (清)李燧:《晋游日记》卷3,乾隆二十一年七月丙申,山西经济出版社2003年版。
③ 黄鉴辉:《明清山西商人研究》,山西经济出版社2002年版,第159页。
④ 民国《介休县志》卷7《物产》。
⑤ 乾隆《临清州志》卷11《市厘志》。

泰恒、萃升源、福美尊、大元裕。① 黄陂、襄阳、光化 3 县，道光二十三年（1843），共开设有当铺 50 家，其中 20 家为晋商所开设。② 汾州府介休县从事典当业商人为数众多，"介休商业以钱、当两业为最，其他各行商号，均系兼营并弩，绝少专业，亦无大资本家。至邑人出外贸易者，在京则营当商、账庄、碱店，在津则营典质转账，河南、湖北、汉口、沙市等处，当商、印行邑人最占多数"③。

钱庄最初是从事钱币兑换业务的金融机构，后来业务扩展，到办理存放款业务。由于山西"陆路多而水路少，商民交易，势不能尽用银两；现钱至十千以上，即须马驮车载"，而使用钱票则可以免去现银运输之烦，故"甚便于民"④。在全国许多地方都有晋商开设的钱庄或钱铺，京师开设钱铺者"多为山东、山西铺商"⑤。直隶无极县有钱铺 40 余家，从业人员 300 余人，其中有将近 200 人来自山西汾阳、平遥、太谷、祁县、孝义、文水等县⑥；乾隆三十年（1765）在苏州有山西人开设的钱庄 81 家⑦；光绪年间，晋商在奉天开设有 50 余家钱庄⑧。山西钱商在北方很多城市的钱业中都居于垄断地位，在很多地方均有自己的行会组织，现存于代县雁门关的宣统初年《太谷县布施碑》，就记录了在归化城的钱庄行会——"宝丰社"⑨。

银炉即炉房，有私铸权。⑩ 乾隆二十三年（1758）和嘉庆十八年

---

① 黄鉴辉：《明清山西商人研究》，山西经济出版社 2002 年版，第 159 页。
② 清档，《湖北省绅士商民捐输海疆经费银钱数目并请议叙姓名清单·财捐》卷 33，道光二十三年（1843）。
③ 民国《介休县志》卷 7《物产》。
④ 道光十八年七月初七山东巡抚经额布奏折，见第一历史档案馆藏档案。
⑤ 清档《朱批奏折》，清咸丰三年（1853）四月初三日，《鸿胪寺卿祥泰为拟变通章程的奏折》。
⑥ 穆雯瑛：《晋商史料与研究》，山西人民出版社 1996 年版，第 538 页。
⑦ 苏州历史博物馆：《明清苏州工商业碑刻集》，江苏人民出版社 1981 年版，第 395 页。
⑧ 黄鉴辉：《明清山西商人研究》，山西经济出版社 2002 年版，第 171 页。
⑨ 现存于山西省代县雁门关，笔者曾于 2005 年前去抄录。
⑩ 中国人民银行山西分行、山西财经学院：《山西票号史料》，山西经济出版社 2002 年版，第 6 页。

(1813）两次重修市楼时均有银炉参与集资。①

印局是办理短期小额信用放款的金融机构，其借贷以铜钱货币为主。光绪年间，在全国许多省份均有晋商从事印局生意，《益闻录》记载："以穷民之汗血为鱼肉……则各省晋人所放之印子钱是已。"② 张焘在《津门杂记》中记载："印子钱者，晋人放债之名目也。"③ 在河南、湖北、汉口、沙市等地"印行邑人（介休人）最占多数"④。

账局也称作账庄、账行，是从事放款的金融机构。主要与商家铺号发生借贷关系进行存款、放款业务，"各行铺户皆藉此为贸易之资"⑤；有时兼营对官僚的放款，"候补候选官员在京借用重利私账"⑥。在京师，"汾（州）平（阳）两郡……富人携资入都，开设账局"⑦。咸丰三年（1853）京师有账局268家，其中晋商开设的有210家。⑧ 汉口亦有"山西汾州府众账帮"的记载。⑨ 账局大抵产生于清雍乾之交。雍正七年（1729），清廷在恰克图设立市集。到乾隆时，"北京贸易停止"，恰克图遂成为中俄"两国通商之咽喉"⑩。而"内地商民至恰克图贸易者，强半皆山西人，由张家口贩运烟、茶、缎、布、杂货，前往易换各色皮张、毡片等物"⑪。山西商人远从闽、浙、两湖贩运茶叶到东、西二口，销流蒙古，并北与俄国商人成交。如此长途贩运，每周转一次，大约需时

---

① 据乾隆二十三年（1758）《今将捐资姓名开列于后》和嘉庆十八年（1813）《重修市楼碑记》统计，史若民等编：《平、祁、太经济社会史料与研究》，山西古籍出版社2002年版，第157—190页。
② 《益闻录》，光绪六年（1880）六月十二日。
③ 中国人民银行山西省分行，山西财经学院：《山西票号史料》，山西经济出版社2002年版，第8页。
④ 民国《介休县志》卷7《物产》。
⑤ 清档，翰林院侍读学士宝钧，咸丰三年（1853）三月十四日奏折。
⑥ 《清仁宗实录》卷308，嘉庆二十年（1815）七月。
⑦ （清）李燧：《晋游日记》，乾隆六十年（1759）闰二月二十一日，山西经济出版社2003年版，第73页。
⑧ 据黄鉴晖《明清山西商人研究》，表4-6"京城咸丰三年268家账局商人籍贯统计表"，山西经济出版社2002年版，第197页。
⑨ 黄鉴辉：《明清山西商人研究》，山西经济出版社2002年版，第196页。
⑩ 刘选民：《中俄早期贸易考》，载《燕京学报》第25期。
⑪ 何秋涛：《朔方备乘》卷37，第18页，转见《中国近代对外贸易史资料》第1辑，第100页。

一年，必然需要大笔周转资金。使得大小商人均需要社会信贷的融通和支持。这时，钱铺和银号等仅以货币兑换为主的金融机构不能满足这一要求，账局就应运而生了。账局的业务以对工商铺户开展存放款为主。借贷的原则是到期本利还清。账局必须每年见到本金，续借是另立新券。这种贷款，对短期周转不灵的铺户而言，能起到很好的融资作用。其业务行为也对后来产生的票号起到某种启发和示范的作用。

票号是晋商首创的专门从事汇兑业的金融机构，中国第一家票号是成立于道光三年（1823）的日升昌，不过数年，大获其利。其后，晋商纷纷投资票号。如介休侯氏财东先后将其开办的蔚泰厚、蔚盛长、天成亨、新泰厚、蔚丰厚5家绸缎庄均改组为票号，并形成以蔚泰厚为首的"蔚"字五联号。山西票号在道光年间兴起，光绪时达到鼎盛，在国内设立的分号已增加到80多家（详见表3-6）。山西票号商人除在国内设立票号外，还在国外如朝鲜和日本大阪、神户、横滨、东京等地设立分支机构。山西票号因总号所在地不同而分为平遥、祁县、太谷三帮票号。三帮之中，以平遥帮最早，且资本最雄厚。其次为祁县和太谷两帮。

表3-6　　　　　　　历年山西票号家数比较表

年　份	家　数
道光三年（1823）	1
道光六年（1826）	6
道光十七年（1837）	7
咸丰元年至咸丰五年（1851—1855）	10
咸丰六年（1856）	11
咸丰九年（1859）	13
咸丰十年（1860）	15
咸丰十一年（1861）	14
同治元年至同治十三年（1862—1874）	26
光绪元年至光绪八年（1875—1882）	28
光绪五年（1879）	29
光绪九年（1883）	30

续表

年　份	家　数
光绪十年（1884）	28
光绪十一年（1885）	27
光绪十九年（1893）	28

数据来源：据中国人民银行山西分行、山西财经学院《山西票号史料》，山西经济出版社1990年版，第21页和第213页数据统计得到。

（二）茶业

清代山西茶业的发展是随着山西茶商的行商地域扩展而不断发展的。茶货贸易发端于明代的边镇茶马贸易，清代山西茶商由明代的边镇一线向整个中国北部地区发展。山西茶商在东北至瑷珲（黑龙江城）、嫩江、齐齐哈尔、海拉尔、宁古塔、吉林、奉天；北至蒙古地区的乌里雅苏台、科布多、库仑、归绥；西至新疆的哈密、巴里坤、乌鲁木齐、伊犁、塔尔巴哈台、阿克苏、叶尔羌等地的广阔范围进行贸易活动。

山西茶商所贩之茶来自南部各省，清代前期主要前往福建武夷山、湖南安化、浙江建德、安徽霍山一带贩茶。"清初茶叶均系西客经营，由江西转河南运销关外。西客者，晋商也。每家资本约二三十万至百万，货物往还络绎不绝，首春客至，由行东赴河口欢迎，到地将款及所购茶单，点交行东，恣所为不问。茶事毕，始结算别去。"[①] 安徽霍山"土人素不辨茶味，惟晋、赵、豫、楚需此日用，每隔岁，经千里，夹资裹粮，投牙预质"[②]。浙江建德"为产茶之区……向由山西客贩至北地归化城一带出售"[③]。在武夷山采茶，其茶市在福建省崇安县下梅镇。茶由产地陆运至江西省铅山县老河口，再水运经信江、鄱阳湖、长江至汉口。咸丰时，受太平天国运动影响，产茶地区北移至湖北的羊楼洞，蒲圻县与湖南临湘县交界的羊楼司、临湘县的聂家市，安华及咸宁等处。"在湖北省之羊楼洞，山西茶商每年常设立临时办事处开设工厂，

---

① （清）衷干：《茶市杂咏》，彭泽益：《中国近代手工业史资料（第一卷）》，中华书局1962年版，第304页。
② 顺治《霍山县志》卷2《土产》。
③ 《益闻录》，光绪九年。

该地数千农民及其家族从事制造砖茶,大都推销于俄国及亚洲市场"①。山西茶商将收购的茶叶"压作方砖,白纸封,别有红笺,书小字:西商监制,自芙蓉……本号监制、仙山名茶等语"②。

山西茶商将所收购之茶叶汇聚于汉口,或沿长江上行至打箭炉,或顺汉水至襄樊再经赊店西行陕甘新疆,北行东西二口,至蒙古及俄罗斯腹地。汉口的山陕茶商分为红茶帮、盒茶帮和卷茶帮,经营红梅茶、三九砖茶、三六砖茶、二四砖茶、半斤砖茶、千两茶、米心茶等品种的茶货。红梅茶在汉口就地卖给俄国洋行;米心茶是把红梅茶末制成块,运至归化城,再贩往新疆;砖茶大部分销往内、外蒙古及俄国各地;千两茶在祁县叫三和茶,也叫贡尖茶,比砖茶质高,运销陕西、甘肃、山西、张家口一带。③

恰克图贸易中,茶叶是晋商经营的主要商品之一。中俄恰克图贸易始于雍正五年(1727),18世纪下半叶,恰克图贸易量迅速增长,年平均贸易量由71万卢布增加到464万卢布。19世纪上半叶,中国输往俄国的茶叶逐年增多。茶叶出口以价值计,嘉庆年间每年为228499卢布,同治年间每年出口增至5976204卢布④,增长25.15倍。另据恰克图税关调查,道光二十一年(1841)以后,十年间所收茶税4808084卢布,咸丰元年(1852)以后,十年间有4827990卢布。⑤ 由此可知,山西茶商在恰克图贸易量巨大。19世纪上半叶以来,参与恰克图贸易的晋商所经营商品由以其他商品为主转向以茶叶为主。此时,山西的茶叶贸易发展到极盛。

山西茶商中祁县商人占很大比例,他们开设为数众多的茶庄。咸丰、同治年间,祁县有长裕川、巨贞川、永聚祥、大玉川、裕盛泉、德逢源、大德诚、巨盛川、大德川、宝聚川、长源川、宏源川、通川盛、福廉泰、

---

① 彭泽益:《中国近代手工业史资料》第2卷,生活·读书·新知三联书店1957年版,第101页。

② (清)劳光泰修,但传熺纂:道光《蒲圻县志·风俗》卷4,道光十六年(1836)刻本。

③ 吕洛青:《祁县的茶庄》,载山西文史数据编辑部《山西文史资料全编》1998年第9卷,第35页。

④ 光绪《蒙古志》卷2《贸易》。

⑤ 光绪《蒙古志》卷2《贸易》。

大德兴等茶庄近20家。大者资本10万两（长裕川、大玉川），小者2万两。

山西茶商前往两湖购茶，在湖南省临湘县设有20多家茶庄，主要经营黑茶，或销往汉口转销他地，或直接销往蒙古和俄罗斯（参见表3-7）。

表3-7　　　清末、民国时期晋商在临湘经营茶庄主要名录①

地　址	名　称	品　种	外　销　地
聂家市	大涌玉	黑茶	俄、蒙
聂家市	新记	黑茶	汉口
聂家市	顺记	黑茶	俄、蒙
聂家市	巨贞和	黑茶	汉口
聂家市	晋裕川	黑茶	俄、蒙
羊楼司	顺记	黑茶	汉口
羊楼司	怡和	黑茶	汉口
羊楼司	瑞和祥	黑茶	汉口
羊楼司	长盛川	黑茶	俄、蒙
羊楼司	德泰	黑茶	汉口
临湘滩头	谦丰和	黑茶	汉口
临湘滩头	春生利	黑茶	汉口
临湘云溪	德生祥	黑茶	汉口
临湘五里牌	德泰隆	黑茶	汉口
临湘五里牌	怡和	黑茶	汉口
临湘五里牌	德裕昌	黑茶	汉口
临湘五里牌	春生利	黑茶	汉口
临湘五里牌	阜昌	黑茶	汉口
临湘清水源	和记	黑茶	汉口
临湘百里畈	义兴	黑茶	俄、蒙
临湘桃林	义记	黑茶	俄、蒙
临湘桃林	三晋川	黑茶	俄、蒙

① 吕洛青：《祁县的茶庄》，载山西文史数据编辑部《山西文史资料全编》1998年第9卷，第35页。

续表

地　址	名　称	品　种	外　销　地
临湘横溪	大涌玉	黑茶	俄、蒙
临湘横溪	晋裕川	黑茶	俄、蒙
临湘横溪	义兴	黑茶	俄、蒙
临湘横溪	怡和	黑茶	俄、蒙
临湘五里	兴隆茂	黑茶	汉口
临湘五里	天顺长	黑茶	汉口
临湘羊楼司	兴华	黑茶	汉口

注：黑茶即老青茶。在临湘为晋商所拥有的茶庄共有29家，其中8家为分号，实为21家。

（三）烟业

中国自古无烟草，明代传入福建和广东。至明末，烟草种植"今艺及江南北"，或"北土亦多种之。一亩之收，可以敌田十亩，乃至无人不用"[1]。山西烟草最早产于晋南曲沃县，当地烟草种植源于明季"乡民张士英自闽中携种植之"，从此，农民"尽赖此颇有起色"[2]。从曲沃种植以来，烟草在山西得到推广，蒲州、绛州、汾州、潞安、代州相继种植[3]，保德州在乾隆年间"悉种烟草"[4]。

曲沃县是山西最主要的烟草产区和加工中心，其品种之多，配料之精，非他乡所能比拟。曲沃所产烟叶是晒烟，即把收获的烟叶用绳子拴成一串，悬挂晾干。这种晒烟，颜色黄绿，色泽光亮，油性大，弹性强，易燃火。在曲沃北荣裕、杨谈、北白集、城关等地均建有烟坊，这些烟坊是以加工制作旱烟为主，兼在各地设店铺经营批发零售业务的综合性企业。曲沃存在过大大小小数百家烟坊，尤以裕顺永、奎泰和、东谦亨、西谦亨、南谦亨、北谦亨等号为著。表3-8为清代曲沃规模较大的烟坊，及其主要产品和销路。

---

[1] （明）杨士聪：《玉堂荟记》卷4，齐鲁书社1995年版。
[2] 乾隆《续修曲沃县志》卷1《舆地志》。
[3] 光绪《山西通志》卷100《风土记下》。
[4] （清）陆耀：《昭代丛书本》卷46，引自李文治《中国近代农业史资料》第1辑，生活·读书·新知三联书店1957年版，第84页。

表 3-8　　　　　　　　　　清代曲沃规模较大的烟坊①

字号	掌柜	地址	主要产品	主要销路
北谦亨	张大湜	东凝村	北生烟、北生定烟、北生青烟	绥远、张家口、大同、太原、榆次
东谦亨		东凝村	东生烟	蒙古、俄罗斯
西谦亨	李济雍	东关	天生烟、天生定烟、紫生定烟	内蒙古
南谦亨		南关	仁生烟、仁生定烟	绥远、大同
永和成	杜敬甫	西关	永和成皮烟、成生烟、杂拌烟	曲沃、新绛、运城、包头
天和茂	原有毅	北关	和生烟、和生定	绥远、张家口
蔚生源		西关	蔚生烟、蔚生定	忻县
祥云集	张侗	席村	祥生烟、祥生定、杂拌烟	祁县、汾阳、忻县、绥远、张家口
谦亨永	刘占亨	席村	予生烟、予生定	大同、张家口、绥远
奎盛盖	阎树祯	席村	奎盛皮烟、云生烟	洪洞、赵城、介休
大德庆		席村	庆生烟、庆生定	蒙古、绥远
裕顺永		苏村	裕丰皮烟	灵石
新隆奎	董启祥	席村	新隆皮烟	平遥
兴隆昌		北白集村	王梦龙皮烟、兴隆皮烟	碛口、柳林、陕北、平遥
日生昌	王辑瑞	高村	日生烟、日生定、日生皮烟	蒙古、绥远、张家口、平遥、介休
玉通永	庞子玉	西许村	明生定、明生烟	张家口
裕源宏		西许村	宏生烟、宏生定	绥远、张家口
福生庆		西许村	福生烟	蒙古、绥远
永发和	刘琳	东凝村	月生烟、月生定	张家口地区
天盛张		东凝村	张生烟	介休、孝义
永和久	秦子坚	东凝村	永和久皮烟、久生烟	新绛、运城、介休
奎泰和	郭爱堂	高显	奎生烟、奎生定、奎泰皮烟、拔苯皮烟	蒙古、内蒙古、张家口、宁夏、甘肃、平遥
长盛源	张永绥	高显	原生定、晋生定、杂拌烟	绥远、张家口、祁县
德新和	同存窦	高显	新生烟、新生定	绥远

---

① 段士朴：《曲沃烟史简述》，《山西文史资料全编》第二卷，《山西文史数据》编辑部，1998年版。

续表

字号	掌柜	地址	主要产品	主要销路
福德生		高显	福德皮烟	沁县
益顺永		北王村	益顺皮烟	霍县
义和泰		北赵村	义和皮烟	沁县、襄垣
永兴和	郑世宽	下坞村	郑世宽、晶生、永兴皮烟	长子、屯留
世昌和		杨谈村	世昌皮烟	洪洞
协成顺		杨谈村	协成皮烟	临汾、洪洞
福昌公		城内	福昌皮烟	曲沃、绛县
谦德亨	赵武	西凝村	昌字皮烟、谦生烟	太原

除曲沃各烟号外，邻近县份经营旱烟业的商人开始行商至省内外，被称为"河东商人"。京师广安门大街的河东会馆为山西烟商所建，该会馆始建于雍正五年（1727），初建时"前后四层，过道一方，楹列屋翼其旁，共计肆拾陆间。凡深长三十五杆零五寸，北阔十三杆零三寸，南阔十二杆零七寸"[①]。从乾隆二十五年（1760）至嘉庆二十二年（1817）共整修、扩建四次，参与集资商号众多。[②] 山西烟商除在山西省内及蒙俄地区经营烟草外，还活跃于南方省份。同治年间，湖南省衡阳县"山西，陕西大商以烟草为贷者有九堂十三号，每堂出入资本岁十余万金，号大于堂，兼通岭夕为飞钞交子，皆总于衡烟"[③]。

（四）棉布业

棉布业是清代山西民间手工纺织业的重要组成部分，且山西境内已有许多地区可以产布，但是山西本省所产棉布并非山西布商所资贩卖的大宗，他们深入到全国各个产布区收购棉花和布匹，行商全国进行售卖。山西布商所贩之布大都来自湖北、直隶、山东、河南等省。

湖北是清代兴起的棉布产区，云梦县是湖北棉布转贩西北的必经之路，山西布商多在此地晾晒、改捆，乾隆《云梦县志》记载，云梦城内"宽闲屋宇，多赁山西布商作寓……凡山西客来楚贩布，必经云城，捆载

---

① 李华：《明清以来北京工商会馆碑刻选编》，文物出版社1980年版，第46页。
② 李华：《明清以来北京工商会馆碑刻选编》，文物出版社1980年版，第77页。
③ 同治《衡阳县图志》卷11《货殖》。

出疆历运,布不变色,若不由云城改捆,至河南渡黄河,布多微黯,故西商于云立店号十数处。本地贸易布店,亦藉以有无相通"①。汉阳也是棉布产地,其所产棉布"四方来贸者,辄盈千累百"②,且"远者秦、晋、滇、黔贾人争市焉"③。此地亦为山西布商的重要商贸市场,晋商在汉阳收购的棉布,"卖至汉口加以染造,"以应"远贾之需"④。棉花自湖北逆汉水、丹水上达;或"贩自河南"⑤,再转输甘肃、陕北、晋北等地。

直隶产布区如元氏县"郡近秦陇,地既宜棉,男女多事织作,晋贾集焉"⑥。南宫布"其输出,西自顺德(府)以达泽潞,东自鲁南以达徐州"。该县建成村所产棉布,"西运太原,北至张家口;而郝家屯布店尤多,自古北口输出内外蒙古"⑦。正定府无极县,在县城、郭庄等集镇和产布的甄村、南马、南候坊等村镇开设布店60余家,从业人员1000人左右,其中四五百人是山西忻州、五台、繁峙、代县、宁武、大同人。⑧ 栾县"地四千余顷,稼十之四……棉十之六,晋豫商贾云集"⑨。此外,河南北部的内黄县产棉花,"山西客商多来此置局收贩"⑩。

当时甘肃、宁夏、蒙古、青海等少数民族地区需要棉布,多由山陕商人收购于各产布区而贩往。湖北棉布为"西贾所收"⑪;四川夏布由"西客携赀收买"⑫;荣昌夏布"富商大贾购贩京华,遍逮各省。百年以来,蜀中麻产,惟昌州称第一","山陕直隶各省客商每岁必来荣采买,远至京都发卖"⑬。此外,山西布商还将本省平阳、绛州等地所产棉布贩

---

① 道光《云梦县志略》卷1《风俗》。
② 乾隆《汉阳府志》卷28。
③ 同治《续辑汉阳县志》卷9。
④ 乾隆《汉阳县志》卷10《物产》。
⑤ (清)陈宏谋:《培远堂偶存稿·文檄》卷27、35《大兴业氏》,道光二十二年刻本。
⑥ 光绪《元氏县志》卷1。
⑦ 民国《南宫县志》卷3。
⑧ 黄鉴辉:《明清山西商人研究》,山西经济出版社2002年版,第246页。
⑨ 道光《栾城县志》卷2《食货志·物产》。
⑩ 王凤生撰,崔述:《河北采风录·卷二·内黄县水道图说》,清道光刻本。
⑪ 康熙《鼎修德安府全志》卷8《物产》。
⑫ 乾隆《将乐县志》卷5《土产》。
⑬ 同治《荣昌县志》卷16《风俗·物产》。

往陕北延长县等处。①

山西布商遍及全国的许多城镇和地区。如山东齐河、聊城、馆陶等县，均有晋商开设的布庄。齐河县棉布以"齐河大布"著称，有山西客商在城镇设庄收买，北销口外，以乾嘉年间最盛。② 河南洛阳山西潞泽商人经营绸布的店铺、作坊达130余家。③ 周口也有晋商所设布行。④ 山西翼城县商人在京师多营布匹，并修建多座会馆，乾隆四年（1739）《创建翼城会馆碑序》共记录捐银字号和商人103个，其中布店11家，共施银353两6钱。道光十七年（1837）《新建布行公所碑记》中记录捐银布店14家，共捐钱700千文⑤，按银1两折制钱1500文算⑥，共捐银约467两。

（五）铁货业

潞安府和泽州府是清代山西铁器的重要产区。明代就曾有"宣大总督王崇古疏请，以潞锅与诸部互市"⑦的记载。入清之后，山西民营冶铁生产及铁矿的开采虽受到清政府的种种干预，但仍然继续发展。全省铁矿产地，除明代的25县外，又增加了闻喜、解县、隰县、大同、宁武、临县、中阳、赵城、安泽、辽县、和顺、昔阳、保德、灵石、陵川、虞乡16县。彼时，山西境内出现一些以出产优质铁制品而著名的城镇。泽州府陵川在雍正时期有专门生产铁钉的作坊12家。泽州府之阳城、晋城、潞安府之荫城（长治县属），当时号称三城，以出产优质铁货闻名。阳城以生铁货为主，如大小锅、笼盖、笼圈，以及犁、耙齿、炉条等。晋城以板铁货为主，如大板铁、小板铁、三股铁等。荫城以熟铁货为主，如铁锅、炒瓢、马勺、菜刀、斧头、锯条及锄、镰等。其中，荫城为潞泽铁货集散地，清乾嘉年间，即有"荫城铁水奔流全国"之说。清代的方志中大多以"荫城铁货"来命名山西潞泽地区的铁货。荫城镇，位于

---

① 乾隆《延长县志》卷4《食货志·服食》。
② 许檀：《明清时期山东商品经济的发展》，中国社会科学出版社1998年版，第328页。
③ 许檀：《清代中叶的洛阳商业》，《天津师范大学学报》（社会科学版）2003年第4期。
④ 许檀：《清代河南的商业重镇周口》，《中国史研究》2003年第1期。
⑤ 李华：《明清以来北京工商会馆碑刻选编》，文物出版社1980年版，第32—39页。
⑥ 杨端六编：《清代货币金融史稿》，生活·读书·新知三联书店1962年版。
⑦ 光绪《长治县志》卷8《风土记》。

高平县和长治县交界，是潞泽地区铁货集散地，共有铁行 30 余家，制造铁器之炉 300 余家。① 此外，平定府盂县四面多山，矿产资源品种繁多，储量丰富，其中铁矿资源仅次于煤炭，主要分布在南娄、下曹、路家村、牛村、仙人、北下庄、东木口、土塔、苌池、榆林坪等 200 多个村庄。光绪二十四年（1898），牛村、白土坡、南流、赵家垴、清城等村，有焖铁炉 60 余座，年产生铁 4500 吨。②

清代，绝大多数乡民不能自行打造铁器，因此山西铁货行销范围甚广，包括陕西、河南、山东、直隶等省，彼时阳城"铸为铁器者，外贩不绝"，晋城大阳镇被称为"九州岛针都"，所产缝纫针几乎满足全国需求。在陕西鄠县，"铁货，如铁钉、铁锁之类，除自制外，由山西泽州、潞安等府，水运至河口，由河口陆运至鄠，每年共销六七万斤。铧由山西河津樊村镇水运至咸阳，由咸阳至鄠，每年共销十万叶……铁锅由山西运来，每年约销五百口"③。澄城县"铁器及铁由山西运入朝邑，由朝转入境内"④。河南林县"铁器自（山西）壶关县来"⑤，河南清化镇自明代就是著名的商品集散地，清代山西铁货云集于此，转运各地。咸、同年间，德国人李希霍芬说："成千上万的人和牲畜年复一年地把（泽州府）凤台这个重要煤铁产区的产品运往清化"⑥。此外，直隶沧州"铁器来自潞（安府）、汾（州府），农器为多"；束鹿"铁器…多由获鹿、山西泽州、潞安等处运来"⑦。山东聊城"铁货自山西贩来"⑧；东平州"铁货陆运来自山西"，禹城"铁釜诸器，自山西购至本境，车运，岁约二千金"；潍县也有"铁器，山西客商贩来，销售岁约五千金"的记载。在北京的山西潞安府铁货商人还与在京同籍的经营铜、锡和烟袋业的商人一同建立了潞安会馆。⑨ 山西铁器不仅营销北部省份，在南方也有一定市

---

① 彭泽益：《中国近代手工业史资料（第二卷）》，中华书局 1962 年版，第 145 页。
② 参照盂县史志编纂委员会编《盂县志·盂县铁货》，方志出版社 1995 年版，第 254 页。
③ 光绪《鄠县乡土志》。
④ 咸丰《澄城县志》卷 4《土产志》。
⑤ 咸丰《续林县志》卷 3《风土论》。
⑥ 彭泽益：《中国近代手工业史资料（第二卷）》，中华书局 1962 年版，第 142—143 页。
⑦ 光绪《束鹿乡土志》卷 6《物产志》。
⑧ 光绪《聊城县乡土志》卷 5《商务志》。
⑨ 李华：《明清以来北京工商会馆碑刻选编》，文物出版社 1980 年版，第 40 页。

场，《山西通志》记载："潞铁作钉为南省造船所必需，取其易绣（锈）也。"①

（六）皮毛业

山西多山，畜牧业历来比较发达，皮毛产量颇丰，形成了大同、忻州、交城、寿阳、潞安等多处皮毛加工生产和集散中心。《中国实业志·山西卷》载："山西以牧羊著称，硝皮业亦随之发达，全省硝皮业之发轫，以大同、交城两地最早，在明末清初之际，已有硝皮场之经营。"② 其中，交城主要加工产自甘肃的滩羊皮③，当地皮商贩洗皮革，腥秽填壅，地方官为此发布告示，禁止在圣母庙前溪水中沤制皮革，其文曰："照得交城，依山为邑、所少者水，城内东南隅，离相寺圣母庙前，清流一曲，地属离震，实启文明，何为洗皮浸革之需，居民苦之。暮春初夏，秽气满城，见者伤心，行人掩鼻，遂使清净法坛，终年龌龊，风雅圣地，昼日腥膻。"④ 由此可以看出，当时皮革加工已经比较普遍。硝皮业发达时期，在光绪二十一年至二十四年（1895—1898）之间，皮货国外贸易兴旺，交城、大同两地每年销售值均在百万两以上，交城硝皮庄由10家增至100余家，大同由10余家增至80余家，可谓晋省皮货业之黄金时代。⑤

晋商除将本地皮货运至他处贩卖之外，还从蒙古、俄国大量进口皮毛，"进口货以兽皮为大宗，织物次之，大都转输于汉地，蒙古人所用甚少，每年贸易最盛时在二三月间"⑥。张家口是内地较大的皮毛交易市场，"口外出产如驼马、牛羊及各色皮张、毛片……均为入口转售宣府十属三厅及京津或山西一带之货……由俄销售蒙境及内地者，以哦噔绸（即哈喇）、金线毕兔绒、回绒、牛皮并各色皮张、驼毛、黄芪、蘑菇、木板为大宗，口上设细皮作坊，凡由俄进口之水獭、海龙、银针、灰鼠、紫貂、

---

① 光绪《山西通志》卷100《风土记下》，中华书局1990年版，第7118页。
② 杨纯渊：《山西历史经济地理述要》，山西人民出版社1993年版，第377页。
③ 杨大金编：《现代中国实业志（第一编）》，商务印书馆1937年版，第263页。
④ 张正明等：《明清晋商资料选编》，山西人民出版社1989年版，第18页。
⑤ 参阅解光启《交城县民间硝皮业历史资料综述》，载《交城文史资料》第九辑，中国人民政治协商会议山西省交城县委员会文史资料研究委员会1990年版。
⑥ 光绪《蒙古志》卷3《贸易》。

白狐、元狐、红狐腿及乌城、库伦所来之黄狐、猞猁、沙狐、貂毛、羔儿皮等均由该作坊制之，乃能分批运销各处。其粗皮张以山羊、绵羊为最多。而鹿茸一项，口上设有专庄"①。

归化城也是北方重要的皮毛市场，其"物产以家畜为大宗，若毛网、毡毯、制皮等亦均著名"②。城内"屠宰牧畜，剥取皮革，就近硝熟，分大小皮货行"，均集中在城南门外十字街。③ 牲畜、皮毛是西包头镇集散的大宗商品。光绪年间包头开办的皮毛业商号有20多家，皮毛来源于宁夏、肃州、青海、库伦等地。④ 上述二城中经营皮毛业的商人中有为数众多的晋商。

自1914年，西北皮毛经包头出口天津以后，晋商于西北地区遍设行庄收购皮毛，再用皮筏子或骆驼运至包头、归绥等地，继而转运天津售予洋行；随后再由天津购回洋货、布匹销往甘、青、宁、新等西北地区。彼时，晋商在西北皮毛市场显现出绝对优势，几乎掌控西北皮毛交易。晋商所设瑞凝霞、步云祥、大德源、德顺成、同盛德、义成昌、德兴旺、义源祥等字号在西北皮毛贸易中实力斐然，其中又以瑞凝霞、步云祥两家最强，资本额在16万元至60万元间。随着1920年京绥铁路集宁段的开通，新泰兴、仁记、平和、聚利等英国洋行始设庄于兰州收购羊毛。晋商与洋商展开竞争的同时，又积极与之合作。彼时，晋商在兰州、临夏、西宁、贵德、湟源、永登、永昌、张掖、酒泉等地收购皮毛后，利用洋行所持享有子口半税特权的税票，将皮毛或直接转售当地洋行，或运天津售与洋行。1931年后，随洋商子口半税优惠制度的废除，加上时局不靖，外商纷纷撤庄，甘、青、宁、新等地皮毛市场几由晋商控制。

晋商不仅控制西北皮毛产业，甚至在中转城市的皮毛业中，也体现了其强大实力。西北羊毛水运的东部终端——包头，其羊毛收购业始于

---

① （清）李廷玉：《游蒙日记》，光绪三十二年四月十八日，载中国社会科学院中国边疆史地研究中心编，中国边疆史地资料丛刊·蒙古卷之《清末蒙古史地资料荟萃》，全国图书馆文献缩微复制中心出版1990年版。
② 光绪《蒙古志》卷2《都会》。
③ （清）张曾编纂：《古丰识略》卷20，清咸丰十年刻本。
④ 内蒙古自治区地方志编纂委员会：《内蒙古自治区志·商业志》，内蒙古人民出版社1998年版，第218页。

1838 年晋商开设之公义店。1850 年，包头南海于取代托克托县河口镇而逐渐成为黄河中上游的甘、宁、青等地皮毛、药材和粮食的集散中心。光绪年间包头开办的皮毛业商号有 20 多家，其中多家为晋商产业，于 1893 年开业的山西字号广恒西店，资本 5800 两，伙计 30 余人，开业三年即盈利 5 万多两，雇工扩大到 100 余人，很快成为包头皮毛业之首户。

毪氇是手工编织的一种毛纺制品，清代山西盂县商人经营此行者甚多，并于嘉庆二年（1797）在京师煤市街小椿树胡同建有会馆。该会馆东院厅事三楹，北屋三楹，毗连小院一座，内设庖厨，地基计 1 亩 2 分，共费银 2300 多两。[①] 当时盂县在京六家毪氇行共同出资修建盂县毪氇行会馆，按"每售毪氇一匹，恭除香资银一钱"计算，在北京的盂县籍毪氇行九年间共售毪氇 2.3 万余匹，平均每年销售量近 2600 匹毪氇，每家商号每年的平均销售量为 430 匹。

（七）粮食业

山西晋中、晋南地区的太原盆地和运城盆地，是人口繁庶、粮食相对缺乏的地区。乾隆年间，太原盆地的太谷、平遥等县所产粮食已经远远不够当地食用。晋南绛州同样"产收之粮，恒不敷本地居民之食"，浮山、曲沃、荣河等县都感到土狭人满，粮食匮乏。山西粮食主要取给于陕西关中地区，归绥、河套地区，以及东南各省。陕西米麦沿渭水输往晋南是一条传统输粮路线。每至麦熟，山西富商便赴关中大量收买麦石，在陕的山西盐商也抽资收麦输晋。乾隆八年（1743），关中麦熟后一月间，运销山西"已不下二十万石"[②]。北路归绥各厅粮食经水路、陆路运往山西省内。太原府"得食归化之粮"[③]，平定州所属的寿阳县市场上的小麦，亦"有归化城来者"[④]。彼时，归化城利用"牛皮混沌"编筏装米，沿河而下，至壶口起岸陆行十里复行装船，运至晋南[⑤]。乾隆中后

---

① 李华编：《明清以来北京工商会馆碑刻选编》，文物出版社 1980 年版，第 89 页。
② 《陕西巡抚塞楞额为遵旨查复本省麦石粜卖出省情形奏折》乾隆八年八月二十五日，《历史档案》1990 年第 3 期。
③ （清）岳震川：《赐葛堂文集·卷三》，《赠单雪樵先生序》。
④ 光绪《续修寿阳县志》卷 10《风土》。
⑤ 《山西巡抚刘于义为筹划将口外之米以牛皮混沌运入内地事奏折》，乾隆八年十月十八日，《历史档案》1990 年第 3 期。

期，赴归化粮贩多造小型"圆底船"运粮以便通过急流、漩涡，至壶口连船起运陆行后再下水，至禹门镇转换成容量较大、可载米数百石的方底船、平底大方船再运至荣河、永济入市粜卖①。陆路则"自北而南委输络绎不绝，近至省城，运输韩候岭"②。北路粮食输入规模很大，以致太原、汾州二府米价低昂要"恒视北路之丰歉为准"③。山西境内许多县份的民人从事粮油业，"（左云）邑缸油布当粟店多系代州、崞县寄民"④，晋中临汾、襄陵两县民人多在外地从事此业。此外，东南各省运至山西的粮食"由江淮溯河而北，聚集豫省之河南、怀庆二府，由怀庆之清化镇太行山口运入山西"⑤。

山西粮商在外省也十分活跃，如河南周口是重要的商品转运枢纽，粮食是当地集散的最大宗的商品，晋商在此建有陆陈会馆。北舞渡镇亦有晋商经营陆陈行（即粮行）、油坊业。⑥ 在朱仙镇从事粮食贸易的晋商也有不少，在此开设有白米行和陆陈行。此外，酒曲也是当地晋商所经营的主要商品之一。⑦

（八）杂货业

杂货业是清代晋商经营较多的一个行业，它包含的商品种类繁多，有酒、鞋、油、面、南货、首饰、药材、丝绸、颜料、瓷器、糖、手工业制品、农业生产器具等。乾隆年间，河南朱仙镇经营杂货业的晋商有90余家⑧；洛阳有来自潞、泽二州杂货商14家⑨；在周口经营杂货业的晋商数量更多，道光年间周口重修山陕会馆集资中，参与的杂货业商号

---

① 乔光烈：《论黄河运米赈灾书》中称这种水陆联运方式从口外至晋南约计"每石水陆运费不过四钱，内外商民，获利颇厚"。转引自曹新宇《清代山西的粮食贩运路线》，《中国历史地理论丛》1998年第2期。
② 曹新宇：《清代山西的粮食贩运路线》，《中国历史地理论丛》1998年第2期。
③ 曾国荃：《曾文襄公奏议》卷88《申明栽种罂粟旧禁疏》，文海出版社1982年版。
④ 光绪《左云志稿》卷4《风俗》。
⑤ （清）朱轼撰：《朱文端公文集》补编卷4。
⑥ 参见许檀《清代河南的北舞渡镇》，《清史研究》2004年第1期。
⑦ 参见许檀《清代河南朱仙镇的商业》，《史学月刊》2005年第6期。
⑧ 参见许檀《清代河南朱仙镇的商业》，《史学月刊》2005年第6期。
⑨ 参见许檀《清代中叶的洛阳商业》，《天津师范大学学报》（社会科学版）2003年第4期。

达 180 余家，共捐银 7900 余两，占各行捐资总数的 3/4。[1] 宣统元年（1909）重修雁门关道路时，碑刻中也有杂货行参与集资的记载。[2] 在京师经营杂货业的多为临汾、襄陵两县商人，建有临襄会馆和临汾东馆。[3]"凡晋省商人，在京开设纸张、颜料、干果、烟行各号等，夙敦乡谊，共守成规，同在临汾乡祠公会。"[4] 在光绪九年（1883）该会馆的干果行之永顺义，颜料行之全升李，烟行之德泰厚等协助纸行星记、洪吉、源吉、敬记 4 号共同抵制牙行讹诈行为，"在大兴县将牙行呈控。五月内，经大、宛两县会讯断结，谕令纸张众行等，各守旧章，并不准牙行妄生枝节"[5]。此外，山西是北方生产农具较为集中的地区。山西大同、朔平、宁武等地农民，多到北部蒙古地区垦种、贸易，"每岁祟卖粮食，置办农具"[6]，都要出入堡门各口，从山西向蒙古地区运销农具。直隶沧州"铁器来自潞、汾，农器为多"[7]。从山西运销到直隶、河南的生产工具，再转运至山东，"贩铁器者农器居多，西至自获鹿，东至自临清、泊头"[8]。

（九）运输业

1. 陆路运输

陆路运输的工具主要是马、牛、骆驼、驴、骡等牲畜，晋商大量从事对蒙、俄贸易，使用的主要交通和运输工具为驼、马，因此牲畜行在中蒙贸易中充当十分重要的角色。晋商经雁门关至杀虎口，再出走口外，经过长途运输将货物运至库伦及恰克图，此段运输路程，夏秋两季（6—11 月）共 5 个月，以马和牛为主。马可驮 80 公斤左右，牛车可载 250 公斤左右。马队需行 40 日以上，牛车较缓慢，约 60 日。冬春两季（11—6 月）共 7 个月，由骆驼运输，可驮 200 公斤，日行 40 公里以上，一般 35

---

[1] 许檀：《清代河南的商业重镇周口》，《中国史研究》2003 年第 1 期。
[2] 该碑现存雁门关，笔者曾于 2005 年夏前去抄录。
[3] 李华编：《明清以来北京工商会馆碑刻选编》，文物出版社 1980 年版，第 23—29 页。
[4] 李华编：《明清以来北京工商会馆碑刻选编》，文物出版社 1980 年版，第 88 页。
[5] 李华编：《明清以来北京工商会馆碑刻选编》，文物出版社 1980 年版，第 88 页。
[6] 乾隆二十九年三月二十二日山西巡抚和其衷奏，见《宫中档乾隆朝奏折》第 20 辑，第 842 页。
[7] 乾隆《沧州志》卷 4《风俗》。
[8] 雍正《阜城县志》卷 12《风俗·末俗》。

日左右到达库伦。此外，还有一种由骆驼拖拉的拖车也参与运输。① 在太谷县，清道光二十二年（1842）《重修大观楼捐银碑》所镌施银商号中，就有车铺、驼店的捐资记载。② 此外，在宣统元年至二年（1909—1911）重修雁门关道路碑记中有牲畜行参与捐资的记录，其中包括 3 家驼社，还有马行、马店和马店社各 1 家，共捐资 71 两。西北运输向赖驼运，晋商在新疆的奇台及山西北部的归化城均开设有专营运输的驼场。奇台为新疆东部重要商品集散地，亦为晋商赴新经商的主要城镇之一。归化城是沟通漠北、漠西、天山以北各地区经济联系的总汇，运输业为该城重要行业，主要由晋商掌控。归化城中有上百家专门从事运输业的字号，其中元德魁、天聚德两家分别拥有骆驼 500 峰和 400 峰，为归化城中最大的驼商，且此两家驼队专行奇台—归化城一线。另有 10 家规模较大的驼商共有骆驼 2430 峰，若再加上城内其余各自拥有 30—40 峰骆驼的小驼商，归化城可供出租的骆驼总数应有 7000—7500 峰之多。

2. 水路运输

清嘉庆十八年（1813）重修平遥市楼碑记中有通源船行和合兴船行各捐银一两的记载。③ 位于汾河岸边的太原、平遥、绛州，黄河上西包头镇、河曲、碛口镇、永济等均为航运业较为发达的城镇。由蒙区转运而来的粮食、盐、胡麻油等均可由水道南下。关中输往山西的粮食依靠渭、汾两水之航运入晋。④ 其运输工具见于记录的有圆底船、平底船和牛皮混沌等。此外，黄河水运可西接甘、青，东至宁、绥。甘、青、宁等地依傍黄河，故商品运输除驼队陆运外，亦多用水运。清中后期，随着西宁至包头段黄河上游航线全线贯通，西北地区的羊毛多经黄河水运至包头。20 世纪初，黄河干支流水运繁盛，筏户、水手人数众多，奔忙于兰州、西宁、包头之间。比如甘肃输往天津的皮毛、药材，在兰州集中后，需先运至包头。晋商虽不直接掌控航运，但西北商品的外运是疏通黄河航

---

① 渠绍淼等：《山西外贸志》（未出版），山西地方志编纂办公室，第 112—113 页。
② 史若民、牛白琳编：《平、祁、太经济社会史料与研究》，山西古籍出版社 2002 年版，第 364—371 页。
③ 史若民、牛白琳编：《平、祁、太经济社会史料与研究》，山西古籍出版社 2002 年版，第 188 页。
④ 曹新宇：《清代山西的粮食贩运路线》，《中国历史地理论丛》1998 年第 2 期。

道的主要动力，而这正是由晋商大量参与其中并有所掌控的。

（十）货栈业

清代，晋商往来于蒙俄与内地，贩运大量货物，由于是长距离贩运，而口外自然环境较为恶劣，因此需要在沿途城镇进行休整，故中俄商道上的货栈旅店行较为发达。平遥城在清代中叶是晋中重要的商品集散市场，南省运来的茶叶、蒙古出产的皮货、潞泽地区生产的铁器，以及省内各地出产的各种土特产品均集中于此，故货栈旅店业十分发达。从乾隆二十三年（1758）《重修金井市楼》碑可以看出，当时参与集资的货栈旅店有存仁店、信成店、天元店、和盛店、恒裕店5家。另据《平遥古城志》记载：乾隆四十二年（1777），城内著名货栈旅店有13家。[①] 嘉庆十八年（1813），栈店有50余家。[②] 此外，重修雁门关道路碑记中镌有店行和驻店的捐资记录[③]，两店共捐银6两，钱42千文，折白银27两[④]。

（十一）牙行业

清代山西的各县城乡市场中均设有牙行，如乾隆年间，解州安邑县收牙帖税银156两8钱，比额外商税、匠价银、田房正税、头畜税、当税等杂课均多[⑤]；闻喜县乾隆年间牙帖税为128两4钱[⑥]；蒲县牙税7两2钱[⑦]；平陆县牙帖税银23两8钱[⑧]；道光年间，大同城乡牙行共计310人，其行业涉及斗行、牲畜贩卖、泥靛补衬、棉麻、铁、炭货、水果、烧酒业、车辆、棺板、木材、脚力等，见表3-9。再如山西临晋县之夹马口，"有刘姓者聚族而居，口岸滩地系刘姓之业，领帖开行"，"凡客商载木植到口上岸，堆贮牙行木厂发卖者，抽取牙用【佣】"。[⑨]

---

① 杜拉柱：《平遥古城志》，中华书局2002年版，第178页。
② 史若民等：《平、祁、太经济社会史料与研究》，山西古籍出版社2002年版，第161—194页。
③ 该碑现存雁门关，笔者曾于2005年夏前往抄录。
④ 据杨端六编《清代货币金融史稿》，生活·读书·新知三联书店1962年版。
⑤ 乾隆《解州安邑县志》卷4《田赋·杂课》。
⑥ 乾隆《闻喜县志》卷3《田赋·杂课》。
⑦ 乾隆《蒲县志》卷3《赋役·额外杂税》。
⑧ 乾隆《平陆县志》卷3《田赋·杂课》。
⑨ 雍正八年十一月初九日巡抚觉罗石麟等奏，见《宫中档雍正朝奏折》第17辑，第152页。

表 3-9　　　　　清代大同城乡牙行从业人数统计

所属类别	名　称	牙人数（人）
斗行	斗牙	74
牲畜皮毛业	牛驴牙、羊牙、绒毛牙	74
炭	炭牙	49
水果	瓜牙、果牙	34
房屋及泥靛补衬	房牙、泥靛补衬牙、补衬麻牙、泥靛牙	27
烧酒	烧酒牙	18
脚力	脚力牙	13
店	店牙	10
铁	铁牙	6
木材	棺板牙、木牙	2
棉麻毛	旧棉花牙、旧棉花麻牙	2
车辆	车辆牙	1
合计		310

数据来源：道光《大同县志》卷 8《赋役》，清道光十年（1830）刻本。

各地还制定法令规范牙行的商业行为。例如，山西解州安邑县衙门给牙行制定约法："粮食到市，每石止许牙用【佣】一升。斗户不许调鬼语欺哄乡愚。客贩任赴行家，不许斗户远接。斗遵官较，禁置副斗及铲削口底，并用鸡子木刮。籴米先尽穷民。斗户止许正身，不许朋伙窝籴，生员、衙役、宦仆不许揽充斗户；市棍不许插身把持。集场务于东、西、北三关，十日一轮，摆到通衢，不许隐藏场院之内。"①

清代，山西商业活动繁盛，晋商在全国各地，甚至包括蒙古草原和俄罗斯的广阔地域内进行商业活动，经营金融业、茶业、烟业、棉布业、铁货业、皮毛业、粮油业、杂货业、运输业、餐饮住宿业和牙行等行业，并在许多地区和城市拥有较大的势力，建立会馆，积累了雄厚的商业资本，在很大程度上促进了山西乃至全国城市的发展。

---

① 乾隆《解州安邑县运城志》卷 3《城池》。

第四章

清代前期山西城镇的恢复与发展

明清两朝，山西有将近百分之五十的县级及以上行政治所的城池为扩建或新筑。除介休与长治两座县城建筑年代不详外，扩建或新筑的城池有48座，除1座为清乾隆年间扩建外，其余皆为明代所为。在清代新筑基础上扩建的城池有7座，新筑和改建的城池有22座。

第一节 明末清初城镇的破坏

在任何历史时期，战乱、社会动荡及灾害对城镇文明的发展都具有很大的影响，明末清初的数十年间，战乱对中国很多地区的城镇都造成了严重破坏，但山西不是明末清初各类战争的主要战场，因此除了少数城镇遭到流寇破坏外，大部分城镇平稳度过了朝代更迭时期。但彼时大多数山西城镇或因年久失修，或因连日暴雨，或因河水倒灌，或因地震使城垣及附属建筑不同程度地遭到了破坏。

一 战乱破坏的城镇

经过明末清初的社会动乱，山西部分城镇的城垣及城内相关设施因战乱被毁。明末崇祯年间，太原府阳曲县虽"颓坏而规模犹存。甲申焚南关城楼，以守闯贼，又焚毁东南角楼"[1]。泽州府沁水县亦于崇祯年间被"流贼攻毁"[2]。清顺治六年（1649），保德州城因"牛逆窃据，大兵

---

[1] 乾隆《太原府志》卷6《城池》。
[2] 光绪《沁水县志》卷3《营建·城池》。

致讨"，而被"炮击坏西南城八十余丈"。[①] 同年，大同府广灵县受"姜瓖之变"所害，部分城垣被毁。[②] 浑源州城亦因"逆贼姜瓖之变，西门楼及角门铺舍毁于火，城亦塌损"[③]。顺治五年（1648），繁峙县城被"逆贼刘迁据城，焚毁殆尽"[④]。灵石县城也于"国朝（清）顺治六年经闯乱焚毁"[⑤]。闻喜县城亦于顺治六年（1649）"遭土寇，城楼女墙半毁"[⑥]。朔州城亦于同年被"逆党盘踞城内，大兵攻破，后虽修补，非前规矣"[⑦]。彼时，太谷县城亦被"贼姜瓖砲毁东城半面"[⑧]。代州五台县城因清初"姜瓖之叛，城被围攻近一年……然寇退而残毁已甚"[⑨]。

上述城池在明代已经存在，且经过有明一代的发展，人口和经济规模均有较大提升，但清初战乱不仅使上述城市丧失了明代城市向前发展的势头，而且还将明代城市的发展成果化为乌有。城市人口大量损失，城池毁坏殆尽，仅余空巷，社会经济残破不堪，严重阻碍了其发展。

二 因年久失修而遭破坏的城镇

清代山西的诸多县城，大都始建于明代或者有更为久远的历史，并且在明代经过多次重修和扩建，城郭规模有相当的扩大，建筑物亦有相应的增加。然而时至清代，经过了朝代更迭，许多城镇年久失修，致使城垣及相关建筑有所损毁。

例如，宁乡县城"国朝（清）顺治六年，城西南角倾，知县重修"[⑩]。解州安邑县城"自后魏始"，虽历朝均有重修及扩建，但至明末

---

① 乾隆《保德州志》卷1《城垣》。
② 乾隆《大同府志》卷12《建置·城池·广灵县》。
③ 乾隆《大同府志》卷12《建置·城池·浑源州》。
④ 道光《繁峙县志》卷2《建置·城池》。
⑤ 嘉庆《灵石县志》卷2《建置·城池》。
⑥ 乾隆《闻喜县志》卷2《城池》。
⑦ 雍正《朔平府志》卷4《建置·城池》。
⑧ 乾隆《太原府志》卷6《城池·太谷县》。
⑨ 光绪《五台新志》卷1《城池》。
⑩ 乾隆《汾州府志》卷5《城池》。

仍然"四面犹然土障，年久圮剥"①。和顺县城"（清）雍正十三年雉堞尽废，知县赵懋本重修，全部砖筑"②。潞城县城"国朝（清）康熙三十四年城及楼渐圮，知县重修并濬其壕"③。平陆县城在明末清初时城垣"年深日久坍塌殆尽"④。宁武府城"（清）乾隆六年东关门楼圮，知府魏元枢重葺之，并修南北二角楼"⑤，等等。清代山西此类城镇为数不少。

三 遭自然灾害破坏的城镇

明末清初，山西有许多城镇的扩建和重修是由于洪水、暴雨、地震、火灾等灾害使得城垣及城内建筑受到破坏而进行的，这些灾害对城镇的破坏较为严重。

（一）水患

山西境内有多条河流，汾河、漳水、湫水等都是山西境内流域面积较广的河流，有不少城镇临河而建。这些临水的城镇为了能够免于洪水侵害，便"屡筑堤防"，但即便如此，仍然"每届溽暑，水潦昌时"，仍不可避免要"溃延"，使得城垣及城内建筑被冲毁。顺治十七年（1660），沁州"城外西北隅，石堤久被漳水噬"⑥。康熙八年（1669），乡宁县城南地基被"秋河水浸损"⑦。康熙二十三年（1684），辽州城被"漳水漂没城垣西南约半里许"⑧。康熙三十二年（1693），平定州城被"水侵"⑨。康熙三十三年（1694），临县"城东被湫水损"⑩。道光二年（1822）六月间，"霪雨倾盆"，临黄河而建的兴县"城东南被害尤烈，冲毁城垣几数十丈，淹没民房数百间，东关三街仅存其一，至土城街衢等处，其基址已不可复

---

① 乾隆《解州安邑县志》卷3《城池》。
② 民国《重修和顺县志》卷2《建置·城池》。
③ 光绪《潞城县志》卷3《城池》。
④ 民国《平顺县志》卷9《营建考·城郭》。
⑤ 乾隆《宁武府志》卷3《城池》。
⑥ 光绪《兴县续志》上卷《营筑·城垣》。
⑦ 乾隆《乡宁县志》卷3《城镇》。
⑧ 雍正《辽州志》卷2《城池》。
⑨ 光绪《平定州志》卷3《建置·城池》。
⑩ 乾隆《汾州府志》卷5《城池》。

职矣"。① 咸丰十年（1860）"涧水泛涨"，冲毁岳阳县城"河堤五十余丈，并南城一角"②。此外，还有一些城镇，即使没有被洪水冲毁，也因城壕"日久壕塞"且"堤低"而"屡被水患"，河津县城即是如此。③

（二）暴雨

传统社会中，我国的城墙大都由泥土夯筑而成，直至明代才开始进行砖甃，也即在夯土城垣外侧包以砖石，以此稳固。但山西境内的城镇普遍于清代才开始砖包城墙，因此一些城镇的城垣由于缺乏砖石的固定与保护，在暴雨或连日霪雨来临之时，极易圮毁。

明万历五年（1577），寿阳县城遭受连日霪雨，其城内建筑"雨毁过半"④。顺治六年（1649），崞县城垣"雨圮城南北四十余丈"⑤。顺治六年（1649），太谷县城于姜瓖之乱后，"环邑被水渐成巨浸"，乾隆二十六年（1761）又遇夏潦，"南城倾圮"⑥。顺治十二年（1655），灵丘县城"久雨城圮"⑦。顺治年间，文水县城"大雨圮坏"。康熙十一年（1672），"南门外浮桥水冲"⑧。康熙元年（1662），"秋淫雨四旬"，稷山县城"城垣崩溃一百九十二丈，楼基九座，窝铺一十二所"⑨。同年，永济县城及东关城因"秋霖积旬"而使得"州城与关城垣摧圮几半"⑩。康熙九年（1670），长治县城"霪雨垣圮"⑪。康熙十七年（1678），平陆县城"北城雨圮，四面雉堞俱坏"⑫。康熙十八年（1679），壶关县城"久雨北城圮，南门坏，敌楼亦倾"⑬。康熙十八年秋，太平县城"霪雨累旬，城墙

---

① 光绪《兴县续志》上卷《营筑·城垣》。
② 民国《新修岳阳县志》卷3《城池》。
③ 光绪《河津县志》卷3《城池》。
④ 光绪《寿阳县志》卷2《建置志·城池》。
⑤ 光绪《续修崞县志》卷1《建置志·城池》。
⑥ 乾隆《太原府志》卷6《城池·太谷县》。
⑦ 乾隆《大同府志》卷12《建置·灵丘县·城池》。
⑧ 康熙《文水县志》卷2《城池》。
⑨ 同治《稷山县志》卷2《城池》。
⑩ 乾隆《蒲州府志》卷1《疆域》。
⑪ 乾隆《潞安府志》卷5《城池》。
⑫ 乾隆《解州平陆县志》卷3《城池》。
⑬ 道光《壶关县志》卷3《城池》。

多坏"。康熙二十二年（1683），榆次县"雨圮东城"①。康熙二十三年（1684），平遥知县"因久雨，缮其损坏者二十五丈，堞百二十三"②。康熙四十年（1701），榆次县城为"霪雨坏东城数十丈"③。雍正三年（1725）七月，霖雨弥月，定襄县城"南面倾圮一十五丈四尺，地面倾圮一十七丈"④。乾隆二十六年（1761），垣曲县城"淫雨城圮"⑤。乾隆三十年（1765），平定州城的"下城，嗣因霖雨续多倾圮"⑥。乾隆三十三年（1768）夏秋，应州城"雨水连绵，四月淋塌城墙里面正北并东北土牛三处，七月复淋塌正西正南并西南隅土牛八处"⑦。乾隆三十七年（1772），灵丘县城"骤雨冲塌南城一处"⑧。乾隆四十年（1775），太平县城"秋雨兼旬，城东南隅颓圮"⑨。

（三）地震

山西地处"山西地震带"，由北向南主要由大同盆地、忻定盆地、太原盆地、临汾盆地、运城盆地五大断陷盆地组成。清代，山西曾发生过两次大地震，分别为康熙二十二年（1683）崞县地震及康熙三十四年（1695）临汾地震。上述两次地震对山西部分城镇破坏严重，而众多资料中也对这种情况有较为详细的记录。相比之下，康熙三十四年的临汾地震，其影响范围更广，破坏力更强。

康熙二十二年十月地震，盂县城"坏垛墙数处"⑩。康熙三十四年地震，赵城县城损毁严重，"邑令重修"⑪。临汾县城及附属东关城则"地震尽塌，邑绅等倡首捐赀重筑"⑫。襄陵县城"东北墙倾塌数十丈"⑬。浮

---

① 乾隆《太原府志》卷6《城池·榆次县》。
② 乾隆《汾州府志》卷5《城池》。
③ 同治《榆次县志》卷2《城池》。
④ 雍正《定襄县志》卷2《建置二》。
⑤ 光绪《垣曲县志》卷3《城池》。
⑥ 光绪《平定州志》卷3《建置·城池》。
⑦ 乾隆《应州志》卷2《城池》。
⑧ 乾隆《大同府志》卷12《建置·灵丘县·城池》。
⑨ 道光《太平县志》卷2《建置·城池》。
⑩ 光绪《盂县志》卷7《建置考·城池》。
⑪ 道光《直隶霍州志》卷5《城池》。
⑫ 雍正《平阳府志》卷7《城池》。
⑬ 雍正《平阳府志》卷7《城池》。

山县城"地震圮，知县重修"[1]。曲沃县城"地震，知县修筑西门城楼、月城、梯桥"[2]。翼城县城"地震后，城四门并桥路塌坏，邑人捐修。惟角楼、全光楼、城堞尽圮未修"，其附属之北关外郭因地震，"北门并楼塌坏，里人捐修"[3]。马邑县城，"地震塌损"[4]。隰州城，因地震而"四围倾塌甚多，西北隅尤甚，知州修南门月城"[5]。凤台县城"乙亥地震堞圮毁"[6]。沁水县城"乙亥地震城倾毁"[7]。万全县城因"地震圮，知县重修"[8]。

（四）火灾

此外，由于清代城镇建设所使用的材料大多为砖木，因此火灾也是彼时较为常见的灾害。例如，顺治元年（1644），阳曲县"焚南关城楼，以守闯贼，又焚毁东南角楼"[9]。顺治六年（1649），榆次县城"东楼灾"[10]。顺治九年（1652），长治县城"西门楼毁于火"[11]。

战乱、灾害及改朝换代的影响，不仅使山西的部分城镇遭受巨大破坏，同时使山西城镇丧失了明代城镇向前发展的势头。部分城池破坏严重，即使没有遭到破坏的城镇亦空巷比比，社会经济残破不堪，阻碍了山西城镇的发展。入清以后，清廷不得不花费极大的力量重建城市，除城池沿袭明代旧址和模式外，城内建设与发展较前代有了很多的变化。

第二节　清前期山西城镇恢复及发展的前提

国朝初定，百废待兴，城镇作为经济发展的集中体现及重要载体，

---

[1]　雍正《平阳府志》卷7《城池》。
[2]　雍正《平阳府志》卷7《城池》。
[3]　雍正《平阳府志》卷7《城池》。
[4]　雍正《朔平府志》卷4《建置城池》。
[5]　康熙《隰州志》卷7《城池》。
[6]　乾隆《凤台县志》卷3《城池》。
[7]　光绪《沁水县志》卷3《营建·城池》。
[8]　乾隆《蒲州府志》卷1《疆域》。
[9]　乾隆《太原府志》卷6《城池·阳曲县》。
[10]　乾隆《太原府志》卷6《城池·榆次县》。
[11]　乾隆《潞安府志》卷5《城池》。

急需改变其残破的现状。有的城镇由于遭到战乱、流寇或灾害的破坏，而需要整修。有的城镇由于改朝换代而需要重新修葺，粉饰一新。亦有城镇或因政治统治需要而新建，或因所在地区政治级别的变化或重组而需要恢复和扩建。而清政府也采取了相关的措施来重建城镇，恢复社会经济，加强政治统治，以维护新政权的稳定。使得山西社会经济得到了恢复与发展，进而使得城镇得以重建和复兴。因此，在进入清代以后，山西府州县一级的城镇无一例外地进行了修葺与扩建。

一 恢复城镇发展的前提

（一）恢复经济

明末战争对农业生产造成严重破坏，清政府为尽快恢复农业生产和巩固国家政权，从顺治元年（1644）起，便根据全国各地的不同情况开始减免田赋，免除明末"三饷"之征。顺治六年（1649）又规定："凡各处逃亡人民，不论原籍何处，都要广加招徕，编入保甲，使之安居乐业"，[①]"将本处无主荒地拨与开垦耕种，官给印信执照，准为永业，并六年后起课"[②]。为了鼓励垦荒，清政府于顺治十四年（1657）制定了官吏督垦荒地劝惩条例：总督、巡抚一年内垦至六千顷以上者加升一级；道、府垦至两千顷以上者，加升一级；州、县垦至三百顷以上者，加升一级；如开垦不实，或开过复荒，新旧官员分别治罪。[③] 康熙时，甚至采用加授官职的办法，鼓励地主士绅们开垦荒地。[④] 康熙五十一年（1712），清政府规定：以康熙五十年（1711）在册丁口数设定为常额，以后所生人丁不再征收钱粮，编审户口时只以实际丁口数造册上报，即"滋生人丁，永不加赋"。康熙五十五年（1716）起，又在全国不同地方开始开展"摊丁入亩"。雍正初年推行至全国，无地农民及城市居民不再缴纳丁粮，而有地者缴纳丁粮之后则不再服徭役。这样做的结果是对劳动力的人身束缚减弱，有助于农村人口向城市迁移，而工商业者不纳丁税、不服徭役，

[①]《清圣祖实录》卷25，台北华文书局1969年影印本，第5—8页。
[②]《清圣祖实录》卷43，台北华文书局1969年影印本，第17—18页。
[③]《清圣祖实录》卷43，中华书局1988年影印版，第37页。
[④] 彭宇新：《清代土地开垦史资料汇编》，武汉大学出版社1992年版，"序言"。

则有利于工商业的恢复和发展。同时面对丁口逃散，荒地比比的局面，清政府在入关之初便颁布了鼓励垦荒兴屯之令。并"准州县卫所荒地无主者，分给流民及官兵屯种"①，"如力不能垦，官给牛具，籽种，或量假屯资"②，或者酌量发给屯田资金，次年收获以后，只纳半税，三年以后才纳全税。经过上述努力土地开垦的成效十分显著。

山西受战祸影响甚深，荒地很多，是内地屯田数量较多的省份。清代山西各府州耕地面积以太原府为最，其后依次为大同府、汾州府、平阳府、归化城厅、蒲州府、朔平府和泽州府。但各府州人均田亩以归化城厅为最，其后依次为宁武府、大同府、朔平府、隰州、忻州、辽州、代州、沁州、潞安府等（参见表4-1）。

表4-1　清嘉庆二十五年（1820）山西各府州厅田地面积表

经济区	府州厅	人口（人）	田地面积（亩）	人均（亩）
晋中区	太原府	2086460	5957256	2.86
	汾州府	1807377	5109405	2.8
	平定直隶州	640484	1063895	1.7
晋南区	平阳府	1397546	4898137	3.5
	蒲州府	1398811	3461643	2.5
	解州直隶州	799521	233218	0.3
	绛州直隶州	1017312	3428793	3.4
	隰州直隶州	134045	592355	4.4
	霍州直隶州	351147	893210	2.5

① （清）张廷玉撰，嵇璜、刘墉等再撰，纪昀校订：《清朝文献通考》卷10，田赋考十，屯田，江苏古籍出版社1988年版。
② 民国《清史稿》卷120《食货下》。

续表

经济区	府州厅	人口（人）	田地面积（亩）	人均（亩）
晋东南区	潞安府	940514	3798970	4
	泽州府	899698	2795931	3.1
	辽州直隶州	212715	885562	4.2
	沁州直隶州	266811	1075461	4
晋北区	大同府	764923	5128219	6.7
	朔平府	536066	2683704	5
	宁武府	238692	1666998	7
	忻州直隶州	366146	1547326	4.2
	代州直隶州	513135	2108112	4.1
	保德直隶州	140769	94740	0.7
	归化城厅	120776	3024171	25
总计		14597428	52551105	3.6

资料来源：梁方仲《中国历代户口、田地、田赋统计》，乙表77 之《清嘉庆二十五年（1820）各直省府州厅户口、田地及额征田赋数》；甲表88 之《清嘉庆二十五年（1820）各府州人口密度》，上海人民出版社1980 年版，第401、274 页。

清代，山西人口在增长的同时，虽然耕地面积也在不断扩大，但是人口增长率高于土地增长率，从而人均土地逐渐下降（参见表4－2）。

表4－2　　　　　　　　清前期山西人均田地表

年 份	人口（人）	田地（亩）	人均（亩）
顺治十八年（1661）	6278690	40787125	6.5
康熙二十四年（1685）	6780260	44522136	6.57
雍正二年（1724）	7509738	4924250	6.56
乾隆三十一年（1766）	10468349	53548100（民田）	5.12
嘉庆十七年（1812）	14004210	55279052	3.95

资料来源：王尚义：《晋商商贸活动的历史地理研究》，科学出版社2004 年版，第59 页。

在清政府大力推广屯田的同时，还大兴农田水利事业，为农业生产创造了良好的条件。清世宗雍正帝认为："地方水利，关系民生，最为紧要。"① 在清政府的倡导下，清初以来山西各地陆续兴修了不少水利工程。如康熙二年（1663）交城知县赵吉士，在瓷、瓦二河上筑堤，以防御水患。康熙八年（1669）又组织民众疏浚了文水县境内的汾河渠，用以溉灌农田。② 康熙三十一年（1682）定襄县开凿了长约8000米的淖水渠；汾西知县蒋鸣龙捐奉督民开凿了善利渠，重修了4条引洪灌渠。③ 乾隆九年（1744）官府在桑干河南北岸各开一渠。后又拟在应州境内浑源河开渠灌田。④ 乾隆四十一年（1776）山西巡抚觉罗巴延三奏请在太原县西开河以导洪水。⑤ 此外，不少民间人士也纷纷兴修水利，如太平县民陈一经等，于康熙六年（1667）疏浚了淤塞多年的灵源泉渠。⑥ 据统计，至雍正年间，山西各地共有渠道480条。灌渠最为集中的是位于汾河沿岸的太原、汾州、平阳、霍州，以及涑水河岸的绛州、滹沱河岸的忻州等。此外，山西地区为了恢复农业生产还积极引用山泉及洪淤灌溉，并掘井灌溉。

即便如此，山西亩产高的可到1石以上，多数是7—8斗或5—6斗，晋北高寒地和其他山区，大抵在1—2斗、3—4斗之间。⑦ 纵观全省，中、南部农业生产条件较好，但本地所出之粟不足供当地居民食用。光绪初年，曾任山西巡抚的曾国荃说："晋省形势，南部重山复岭绝少平原，北部固阴互寒每扰霜雹；纵令全行播种嘉谷已不足给通省卒岁之粮。"⑧ 总体来说，清代山西是缺粮省份。

山西虽土地贫瘠、平原较少，但省内经济作物种植普遍，除棉、烟等作物产量较大外；梨、柿、桃、枣、核桃等经济林木也种植较多。棉花主要生长于山西西南的汾涑河谷平原。康熙时晋南皆有棉花种植，以

---

① 《清世宗实录》卷52，雍正五年一月乙卯。
② 《清史稿》卷12《河渠志》。
③ 《古今图书集成·方舆汇编·职方典》卷311《平阳府部》。
④ 《清高宗实录》卷205，乾隆八年十一月乙己。
⑤ 《清高宗实录》卷1019，乾隆四十一年十月辛丑。
⑥ 《古今图书集成·方舆汇编·职方典》卷311《平阳府部》。
⑦ 民国《永和县志》卷15。
⑧ 光绪《广灵县志》卷6《政令》。

蒲、解两地最多。① 晋中地区的平阳府临汾县"木棉纺织，妇女均习"②。曲沃县有"河南暖种多木棉，打包换载未知数"③ 的记载。孝义县出现了专业的棉花生产，"男妇皆能纺织，所织棉花，鬻于西北州县"④。太原府太谷县，妇女皆勤于纺织，"暇即织任，年至耄耋，仍不少辍"⑤。据清末的调查，虞乡县、猗氏县为产棉最盛之区，岁收约100万斤，歉年亦可收60万—70万斤；次则解州、绛州、河津、芮城；又次则临晋、安邑、平陆、稷山等县。⑥ 清代山西产烟最多的首推曲沃县，光绪年间曲沃年产烟量在1000万斤以上⑦，烟草成为曲沃的最大利薮⑧。

此外，果树种植也是山西发达的副业之一，所植果木主要有柿、梨、桃、枣、杏等。柿树，盛产于蒲州府，⑨ 其境内闻喜县"自蒲以东皆有，惟县北原为盛，满岭盈埓"⑩。泽州府阳城县亦种植柿树颇多，"民受其利"⑪。梨除晋西北高寒山区外，全省各地都有梨的分布，最大产地是虞乡县⑫和崞县⑬，其次为忻州⑭和榆次县⑮。红枣山西境内黄河沿岸低山丘陵和晋中南地区普遍种植。"安邑之枣以北相为佳，猗氏、乔阳一带枣之美，不让北相。"⑯ "太平宜枣，其树盈野，居人有半年粮之谣。"⑰ 曲沃

---

① （清）陈梦雷纂集：《古今图书集成·方舆汇编·职方典》之《平阳府》，光绪十四年（1888）石印本。
② 刘玉玑、关世熙修，张其昌等纂：民国《临汾县志·实业略》，民国二十二年（1933）铅印本。
③ （清）胡天游：《石笥山房文集》卷3，《曲沃行》，道光二十六年（1840）刻本。
④ 乾隆《孝义县志·风俗》。
⑤ 乾隆《太谷县志·风俗》。
⑥ （清）宣统农工商部所编：《棉花图说·中国棉花现情考略》卷3。
⑦ 张维邦：《山西经济地理》，新华出版社1989年版。
⑧ 道光《曲沃县志·物产》。
⑨ 乾隆《蒲州府志·物产志》。
⑩ 乾隆《闻喜县志·物产志》。
⑪ 乾隆《阳城县志·物产》。
⑫ 乾隆《蒲州府志·物产志》。
⑬ 光绪《崞县志·物产志》。
⑭ 光绪《忻州志·物产志》。
⑮ 同治《榆次县志·风俗》。
⑯ 光绪《猗氏县志·土产》。
⑰ 道光《太平县志·物产》。

之枣亦佳，号称"晋枣"①。桃以榆次县训峪诸村"民于沟涧边植桃为业，桃大且佳，岁收以代稼，计所树，一家或数百株"②。"崞县北贾、武延一带亦多种桃。出于解村一带者大而美。"③ 闻喜"邑北白沟缘溪数里，桃树成。结实甘美，土人颇赖其利。"④ 核桃则以孝义⑤、夏县⑥为盛。此外，汾州府孝义县种植瓜和山药。⑦ 太原府榆次县种植瓜⑧。解州安邑县种植葡萄。⑨ 朔平府"胡麻种者极多，取其籽以磨油"⑩。偏关县"植物以莜麦为最，胡麻次之"。"胡麻油多贩运出境，是为本关大宗出息。"⑪

（二）制定城市建设管理制度

为尽快重建作为政治中心的城市，清政府在制度上进行了规范。即通过严格行政制度和法律强制来建立切实可行的城市建设与管理制度。早在顺治时期，政府就明文规定："复准各官捐修城垣。"⑫ 后还具体规定："凡直省城垣，各督抚察其所属境内之崇广深厚及倾圮与否，详覆丈尺，登诸册，以时稽其修废。工省有司则于农隙缮治，工费浩繁者州县申督抚报部疏请兴举，其有玩视不修不报者，劾之守土官更代，必按籍稽覆，有不符者分别先后赔修"；"各省城垣令督抚率属加意防护，毋纵民登陟，有残缺处，急修整严禁逾越以防究"⑬；如"漫不修理，将该督抚交部议处"⑭；"岁旱潦，督抚酌量缓急，次第修筑，寓振济于工程"；

---

① 道光《曲沃县志·物产》。
② 同治《榆次县志·风俗》。
③ 光绪《崞县志·物产志》。
④ 乾隆《阳城县志·物产》。
⑤ 乾隆《孝义县志·风俗》。
⑥ 乾隆《夏县志·物产》。
⑦ 乾隆《孝义县志·物产》，清乾隆三十五年（1770）刻本。
⑧ （清）马国翰：《竹如意》卷下。载郑昌淦《明清农村商品经济》，中国人民大学出版社1989年版，第458页。
⑨ 乾隆《安邑县志·物产》。
⑩ 雍正《朔平府志·物产志》。
⑪ 道光《偏关志》卷上。
⑫ 托津等奉敕纂：《钦定大清会典事例》卷665《工部·城垣·直省城垣修葺移建》，见沈云龙主编《近代中国史料丛刊三编》第69辑，台北文海出版社1985年版。
⑬ 光绪《钦定大清会典》卷72《工部·城垣》，《四库全书》本。
⑭ 托津等奉敕纂：《钦定大清会典事例》卷665《工部·城垣·直省城垣修葺移建》，见沈云龙主编《近代中国史料丛刊三编》第69辑，台北文海出版社1985年版。

"凡城垣禁令，内外城楼禁民登临及窃砖者，有犯皆论加律"；官员"有城池不预先修理，以致倒坏者，罚俸六月"①，等等。

为防止地方官吏弄虚作假，清政府还制定了严格的勘验制度。康熙三年（1664），"议准官员捐资修理城郭、楼台、房寨、器械等项。该督抚亲身详加察验保奏。后若有不坚固，不如式，三年内坍坏者，仍令该督抚并督工官赔修本工，捐资记录销去，免其处分。若限内坍坏者，该府州县官隐匿不报，被旁人出首者，将该管官革职，如该管官申报督抚隐匿不报，将该督抚各降二级留任"②。城池修建完工后，所在州县主政者需上禀督抚，请其指派委员勘验。……在上述制度的严格规定并实施之下，山西各府、州、县城的重建修复活动一直持续到清末。

对城市安全问题，清政府也规定了官员的职责。比如城市防火方面，清政府先后公布了《处分救火不力之地方官》《失火处分条例》等行政条例。③ 失职官员还要受到罚俸、赔偿，甚至降职、撤职的处分，督抚亦不能身免，④ 以此方式来加强地方官员在城市消防中的责任。又如缉盗，朝廷在此类规定的条目极为详尽，对城市缉盗甚为重视，规定"京城为重，直省次之，城内为重，村庄道路次之"，并针对不同情形给予相应官员不同的处分。⑤ 此外，对城市经济管理也制定了相应的法律。

总之，这些规章制度涉及了城市发展的各个方面，虽然并不全面，但对山西城镇的发展起到了很大的推动作用。

（三）发展交通

城市发展与交通密不可分。清中前期，因受传统思想限制，较少认识到交通对城市发展的重要性，但出于统治需要，清政府对交通建设相当重视，建设了从京师通往各省省会及重要城市的官道和驿路，以强化国家的统一、控制与管理。山西位于连接中国东西部的要地，多条国家统治西部地区重要驿路从山西境内穿过。为保证交通的通畅，清政府规定了地方官员修治道路的职责。顺治初年规定："官员将通衢大路、紧要

---

① 光绪《钦定大清会典》卷72《工部·城垣》，《四库全书》本。
② 光绪《钦定大清会典》卷28《吏部·修造》，《四库全书》本。
③ 光绪《钦定大清会典》卷110、卷278，《四库全书》本。
④ 陈梦雷、蒋廷锡：《古今图书集成》，《详刑典》《律令部汇考》，齐鲁书社2006年版。
⑤ 光绪《钦定大清会典》卷65《兵部·辑盗》，《四库全书》本。

堤桥不行豫修，以致冲决损坏者，将府、州、县官各罚俸六月。"① 雍正十三年（1735）："诏各省要路桥梁间有损坏，行人劳苦。著地方有司申报各督抚奏鸣修理。"② 除朝廷外，民间也多有交通建设活动。如宣统年间，山西商人及当地百姓，自发修筑被山洪冲毁的雁门关商道。③ 交通事业的发展加速了清初山西城镇的恢复与发展。

二 山西行政区划

明初，在山西置山西行中书省，不久改为山西承宣布政使司，共领5府、3直隶州、77县。清顺治时，山西建制仍沿明制。明清两代山西省的版图不尽相同。明代，为抵御北方民族入侵，山西省北部以长城为界与蒙古相隔。清军入关后，山西省区域较明代大很多，东、南、西三侧基本不变，只是北部延伸至蒙古，包括今内蒙古的一部分地区。雍正、乾隆年间有较大变动：雍正二年（1724）增平定、忻、代、保德、解、绛、吉、隰八直隶州，三年（1725）又增宁武、朔平两府，六年（1728）升蒲州及直隶州泽州为府。乾隆六年（1741）置归绥道，领归化城厅和绥远城厅，二十五年（1760）增领萨拉齐厅、清水河厅、托克托城厅、和林格尔厅。乾隆三十七年（1772）改吉州为府隶州，属平阳府，同年升霍州为直隶州。此时，山西巡抚共领9府、10直隶州、归绥6厅。

9府为：太原府，府治阳曲，辖阳曲、太原、榆次、太谷、祁县、徐沟、清源、交城、文水、岢岚州、岚县、兴县，共计12州县。

汾州府，府治汾阳，辖汾阳、平遥、介休、孝义、临县、石楼、永宁州、宁乡，共计8州县。

潞安府，府治长治，辖长治、长子、屯留、襄垣、潞城、黎城、壶关、平顺，共计8州县。

泽州府，府治凤台，辖凤台、高平、阳城、陵川、沁水，共计5

---

① 光绪《钦定大清会典》卷28《吏部·修造》，《四库全书》本；光绪《钦定大清会典则例》卷135《桥道》，《四库全书》本。
② 光绪《钦定大清会典则例》卷135《桥道》，《四库全书》本。
③ 详见拙作《清代山西雁门关商道及塞北商城》，《华中师范大学学报》2007年第3期。

州县。

平阳府，府治临汾，辖临汾、襄陵、洪洞、浮山、太平、岳阳、曲沃、翼城、汾西、吉州、乡宁，共计 11 州县。

蒲州府，府治永济，辖永济、临晋、虞乡、猗氏、万泉、荣河，共计 6 州县。

大同府，府治大同，辖大同、怀仁、山阴、应州、浑源州、灵丘、广灵、广昌、阳高、天镇，共计 10 州县。

宁武府，府治宁武，辖宁武、偏关、神池、五寨，共计 4 州县。

朔平府，府治右玉，辖右玉、朔州、马邑、左云、平鲁，共计 5 州县。

10 直隶州为：

辽州，辖和顺、榆社，共计 2 州县。

沁州，辖沁源、武乡，共计 2 州县

平定州，辖寿阳、盂县、乐平，共计 3 州县。

忻州，辖定襄、静乐，共计 2 州县。

代州，辖五台、繁峙、崞县，共计 3 州县。

保德州，辖河曲，共计 1 县。

解州，辖安邑、夏县、平陆、芮城，共计 4 州县

绛州，辖闻喜、河津、稷山、绛县、垣曲，共计 5 州县。

霍州，辖赵城、灵石，共计 2 县。

隰州，辖蒲县、大宁、永和，共计 3 州县。

归绥 6 厅，归化城厅、宁远厅、托克托厅、清水河厅、萨拉齐厅、和林格尔厅。

清代山西各府和直隶州所辖州县，详见表 4-3。

表 4-3　　清代山西九府十直隶州所属州县一览表

府州别	治所	州县数	所属州县
太原府	阳曲	12	阳曲、太原、榆次、太谷、祁县、徐沟、清源、交城、文水、岚县、兴县、岢岚州
汾州府	汾阳	8	汾阳、平遥、介休、孝义、临县、石楼、永宁州、宁乡

续表

府州别	治所	州县数	所属州县
潞安府	长治	8	长治、长子、屯留、襄垣、潞城、黎城、壶关、平顺
泽州府	凤台	5	凤台、高平、阳城、陵川、沁水
平阳府	临汾	11	临汾、襄陵、洪洞、浮山、太平、岳阳、曲沃、翼城、汾西、吉州、乡宁
蒲州府	永济	6	永济、临晋、虞乡、猗氏、万泉、荣河
大同府	大同	10	大同、怀仁、山阴、应州、浑源州、灵丘、广灵、广昌、阳高、天镇
宁武府	宁武	4	宁武、偏关、神池、五寨
朔平府	右玉	5	右玉、朔州、马邑、左云、平鲁
辽州	辽州	2	和顺、榆社
沁州	沁州	2	沁源、武乡
平定州	平定州	3	寿阳、盂县、乐平
忻州	忻州	2	定襄、静乐
代州	代州	3	五台、繁峙、崞县
保德州	保德州	1	河曲
解州	解州	4	安邑、夏县、平陆、芮城
绛州	绛州	5	闻喜、河津、稷山、绛县、垣曲
霍州	霍州	2	赵城、灵石
隰州	隰州	3	蒲县、大宁、永和
归绥	归化城	6	归化城厅、宁远厅、托克托厅、清水河厅、萨拉齐厅、和林格尔厅

资料来源：雍正《山西通志》卷1《疆域》。

第三节　清前期山西城镇的恢复与扩建

随着清政府各项措施的实施，山西社会经济得到迅速恢复。社会秩序逐渐稳固，为清代山西城镇的重建与发展准备了条件。彼时，山西境内的城镇重建主要分为以下几种情况：对因灾祸而毁坏城镇的重建、对年久失修城镇的修补、因政治统治需要而新设城镇的建设，及风水原因改建的城镇等。下面我们分而述之。

一 对受灾城镇的重修与扩建

（一）因朝代更迭被战乱破坏而重修的城镇

明末崇祯年间，太原府阳曲县城"为闯贼"毁，"（清）顺治七年巡抚建砖楼以补之，十七年巡抚重修大小楼……同年修筑东西墙接大城"[①]。泽州府沁水县亦于崇祯间被"流贼攻毁"，"（清）顺治中邑令刘昌重修"[②]。顺治五年（1648），繁峙县城被"逆贼刘迁焚毁殆尽"，后"知县张志高重修周围四里，东西长一百六十丈，南北阔二百丈，共八百六十一丈五尺，连垛墙高四丈。三城门，三瓮城，城楼三座，规模复旧制焉。康熙四十年，知县齐士琬修。乾隆三十一年，知县戴一仁领帑重修"[③]。顺治六年（1649），保德州城因"牛逆窃据"而被"炮击坏西南城八十余丈"，"越岁知州安世鼎修理。后历年东北西三面塌毁，六处城楼俱圮，狼夜入城。康熙六年知州张光岳修完三处城约数十丈。南楼一座。窝铺四座。门房二座。二十四年，知州高起凤举文修城，改甃东北角。修坏处各十余丈。雍正五年知州捐俸修西北城角砖墙"[④]。同年，大同府广灵县因"姜瓖之变"而部分城垣被毁，"知县范发愚修缮城垣，竭力于御，城赖以全"[⑤]。浑源州城亦因"逆贼姜瓖之变……城亦塌损"，后"知州重修"[⑥]。灵石县城也于"国朝（清）顺治六年经闯乱焚毁"，后"知县赵西普重修，康熙四十二年，知县梁国光重建窝铺，修筑南北城及门楼"[⑦]。闻喜县城亦于顺治六年（1649）"遭土寇，城楼女墙半毁"，"（清顺治）七年知县修垛口及五城门。十六年知县修城濠池并葺城楼。匾东楼曰浮香、南曰环涑、映晖、北曰清嵋。康熙四十年知县重修"[⑧]。朔州

[①] 乾隆《太原府志》卷6《城池》。
[②] 光绪《沁水县志》卷3《营建·城池》。
[③] 道光《繁峙县志》卷2《建置·城池》。
[④] 乾隆《保德州志》卷1《城垣》。
[⑤] 乾隆《大同府志》卷12《建置·城池·广灵县》。
[⑥] 乾隆《大同府志》卷12《建置·城池·浑源州》。
[⑦] 嘉庆《灵石县志》卷2《建置·城池》。
[⑧] 乾隆《闻喜县志》卷2《城池》。

城亦于顺治六年（1649）被"逆党盘踞城内，大兵攻破"，后有"修补"。① 彼时，太谷县城亦被"贼姜瓖砲毁东城半面"，后"知县戴可进重修"。② 代州五台县城因清初"姜瓖之叛，城被围攻近一年……然寇退而残毁已甚"，后于康熙元年（1662）知县王家正"大修之，又筑护堤，种柳千株，城益完固"③。

（二）因水患暴雨破坏而重修的城镇

顺治十七年（1660），沁州"城外西北隅，石堤久被漳水噬"，后于"康熙元年知州甃建石堤，长六十二丈，高一丈二尺，为立漳河神庙以镇之。三年知州补修城垣。三十二年知州补修南北城楼。四十年，知州补修城垣。四十八年，知州重筑临漳门。五十一年知州修葺北城楼并南门。雍正七年知州重甃城西北石堤，长一十七丈"④。康熙八年（1669），乡宁县城南地基被"秋河水浸损"，后"（知县）捐俸修建石堤一道"。⑤ 康熙二十三年（1684），辽州城被"漳水漂没城垣西南约半里许"，随后"知州宋德芳、杨天锡、王景亮屡加补葺，随筑随圮，卒无成功。知州沈绍祖筑城六十余丈，雉堞二百垛。雍正十年，知州徐三俊详请陆续捐修"⑥。康熙三十二年（1693），平定州城之上下两城均被"水侵"，"知州宗让重修，雍正八年，知州安克宽重修。乾隆三十年，知州陶易奉文领帑与下城同修"⑦。康熙三十三年（1694），临县"城东被湫水损"，"乾隆三十一年春分工段督修，明年九月工竣"。⑧ 道光二年（1822）六月间，黄河边的兴县"城东南被冲毁城垣几数十丈，淹没民房数百间"，灾害过后"发帑银一千两，以资版筑。依山凿石，合土成砖……不数月而垣墉巩固，雉堞连绵"。⑨ 咸丰十年（1860），因"涧水泛涨"冲毁岳阳县城

---

① 雍正《朔平府志》卷4《建置·城池》。
② 乾隆《太原府志》卷6《城池·太谷县》。
③ 光绪《五台新志》卷1《城池》。
④ 乾隆《沁州志》卷2《城池》。
⑤ 乾隆《乡宁县志》卷3《城镇》。
⑥ 雍正《辽州志》卷2《城池》。
⑦ 光绪《平定州志》卷3《建置·城池》。
⑧ 乾隆《汾州府志》卷5《城池》。
⑨ 光绪《兴县续志》上卷《营筑·城垣》。

"河堤五十余丈,并南城一角","(咸丰)十一年知县葺新之"。①

明万历五年(1577),寿阳县城遭受连日霪雨,其城内建筑"雨毁过半",后"知县大加修筑,基厚三丈,垣高四丈,壕深二丈五尺广三丈"。② 顺治六年(1649)崞县城垣"雨圮城南北四十余丈",后由"知县范印心修之"。③ 同年,太谷县城于姜瓖之乱后,"环邑被水渐成巨浸",乾隆二十六年(1761)又遇夏潦,"南城倾圮",后来"知县高继允捐修顽固,二十八年于四门深壕重加疏濬,自是称中无积潦之患"。④ 顺治十二年(1655)灵丘县城"久雨城圮",随后"知县宋起凤重修新关南门,乾隆十二年知县单思道重修",但"乾隆三十七年骤雨冲塌南城一处,知县任谦捐修"⑤。顺治年间,文水县城"大雨圮坏"。后于顺治"十八年知县补修东南角楼一座,南面雉堞十余丈,凡大小楼俱为整饬"。但康熙十一年(1672),"南门外浮桥水冲,知县修之较旧加固"⑥。

康熙元年(1662)"秋淫雨四旬",稷山县城"城垣崩溃一百九十二丈,楼基九座,窝铺一十二所","知县重葺城邦,为之壮观。(康熙)四十六年,知县复加修"。⑦ 康熙元年,永济县城及东关城因"秋霖积旬"而使得"州城与关城垣摧圮几半","知州因修关城并州城,并新葺焉"。⑧ 康熙九年(1670),长治县城"霪雨垣圮","知县捐俸缮修,复称坚垒"。⑨ 康熙十七年(1678),平陆县城"北城雨圮,四面雉堞俱坏,知县修筑"⑩。康熙十八年(1679),壶关县城"久雨北城圮,南门坏,敌楼亦倾",后"知县捐修",并于康熙二十年(1681)"知县捐赀买石于东北城壕间,随其高下筑堰障水"⑪。康熙十八年秋,太平县城"霪雨

---

① 民国《新修岳阳县志》卷3《城池》。
② 光绪《寿阳县志》卷2《建置志·城池》。
③ 光绪《续修崞县志》卷1《建置志·城池》。
④ 乾隆《太原府志》卷6《城池·太谷县》。
⑤ 乾隆《大同府志》卷12《建置·灵丘县·城池》。
⑥ 康熙《文水县志》卷2《城池》。
⑦ 同治《稷山县志》卷2《城池》。
⑧ 乾隆《蒲州府志》卷1《疆域》。
⑨ 乾隆《潞安府志》卷5《城池》。
⑩ 乾隆《解州平陆县志》卷3《城池》。
⑪ 道光《壶关县志》卷3《城池》。

累旬，城墙多坏"，后由知县重修。① 康熙二十二年（1683），榆次县"雨圮东城"②，又于康熙四十年（1701）再次为"霪雨坏东城数十丈"③，均得到"修葺"。康熙二十三年（1684），平遥知县"因久雨，缮其损坏者二十五丈，堞百二十三"④。

雍正三年（1725）七月，霖雨弥月，定襄县城"南面倾圮一十五丈四尺，地面倾圮一十七丈"，后"知县王会隆详请捐修又修久圮东门楼与小南门楼二座"。⑤ 乾隆二十六年（1761），垣曲县城"淫雨城圮"，"（乾隆）二十八年知县修东西北高三丈，南高二丈"。⑥ 乾隆三十年（1765），平定州城的"下城，嗣因霖雨续多倾圮"⑦。乾隆三十三年（1768）夏秋，应州城"雨水连绵，四月淋塌城墙里面正北并东北土牛三处，七月复淋塌正西正南并西南隅土牛八处"，后被修好。⑧ 乾隆三十七年（1772）灵丘县城"骤雨冲塌南城一处"，"知县任谦捐修"。⑨ 乾隆四十年（1775）太平县城"秋雨兼旬，城东南隅颓圮"，知县修好。⑩

（三）因地震而重修的城镇

康熙二十二年（1683）十月地震，盂县城"坏垛墙数处"，"（第二年）县令孔兴范及时补苴，乃复其旧。雍正七年，令闫宣再行修葺"。⑪ 康熙三十四年（1695）地震，赵城县城损毁严重，"邑令重修"⑫。临汾县城及附属东关城则"地震尽塌，邑绅等倡首捐赀重筑"⑬。襄陵县城"东北墙倾塌数十丈"，后"知县修。（康熙）四十六年，知县加修垛口

---

① 道光《太平县志》卷2《建置·城池》。
② 乾隆《太原府志》卷6《城池·榆次县》。
③ 同治《榆次县志》卷2《城池》。
④ 乾隆《汾州府志》卷5《城池》。
⑤ 雍正《定襄县志》卷2《建置二》。
⑥ 光绪《垣曲县志》卷3《城池》。
⑦ 光绪《平定州志》卷3《建置·城池》。
⑧ 乾隆《应州志》卷2《城池》。
⑨ 乾隆《大同府志》卷12《建置·灵丘县·城池》。
⑩ 道光《太平县志》卷2《建置·城池》。
⑪ 光绪《盂县志》卷7《建置考·城池》。
⑫ 道光《直隶霍州志》卷5《城池》。
⑬ 雍正《平阳府志》卷7《城池》。

及楼并门俱完整焉"。① 浮山县城"地震圮，知县重修"②。曲沃县城"地震，知县修筑西门城楼、月城、梯桥"③。翼城县城"地震后，城四门并桥路塌坏，邑人捐修。惟角楼、全光楼、城堞尽圮未修"，其附属之北关外郭因地震，"北门并楼塌坏，里人捐修"④。马邑县城，"地震塌损"，"邑绅中书霍之瑁，侍郎田喜霁捐资修补。康熙四十一年，知县秦扩捐资，监生霍焯督工修西瓮城"⑤。隰州城，因地震而"四围倾塌甚多，西北隅尤甚，知州修南门月城"⑥。凤台县城"乙亥地震堞圮毁"，"（康熙）四十四年，知州重修，补筑城上女墙。五十八年知州倡捐加修正楼七、角楼四、奎楼一、敌楼二十三、月城三面、马道三条，女墙拦马。周城九里三十步并疏浚城壕，甃城中石街，东西三百丈，南北三百丈"⑦。沁水县城"乙亥地震城倾毁"，"赵凤诏重修。雍正四年邑令钱元台、雍正十年邑令田欣皆补修城西北角"⑧。万全县城因"地震圮，知县重修"⑨。

（四）因火灾损毁而重修的城镇

顺治六年（1649），榆次县城"东楼灾"，后"重修"⑩。顺治九年（1652），长治县城"西门楼毁于火"，后"知县重修"⑪。

二 由于改朝换代而进行补修、增修的城镇

随着清政府政治统治的稳固，国家经济的逐步恢复发展。国家财力日渐富足，为大规模城池新建准备了必要的政治、经济与社会条件。近代以前，作为固邦保民的城池，历来为当政者所注重，往往不遗余力地进行修筑。正所谓"有国者为长治久安之计，必有深沟高垒，永奠金汤

---

① 雍正《平阳府志》卷7《城池》。
② 雍正《平阳府志》卷7《城池》。
③ 雍正《平阳府志》卷7《城池》。
④ 雍正《平阳府志》卷7《城池》。
⑤ 雍正《朔平府志》卷4《建置城池》。
⑥ 康熙《隰州志》卷7《城池》。
⑦ 乾隆《凤台县志》卷3《城池》。
⑧ 光绪《沁水县志》卷3《营建·城池》。
⑨ 乾隆《蒲州府志》卷1《疆域》。
⑩ 乾隆《太原府志》卷6《城池·榆次县》。
⑪ 乾隆《潞安府志》卷5《城池》。

焉"①。由于新筑城池耗资巨大。在经济萧条和社会动乱时鲜有完整的筑城活动。经过清初顺治、康熙、雍正三朝经济的恢复和发展，国家财政日渐丰裕，有了城镇修建的充足物质条件。在清政府的严格要求下，从清初至乾隆年间出现了一个修筑和修葺城镇的高潮。自朝廷规定各地方官员需捐资对已损坏城垣进行修补，并具体规定了责罚惩戒措施之后，山西各地地方官吏便开始了大规模的旧城修葺。

太原府位于山西中部，下辖12州县，其中平鲁县城②、太原县城③、祁县城④、徐沟县城⑤、清源乡城⑥、交城县城⑦、文水县城⑧、岢岚州城⑨、岚县城⑩9州县的旧城在清初进行了重修。汾州府位于山西中西部，下辖8州县，其中6个州县的城池进行了常规重修。具体如下：汾州府城"周九里十三步，崇三丈二尺，门四……国朝（清）乾隆十七年汾阳县民贾诚等十六人，捐资缮北城三十七丈五尺又奇，知县陶敦仁督修完固"⑪。介休县城"国朝（清）康熙十四年，知县修东城三十余丈。二十五年知县缮城及城上大小楼。三十四年，知县修西城北城，甃用瓦璃者四十二丈，土筑者三十五丈有奇。乾隆二十年，同知修缮南门。二十七年知县缮土城十三处。知县修西砖城二十一丈"⑫。孝义县城"国朝（清）雍正四年知县、乾隆二十八年知县先后重修。三十四年知县捐俸修西月城五丈五尺及堞六处"⑬。石楼县城"周一里九十六步，崇二丈五尺，南北二门，南城外有外城，为东西二门，合内外城周三里三十步。国朝（清）顺治十六年知县修治，改北门旧在东北，移之于正北。康熙八年知县、

---

① 吕调元等：《湖北通志》，《建置志九》，第33—34卷，民国十年湖北公署刻本。
② 雍正《朔平府志》卷4《建置城池》。
③ 乾隆《太原府志》卷6《城池·太原县》。
④ 乾隆《太原府志》卷6《城池·祁县》。
⑤ 乾隆《太原府志》卷6《城池·徐沟县》。
⑥ 乾隆《太原府志》卷6《城池·清源乡》。
⑦ 乾隆《太原府志》卷6《城池·交城县》。
⑧ 乾隆《太原府志》卷6《城池·文水县》。
⑨ 乾隆《太原府志》卷6《城池·岢岚州》。
⑩ 乾隆《太原府志》卷6《城池·岚县》。
⑪ 乾隆《汾州府志》卷5《城池》。
⑫ 乾隆《汾州府志》卷5《城池》。
⑬ 乾隆《汾州府志》卷5《城池》。

雍正四年知县、七年知县先后修缮。雍正八年复修南城"①。永宁州城"周九里三步，崇三丈五尺，壕深丈二尺，门三。国朝（清）顺治十四年知州修西城。康熙十二年修东城，十九年、五十九年先后修缮"②。宁乡县城"周五里一百八十步，高三丈，门三。……国朝（清）顺治六年，城西南角倾，知县重修。顺治八年知县重修东南角，创建魁星楼"③。

潞安府位于晋东南，下辖8个州县，其中6个在清初进行了重修。具体情况如下：潞城县城"周四里十步，高三丈六尺，厚一丈五尺，池深一丈二尺，门四，上各建楼。国朝（清）康熙三十四年城及楼渐圮，知县重修……道光咸丰间知县相继修"④。此外，平顺县城⑤、屯留县城⑥、黎城县城⑦、长子县城、襄垣县城⑧等均在清初进行过重修。泽州府位于晋东南，潞安府以南，下辖5个州县，其中高平县城⑨、陵川县城⑩、阳城县城⑪3个州县在清初进行了常规重修。

平阳府位于晋南，下辖11州县，其中洪洞县城⑫、太平县城⑬、岳阳县城⑭、汾西县城⑮、吉州城⑯等清初重修。霍州位于平阳府以南，其州城"周九里十三步，高二丈，池深八尺，门四，东曰春熙、南曰望阳、西曰安戌、北曰拱极。国朝（清）康熙四十六年知州重修"⑰。下辖灵石县城"城周三里一百八十八步，四门。东曰迎晖、北曰永固、南北内曰

---

① 乾隆《汾州府志》卷5《城池》。
② 乾隆《汾州府志》卷5《城池》。
③ 乾隆《汾州府志》卷5《城池》。
④ 光绪《潞城县志》卷3《城池》。
⑤ 民国《平顺县志》卷9《营建考·城郭》。
⑥ 光绪《屯留县志》卷2《城池》。
⑦ 康熙《黎城县志》卷1《城池》。
⑧ 乾隆《潞安府志》卷5《城池》。
⑨ 乾隆《高平县志》卷4《城池》。
⑩ 乾隆《陵川县志》卷8《城池》。
⑪ 乾隆《阳城县志》卷3《城池》。
⑫ 雍正《平阳府志》卷7《城池》。
⑬ 雍正《平阳府志》卷7《城池》。
⑭ 雍正《平阳府志》卷7《城池》。
⑮ 雍正《平阳府志》卷7《城池》。
⑯ 光绪《吉州志》卷1《城池》。
⑰ 道光《直隶霍州志》卷5《城池》。

承恩、外曰朝阳、西曰乐泮。国朝顺治六年知县重修"①。蒲州府位于山西最南端，下辖6个州县，其中临晋县城②、万泉县城③、猗氏县城④、荣河县城⑤4个州县在清初进行了常规重修。

　　大同府位于山西北部，其下属的怀仁县城"周三里六步，高三丈，池深一丈，门二……国朝（清）康熙六年知县重修。乾隆九年知县详请重修"⑥。山阴县"周四里二十步，高二丈五尺余……门三，东曰永泰、南曰宿峰、西曰清远。……国朝（清）康熙二十四年知县请修。乾隆十一年知县详请以工代赈重修。二十七年知县详请重修。三十九年知县捐俸葺马道水口并女墙垛口倾圮之处"⑦。应州城"周五里八十五步，门三，重以瓮城。东曰畅和、南曰宣阳、西曰怀成。北建拱极楼于城上……国朝顺治十二年重修，十四年知州重修，沿壕植榆柳数百株。康熙元年知州再修，乾隆十一年知州吴柄请帑金修理，二十九年知州吴超详明劝捐重修东南城隅五十余丈，三十三年知州吴炳捐修里面之坍塌者二十八丈三尺五寸"。代州城亦于清初重修。⑧ 宁武府在晋北，宁武府城"县倚郭，周四里许，基五丈，面广半之，高三丈有奇，门其东西南三面而闭其北，东门曰仁胜、西曰人和、南曰迎薰，上建重楼。乾隆六年东关门楼圮，知府魏元枢重葺之，颜曰望华，并修南北二角楼"⑨。此外，下辖五寨县城也在清初进行了修葺。⑩

　　辽州在晋省东部，其下辖和顺县城在"（清）顺治六十六年知县李顺昌重修南北西三城楼，康熙八年知县邓宪璋补修。雍正十三年雉堞尽废，知县赵懋本重修，全部砖筑。乾隆十年知县蒋祖培砖砌西门，二十一年知县朱汝玑中袖奎光三层楼，乾隆二十八年知县，候日严补修角楼四，

---

① 道光《直隶霍州志》卷5《城池》。
② 乾隆《蒲州府志》卷1《疆域》。
③ 乾隆《蒲州府志》卷1《疆域》。
④ 乾隆《蒲州府志》卷1《疆域》。
⑤ 乾隆《蒲州府志》卷1《疆域》。
⑥ 乾隆《大同府志》卷12《建置·怀仁县·城池》。
⑦ 乾隆《大同府志》卷12《建置·山阴县·城池》。
⑧ 乾隆《代州志》卷1《城池》。
⑨ 乾隆《宁武府志》卷3《城池》。
⑩ 乾隆《宁武府志》卷3《城池》。

东城楼一，西城楼一"①。

解州位于晋南，其解州城②、芮城县城③、夏县县城④和安邑县城均在清初进行了常规性修葺。其中安邑县城清初"四面犹然土障，年久圮剥。国朝（清）乾隆二十一年，邑令详请民修，未及举行。二十三年邑令修筑，民情踊跃。金成工竣，垣加厚五尺，腹裹不完者，补之。上筑女墙，东月城戍铺角楼皆甃以砖，屹为重镇"⑤。

绛州北部毗邻平阳府，南部与霍州接壤，其州城与垣曲县城在清初进行了常规性维修。其中，绛州城"国朝（清）顺治六年州同知建北门月城瓦甃数十丈，中设炮眼，以便守御。十年知州修石堤。康熙二年知州修南门楼，补葺雉堞石堤。三十九年知州重修。旧例四乡百姓农隙时，分段补修，其瓦、灰、匠、工，州牧捐俸采办，故历任遇有坍塌不能及时修理。乾隆二十一年七月间，大雨坏城瓦垛百余丈，石堤亦圮，知州捐俸补修瓦垛，堤用木桩坚筑，高与岸平。后瓦垛俱圮，城有倾颓。同治元年知州动工修筑，光绪元年告竣"⑥。可见在清初的重修颇具规模。垣曲县城"国朝（清）康熙七年知县重建北门楼。四十四年知县修。乾隆二十六年淫雨城圮，二十八年知县修东西北高三丈，南高二丈"⑦。

隰州的大宁县城⑧、永和县城⑨、蒲县县城⑩亦在清初进行了常规性维修。其中，永和县城于"康熙十八年，知县见城垣塌毁过半，西城更甚，残缺将倾。捐修补筑，复于西城创建阁曰迎芝，于西北城角创建亭曰望晨，以补城西之低覆者"⑪。

---

① 民国《重修和顺县志》卷2《建置·城池》。
② 光绪《解州志》卷3《城池》。
③ 乾隆《解州芮城县志》卷3《城池》。
④ 康熙《夏县志》卷1《建置》。
⑤ 乾隆《解州安邑县志》卷3《城池》。
⑥ 光绪《直隶绛州志》卷3《城池》。
⑦ 光绪《垣曲县志》卷3《城池》。
⑧ 光绪《大宁县志》卷2《建置·城池》。
⑨ 民国《永和县志》卷2《建置·城池》。
⑩ 乾隆《蒲县志》卷2《建置·城池》。
⑪ 民国《永和县志》卷2《建置志·城池》。

此外，沁州的沁源县城①、武乡县城②，平定州的寿阳县城③、昔阳县城④（原乐平县城），忻州城⑤亦于清初进行了常规性重修。

三 统治需要而新设、徙址或降级改组的城镇

清初，由于改朝换代及政府统治需要及其他原因，山西因新设了行政单位而新筑了一些城镇；亦有一些城镇因故迁徙了城址；还有某些城镇因当地行政区划的改变或重组而重新修建了城池；甚至还有一些城镇为了改变"风水"而进行了重修。

（一）新设或新筑的城镇

1. 大同府城

大同府，以大同县为附郭。是明代九边之一，"明洪武五年大将军徐达"在"旧土城"的基础上"增筑"城池，成为"周十三里，高四丈二尺"的城池，并将"（基）址砌以石墙，甃以砖，门四。明朝曾多次重修和展筑"。进入清代，于顺治五年（1648）废大同镇，不立官；顺治八年（1651），"总督佟养量、巡按薛陈伟合疏陈请复还大同嗣"，以"随时补治"。"乾隆十二年知县谢廷俞详请重修大城、南小城、北小城；二十八年知县宋乾金详请重修难关城门、吊桥、南门、西门。二十九年重修北门城楼。三十九年，知县吴麟重修八角楼（即乾楼）、洪宇楼（在乾楼东）、南门城楼；东门、南门、北门瓮城。现存城垣上存角楼、四望楼、十城楼二十有一，窝铺八。"⑥ 大同城遂成为北方的一座规模宏大的府城。

2. 丰镇城

丰镇，旧系大同县德胜口外的衙门口村，并无城池。乾隆十八年（1753），理事厅官吏色明倡导并率领居民修筑土垣，建成"周五百七十有五丈，东南西三面具筑以土，均高一丈，各厚四尺，北面依山砌石，高七尺厚三尺"的城池，该土城东西南各有关门以司启闭。乾隆二十一

---

① 乾隆《沁州志》卷2《城池》。
② 乾隆《沁州志》卷2《城池》。
③ 光绪《寿阳县志》卷2《建置·城池》。
④ 民国《昔阳县志》卷2《城池》。
⑤ 乾隆《忻州志》卷1《城池》。
⑥ 乾隆《大同府志》卷12《建置》。

年，合并丰川卫、镇宁所，改设丰镇厅。乾隆三十一年（1766）出台政策，新建关城周边的牧地招民开垦，吸引民人前来垦种，丰镇厅自始成为"烟户贸远，廛舍鳞密"的繁荣城镇，特别是"环土城而居者较之城内更为殷繁"。乾隆三十八年（1773），丰镇厅理事同知八各勒鼓励居民捐资扩建该城，遂建成"周八百四十五丈五尺，东西南仍土筑，墉高一丈，基厚五尺，顶阔一尺四寸，为门凡五，曰南门题曰永宁、曰东南门、曰东北门、曰西南门、曰西北门。东南门上建魁星阁，东北门外加筑瓮城"的城池。①

3. 虞乡县城

雍正八年（1730）设虞乡县，知县刘培元始因故址用绅士石化光、罗廷仪等及蒲州绅士王绳圻所输地基，筑土城，四周女墙各具。九年（1731）知县徐大樑建四门洞。十二年（1734）知县李景芬盖东西二门楼，各三楹。乾隆十三年（1748），知县余克长复因绅士邵汝为、薛正伦等十三人所捐助工费，始砖砌砌雉堞，遂建南北二门楼，亦各三楹而轨制乃倍。十九年（1754），知县顾月化又修葺之。五十二年（1787），知县周大儒捐俸修补。② 建成"城高二丈二尺，周四里，池深一丈，门四，城楼四"的城池。③

（二）迁移城址的城镇

河曲县属保德州，河曲县城原在河保营，也即古灰沟营，始建于明宣德间。乾隆二十九年（1764）"徙治"，"开拓周围三里八步，砖砌，高三丈六尺，增建南门，号南薰门，东门号宾阳门，西门号靖远门，上各建城楼一座"的城池。同治八年（1869）知县金福增重修，使城池"一律完固"。彼时，城池的南城楼"颜曰南薰楼，联曰画栋云飞春织锦，沙场月上夜间铙"；"东城楼颜曰迎旭楼，联曰险枕秦关迎紫气，暖回阳谷蕴丹晖"；"西城楼颜曰庆城楼，联曰河流远绕萤台曲，驿路斜连汉时平"。又于城上盖造卡房二十四间，以资守御。同治十年（1871）复将西

---

① 乾隆《大同府志》卷12《建置·丰镇厅·城池》。
② 光绪《虞乡县志》卷2《建置·城池》。
③ 乾隆《蒲州府志》卷1《疆域》。

门瓮城包以砖石。①

(三) 行政级别改变或重组的城镇

1. 阳高县城

阳高县属大同府,元代属白登县。明洪武徐达筑阳和城,"周九里三十步,高三丈五尺,池深三丈,门三东曰成安、南曰迎暄、西曰成武,上各建楼、窝铺十四,门外各建月城。天顺、万历重修。崇祯四年总督侍郎于望台上每面修建望楼六座,砖甃全城"。清顺治三年(1646)废高山城,裁去指挥千户世袭之官,并两卫为一卫,即阳高卫,"以掌印一员领之"。顺治五年(1648),由于姜瓖之变,"迁移府治(大同)于阳高城,陟卫为府"。顺治八年(1651)复将府治设于大同,阳高仍为卫。顺治十三年(1656),裁汰督府兵道等官。雍正三年(1725)改(阳高)卫城为县城。②

2. 天镇县城

天镇县属大同府,兴建于元代,明洪武三十一年(1398)在其旧城址上"修筑九里十三步,高三丈五尺,池深二丈",有门四"东曰奉定、南曰迎暄、西曰武宁、北曰镇远,改设二卫,曰天城、曰镇远"。由于时间久远而"城圮",万历十三年(1585)重修。清顺治三年(1646)"并二卫为一,曰天镇"。雍正三年(1725)改卫城为县城。③

3. 代州城

清初仍承袭明制,属太原府。雍正二年(1724)升为直隶州,四年(1726)裁振武卫,领三县——五台、崞、繁峙。雁平道驻州城,辖大、朔、宁、忻、代、保六府州。④

4. 神池县城

雍正三年(1725)改堡为县,即"以堡城为县郭,神池营在焉,而城未加廓也"。(神池县)"城周五里七十二步,门三,东曰迎曦、南曰雄镇、西曰保障,上皆有楼"⑤。

---

① 同治《河曲县志》卷3《城池》。
② 乾隆《大同府志》卷12《建置·阳高县·城池》。
③ 乾隆《大同府志》卷12《建置·天镇县·城池》。
④ 光绪《代州志》卷3《地理志·沿革》。
⑤ 光绪《神池县志》卷3《城池》。

5. 偏关城

雍正三年（1725）改所为县，"即以其城为县治，而偏关营在焉"①。

（四）因风水而改建的城镇

1. 屯留县城

屯留县属潞安府，该县城"东西阔，南北狭，状类瓶，故号瓶城"。此县城"周围四里三十步，城高三丈，池深半之，为门四，上各建楼……东曰宾旸、西曰威远、南曰迎薰、北曰拱辰"。清顺治二年（1645）知县砖砌南面城墙。同治三年（1864）增修该城及四门楼、角楼。"南坡在城南莲岗之余支也。形家言其煞气冲城。"因此，雍正年间"将南郭门改为东南门以避之"。同治九年（1870），"知县始同士民输财兴工，填塞之"。经过三年，"知县令开坡取土"，修成大路，"至今称通衢焉"。②

2. 平顺县城

平顺县清代属潞安府，明崇祯十四年（1641），"曲阜孔公讳贞芮因城近山，截去其半，周围以石砌之，年深日久坍塌殆尽"。民初复县，因民力不充未葺补。民国二十五年（1936）宪璋补葺。③

四 城市经济的恢复与发展

随着清初城市的重修和农业经济的恢复和发展，山西城镇经济也得到了初步发展。城中集市的数量及开集频次或许可以较为充分地证明这一点。清初，永济县城"分守道祝思信"因城内居民寥落，于顺治八年（1651）"招商聚货"于城内鼓楼下，使当地成"为一郡辐辏"，其"大市在东关急递铺，南北牛站巷，东西皆肆店，交易者朝往暮归，日率为常"④。彼时，岢岚州城内亦市集众多，州集"每月逢四六九十日，鼓楼街集逢一二五七日，东关街集逢三八日，西关街集嘉靖间钟楼街告分其集，国朝（清）因之"；顺治年间，知州陈亦震改立章程，定居仁街为总

---

① 道光《偏关志》卷上《城池》。
② 光绪《屯留县志》卷2《城池》。
③ 民国《平顺县志》卷9《营建考·城郭》。
④ 光绪《永济县志》卷1《市集》。

集,"日行交易,岁每于九月初一至十五,分南薰西街集十六至月底,分肃睦西街集十月初一至十五,分肃睦街北巷集十六至月底,分肃睦东街集十一月初一至十五,分南薰东街集十六以后仍归居仁街总集"①。顺治年间浑源州城"每月逢二日东门集,逢四日州门前集,逢六日西门集,逢八日西门外顺成街集,逢十日西关集。……御寒遮羞的衣物,皆取资于商贩"②。

康熙间灵丘城内"双日为集,不过肩蔬负薪粟粮布匹之类,集初设关厢内。近数载,贸易颇伙,往来拥挤,士民咸以市集起色,三十年未有,请移集于关外"③。同一时期的夏县城内有集市六处,分别为:县集,在学巷口;尉郭集,关王庙前;曹张集,东街;水头集,西街;裴介集,北街;胡张集,南关。以上六处旧每月二十四举,今则循环无定日④。彼时永宁州城,其"在城大街为居民常川贸易之所,而关厢各处俱有集市,分日籴粜,乡民以有易无"⑤。

雍正年间沁源县城有市集四处:中正街,遇一日、五日市;真武楼北,遇七日市;承宣街,遇三日市;尚贤街,遇九日市⑥。同时期的浮山县城因城内交易需要,将旧时四门轮集总汇于县治东西两街,每月以三六九日为期⑦。

可见在康雍时期,山西城镇经济迅速恢复发展起来,为清中后期山西城镇的进一步发展奠定了良好的基础。

第四节 城池重建经费的来源

在城镇的修建过程中,国家起到了主导作用。清初国家百废待兴,虽然中央规定各地必须兴修城池,因受当时国家与地方财政经济困乏的

---

① 光绪《岢岚州志》卷2《形胜·市集》。
② 顺治《浑源州志》上卷《市集》。
③ 康熙《灵丘县志》卷4《艺文·灵丘风土记》。
④ 康熙《夏县志》卷1《建置·市集》。
⑤ 康熙《永宁州志》卷2《街市》。
⑥ 雍正《沁源县志》卷1《封域》。
⑦ 同治《浮山县志》卷5《城池·市集》。

影响，而无法将有限的国家财政资金运用到各地的城池兴筑上，但在重建城池时却一般由朝廷官员负责。因此，在经济困难的情况下，地方官员一般采取捐俸、募捐、以工代赈或动员各种社会力量的措施来修筑城池。审视国家和地区财政经济的恢复与发展。康熙后期至雍正乾隆时期修筑城池的经费则主要来源于国家财政拨款，也即国家动用帑金对城池进行重修。由国家主导的城池兴筑、修缮与维护的模式几乎贯穿了整个清代。在城垣修葺的过程中，政府为保证城池修筑的顺利进行和维护地方社会秩序，负责城池修葺的各级官吏往往还会采取以工代赈的办法加以解决。① 这都有利于彼时山西城镇、城垣的兴筑与修葺。

一　捐俸、捐资、发帑

对于城池的维修，当地的地方官员通过"发帑"、捐俸及捐资的方式倡导重修，是最为普遍的。重修中有的只是用到帑金，有的单独用到捐俸或捐资的方式。但是也有一些城池的重修，其经费来源上述几种皆有。

（一）通过捐俸和捐资的方式募集资金重修的城池

例如，保德州城在清代的多次重修和增修中，也多次用到捐俸、募捐的方式。乾隆二十六年（1761），"知州借领繁费银两，补修东城土胎，长三丈。东南城土胎，长三丈。南城土胎长十三丈。西城土胎长十四丈五尺。西北城土胎一丈。西北城角垛口墙长一丈五尺。西城砖墙长十五丈三尺"。乾隆三十三年（1768），"署知州动用乐输银两补修南门瓮城，西角砖墙，长二丈八尺。西城砖墙长五丈。东城砖墙长五十一丈。东城水洞一座，进深三丈。东城外水道一处，长十二丈三尺"。后于乾隆三十六年（1771），"知州捐俸修西城砖墙，长四十八丈"。此外，保德州城内井久废，乾隆五十年（1785），"知州捐俸凿井"两处，且有"南门外沟井坏，贡生、祈民等经修二次"的记载。另外，城南门外的保德桥，于康熙间筑土城路后，为雨水冲陷。乾隆十一年（1746），"州民募筑"②。

再如乡宁县城于康熙三十八年（1669）"秋河水浸损城南地基，复捐俸修建石堤一道，城东外创立牌坊一座以迎柏山生气。城东南角建文昌

---

① 光绪《钦定大清会典》卷72《工部·城垣》，《四库全书》本。
② 乾隆《保德州志》卷1《城垣》。

楼一所"①。马邑县城于康熙三十二年（1693），因"地震塌损，邑绅中书霍之瑁，侍郎田喜觯捐资修补。康熙四十一年（1702），知县秦扩捐资，监生霍焯督工修西瓮城"②。

此外，虞乡县城于雍正八年（1730），由"知县刘培元始因故址用绅士石化光、罗廷仪等及蒲州绅士王绳圻所输地基，筑土城，四周女墙各具"。及乾隆十三年（1748），"知县余克长复因绅士邵汝为、薛正伦等十三人所捐助工费，始砖砌砌雉堞，遂建南北二门楼，亦各三楹而轨制乃倍。……五十二年，知县周大儒捐俸修补"③。

其他如襄垣县城于乾隆二十七年（1762）由"知县奉文借欸修理，又绅士等捐修续坍土城，并北面护城土堤，改建石工"。崞县城，于清同治七年（1868），"知县万启钧复募邑人重修四门，换包铁叶，益称完固"④。汾州府城，于乾隆十七年（1752），由"汾阳县民贾诚等十六人，捐赀缮北城三十七丈五尺又奇，知县陶敦仁督修完固"⑤。运城于顺治十年（1653），"御史陈喆暨绅衿商庶捐葺"。辽州城于雍正十年（1732），"知州徐三俊详请陆续捐修"⑥。壶关县城于康熙十八年（1679）由"知县捐修"，并于康熙二十年（1681）"知县捐赀买石于东北城壕间，随其高下筑堰障水"⑦。屯留县城于同治九年（1870）"知县始同士民输财兴工，填塞之（废弃城门）"⑧。五寨县城于雍正十二年（1734）"知县刘耀珪率民出钱治葺倾圮"⑨。寿阳县城于乾隆四十八年（1783）"知县瞿应咸详请借项修理"，道光二十一年（1841）"知县黄承帖倡议捐修未成。二十四年，知县王晋介踵成之"⑩。盂县城于咸丰四年（1854）"（邑）令

---

① 乾隆《乡宁县志》卷3《城镇》。
② 雍正《朔平府志》卷4《建置城池》。
③ 光绪《虞乡县志》卷2《建置·城池》。
④ 光绪《续修崞县志》卷1《建置志·城池》。
⑤ 乾隆《汾州府志》卷5《城池》。
⑥ 雍正《辽州志》卷2《城池》。
⑦ 道光《壶关县志》卷3《城池》。
⑧ 光绪《屯留县志》卷2《城池》。
⑨ 乾隆《宁武府志》卷3《城池》。
⑩ 光绪《寿阳县志》卷2《建置·城池》。

康孔昭捐资复修,并东西南三门,谯楼一举而新之"①。洪洞县城于雍正九年(1731)复捐修小南门楼。②浮山县城于雍正九年(1731)"邑绅捐赀瓦甓四门,复建南北城楼"③。翼城县城于康熙三十四年(1695)地震后,"城四门并桥路塌坏,邑人捐修"。北门并楼塌坏,里人捐修。④平遥县城于康熙二十三年(1684)七八月间,"因霪雨损坏,知县奉天黄汝钰捐俸补修"⑤。交城县城于同治七年(1868),"经在籍绅士胡联奎等公禀县令吴诰论、督孝廉方正、王镒,举人解希必等创捐重修,周围内外一律完整"⑥。凤台县城于康熙五十八年(1719),由"知州倡捐加修正楼七、角楼四、奎楼一、敌楼二十三、月城三面、马道三条、女墙拦马"⑦。绛州城于康熙三十九年(1700)知州重修,旧例四乡百姓农隙时,分段补修,其瓦、灰、匠、工,州牧捐俸采办,故历任遇有坍塌不能及时修理。乾隆二十一年(1756)七月间,大雨坏城瓦垛百余丈,石堤亦圮,知州捐俸补修瓦垛,堤用木桩坚筑,高与岸平。⑧……凡此种种,不一而足。可见这种通过捐资、捐俸重修城池的方式在当时十分普遍。

(二) 发帑金重修城池

朝廷拨款重修城池亦为清代城池整修的一种重要方式。乾隆九年(1744),"巡抚遵旨查办城工檄饬确核估计,经前知州查明,城垣里数丈尺并城楼除旧存物料外,将应行添补物料工价共估银六千六百四两二钱五厘,具报在案。乾隆十一年(1746)四月初四日巡抚奏请将晋省应修城垣先后估需工料银两数目,并酌议配定分年修复处所将开清单,进呈单开"⑨。对需要重修的城池依次进行修葺。

五台县城,于康熙元年(1662)"知县王家正奉文领帑八千余两大修

---

① 光绪《盂县志》卷7《建置考·城池》。
② 雍正《平阳府志》卷7《城池》。
③ 雍正《平阳府志》卷7《城池》。
④ 雍正《平阳府志》卷7《城池》。
⑤ 光绪《平遥县志》卷2《建置·城池》。
⑥ 光绪《交城县志》卷3《建置·城池》。
⑦ 乾隆《凤台县志》卷3《城池》。
⑧ 光绪《直隶绛州志》卷3《城池》。
⑨ 乾隆《忻州志》卷1《城池》。

之，又筑护堤，种柳千株，城益完固"①；又于乾隆三十一年（1766）"发帑重修"②。兴县城于康熙四十九年（1710）北城坏数丈，知县倡捐重修。繁峙县城，乾隆十一年（1766），"知县戴一仁领帑重修"③。黎城县城于乾隆二十六年（1761）由"知县李钟问请帑重修"④。平定州城于乾隆三十年（1765），"知州陶易奉文领帑与下城同修"⑤。长治县城于乾隆三十一年（1766）因墙垣垛口倾颓，知府详请动帑重修，奉委长子知县修四门、瓮城并四外砖城。⑥

（三）通过帑金与捐资两种方式重修的城池

例如，雍正八年（1730）知县因四城多圮复捐资鸠工补修。⑦又于道光二年（1822）六月间，因"霪雨倾盆"而城垣被冲毁"几数十丈，淹没民房数百间，东关三街仅存其一，至土城街衙等处，其基址已不可复职矣"，待洪水过后，当地官员"发帑银一千两，以资版筑……不数月而垣墉巩固，雉堞连绵"。又"越数十载至同治八年"，该县"四围城垣、城道及正西城楼又多形倾圮"，于是"邑令捐赀补修，三阅月而工竣"。时至光绪二年（1876），该城"近北东城垣"又因为"连日大雨而冲裂一缝"，"邑令邀集绅耆孙德涵、贺泰来、孙树春、孙福昌等，倡捐兴工……甚为完固焉"。⑧

又如徐沟县城于康熙九年（1670）"知县赵良璧捐俸重修四门城楼，（康熙）二十五年，朝命发帑修城……知县陈毅晖遵修南城二十七丈，（康熙）三十六年太谷县知县属徐沟县事包秉奎捐俸修东城，四十九年知县王嘉谟捐俸劝输重修"⑨。

再如应州城于乾隆十一年（1746），由知州吴柄请帑金修理，二十九年（1764）知州吴超详明劝捐重修东南城隅五十余丈，三十三年（1768）

---

① 光绪《五台新志》卷1《城池》。
② 光绪《代州志》卷4《建置制·城池》。
③ 道光《繁峙县志》卷2《建置·城池》。
④ 光绪《黎城县志》卷1《城池》。
⑤ 光绪《平定州志》卷3《建置·城池》。
⑥ 乾隆《潞安府志》卷5《城池》。
⑦ 乾隆《太原府志》卷6《城池·兴县》。
⑧ 光绪《兴县续志》上卷《营筑·城垣》。
⑨ 乾隆《太原府志》卷6《城池·徐沟县》。

知州吴炳捐修里面之坍塌者二十八丈三尺五寸。① 临汾县城于清康熙三十四年（1695），由于"地震尽塌，奉旨发内帑捐俸重修"；其东关城，于同年为地震毁后，"邑绅等倡首捐赀重筑"。② 忻州城，于乾隆十八年（1753）兴工，"动拨节年积剩耗羡添凑敷用"等进行重修。迄同治年间，前知州戈济荣首先倡捐，邀集绅商，节次劝谕俾，经费无绌，经始于同治七年（1868）四月，迄同治九年（1870）十月所有工程一律竣事，通详有案。现在规模崇焕，高城深池，不仅壮观瞻资捍卫已也。③

二 以工代赈

（一）山阴县

山阴县属大同府，康熙二十四年（1685）"知县请修"。乾隆十一年（1746）知县详请"以工代赈重修"。④

（二）应州城

应州城于雍正四年（1762）以前增修，乾隆十年（1745）知州请帑修理城垣，"估需工料银一万七千四百二十一两零，适值本年秋禾被灾，援照以工代赈之例，题准兴修。于乾隆十一年四月十一日兴工，十月初八日竣。乾隆二十九年五月夏雨淋塌城墙里面东南西南隅，土牛连女墙三处共计五十余丈，估需修理银七百八十八两零，州属士民呈请情愿捐修，经知府详明批准，于本年九月初八日兴工，次年五月十七日竣事。乾隆三十三年夏秋雨水连绵，四月淋塌城墙里面正北并东北土牛三处，七月复淋塌正西正南并西南隅土牛八处，知州捐资购料如法修补完固"⑤。

（三）解州

乾隆十二年（1747），知州韩桐详请修筑；二十七年（1762），知州言如泗重修北城，并门洞甃砖。道光二十七年（1847），知州陈景曾因遭荒旱，详请重修，以工代赈。

---

① 乾隆《大同府志》卷12《建置·应州·城池》。
② 雍正《平阳府志》卷7《城池》。
③ 乾隆《忻州志》卷1《城池》。
④ 乾隆《大同府志》卷12《建置·山阴县·城池》。
⑤ 乾隆《应州志》卷2《城池》。

三　依托当地百姓修补

（一）绛州城

顺治六年（1649）州同知建北门月城瓦甓数十丈，中设炮眼，以便守御。十年（1653）知州修石堤。康熙二年（1662）知州修南门楼，补葺雉堞石堤。三十九年（1700）知州重修。"旧例四乡百姓农隙时，分段补修，其瓦、灰、匠、工，州牧捐俸采办，故历任遇有坍塌不能及时修理。"由此可知，依托百姓在农闲时修补城池是"旧例"。①

（二）高平县城

顺治十三年（1656），知县补修城垣。康熙四十四年（1705），知县重修女垣并濬壕。雍正六年（1728）知县补修城垣。乾隆九年（1744）知县补修。乾隆十六年（1751），知县修理北城真武楼城楼三门。按本县城垣原属百里民修，各有丈尺，石碑为记。②

（三）凤台县城

乾隆十六年（1751）详订章程统归民户修补。乾隆二十三年（1759），各里承修，分认工段，刊石为记。③

（四）安邑县城

乾隆二十一年（1755），邑令详请民修，未及举行。二十三年（1759）邑令修筑，民情踊跃。金成工缭，垣加厚五尺，腹裹不完者，补之。上筑女墙，东月城戍铺角楼皆甓以砖，屹为重镇。④

（五）解州城

乾隆十二年（1747），知州韩桐详请修筑；二十七年（1762），知州言如泗重修北城，并门洞甓砖。道光二十七年（1847），知州陈景曾因遭荒旱，详请重修，以工代赈，有记。同治十年（1871），知州朱煐从北城外墙建立两谯楼，凡岁修，四关门洞、谯楼系四关居民分修；土身砖垛系四乡居民分修。每年正月，点充乡约，新旧接替，随时补葺，城上刻

---

① 光绪《直隶绛州志》卷3《城池》。
② 乾隆《高平县志》卷4《城池》。
③ 乾隆《凤台县志》卷3《城池》。
④ 乾隆《解州安邑县志》卷3《城池》。

石为界。

（六）芮城县城

"按芮邑城垣向系民修，东城属三都，西城属头都，南城属四都，北城属二都，四马道属三厢，城楼门各都通修。"康熙四十六年（1707）知县修。按芮邑城垣向系民修，东城属三都，西城属头都，南城属四都，北城属二都。四马道属三厢，城楼门各都通修。[①]

通过上述分析，我们可以知道清代前期城池的重建与初步发展为随后山西城镇进一步的集聚发展奠定了基础。

---

① 乾隆《解州芮城县志》卷3《城池》。

第 五 章

清代山西城镇的深化发展

第一节　大城市的活跃

　　清代，山西城市的发展，虽因社会环境的兴旺交替而经历曲折过程，总体上呈现晋南、晋中、晋北和晋东南地区大城市发展较快的特点。其突出表现是以太原、运城为代表的大城市的活跃和繁盛。彼时，随着商业的进一步发展，山西境内大批的商业城市繁荣起来。城市中的雇佣关系得到发展，商业资本异常活跃，城市的建设得到相当改善。特别是一些大城市，无论从数量、规模，还是城市类型、城市机能，都较前代有了显著的发展和变化。

一　太原

　　太原，为明清两朝山西省治所在，彼时山西地区最主要的政治中心，是山西省会、太原府府治、以阳曲县为附郭，省、府、县三级官署衙门聚集一地的城市。城内有巡抚部院署、提督学政署、布政使司署及下属各所、按察使司署、冀宁道署（后裁）、太原府署及下属各司、阳曲县署等衙门。[①] 这三级官署的文武官员以及隶属书吏、人役、女眷为数众多，是构成太原人口的重要部分。

　　明代，太原城周24里，城墙高3丈5尺，外包以砖，护城河深3丈，开城门8座：东曰宜春、曰迎晖，南曰迎泽、曰承恩，西曰阜城、曰振武，北曰镇远、曰拱极。由迎泽门至承恩门2里，由承恩门至宜春门4里

---

① 乾隆《太原府志》卷12《公署》。

有奇，由宜春门至迎晖门 2 里，由迎晖门至拱极门 4 里有奇，由拱极门至镇远门 2 里，由镇远门至阜城门 5 里有奇，由阜城门至振武门 1.5 里，由振武门至迎泽门 3 里有奇。① 并在城西南角修满洲城，周围 843 丈，驻八旗兵。② 彼时，太原城内主要街道有：大东门街、小东门街、大南门街、新南门街、水西门街、旱西门街、大北门街、小北门街 8 条，分别直对 8 座城门的大街，以及城中鼓楼大街。

明代，晋王曾在城内修建了"晋王府"，有"东华门""西华门""南华门"三座大门。宫城的外城墙依据方向不同而分别称为东肖墙、西肖墙、南肖墙、北肖墙。肖墙内建有为晋王服务的各种设施：天地坛、典膳所、杏花岭、松花坡等。后晋王的王室分封为王，纷纷占地建造宁化府、临泉府、方山府、大小濮府等王府。此外，城内还建有钟楼、鼓楼、庙宇等建筑。

清代的太原城基本上维持明代的规模。由于经历了明末战乱，清初太原城内市廛萧条。清中期以后，太原城的商业达到鼎盛。城内"民居比栉，铺业鳞排，需用繁多，百工之事，终岁无休息时"③。主要的商业区在大钟寺、大南关、大北关一带。④ 以大钟寺最盛，"寺内及东西街，货列五都，商贾云集，踞街巷之胜"⑤，"省城居民商贾匠作外，多官役兵丁以及外方杂处侨寓类，皆不耕而食，不织而衣，家家籴米，日日买粮"⑥。同治二年（1863）重修位于太原北部的"窦大夫祠"的捐款提名碑中记录，其时有省城商号 100 家参与集资，其中可以直接从名称中看出所经营行业的有香房、药店、车铺、石厂、烟店、当铺、布行公局、银炉。⑦ 随着彼时太原城内商业的繁盛，出现了一系列延续至今的老字号：如创办于嘉庆年间的太原宁化府街的"益源庆"醋坊；创办于道光年间的自制酱、醋、腐乳、腐干的大兴号；开办于同治年间的永寿亨酿酒作

---

① 道光《阳曲县志》卷 3《城池》。
② 杨纯渊：《山西历史经济地理述要》，山西人民出版社 1993 年版，第 380 页。
③ 道光《阳曲县志》卷 2《舆地图下》。
④ 杨纯渊：《山西历史经济地理述要》，山西人民出版社 1993 年版，第 380 页。
⑤ 道光《阳曲县志》卷 2《舆地图下》。
⑥ 道光《阳曲县志》卷 2《舆地图下·方产》。
⑦ 据《重修英济侯庙募化捐银碑记》统计，该碑现存于太原市北上兰村窦大夫祠内。

坊；开办于光绪年间的榨油坊——丰盛泉、金银首饰作坊——福泰诚珠宝行；经营干菜业的世兴号；生产销售各种布鞋的亨升久，还有其他如信丰成、恒玉成、裕德成、泰和成等字号。①

二 运城镇

河东，天下之要会。② 运城镇，清代隶属于解州安邑县，紧邻河东盐池，在解州东 40 里，安邑县治西 15 里，自运城至山西省城太原府 920 里，至京师 1945 里。③ 该镇兴建于元末，是明清两代的一座盐业专城。明中叶以来，随着盐业的迅速发展，人口的增加，运城镇的商业有了较快的发展。清初，运城镇内的集场由明代的东、西、北三关轮集，改变为四关轮集。到清前期，运城已是"商民辐辏，烟火万家"④，"人集五万"⑤ 的商业城市了。乾隆年间运城"五方杂处，富商大贾，游客山人骈肩接踵"⑥，且"顾商贾聚集处，百货骈集，珍瑰罗列，几于无物不有。是合五方物产即为运城物产"⑦。从而使运城吸纳了更多的资金和劳动力，成为晋南经济中心。这样使得安邑县"缙绅运城居半"⑧。而"本邑（安邑）渐形零落，仅成为县政中心，商肆居民不是增益，游观者或消为荒堡"⑨。由于运城的兴起，也使得解州日渐衰落。并且，这种势头早在明代就初见端倪，乾隆《安邑县志》载，明人袁翱说："（商人）纷纷然皆都于潞村（运城），而居解之民浸以凋落。"⑩

清代，运城"周围九里十三步，计一千七百丈，高二丈。四门，东曰放晓，西曰留晖，南曰聚宝，北曰迎渠"⑪。城内设有巡盐察院，运司

---

① 许一友、王振华：《太原经济百年史》，山西人民出版社 1994 年版，第 14 页。
② 光绪《山西通志》卷 99《风土记上》。
③ 乾隆《解州安邑运城志》卷 1《疆域》。
④ 雍正《河东盐法志》卷 8《运城》。
⑤ 乾隆《安邑县志·序》。
⑥ 乾隆《解州安邑运城志》卷 2《风俗》。
⑦ 乾隆《解州安邑运城志》卷 2《物产》。
⑧ 乾隆《解州安邑县运城志》卷 2《风俗》。
⑨ 民国《安邑县志》卷 2《城邑考》，民国二十三年（1934）修，稿本。
⑩ 乾隆《安邑县志》卷 12《艺文》，袁翱《复盐池西禁门记》。
⑪ 乾隆《解州安邑运城志》卷 3《城池》。

署，运同署，分驻运城州判署，中场、东场、西场三大使署，都司署。此外，还有经历司署、知事署、库大使署、把总署、运学教授署等官僚机构，建有运储仓、运漕仓，养济院，司艺所，公桑园等。① 城内设9坊，分为4街，9坊是：厚德、和睦、宝泉、货殖、荣恩、贤良、甘泉、永丰、里仁；4街是城内规定的集市之处。② 街坊棋布，衙署星罗，仓库坛庙无不备具。③ 在城市体制上，运城"其地属安邑县辖"，但除"一切编户保甲悉于安（邑）就理"外，其盐政并不在县政治理范围内，而体制自备，"坛壝学校、官师武备、坊市保甲及报祭宾兴诸典礼，俨与邑等"④。

值得注意的是，随着商业的发展，运城的人口数量在不断增加的同时，结构也发生了变化。元末明初，运城的人口主要是官吏兵丁。明中叶"商贾之懋迁，羁人之旅食与夫工执业、民赴役者，纷纷然皆都于潞村"。到清代前期，运城人口数量不仅已经达到5万人，而且人口构成较前朝复杂：官署衙门的文武官员、隶属书吏、人役等为数众多，是构成运城人口的特殊部分。而"或以科第奋迹，或以赀郎起家"的安邑缙绅，半数以上在运城居住，⑤ 是运城人口的另一组成部分。此外，"每岁浇洒之时，工作人夫盈千累万"⑥，因此以捞采池盐为生的盐丁也是运城人口的重要组成部分。此外，运城内还有"富商大贾"和"游客山人"等。

三 解州城

解州直隶州，面石门之岭，背鸣条之岗，外则砥柱之险，内则盐池之饶。⑦ 解州城，位于晋南，为解州直隶州的州治所在，距省治太原930里，于隋大业九年（613）自解梁故城徙于此，元至正年间重修，明洪武初年展筑，经景泰、成化、弘治、正德重修后，成为高六丈，厚三丈五

---

① 乾隆《解州安邑运城志》卷3《公署》。
② 杨纯渊：《山西历史经济地理述要》，山西人民出版社1993年版，第383页。
③ 雍正《河东盐法志》卷8《运城》。
④ 乾隆《解州安邑运城志·序》。
⑤ 乾隆《解州安邑运城志》卷2《风俗》。
⑥ 乾隆《解州安邑运城志》卷2《风俗》。
⑦ 光绪《山西通志》卷99《风土记上》。

尺，池阔二丈五尺，四门各建城楼，四隅各建角楼的城池。该城地当要冲，紧邻河东盐池，故兴起较早，明成化《山西通志》即有"（解州城）百商往来，万货贸易"的记载，是晋南的经济中心之一。① 清代，解州城周长"九里十三步"，四门，"东曰长乐、西曰崇宁、南曰镇山、北曰永安"②。城内设州署、吏目署、试院、四县公馆③、仓舍、养济院等机构。并于城外设管理盐政的长乐巡检司、盐池巡检司，及保护州城的驻外委千总署等衙门。城内有礼贤、崇凝、镇山、泰康四坊。乾隆五十八年（1793），解州城"商贾云集，百货具陈"，被游历于此的李燧在其《晋游日记》里称赞"地称形胜，池玉睕琼，地不爱宝，民生裕焉"④。城内有药材行、柏木行、玉器行、茶行、线行、当行、粉局、麻行、木厂、粟店、山货行、彩局、皮货行、扫帚行、皮箱局、油店、钱局、票号、针行、钱局、缎店、金局、银局、纸局、盐店、花炮局、草帽行、香房、靛行、油布局、夏布行、烟店32类店铺，工商业类别比较齐全，商品经济发展较快。

因解州关帝庙为全国关帝庙之祖庭，拜谒之人络绎不绝，故每年举办正、四、七、九、十一、十二月等数次规模盛大的庙会，吸引本省及邻近陕西与河南的客商前来交易。其中，以四月会及九月会规模最大，称为大会；其余规模稍逊，称为小会。大会会期一月，小会亦各有期。每遇过会，关帝庙内外"商贾云集，百货具陈"⑤，人声鼎沸，月余不衰，更有名伶演剧助兴。彼时，除本省外，邻近河南、陕西等外省客商亦"皆来解会买货"⑥，解州关帝庙会因而成为彼时山西四大庙会之一。⑦ 解会交易的商品种类繁多，除有江南丝绸、江西瓷器、珠宝古玩及裘皮外，还有蒙古马匹、四川药材、湖北竹木器具，等等，不过以牲畜、农具及当地的物产为主的日用百货也在庙会交易中也占了相当份额。由此，解

---

① 成化《山西通志》卷6《风俗》。
② 乾隆《解州全志》卷3《城池》。
③ 解州直隶州下辖安邑、夏县、平陆、芮城四县。
④ （清）李燧：《晋游日记》，山西经济出版社2003年版，第75页。
⑤ （清）李燧：《晋游日记》，山西经济出版社2003年版，第75页。
⑥ 民国《解县志》卷2《生业略》，民国九年（1921）石印本。
⑦ 乔南：《浅析清代山西农村集市及庙会》，《山西财经大学学报》2008年第3期。

州城的繁华可见一斑。

四 绛州城

绛州，介在两河，雄视三晋。① 位于省境南部，为清代绛州直隶州的州治所在，距省城 750 里。② 因地处汾水下游，且东西南北之官道相通，故为陆运及舟楫便利的水陆要冲，早于春秋时期便是著名的水陆码头。清代，绛州地狭人众，境内人民重商服贾，乾隆《直隶绛州志》载"绛（州）古唐地，旧称土瘠民贸，迄今地狭土燥，民无可耕俯仰无所资，迫而履险涉遐，负贩贸迁以为谋生之计"③，"城市之民，无寸田，多贸易，盈难而虚速，乡民务耕织，悬崖畴经苟可种，无间旷，抱布贸易，殆无虚日，土狭而瘠使然也"④。清代的绛州城，城周 9 里 13 步⑤，城内店铺鳞比，市肆繁华，与山西北部的代州城，有"南绛北代"之称。清人李燧《晋游日记》这样描写"绛州城临河，舟楫可达于黄，市廛辐辏，商贾云集。州人以华靡相尚，士女竞弋绮罗，山右以小苏州呼之"⑥，"登浮图，俯视阛阓，烟火万家，历历在目"⑦。

绛州城是晋、陕、豫、甘等省的商品集散地和商贾聚集地。秦盛产菜籽油、木材等商品，以及甘肃所产皮毛也由秦入晋销于晋省各地。山西潞泽地区的生铁以及各类铁货经绛水运销往陕甘。清代由京师至秦蜀官道畅行，京津杂货由官道经晋，至曲沃县高显镇西折，不再走官道，沿汾河滩西行，达绛由水运至陕。因此，当时绛州不仅舟楫畅行，亦旱运成网，经绛州输入陕西的铁货主要来自晋东南之潞泽地区。铁货从产地运至绛州，运力以骆驼为主，也有用推车和驴驮先将铁货运至翼城，再用大车运到绛州的。绛州的铁货除航运入陕外，还有大车运输。所以，彼时的绛州城内车马、骆驼络绎不绝，街道两旁车马店、过载店、各类

---

① 光绪《山西通志》卷 99《风土记上》。
② 乾隆《直隶绛州志》卷 1《疆域》。
③ 乾隆《直隶绛州志》卷 17《艺文》，马恕《绛民疾苦记略》。
④ 民国《新绛县志》卷 10《礼俗》。
⑤ 乾隆《直隶绛州志》卷 1《城池》。
⑥ （清）李燧：《晋游日记》，山西经济出版社 2003 年版，第 75 页。
⑦ （清）李燧：《晋游日记》，山西经济出版社 2003 年版，第 75 页。

店铺鳞次栉比。由于运陕货物主要是铁货,因此铁货业在绛州较其他行业发达,现在所能了解到的有 8 家专营铁货的店铺,南关 5 家,城内 3 家。南关 5 家是瑞成公、泰成公、世兴成、万顺兴、万顺源。城内 3 家是福元聚、万顺成、兴隆成。另外还有两家铁货过载店,一家叫大兴行;一家叫周盛恒,专为商人运、销、存、取提供方便,从中抽佣,估计年运铁货 1000 万斤以上。①

清末到民国十四年(1925),是绛州商业贸易的鼎盛时期,商号、摊贩之多为当时晋南各县之冠。《中国实业志·山西省》(1935 年版)载:1923 年新绛(绛州城)城乡一带工商行号,计 50 余业 1400 余家,从业人员 5000 余人,日营业额 8 万银圆以上。另有天津、汉口等地经营香烟、布匹、煤油、洋货等商品的多家商号。一时商贾云集,店招遮日,成为晋南一大商埠。②

五 大同府城

大同府,三面临边,最号要害。③ 大同府城,明代为"九边"之"大同镇"所在,是一座军事城堡。但彼时该城由于其处于蒙汉边境的地理位置,使得城内兵丁人数众多,因而消费能力巨大,商业繁荣,有"大同地方,军民杂处,商贾辐辏"④、"至若陆驮水航之物,藏山隐海之珍,靡不辐辏而至者,大都多东南之产"⑤,其"繁华富庶,不下江南"⑥的记载。清代,随着蒙汉关系的缓和,大同的军事地位逐渐废止,而由于其北临口外,地逼边墙的地理位置的优越性而成为蒙汉贸易要冲。清代,大同是位于晋北的大同府治所在地,以大同县为附郭。大同城,城周长 13 里,高 4 丈 2 尺,有四座城门:东曰和阳、南曰永泰、西曰清远、北曰武定。⑦ 彼时,大同城内街坊以四牌楼十字街为适中之地,街口四面

---

① 黄鉴晖:《明清山西商人研究》,山西经济出版社 2002 年版,第 263 页。
② 中国人民政治协商会议山西省委员会文史资料研究委员会编:《山西文史资料》第 3 卷,第 34 辑之《新绛县的航运业与铁货业》。
③ 光绪《山西通志》卷 99《风土记上》。
④ (明)戴金编:《皇明条法事类纂》卷 42,科学出版社 1994 年版。
⑤ 万历《山西通志》卷 6。
⑥ (明)谢肇淛:《五杂俎》卷 4《地部二》,中华书局 1959 年版。
⑦ 道光《大同县志》卷 5《营建·城池》。

建坊：街东曰和阳，街西曰清远，街南曰永奉，街北曰武定。四条大街直抵四座城门①，将大同城分为四隅，城内共有大小街巷136条②。

清初，大同城的商业中心在"城之南关也"，此地"商贾货财之所凑集"③。清中叶，城内商贾云集，"邑之懋迁者太原、忻州之人固多，而邑民之为商者亦不少"④。在乾隆三十四年（1769）《云冈堡石佛寺历年续修工程并历年施舍银钱春瞻地亩碑记》中就有布行、杂货行、干菜行、帽行、皮行、缸行、当行和钱行的捐款记载。此外，据乾隆五十九年（1794）《重修上华严寺善举》记录，参与重修布施的商号达100多家，其中仅当铺就有12家之多。至道光十五年（1835）《重修下华严寺碑记》中的捐银记载，大同城内的行业有了更为细致的划分，分别是棉布行、粟店行、钱行、碾行、当行、油行、南宫行、估衣行、口米行、银行、木店行、口袋行、帽行、毡行、毛袄行。⑤清同、光年间，大同城内商业更加繁荣，光绪十一年（1885）《上华严寺开光碑记》中记录布施商号上百家，其中捐钱千文以上者有60余家。而光绪十六年（1890）重修上华严寺时的布施商号中，捐钱达到千文的达到上百家。

彼时，大同城内的皮毛业和铜锡加工业最为繁盛。皮毛业主要集中在南关一带，南关的四条主要大街上布满百余家毛皮作坊。清季大同的皮庄达80余家，皮货总值达百余万两。当地的铜锡加工业颇具规模，主要由回族商人把持，清嘉、道年间，大同的铜锡器不同加工业已经非常出名，相关店铺主要集中在城西南隅的各条街市上，并形成了铜匠街、铜铮子巷等街巷。清末，大同有铜锡器作坊70余家，经营总额10万余两。⑥

由于大同城内人口日益增多，使"城中四角街巷一百三十六条，房舍比栉，毫无隙地"且城内房屋还在不断修建和增多，需要大量修建房

---

① 道光《大同县志》卷5《坊表》。
② 道光《大同县志》卷8《风俗》。
③ 顺治《云中郡志》卷13。
④ 道光《大同县志》卷8《风俗》。
⑤ 黄鉴晖：《明清山西商人研究》，山西经济出版社2002年版，第54页。
⑥ 高春平：《晋商与明清山西城镇化研究》，三晋出版社2013年版，第58—60页。

屋的匠人，使得匠人"盖一人之身而百工之所为备"①，故城内房牙和泥靛补衬牙活动活跃。此外，大量当商的存在也是对当地商业发展繁荣的一个重要反映。

六　归化厅城

归化城，蒙语为"库库和屯"，意为"青色的城"，是蒙古首领俺答汗于16世纪末在大青山南麓建成，万历初赐名"归化"，是土默特蒙古政治、军事、经济和宗教中心，至明万历九年（1581）归化城已是"周围二里，高三丈，南北门各一"②的一座初具规模的小城市了。彼时，归化城有内、外城墙，城墙四面开三重门，建有角楼，城内建有多座寺庙，主要有大召、锡埒图召等，其中大召寺是归化城最早兴建的寺院，锡埒图召也被称作舍力图、席力图、西埒图等，康熙皇帝曾赐汉名"延寿寺"③。归化城内街市和民居在城内鳞次栉比。17世纪初该城曾经历战火，清军占领归化城后，曾重建和扩建了大召寺，并修建了小东街关帝庙。④ 17世纪50年代，曾有俄国使节这样记述归化城"城是用土筑的，塔是用砖砌的，砖是火烧成的。塔的过道很宽，有两个门。……城内外有许多庙，庙是砖建筑，庙顶构造像俄国的样子，盖着带有釉彩的瓦。……城中街道很宽大。小卖店是石头造的。……都是中国制造的各种颜色的缎子、棉布，还有许多各种颜色的绢"⑤。康熙时期，清廷与准噶尔冲突升级，归化城军事战略地位升级。但此时的城市"城周围二里，惟仓库及副都统署瓦屋，除寥寥土屋数间而已"，"惟官仓用陶瓦，砖壁坚致，余皆土屋，空地半之，城南居民稠密，视城内数倍，驼马如林，间以驴骡"。⑥ 可见彼时城市虽然破败，但商贸活动比较繁荣。

---

①　道光《大同县志》卷8《风俗》。
②　乌敦：《近代绥远地区城镇体系研究》，博士学位论文，内蒙古大学，2014年。
③　乌云格日勒：《十八至二十世纪初内蒙古城镇研究》，内蒙古人民出版社2005年版，第53页。
④　乌云格日勒：《十八至二十世纪初内蒙古城镇研究》，内蒙古人民出版社2005年版，第53页。
⑤　乌云格日勒：《十八至二十世纪初内蒙古城镇研究》，内蒙古人民出版社2005年版，第54页。
⑥　（清）张鹏翮撰：《奉使俄罗斯日记》，《小方壶斋舆地丛钞》第三帙。

康熙三十年（1691），归化城增筑，成为东西宽一里，南北长半里，有四门，东曰承恩、西曰柔远、南曰归化、北曰建威，其上俱建门楼，城门外有瓮城，城内中央建有鼓楼的城池。从鼓楼到北门内，是土默特副都统衙门所在地，后归化城厅署、归绥道署也设于城内；城内其他区域则遍布中、蒙、汉族官吏的宅邸及一些商号。普通居民的住宅则分布在城的四周，尤以南门外一带最为集中。雍正元年（1722）置归化城厅。

归化城是漠南的政治经济中心和交通枢纽，也是沟通漠北、漠西、天山以北各地区的经济联系的总汇，"外番贸易者络绎于此，而中外之货亦毕集，乃扼要之地"①。康熙二十二年（1683）规定，蒙古各部进京贡使限定200人，其余人允许在张家口规划成进行交易，这使得归化城的蒙汉贸易进一步发展起来。乾隆年间随着蒙古各部经济的发展，蒙汉之间物资交流日益扩大，归化城"商贾云集，诸货流通，而蒙古一带土产日多，渐成行市"②。乾隆二年（1737）归化城新城建成，"城广二里许，地颇肥饶，牛羊骡马贸易中心"③。彼时城内有商业铺面1850间，商贾云集，经济繁盛，"冠盖云屯，市廛置列，极民物繁庶之盛"④。由于人口集中，城内外赛社活动亦十分频繁，"岁三百六旬，赛社之期十逾七八，此外四乡各厅尚难指数。戏楼、酒肆大小数十百座，整日间蟠炙煎熬，管弦呕哑，选声择味，列座喧哗"⑤。由此可见，彼时的归化城已经是塞外的大都会了。

乾隆二十六年（1761），清政府在该城设关，抽收"油、酒、烟三项与皮张、杂货税银，及土默特牲畜税钱"。城内设立四处税卡栅栏："其南栅系杀虎口孔道，北栅通山后部落喀尔喀扎萨克等处，东栅通察哈尔蒙古八旗，西栅通乌兰特、鄂尔多斯等地方。"⑥ 定例："凡商贩货物按驮科税为多"，也有按数量征税者；"油、酒铺房分上、中二则按年科税；

---

① （清）张鹏翮撰：《奉使俄罗斯日记》，《小方壶斋舆地丛钞》第二帙。
② 张正明、薛慧林：《明清晋商资料选编》山西人民出版社1989年版，第50页。
③ （清）范昭逵：《从西纪略》，《小方壶斋舆地丛钞》第二帙。
④ 《归化城厅志》卷19《风俗》。
⑤ （清）张曾：《古丰识略》卷21《赛社》。
⑥ （清）张曾：《古丰识略》卷4《课税三》。

土默特蒙古牲畜税每价银一两收制钱八文"①。归化城税关初由杀虎口监督兼管，乾隆三十一年（1766）改为专设归化城监督管理，三十三年（1768）又定：归化城一带"出产油、酒、烟、皮张等项及关东等处发来商货，从草地行走，未经杀虎口征税者俱为口外土产，归化城按则抽收；其内地一切杂货贩运出口，经由杀虎口纳过税银，到归化城入铺零星发卖者不再重征。若货物运抵归化城以后，商贩车载驮运又贩往他处售卖者，则无论土产与外来货物，均于出栅时按则收税"。归化城仅牲口交易地点就有多处：马市在绥远城，曰马市；驼市在副都统署前，曰驼桥；牛市在城北门外，曰牛桥；羊市在北茶坊外，曰羊桥；屠宰牲畜，取皮硝熟的大小皮货行在城南门外十字街，俗称皮十字。乾隆三十五年（1770）定归化城落地税银 15000 两，牲畜税钱 9000 串；嘉庆四年（1799）增盈余银 1600 两。②

归化城"是一个聚集着不少巨贾富商的地方，他们在这里做着百万巨额的生意。总共卖出十万多箱茶叶，将近一百万匹布及其他物品"③。归化城最大的商号都是经营蒙区贸易的，主要往来于乌里雅苏台、科布多和古城等地。其中最大的一家是大盛魁，它在科布多、乌里雅苏台、库伦、张家口等地均设有分号。单是同蒙古的贸易额每年达 900 万—1000 万两。他们运往蒙古各地销售的货物主要有茶叶、绸缎布匹、皮货、铁器、木器，等等。④ 归化城商人从蒙古各部落换回的主要是驼马牛羊等牲畜。仅北京的夏盛和、夏和义、天和德、三和成等几家商号每年从归化城购买的羊就达 50 万只。⑤ 马匹则被运往长城以南，直到上海和广东；牛的数量不太大，基本供应归化城及周边地区所需。除此之外，还有大量木材由库伦或喀尔喀运来归化城进行销售。

彼时，中国内地销往蒙古、俄罗斯的商品主要通过骆驼进行运输，

---

① 光绪《大清会典事例》卷 236、卷 234，中华书局 1991 年影印本。
② 光绪《大清会典事例》卷 239、卷 237、卷 238，中华书局 1991 年影印本。
③ ［俄］波兹德涅耶夫：《蒙古与蒙古人（第二卷）》，刘汉明等译，内蒙古人民出版社 1983 年版，第 103—104 页。
④ ［俄］波兹德涅耶夫：《蒙古与蒙古人（第二卷）》，刘汉明等译，内蒙古人民出版社 1983 年版，第 97、340 页。
⑤ ［俄］波兹德涅耶夫：《蒙古与蒙古人（第二卷）》，刘汉明等译，内蒙古人民出版社 1983 年版，第 98—99 页。

归化城前往蒙、俄运货、经商的商号除大盛魁外,还有元盛德、天义德、义和敦等。元盛德每年的贸易额近800万两白银,天义德年贸易额达到700万两白银,义和敦的贸易额则达到600万两白银。而上述4家字号共拥有骆驼4000峰左右,若再加上有明确记载的归化城的12家驼店所拥有的骆驼,彼时以归化城为大本营,活跃于蒙古、俄罗斯地区的骆驼即可达到7000多峰。此外,"在归化城中大概还可以找到上百家有三四十峰骆驼从事运输的商号,所以归化城仅汉人可供出租的骆驼总数就有7000—7500峰,可运输货物十万普特"①。

金融业也是归化城的重要行业。在清末重修雁门关商道的集资中,宝丰社捐钱155千文,当行捐钱60千文,而大裕当则在行业之外又单独捐钱5千文,这三者合计已达220千文,占全部捐款的22.8%。又如,前述的大宗牲畜交易并不在归化城内,来自蒙古各部的牲畜和其他商品多运往包头和克克伊尔根,而货款则在归化城结算,"因为这里有许多家银号,支付货款比较方便"②。此外,大盛魁、天义德等商号在蒙古各部落也经营放款业务。③

清末民初,归化城中除有道台衙门、二府衙门、土默特葛兰达衙署和关税总署外,还有繁华热闹的商业街——南大街。彼时,当地的棉纺织品几乎全部为洋货:花旗人头粗洋布、杂牌粗洋布、花旗飞龙斜纹布、杂牌斜纹布、细洋布、杂牌细洋布、白洋标布、象城羽毛、太和羽绫、虎牌哔叽等。店铺中充斥着欧洲所产奢侈品。

七 绥远厅城

起初,绥远城的修建带有很强的军事性质,是为了能与在其西南5公里处的归化城"连为犄角,声势相援,便于呼应"④。乾隆二年

---

① [俄]波兹德涅耶夫:《蒙古与蒙古人(第二卷)》,刘汉明等译,内蒙古人民出版社1983年版。

② [俄]波兹德涅耶夫:《蒙古与蒙古人(第二卷)》,刘汉明等译,内蒙古人民出版社1983年版,第98—99页。

③ [俄]波兹德涅耶夫:《蒙古与蒙古人(第一卷)》,刘汉明等译,内蒙古人民出版社1989年版,第293页。

④ 《清高宗实录》卷16《乾隆元年四月甲戌》。

(1737）开始修建绥远城，乾隆四年（1739）六月竣工。彼时，城周围9里13步，高2丈9尺5寸，顶阔2丈5尺，底阔4丈，有东、南、西、北四门，分别称迎旭、承薰、阜安、镇宁，门二重，城内适中处有钟鼓楼一座。① 新城一切建制，悉按规制，以八旗兵驻防而筑。门楼有四，楼各有五楹建筑；门楼之外，箭楼有四座，楼各三楹；角楼四座，楼各七楹；四面又有推拔八处，每处建房三间，皆列于城上，马兵看守，昼夜巡查；炮台四十四座。城门外还有瓮城、祠庙、石桥及护城壕沟。② 绥远城内有东西南北四条笔直的大街通向四城门。城内有24条小街、46道小巷。③ 其城内建筑以各衙门、官学、兵丁住房、军械库等为主，还建有城隍庙、关帝庙、马神庙、财神庙及各类神祠等。绥远城内面积为归化城的5—7倍。但因其具备兵营性质，居民多以八旗官兵及其眷属为主，而从事商业或服务业者甚少。故虽城内南街一带"民兵拥集，廛舍栉比"，且"商贩骈列，百货杂陈"④，但整座城市的商店及铺面房屋为数不多，市场亦仅有一处。⑤ 居民所需日常用品大都依赖归化城。归化、绥远二城通过一条绥远城西门至归化城的道路相连接，两城之间人马、商货频繁往来，络绎不绝。至清末光绪年间，"市衢毗连，二城之间几无隙地"，"不异一城"。⑥

值得注意的是，绥远城建城伊始就是作为一座军事城市而存在，含有加强清廷对蒙古控制的政治意义，因此其军事、政治地位较为突出。随着后来商品经济的发展，各地商人特别是山西商人在当地的活跃，加之其优越的地理位置，绥远城逐渐与归化城一样，成为繁荣的城市。

八 杀虎口

杀虎口古称参合径，位于朔平府右玉县城西北70里，三厅县（右

---

① 佟靖仁校注：《绥远城驻防志》卷1《城垣》；《绥远旗志》卷2《城垣》，光绪三十三年刊本，华文书局1969年影印本。
② 《绥远通志稿》卷17《城市》；高赓恩等纂：《绥远旗志》卷2《城垣》。
③ 《绥远通志稿》卷17《城市》。
④ 《绥远通志稿》卷17《城市》。
⑤ 《绥远通志稿》卷17《城市》。
⑥ （清）王轩等纂修：《山西通志》卷30《府州厅县考》，中华书局1990年点校本。

玉、和林格尔、清水河）交界处，"长城内外，蒙古诸番，部落数百，而杀虎口乃直北之要冲也，其地在云中之西，扼三关而控五原，自古称为险塞"①，是中原通往蒙古地区主要通道上的重要节点，亦为清代山西最早设立的一个税关。

杀虎口，旧称"杀胡堡"，明代中叶成为蒙汉交易的重要场所。明嘉靖二十三年（1544）筑堡，周长2里，高3丈5尺。明万历四十三年（1615）于近堡处另筑新堡，名平集堡，周长2里，中建客店，内外交易，② 由于两堡分设，终为不便，遂在两堡中间东西筑墙，合二为一，前后左右各开堡门，东西南北四下畅通，合堡周长540丈，共计3里，并驻有官吏、兵丁。③ 从而，杀胡堡边疆贸易市场逐渐完善。堡内"汉夷贸迁，蚁聚城市，日不下五六百骑"④。明朝为了抵御蒙元南侵，在此地驻扎重兵，旧堡内设营守备1员，坐堡把总1员，旗军777名，军用马骡152匹；新堡设团总一员，旗军270名。清统一蒙古之后，更名为"杀虎口"，于顺治六年（1649）重设门操守一员，守兵100名。以后逐年增兵设将，至康熙三十六年（1697）五月，设最高军事长官为副将，下辖马兵、步兵1000名，还统辖宁武、平鲁、偏关、老营、河保、水泉六路守军。雍正九年（1731）九月，杀虎口又添设马兵240名，步兵362名。

由于特殊的地理位置，杀虎口的商业贸易随着清统一蒙古而愈发兴隆起来。关口内外店铺林立、商贾云集、人烟稠集，往来交易的蒙汉商人摩肩接踵。商贸的发达，使杀虎口的经济地位得到提升。顺治八年（1651）清政府于此地设监督一员，经收税课⑤，办公地点在杀虎堡西门口中关街路北，内设户部抽分署、笔帖试署、驿传道署、巡检司署、协镇署、中军都司署等行政机构，⑥ 杀虎口税关正式设立。杀虎口税关以边墙及黄河为界，在东至天镇县新平口，西至陕西神木口，长达200多里的

---

① 雍正《朔平府志·序》。
② 雍正《朔平府志》卷4《建置·城池》。
③ 雍正《朔平府志》卷4《建置·城池》。
④ 《明实录》卷558，万历四十五年六月丙申，上海书店出版社1990年版。
⑤ 《雍正朝汉文朱批奏折汇编》第11册，雍正六年正月二十二日，中国第一历史档案馆编，江苏古籍出版社1986年版，第455—457页。
⑥ 雍正《朔平府志》卷4《建置·城池》。

边线上多处设卡征税，并且规定"商人载运货物例须直赴杀虎口输税，不许绕避别路私行"①。起初，杀虎口设有6局3卡，清末增加到20个局卡，分别是杀虎口的大关总局、大同的得胜口局、河曲的河保营局、口外的归化城木税局、托克托木税局、西包头牲畜税局、左云的宁鲁分卡、陕西府谷的黄甫川卡、右玉朔平府南门分卡，以及其后增加的天镇新平堡局、兴和厅的高庙子局、阳高的镇门堡卡、小村卡，大同的东镇川堡局、拒羌堡卡，左云的助马堡局、杀虎堡南门卡，平鲁的西镇川卡，偏关的老牛坡卡，陕西神木的神木局，等等。②

蒙古的广大地区，特别是唐努乌梁海、科布多、扎萨图汗部、三音诺颜部及内蒙古六盟地区牧民生活所需的绸缎、布匹、茶叶及日常生活器具皆主要由内地商人，经杀虎口出关供应。而蒙古之牛、羊、驼、马、皮革、木植等所出，均由杀虎口缴税进关销往各地。③ 因此，杀虎口成为蒙汉商品交汇的要冲，成为"商贾络绎"④ 的关市。

进出杀虎口税关的货物种类多样。明代只允许汉民以绸缎、布匹、茶叶等货物与蒙民之马驼牛羊相交易，为军事战略目的而严禁铁器及铜器的交易。清代，由于政府鼓励商民屯垦关外土地，因而加大关外犁、锹、镢等铁制、铜制生产工具和铁锅等生活用具的需求量，于是在乾隆二十六年（1761）准许"铁器一项，杀虎口于商贩出口时详细查明，如系农具、及民间日用器物，按则征税，将名色件数注于票内，令商持票赴口验放"⑤。从而，除废铁及铁料之外，所有铁器均许出口。由杀虎口进关的货物，除蒙古所出牛、马、羊、驼等牲畜外，还包括油、酒、烟、盐、及木材等。彼时，杀虎口税收项目计有牲畜税，铜、铁、锡税，木植税，鞍、鞭、辔杂物税，乐器税，笔墨纸张税，冠、靴、履、袜和棉、毛、丝、麻织品税，皮、毛、骨、角税，珍玩、料器、钟表、屏镜器物税，米、面、油、糖、食物税，盐、烟、酒、茶税，海菜、香料、干鲜

---

① 《清穆宗毅皇帝实录（二）》卷88，同治二年十二月，中华书局1985年版。
② 高春平：《晋商与明清山西城镇化研究》，三晋出版社2013年版，第66—67页。
③ 黄鉴辉：《明清山西商人研究》，山西经济出版社2002年版，第281页。
④ 雍正《朔平府志》卷7《赋役·税课》。
⑤ 《大清会典事例》户部二，卷239，《户部八八·关税六·禁令一》，中华书局1991年影印本。

果品税 12 个大项。

　　值得注意的是，明代油、酒、烟、盐、木材等并不进口销售。清代，随着汉民的移居关外，以及蒙汉商贸活动的增多，上述物品可以运销，并开始交纳关税。大青山木植税银，归并杀虎口监督征收。河保营木税，由杀虎口监督解部复收。乾隆年间，归化城落地木税，以 416 两为定额，令杀虎口监督征收。① 乾隆二十六年（1761）准许"归化城出产油酒烟三项，与皮张杂货税银及土默特牲畜税钱，归并杀虎口按则抽收"②。嘉庆年间，准许鄂尔多斯盐斤进口销售，吉兰泰池盐由该处蒙民自行捞运，"兴贩入口者，由杀虎口驮，自陆路贩售，不准水运，其贩盐之人，照例收税"③。杀虎口关市设立以来，进出口关市的货物数量众多，但并未留下统计资料，但是可以从杀虎口税关年征税额窥其一斑。顺治年间，杀虎口关税为 100 万两，康熙二十四年（1685）为 120 万两，雍正三年（1725）为 135 万两，乾隆三十一年（1766）540 万两，清嘉庆十七年（1812）为 481 万两，道光二十一年（1841）为 435 万两。④

九　丰镇厅城

　　丰镇，又称"衙门口"，原本是位于德胜口外的一个村庄。乾隆十五年（1750）置丰镇厅，光绪十年（1884）升为直隶厅，是清末山西口外散厅之一。丰镇城的墙垣始建于乾隆十八年（1753），最初"周五百七十五丈，东、西、南均高一丈，厚四尺"，开东、西、南等三门。⑤ 后于乾隆三十八年（1773）展筑，周围增至"八百四十五丈"，且"高一丈，厚五尺"，并增开两道城门，命南门为永宁，且加筑了瓮城。⑥ 随后，该

---

① 《大清会典事例》工部，卷 941，《工部八〇·关税一·官差》，中华书局 1991 年影印本。
② 《大清会典事例》户部二，卷 236，《户部八五·关税三·直省官差》，中华书局 1991 年影印本。
③ 《大清会典事例》户部二，卷 224，《户部七三·盐法四·河东》，中华书局 1991 年影印本。
④ 燕红忠等：《清代民族贸易的个案研究——对杀虎口监督一封奏折的几点分析》，《中国经济史研究》2006 年第 1 期。
⑤ 光绪《山西通志》卷 30《府州厅县考》。
⑥ 光绪《山西通志》卷 30《府州厅县考》。

城又于道光二十年（1840）扩建，周围扩展至"一千六百七十三丈有奇，加高一丈五尺，北面因山砌石，高九尺，余仍土垣"①。至清末民初，该城面积在道光的基础上又增加了三分之一，且"城之各门连接，四围民居就冲衢要道筑门，以司启闭，借资防守"②。城内街巷稠密，建筑坚固，"有不少石头砌成的房屋、庙宇和戏台，它们都是一部分用烧砖，一部分用加工粗糙的石块砌成"③。光绪《丰镇厅志》记载：该城"大街通衢有九，小巷僻路亦数十余条，民房廛舍比栉鳞密"。城隍庙街是商贩麇集之区，最为繁华。光绪初年，全城"土著民人"4480余户，男妇大小约30000口。宣统三年（1911）九月，"以该城为全城适中地，创设市场。场地四周，均有青石栏杆缭绕，高尺许，门端建牌坊，额文曰'丰镇'"④。该城之巨商大贾"率皆太原、忻、代、云郡、蔚州人"，"往来运贩归化、绥远、张家口各城"⑤。城内商业繁荣，俄罗斯旅行者曾这样描述丰镇城内的景象：城里店铺虽很小，但是店铺里面的买卖却像街上的景象那样十分兴旺，市场上的小生意很活跃，尤其是剃头匠、鞋匠和裁缝等日常服务行业最活跃。⑥清末，绥东、京、津、晋等各地粮商汇聚于此，年成交量达到53万石。⑦有记载称，"无论从居民人数，还是从本地贸易和转口贸易量来说，丰镇都算是张家口与归化城之间最大的一座城市"⑧。

皮毛业是丰镇的重要行业之一。该镇"从蒙古收购羊毛、皮张和熟羊皮，转销大同府、天津及中国其他地方"⑨。《丰镇厅志》记载，该镇

---

① 光绪《山西通志》卷30《府州厅县考》。
② 傅增湘等：《绥远通志稿》卷17《城市》，内蒙古人民出版社2007年版。
③ ［俄］波兹德涅耶夫：《蒙古与蒙古人（第二卷）》，刘汉明等译，内蒙古人民出版社1983年版，第47页。
④ 傅增湘等：《绥远通志稿》卷17《城市》，内蒙古人民出版社2007年版。
⑤ 光绪《丰镇厅志》卷6《风土》；光绪《丰镇厅志》卷5《户口》。
⑥ ［俄］波兹德涅耶夫：《蒙古与蒙古人（第二卷）》，刘汉明等译，内蒙古人民出版社1983年版，第47页。
⑦ 杨润：《丰镇县工商业发生、发展、变化及其组织与作用》，《丰镇文史资料》第1辑，1989年，第6页。
⑧ ［俄］波兹德涅耶夫：《蒙古与蒙古人（第二卷）》，刘汉明等译，内蒙古人民出版社1983年版，第47页。
⑨ ［俄］波兹德涅耶夫：《蒙古与蒙古人（第二卷）》，刘汉明等译，内蒙古人民出版社1983年版，第50页。

手工业以"皮革、毛袄、口袋等物匠艺最繁,较他处为十倍云"①。雁门关《丰镇布施碑》中,有西盛毛店、三成皮店、义源毛店、三成皮店等的捐款。其中西盛毛店一次就捐银120两,位居全镇之首,甚至超过当行、缸油碾面行等行业捐款,其经营规模由此可见一斑。

茶叶转运也是丰镇的重要行业。据波兹德涅耶夫记载:"在张家口和归化城之间的整个地区,甚至直到北方的蒙古,丰镇的'老倌'之多是很出名的。'老倌'就是在山西人开的一种专门用牛车给人拉货的商行里赶车的人。从这方面来说,丰镇与俄国也是有关系的。因为俄国每年至少有12000箱茶叶是由'老倌'从张家口运到库伦去的。"在丰镇专门从事茶叶运输的有十几家商行,其中规模最大者,如复合成、福兴永、复元店、广盛店四家,各有大车300辆;其次,崇和合、天合胜、天泰永、崇和泰、恒庆店、复合永六家,各有150辆。仅此10家商号就有大车2100辆,而且全都是运茶的。"大车数量如此整齐划一,乍一看来是很奇怪的。原来中国人按照历来的规矩,给他们的每个代理人一律是150头牛和同样数量的大车,因此一家商行有几个办茶的代理人,它就有几个150辆大车。"②

木材也是丰镇商人经营的重要货物之一。从"张家口承运茶叶到库伦的丰镇'老倌',回来时总是在库伦采买建筑用的木材或木制品到丰镇。因此他们为运茶叶而所取的运费在一定程度上取决于在蒙古和中国的木材价格。如果库伦的木材便宜,他们付的茶叶运费就低。老倌们也同意这样低的价钱,因为他们在运送茶叶方面受到的损失可以在购买木材时找补回来"③。在《丰镇布施碑》中我们看到有复盛木店、德瑞木店的捐款。

除大宗转运商货之外,丰镇商人与周边地区的贸易主要集中在苏尼特左、右二旗和阿巴嘎旗。"他们一般都在三月去蒙古,九月或十月回来,每家商行都要派出七至十名伙计,运去的货物主要是布匹、铁器和

---

① 光绪《丰镇厅志》卷6《风土》。
② [俄]波兹德涅耶夫:《蒙古与蒙古人(第二卷)》,刘汉明等译,内蒙古人民出版社1983年版,第48—49页。
③ [俄]波兹德涅耶夫:《蒙古与蒙古人(第二卷)》,刘汉明等译,内蒙古人民出版社1983年版,第49页。

茶叶。"丰镇的茶叶、布匹、铁器多是从张家口进货，粮食则来自山西；从蒙区购入土碱运往张家口，或是到苏尼特右旗的二连诺尔湖买盐运回丰镇，"他们一般都是在每年六月从丰镇装上蒙古人所需要的粮食、茶叶和布匹，运到苏尼特人那里去换盐"；"他们把盐运到丰镇之后卖给专门的盐商，在丰镇专门做盐业生意的商行共有六家"，每年收进的盐约有2000大车，共计120万斤左右。①

由于丰镇未设税关厘卡，不少归化城商人在蒙区"换回各色牲畜及绒毛、皮张"或直接贩往丰镇，或取道丰镇运往宣化、大同销售，以避税课，故清末丰镇商业日趋繁盛。光绪二十八年（1902）岑春煊的奏报称："丰（镇）、宁（远）两厅所产土货以四项牲畜及绒张、马尾等项为大宗，商贩往来售运，销数颇巨。该两厅地面向无厘卡，不独土货无应完之厘金，即客贩经过亦无征收。从前商情浑朴，凡归化商民前往各蒙部办运货物，换回各色牲畜及绒毛、皮张者皆仍回该城出售；近则边商客贩多趋便捷，往往将蒙部换回牲畜即由山后赶往该两厅售卖，绒毛各货贩往宣（化）、大（同）者亦胥取道于此，商路日辟，运货日增。"② 在雁门关的集资中，丰镇共有620余家商号参与捐资，捐银2600余两，钱577千文，正显示了清末该镇商业之兴盛。

十　西包头镇

西包头镇原名包克图、西脑包，清代属萨拉齐厅，在归化城以西300里，萨拉齐以西90公里，濒临黄河，是西北水路交通大埠。西包头镇在清初仅为小村落，嘉庆十四年（1809）升镇，设巡检司。设镇之前，包头已经有了较为固定的居民点。康熙亲征噶尔丹时，有一些肩挑负贩的小商人及些手工业者随军进入该地区，从事一些与蒙古人有关的贸易活动，但此时的商人大都是春去秋回并不在此固定居住。随着交易的增多，至乾隆元年（1736），当地已经有了73户汉族的商民固定居住，其中较大的有定襄梁家开设的如月号杂货店和如月鼓坊；定襄梁家和智家合开

---

① ［俄］波兹德涅耶夫：《蒙古与蒙古人（第二卷）》，刘汉明等译，内蒙古人民出版社1983年版，第49—50页。

② 张正明、薛慧林：《明清晋商资料选编》，山西人民出版社1989年版，第54—55页。

的永合成号。乾隆六年（1741），清政府在该地设昆都伦协理通判负责管理当地事务。此时的包头已经由转龙藏、南龙王庙、召梁、西水沟、井尔坪、西脑包等居民点所构成的一个蒙、回、汉杂居的大村落，并逐渐形成了东、西两条大街。[①]

随着当地商品交易，特别是牲畜交易的繁荣，清政府于乾隆中叶在此地"设立蒙古笔帖式二员并安设书役，抽收四项牲畜税钱"[②]，与绥远城、萨拉齐、和林格尔、托克托城等处所设征收牲口税的网点一并由归化城税关管理。道光三十年（1833），黄河土默川航段中心码头河口镇被淹，河运中心西迁至包头的南海子渡口。以此为契机，包头镇商业得以迅速发展，很快成为宁夏、甘肃、青海等地皮毛、药材和粮食的集散中心。[③] 咸丰四年（1854），清政府将西包头镇、萨拉齐、托克托城三处定为归化城的分税口，凡"口内贩来一切货物并从口外贩入土产等货"，可"就近在西包头等处税厅照例完纳，赴归化城入栅时即验明放行，毋庸再征"。[④] 此时包头城中商业有较大发展，不仅有三义公、丰联昌、东顺成、茂元升等著名字号。后来成为晋商代表的祁县乔家，也在乾隆二十年（1755）来到包头开设了字号复盛公。乾隆间乔家在包头经营粮油业起家，嘉、道以降陆续开设了复盛公、复盛全、复盛西以及其他复字号店铺，经营范围逐渐扩大。仅复盛公、复盛全、复盛西三大号在包头就有19个门面，伙计达四五百人之多。民间有"先有复盛公，后有包头城"之谚。[⑤] 至乾隆五十年（1785），包头已有居民600多户，约3500人。[⑥] 随后包头的行业与商号愈加发展，特别是山西商人在此开设的商号数量更多，其中较大的有东顺成、源茂升、祥盛瑞、广昌永、复兴魁、义和公、仁义全、广盛魁、义成员、祥盛元，等等。此时镇上的街道除了旧有的东、西两条大街以外，增加了前街、后街、召梁街、财神庙街、关

---

① 高春平：《晋商与明清山西城镇化研究》，三晋出版社2013年版，第61页。
② 光绪《大清会典事例》卷236，中华书局1991年影印本。
③ 内蒙古自治区地方志编纂委员会：《内蒙古自治区志·商业志》，内蒙古人民出版社1998年版，第218页。
④ 光绪《大清会典事例》卷238，中华书局1991年影印本。
⑤ 刘静山：《山西祁县乔家在包头的"复"字号》，载《晋商史料与研究》，山西人民出版社1996年版，第286页。
⑥ 《解放前的包头市人口概况》，载《包头文史会要》第十辑，1984年，第45页。

帝庙街、荣寿街、关帝庙街、南圪洞头道巷、南圪洞二道巷，等等。人口也有大幅度增长，至道光十四年（1834）城内已有1500余户，居民10490人左右。①

彼时，陕、甘、宁、青、新等地的皮毛、药材、粮食等都用牛皮筏子、木船装载经黄河运抵包头，再改装车辆，骆驼路运至东部及内地；而从东部运来的丝绸、布匹、茶叶等物也在这里集散运往西北。随着商业和运输业的发展，包头城内居民在同治九年（1870）达到2800户，约2.5万人。②此时的包头城已经成为四周由高1.5丈土垣围绕，基宽2丈，顶宽1丈，雉堞6尺，周长7000米的城池了。全城筑有六门，分别是东、南、新南、西、西北、东北门，均无门楼。③清末，包头已经形成前大街、东街、草市街、财神庙街、北门大街、西北门大街及富三元巷、平康里等多条街巷。其中前大街是商贸活动最为繁盛之区，东街次之，财神庙街等又次之。④城外有两处官渡：南海子可停泊大型船筏，为主要码头；二里半处，由于堤岸较高，仅能拴停小船筏，主供冬季过河渡口。官渡启用以后，包头的水路交通更加顺畅，水运从河曲经包头可达兰州，每年货运量达到50万吨。

牲畜、皮毛是西包头镇集散的大宗商品。光绪中叶西包头镇的牲畜贸易等方面已逐渐取代归化城的地位，光绪十九年（1893）的记载称："近十几年以来，呼和浩特的牲畜交易比过去减少了一半以上……不仅在购买牲畜方面，而且在购买蒙古的各种原料方面，归化城的作用都已让位于包头和克克伊尔根。目前来自蒙古的牲畜和原料主要是运往后两个地方。现在呼和浩特之所以参与这类贸易，只是因为这里有许多家银号，支付货款比较方便。"⑤据说，光绪年间包头开办的皮毛业商号有20多家，生皮庄十五六家，大小旅蒙商300余户，骆驼户200余家，各种皮件

---

① 邢有祯:《河东区大事记》，载包头市河东区政协文史委员会编《河东文史》(5)，第10页。
② 《解放前的包头市人口概况》，载《包头文史会要》第十辑，1984年，第45页。
③ 《绥远通志稿》卷17《城市》。
④ 包头市志修志委员会修，孙斌纂:《包头市志》卷2《地理志》"城市"。
⑤ [俄]波兹德涅耶夫:《蒙古与蒙古人（第二卷）》，刘汉明等译，内蒙古人民出版社1983年版，第99页。

5000 套，皮衣皮褥 7000 件，皮鞋 3 万双，还有大量毛毯、毛毡、毛单、毛鞋、粘帽等。皮毛来源扩展到宁夏、肃州、青海、库伦等地。其中，广恒西店于光绪十九年（1893）开业，资本 5800 两，伙计 30 余人，开业三年即盈利 5 万多两，雇工扩大到 100 余人，很快成为皮毛业之首户，[①] 在雁门关碑刻中我们也见到该店的捐款。自光绪十年（1884）始，外国洋行开始进入包头城，英、日、德、俄等国先后在包头开设的洋行有 14 家之多。[②] 清末包头城内商业繁盛，店铺鳞次栉比，人口已逾 6 万，以至于后来增设的五原、东胜两个直隶厅都将厅治设在包头镇上。至此，包头成为"塞外一大巨镇"。[③]

十一 代州城

代州，句注险阻，台山角立。[④] 位于山西省北部，南距太原 316 里，东距京师 770 里。北邻繁峙，南靠原平，滹沱河穿境而过。代州古为代国，春秋属晋，战国称广武邑。西汉时为广武县，隋、唐、五代、宋、金俱称雁门县，并多为雁门郡、代州的治所。元废县入代州，明清均延元制，民国元年（1912）改为代县至今。代州城地理位置重要，交通条件显著。太原经代州往北过雁门关达朔平府、大同府，再往北进入蒙古；往东过繁峙、灵邱到达直隶境内。故清代代州城的商业较为繁盛，南来北往的客商云集此地。

代州城最醒目的建筑是位于中央大街的边靖楼，高约 25 米，楼身宽 7 间，深 4 间。楼基高 13 米，长 43 米，宽 33 米，南北向有 10 米高的楼洞。边靖楼，又名谯楼，俗名鼓楼，初建于明洪武年间，后历代多次修葺，极为壮观。在战争年代，边靖楼既是瞭望台，又是信号站。全城军民唯此楼号令而动。和平年代边靖楼门洞大开，南方运载名茶精丝的商队过此洞而往塞漠，北方的胡马满载着胡盐、玉石过此洞而赴中原。熙熙攘攘的马队商旅，接踵而至的胡汉人流，挤满了代州城。此外，代州

[①] 内蒙古自治区地方志编纂委员会：《内蒙古自治区志·商业志》，内蒙古人民出版社 1998 年版，第 218 页。
[②] 《解放前的包头市人口概况》，载《包头文史会要》第十辑，1984 年，第 45 页。
[③] 《绥远通志稿》卷 17《城市》"吕祖庙前筑台碑记"。
[④] 光绪《山西通志》卷 99《风土记上》。

城外还驻扎着大量的边戍卫师，军队的存在，本身构成了一个庞大的消费市场，粮食、布匹、战马、军刀……各种商品源源不断地汇聚而来，供应着军队和边民。所以，宋辽以来代州城一直是繁荣兴盛的榷场和边市。时至今日，城内大街两侧还保存着众多的商贾票号遗迹。清代，代州城有大小商号300多家。商务远涉迪化（乌鲁木齐）、库伦（乌兰巴托）、海拉尔、北京、上海、苏州、成都等城市。

十二　凤台城

凤台城，始筑于唐贞观年，位于山西布政司东南680里，在京师西南1800里，是泽州府治及凤台县治所在，凤台"城周九里三十步，高三丈五尺，池深二丈，东西南三门"[①]。在唐为雄镇，山川环抱，有自然之险。[②] 明清两朝，凤台县手工业发达，明代的丝织业及清代的铁货业均发展迅速，产量巨大，清代所产商品以钢针、铁货、煤炭、皮金等项为大宗。其民勤直忠俭，人习机杼，俗尚俭朴。清代，除丝织业外，铁业是凤台的主要产业。"往昔晋城（凤台）工商业之繁盛，全赖铁货之畅销，为一般经济命脉所系，金融业之兴衰，尤与铁货互为消长，铁货业兴盛时，各业随之生色。"[③] 凤台城为泽州府农副产品及手工业品集散中心，各类商号数量众多，仅骆驼店即有30多家。光绪年间，县城有店铺600余家，其中数十家为外地商号分庄。全县每年有庙会110多个，十大集镇每隔三五日开市，交易活跃。清末民初，随着商品交易的畅旺，当地的饭店、客栈数量众多，其中县城各条通衢大道上数量分布较多。其中，县城至三家店之间有骆驼店20—30家，这些店铺兼营食宿。县城南关驿有饭店几十家，其中较为出名的有田石饭铺、南河底饭铺、拦车车马店等。凤台城内有50多家店铺，其中较为著名的有专待官商的驿后会馆；接待回族的清真馆；还有井盛园饭庄和万盛元饭店等。[④]

---

① 雍正《泽州府志》卷5《疆域》。
② 光绪《山西通志》卷99《风土记上》。
③ 实业部国际贸易局：《中国实业志·山西省》，上海华丰印刷刻字所1937年版，第165页。
④ 晋城市志编纂委员会：《晋城县志》，山西古籍出版社1999年版，第274、285页。

十三 平阳府城

平阳府位于山西中南部，东踞太原，西界黄河，南接梁宋，北连大卤，有表里山河之固。[①] 因平河之阳而得名，有"尧都平阳"之说，以临汾县为附郭。雍正时期平阳府城为"周十一里二百二十八步，高四丈五尺，外包以瓦，池深二丈五尺，门四，东曰武定、西曰和义、南曰明德、北曰镇朔，外各建月楼"的城池。[②] 平阳府城的商业一向发达，元代《马可·波罗游记》中载："（平阳以北）一带的商人遍及全国各地，获得巨额利润。过了这个区域，到达一个很重要的大城市，叫平阳府，城内同样有许多商人和手艺工人。这里盛产生丝。"明代与省治太原齐名，是山西境内手工业和商业相当发达的重要城市，清代则仍保持了这一优势。

该城之城墙由土夯而成，外层包砖，内藏有铁铸牛，故称"卧牛城"。城内布局以鼓楼（大中楼）为中心，东、西、南、北四条大街为主轴，街巷纵横。主要有南北洪家楼、南北青狮子口、南北二十府口等8条辅助街道，以及40余条小街巷。四条大街两旁商号林立，店铺栉比，作坊比比皆是，还建有衙门、军队营房、寺庙和书院等建筑。彼时，平阳府城有东、西、南、北四关。其中以东关城规模较大，且建有关城，其"周一千二百六十四丈，高二丈五尺，上广九尺，下基二丈，敌台八座，正门小门七座"[③]。东关城内的街道以十字形东、西、南、北四条街为主，其他20条小街巷为辅助的街巷。围绕东关小十字街形成商业区，聚集了柴市、猪市、羊市、盐店等交易市场，以及木厂、茶坊、春牛厂等手工作坊。[④] 清中前期，平阳府城延续了明代晋南繁华都会的性质，市廛繁华，店铺林立。乾隆时，平阳府城内，每逢元宵节，则到处张灯秋、驾鳌山、鼓吹杂戏，火树银花，城市为多，然奢俭相悬，各从其俗，乡村以小瓦盏点油灯遍列门室，蒸面做鱼砣置灯旁，俗称"伴灯"。十六日

---

① 光绪《山西通志》卷99《风土记上》。
② 雍正《平阳府志》卷7《城池》。
③ 雍正《平阳府志》卷7《城池》。
④ 《当代山西城市建设》编辑委员会编：《当代山西城市建设》第三编《城市概况》，1990年版。

妇女牵伴夜游，名曰"走百病"，十分热闹。① 平阳府城的商业繁盛可见一斑。

光绪大祲之后，平阳府城的商业有所衰落。清末民初，城内有各类商业店铺数百家，经营行业有干果、杂货、药铺、鞋店、洋货行、熏肉铺、裁缝铺、杂货铺、剃头店、山货庄、油坊、菜铺、洋布庄、茶叶糕点铺、瓷器铺、百货铺、肉铺、粮行、麻铺、绸缎庄、诊所、锡器铺、山货瓷器铺、丝线铺、照相馆、中药铺、铁匠铺、饭馆、擀毡子铺、磨坊、石印馆、纸烟铺、旅店、席铺、修表店、银店、书社、酱园、澡堂、皮箱铺等。其中较繁华的街道在鼓楼东墙根、八府圐圙、商会巷、二十府口、第六师范街、财神楼胡同、县政府门前、南北青狮子口、北洪家楼、塘子口、扁担口、鼓楼东大街等。彼时，东关城内商店林立，有"拉不完的东山，填不满的东关"之民谚。

第二节　一般县城、厅城的发展

相对于大城市的活跃，清代山西地区一般城市的发展也十分引人注目，尤其以各地县城、厅城为代表。从山西城市发展的地域格局来看，晋中和晋南地区明显走在各地前列。

一　平遥县城

平遥在明代已有相当的发展，经历明末清初的社会动荡后，人口、商业发达程度都大不如前，进入清代，经济逐渐复苏，至乾隆以降，商业贸易逐步进入鼎盛时期，随着票号的创办，逐渐执全国金融业之牛耳，由晋中商品集散市场成为中国金融中心。清代随着山西自身经济的发展和区域之间经济联系的加强，平遥借助其地理位置优势，逐渐成为山西与南北商品流通的一个重要枢纽。平遥城在乾隆年间已有货栈旅店行、铁铺、烟铺、麻店、油店、花店、木厂、驴柜店、当行、钱铺、银炉、漆铺、帽店、箱店、酒店、锡铺、酱铺等行业。嘉庆年间，除了货栈旅店行、铁铺、麻店、油店、花店、木厂、驴柜店、当行、银炉、酒店等

---

① （清）乾隆《平阳府志》。

行业外，平遥城内还增加了盐店、布铺、银楼、染料庄、颜料庄、洋货行、缎店、粉房、茶行、药材店、珠局、翠局、料铺、账局、染房、面铺、干铺、押铺、印局、荷苞店、缸房、衣铺、船行、磨房、铜铺、肉铺等行业。[1]

二 太谷县城

太谷，位于平遥东部，清代中叶为太谷商业发展的鼎盛时期，太谷县城成为山西重要的商城之一，其城内"栋雨云连，阛阓鳞次，民物殷阜，商贾辐辏"[2]，有"旱码头""小北京""金太谷"之誉。城内街巷大部分为东西、南北走向，少数为斜巷。有东街、西街、南街、北街四条主要街道，其中东、西、南三条街道为主要商业街。鼓楼筑于城中心，辐射东、南、西三条大街，北大街与西大街中段相交。鼓楼北为县衙，民宅集中于城内四隅。同治、光绪年间，太谷县城成为省内的金融中心，"俨然操全省金融之牛耳"[3]。卫聚贤称："山西之金融中心，确系太谷。"[4] 由于太谷在金融业中的重要地位，使得当时"太谷标"成为省内金融界放款利率的一项重要指标。"山西之标，分为两种，一为太谷标，即为太谷一县之标；一为太汾标，即太原府所属之祁县、榆次、与汾州府所属平遥、介休之标……实系太谷县在当时经济上占大势力，其一县之势力可抵榆次、祁县、平遥、介休等数县，故独立一标。且各路汇来之现银，先集中太谷，办收交，开利率，悉以太谷为先为准。又省库所收之银，其元宝上有太谷县孟家银炉所印的'孟合'二字，即当做十足银使用而不化验，可知太谷县在当时经济势力之大。"[5] 也正因为太谷县经济地位的重要，清末各行省组建商会时，山西省商务总会最初曾设在太谷县城。清末民初，太谷城内商业繁盛，行业繁多，计有银钱行、金

---

[1] 据乾隆二十三年市楼重修碑记、嘉庆十八年《重修市楼碑记》等碑统计。
[2] 乾隆《太谷县志》卷1《序》。
[3] 民国《太谷县志》卷1《序》。
[4] 中国人民银行山西省分行、山西财经学院：《山西票号史料》，山西经济出版社2002年版，第17页。
[5] 中国人民银行山西省分行、山西财经学院：《山西票号史料》，山西经济出版社2002年版，第17页。

珠行、南津行、药材行、彩帛行、典当行、颜料行、粮行、花布行、鞋帽行、古玩行、铁器行、木器行、剃头行、靛料行、煤油行、凉州行、食品行、饭馆旅栈行，等等，可谓行业齐全。①

三 祁县城

祁县，地处山西省中部，"扼汾潞之要，控豫引雍"②，地当要冲，交通便利，历来为山西交通枢纽之一。祁县城，东西长约850米，南北长约700米，呈长方形，周长约3公里。城设四座城门，东曰"瞻凤"、西曰"挹汾"、北曰"拱辰"、南曰"凭麓"。整个城区布局以十字街口为中心，东、南、西、北四条大街垂直交叉，南正北直，东西对应，四条大街路面均宽6—7米，以十字交叉为骨架，全城辅以28条街巷。东、西、南、北四条大街均为商业街，临街门面大都为商号店铺，其中东、西二街更为繁荣。大德诚茶庄、亿中恒钱庄均坐落于西街，且毗邻；祥云集烟店、巨贾渠家宅院、大德恒票号、宏晋银号、谦和诚杂货店等字号均坐落于东街。道光十七年（1837），祁县第一家票号合盛元创立，随后相继成立了大德兴、大德通、元丰久、三晋源、存义公、大德恒等票号。至光绪十九年（1893）祁县城内先后创办票号13家，③ 形成祁县帮票号，祁县城逐渐成为山西省金融中心之一。此外，平遥帮日升昌票号、蔚泰厚票号、蔚丰厚票号、新泰厚票号、协同庆票号、百川通票号、乾盛亨票号、永泰庆票号和太谷帮锦生润票号都在祁县城里设有分号。④ 祁县城是清代南茶北运在山西境内重要的中转站，城内开有多家茶庄，极盛时达到十数家，分号遍布于各大城市。其中，较为著名的是大德诚和长裕川。大德诚茶庄设在西街北路，是祁县富商乔氏投资的生意，兼营茶庄和钱庄。这家茶庄专办三和茶（又称千两茶）、德和贡尖。⑤ 长裕川茶庄的前身是长顺川，在城内段家巷，其东家是城内富商渠氏，专营砖茶和

---

① 高春平：《晋商与明清山西城镇化研究》，三晋出版社2013年版，第76页。
② 光绪《祁县志》卷2《疆域·城池》。
③ 中国人民银行山西省分行、山西财经学院：《山西票号史料》，山西经济出版社2002年版，第1279页。
④ 祁县志编纂委员会编：《祁县志》，中华书局1999年版，第369页。
⑤ 史若民等：《平、祁、太经济社会史料与研究》，山西古籍出版社2002年版，第481页。

红茶。① 茶叶的广泛外销，不仅为茶庄积累了雄厚的资金，还给财东带来丰厚的利润。"长裕川"财东渠氏在城内东大街修建富丽堂皇的"渠家大院"。"永聚祥"财东在东街街巷修建豪宅"何家宅院"。除茶庄、票号外，祁县城内零售商业亦十分活跃，销售烟货的有"祥云集"和"长盛源"。"祥云集"开设于道光年间，坐落在东大街路北，是曲沃总号设在祁县的分庄，经营手工旱烟，主要产品有祥生烟、祥生定、杂拌烟等。②"长盛源"开设于咸丰五年（1855），其前身是"长盛德"，兼营花布庄和烟店，号址在城内西大街路北，主要经营各种杂烟和包烟。③ 此外，祁县城内还有酒、油、面、南货、首饰、药材等商行存在。④

四 榆次县城

榆次，明清两朝均属太原府，地处山西腹地，晋中盆地的东北边缘，南邻太谷，西北与太原接壤，东南与榆社毗连。明洪武三年（1370）即在鸣谦堡设驿⑤，并在景泰年间（1450）修建驿城，于乾隆四十三年（1778）增设王胡驿，规模同鸣谦驿。并且在通往周边和顺、太谷、阳曲、寿阳、徐沟等地的道路上设置递铺，使得榆次成为交通发达，连接晋省南北的通衢。清代，榆次城周5里30步，城门3座，东曰迎曦、南曰观澜、北曰望岳。⑥ 城内有东、南、西、北四条主要街道，以十字交叉，市楼位于城中心之四街交叉之处。城隍庙、财神庙、思凤楼、县衙、文庙、凤鸣书院等在东西街上依次排列。城内主要商业区集中在南大街、北大街和富户街。此外，榆次手工业较为发达，当地所产苇箔、土布均贩于远近村镇，"苇箔，出要村，其地多苇荻，伐而编之，多为箔，以贸于远近，民藉以给衣食"，"榆人家事纺织成布，至多以供衣服、租税之

---

① 中国人民政治协商会议祁县委员会、文史资料研究委员会编：《祁县文史资料》第4辑，1987年版，第57页。
② 中国人民政治协商会议祁县委员会、文史资料研究委员会编：《祁县文史资料》第4辑，1987年版，第68—69页。
③ 中国人民政治协商会议祁县委员会、文史资料研究委员会编：《祁县文史资料》第4辑，1987年版，第61页。
④ 《山西文史数据全编》第95辑，山西文史数据编辑部2002年版，第1050页。
⑤ 万历《榆次县志》卷3《赋役志》。
⑥ 同治《榆次县志》卷2《城池》。

用，而专其业者，贩之四方，号榆次大布，旁给西北诸州县，其布虽织作未及精好，而宽于边幅紧密，能久，故人咸市之"①。而本地农耕所用生产资料也多来自其他地区，"其民无畜牧杂扰之饶，以牛马服耕，多买之旁县，鸡豚列肆亦半从外来，其无田者编柳织苇为器与席，或多树果，时瓜岁资之为利，以供衣食租赋云"②。

五　介休县城

介休城位于介休境内西南部洪积倾斜平原区。城南和城西数里之外丘陵起伏，城北5公里左右有汾河由东向南蜿蜒而去，东北部为太原盆地。城内地形南高北低，概因历代引用龙凤河和南山沟峪洪水浇灌和历次洪水泛滥泥沙堆积所致。当地因"道处冲衢"且"人民繁庶，重迁徙，服商贾"，因此城内"商贾四方辐辏，邑屋万家"。大约是因为"土狭人满"，因而"每挟赀走四方，所在皆流寓其间，虽山陬海澨，皆有邑人"③。介休虽然仅有"百里疆域"，但"入其市，地俨如都会，附郭桑麻，四郊衍沃，无旷土。村落星罗棋布，烟火万家"。同时，由于介休具有优越的地理位置，"属康庄往来，冠盖相望于道，拥以关隘限，以河渠洵乎"。因此是"腹地要区，邑称繁剧焉"④。

介休县城，城垣外砖内土，周围8里，高3丈5尺，基阔3丈2尺，女墙高5尺。有城门4道，东名捧晖、西名临津、南名迎翠、北名润济，四门顶各建门楼1座。城垣四角均建有角楼。南门及西门建有瓮城，瓮城门顶也建有门楼。城垣上四周建有敌台120多座，上筑窝铺。环城共建悬楼16座。东南城墙上建奎楼1座。围绕城北城东建有关城1座，北称顺城关，东称文家庄。关城墙计长1100余丈，原为土垣，明崇祯年间始将外层砌砖，有门5道，即文家庄门、东关门、侯家门、师家门、西关门，均有门楼。另有排水门两道，在南者为南水门，在北者为北水门，两门之间为水渠，垣墙上有角楼4座。环城东、西、南三面建有护城河，

---

① 同治《榆次县志》卷15《物产》。
② 同治《榆次县志》卷7《风俗》。
③ 乾隆《介休县志》卷4《风俗》。
④ 嘉庆《介休县志》卷1《疆域》。

深宽均为2丈。城内旧有东西大街1条，南北大街1条，两条街在城中心交叉后分割为东、西、南、北4条街，4条大街全用石条铺筑。① 介休县城内的街巷具体为：东西大街一条；南北大街一条；段家巷；草市巷；三官巷，在东街南；宋家巷；胡家园，在东街北；钟楼巷；乔家后巷，在西街南；庙底巷，在西街北；董家巷；绢市巷；祠堂巷；文庙巷；李家巷，在南街东；蒜市巷；孟家巷；堡上巷；温家巷，在南街西；朱家巷；武家巷；三奇巷；侯家巷；燕家巷；郭家巷；圆门巷，俱在温家巷内；猪市巷，在北街东；梁家巷，在北街西。城内店铺林立，"俨如都会"顺城关有东西大街1条，有巷道12条。文家庄有东西街16条，有巷道1条，西关有正街1条，瓜市街1条，巷道2条。②

西街是城内最繁华商业之所在，京广杂货、绸缎铺、公盛铁铺、华记商铺、益记商铺、同胜公、新隆昌、俩义牲等字号麟集街道两旁。城内其他街道也遍布各类店铺，有经营棉麻织品的天顺宏、义信隆、舜天成等字号；经营茶叶的六合春、广和公等字号；以经营杂货为主的六仪斋、长庆斋等字号；以经营点心为主的一品香、聚香村等字号；以经营粮油为主的永盛油店、六合公面铺；等等。此外还有饭店信华春、沁美园；估衣铺日升恒等字号。至今，介休城内仍然有许多与清代繁华商业相契合的地名：当铺巷、草市巷、蒜市巷、绢市巷、猪市巷等。此外，介休县城集市开集频繁，东关月十五市；③ 西关，每逢四八日集，二月初六至十五日会，七月十六至二十五日会。④

六 永济县城

蒲为郡，"被河山之固，介雍豫之交"。⑤ 永济城，是蒲州府治之所在，以永济县为附郭，位于晋省最南端，"为秦晋要扼，西控潼关，俯临

---

① 山西省介休市志编纂委员会编：《介休县志·建置·古县城》第一编，海潮出版社1996年版。
② 山西省介休市志编纂委员会编：《介休县志·建置·古县城》第一编，海潮出版社1996年版。
③ 乾隆《介休县志》卷1《堡寨·市集》。
④ 嘉庆《介休县志》卷1《堡寨·市集》。
⑤ 光绪《山西通志》卷99《风土记上》。

黄河"且东临解州，是位于晋陕交通要冲的重镇。① 永济城距省治1100里，距京师2200里。② 永济城周8里349步，有四座城门，东曰迎熙、南曰首阳、西曰蒲津、北曰振威。③ 由于地狭人众，自古崇尚商贾。"坊郭之民，分土而耕畜者，百室不能一焉。其挟轻资、牵车牛，走四方者十而九，商之利倍于农。"④ 明代曾是与太原府城、平阳府城并称的山西三座商业重镇之一。顺治八年（1651），因明末清初的战乱而城内居民寥落，县令曾"招商贾聚货"于"鼓楼下集"而使之成为"一郡辐辏"。⑤ 清代中叶以来，永济城内市集频繁，商业繁华，"大市旧在东关……南北牛站巷，东西皆肆店交易者，朝往暮归日率为常"⑥。永济城内商业繁华，行业众多，计有京货、杂货、估衣、盐店、花店、米店、茶店、过载店、当铺、染坊、油坊、粉坊、肉架、饭馆等业，其中著名商号有天德顺安化芽茶发行、吉盛昶茶行；积盛永钱庄、钱永协钱庄；恒春当、积盛永、捷生当、九如当等当铺。⑦

七 河曲县城

河曲，清代属保德州，位于山西省西北部的晋、陕交界处，西、北濒临黄河，与陕西隔河相望。东南至省治590里，东由代州至京师1300余里。⑧ 黄河由北环西向南流经县境长达74公里，且蜿蜒曲折，河曲故而得名。清代，河曲县城城周9里8步，有东、西、南三座城门，南曰南薰门、东曰宾旸门、西曰靖远门。康熙年间已经是"人烟稠密，商贾辐辏"⑨的晋西北"水旱码头"了，曾有诗以"一年山水流莺啭，百货云

---

① （清）李燧：《晋游日记》，山西经济出版社2003年版，第75页。
② 乾隆《蒲州府志》卷5《田赋》。
③ 光绪《永济县志》卷2《城池》。
④ （明）张四维：《条麓堂集》卷20，《海峰王公七十荣归序》，续修四库全书第1351册，上海古籍出版社2002年版。
⑤ 光绪《永济县志》卷1《市集》。
⑥ 光绪《永济县志》卷1《市集》。
⑦ 山西省政协：《晋商史料全览·运城卷》，山西人民出版社2006年版，第363—364页。
⑧ 同治《河曲县志》卷3《疆域》。
⑨ 同治《河曲县志》卷6《碑记》。

集瘦马驼"① 来称赞当时河曲商贾云集的繁盛景象。彼时，河曲城外"船筏运载，商贩流通"，城内"市肆田庐，人烟辐辏"，是"水陆通衢"。②

清末民初是河曲商业最为繁荣的时期，随着水陆中转货物的增多，省内外商人纷纷前来贸易，并在当地开设众多的商号，其中以神池宫氏所开设的"十大成"最为著名。彼时城内有鼓楼街、南门街、南关街、西门街、西阁街、东门街、大栅街、马营围街8条大街。据民国元年（1912）地方商会统计，当时河曲城内有粮店20家、油坊48家、酒坊40家、金银铺8家、当铺10家、杂货铺31家、盐店5家、药材店6家。

彼时，由河曲输出货物，以烟草、石炭（煤）等为主。河曲所在的保德州，在乾隆时就盛产烟草，"凡河边淤土，不以之种禾、黍，而悉种烟草……习俗惟利是趋，而不以五谷为本计也"③。烟草利润大于粮食，因此当地居民纷纷种植，而所产烟草除一部分用于本地消费外，大都转销外地。河曲产煤，"炭窑最多"④，因"价不昂，而利甚溥"，故"日用所需，莫便于此"⑤。因此，河曲民人部分以开采和贩运煤炭为生。"近河者水运有舟楫"⑥ 运往蒙地贩卖。

河曲输入的货物主要是盐斤、胡麻油和稻米。盐斤分由蒙古和陕西两地运至，"河曲界连蒙古，民间皆食蒙古盐，河东池盐不能到也"⑦。此处蒙古盐为阿拉善盐，由距河曲290里的托克托城之河口村"水陆并运"而来⑧，后"因蒙盐禁止水运，各土贩有用驴驮。从托而托城之河口村，零星买回在市售卖"⑨。因此，蒙盐价昂。而"州境与陕西府谷县相隔一河，陕省沿边各州县均食鄂尔多斯盐斤，州属民人因阿拉善盐价贵，间有赴府谷县集场籴买"⑩，由于鄂尔多斯盐斤价格较低，因此"贩运回州

---

① 河曲县志编纂委员会编：《河曲县志》卷1《序》，山西人民出版社1989年版，第1页。
② 同治《河曲县志》卷7《艺文》。
③ 李文治：《中国近代农业史资料》，生活·读书·新知三联书店1957年版，第84页。
④ 同治《河曲县志》卷5《民俗》。
⑤ 同治《河曲县志》卷5《民俗》。
⑥ 同治《河曲县志》卷5《民俗》。
⑦ 同治《河曲县志》卷5《民俗》。
⑧ 同治《河曲县志》卷5《民俗》。
⑨ 同治《河曲县志》卷5《民俗》。
⑩ 同治《河曲县志》卷5《民俗》。

出售者，其盐随买随卖，并无积存。嗣故市集盐斤并不短缺。故蒙盐不至，尚有鄂尔多斯之盐可以源源接济"①。此外，"晋北惟胡麻油其用最溥"，而"胡麻产口外"，每年秋季收割以后，"载以船筏，顺流而下"，运至山西境内黄河沿岸的河曲等地，河曲当地农民从事胡麻油生产和销售的人很多，他们"以牛□大石磨碎，蒸煮榨取其汁为油"②，将剩余油渣用以饲牛或肥田。所产之油贩卖至晋北的广大地区。河曲不产稻，当地居民"以稷、豆、麦为恒食，稻自甘肃、宁夏舟运而来"③。

值得注意的是，河曲因特殊地理位置，境内民人外出经商者甚多，"河邑人耕商塞外草地，春夏出口、岁暮而归，但能经营力作，皆是糊口养家。本境地瘠民贫数千人，仰食于口外者无虑"，并在当地形成了村落，在蒙地经商者还精通蒙语。④

八　宁武府城

宁武关，位于山西北中部，依山傍河，边塞险地。⑤ 该关城始建于明景泰元年（1450），是山西北部地区著名的三关（偏关、雁门关、宁武关）之一，因地处"三关"中路，故有"北屏大同，南扼太原、西应偏关、东援雁门"的战略作用。宁武关城初建时周长2000米，明弘治十一年（1498）扩城7里，万历三十四年（1606）城门砌砖，周长3567米，并修建东西两座城门楼，在城北华盖山顶修筑护城墩，墩上筑有楼高三重的华盖楼。宁武府辖宁武、偏关、神池、五寨4县，始设于雍正三年（1725），以宁武县城为附郭。由于府衙设于宁武县城之内，加之雁门、宁武、偏关三关总兵驻屯宁武，之后又创办了府学和县学；同时太原通往大同的官道经过此地，该地的商业贸易活动日渐繁荣。宁武城遂成为当地政治、军事、文化、商业中心。清中叶以后，宁武城内店铺林立、庙宇成群、商业繁荣、生活安定。清末民初，宁武城内有商号200余家，东关、西门街、南门街和头百户街四处商业最为繁华。其中尤以南门街

---

① 同治《河曲县志》卷5《民俗》。
② 同治《河曲县志》卷5《民俗》。
③ 同治《河曲县志》卷5《民俗》。
④ 同治《河曲县志》卷5《民俗》。
⑤ 光绪《山西通志》卷99《风土记上》。

为盛。东关街主要经营粮食和木材；西门街和头百户街则是杂货集散地。南门街有大小字号 30 余家，并设有夜市，每至夜间南门街车水马龙，热闹异常。

九 托克托厅城

托克托由蒙语"脱脱"音译而来，地处黄河岸边，黑河在其境内汇入黄河，位于西包头镇东，归化城西南。厅城以北沿黑河，筑有堤坝，预防洪灾。康熙、雍正时，该城已经建有财神庙，并搭建黑河桥，[①] 城内工商业已经达到一定规模，显现出其水陆要冲的地位。乾隆六年（1741）设归绥道，衙门在归化城，并设协理通判于托克托城，负责处理汉人事务，由归绥道管领。乾隆二十五年（1760），改设托克托理事同知厅，即托克托厅。这一时期，山西前往蒙古的移民逐渐增多，在城内聚居，故而托克托城被视为"黑河沿岸居民辐辏、商贾络绎的古丰州雄都"[②]。光绪十年（1884），裁撤托克托厅转设托克托县。托克托城并无城池，城内街衢以大街、后街为主干道，辅有东巷、县署巷、洋人巷等数十条长短不一的街巷。大街走向南北，旧称"定丰街"。后街位于其东，与之并行，此二街是商业集中之地。蒙古大青山木植"由黄河运至河保营交税发卖；或从陆路驮往归化城，并进杀虎口交税发卖"[③]。黄河托克托河口村是木材产地集散市场。木材沿黄河至河保营，再运至山西河津县仓头镇市场售卖，并在此收取木筏税，船板也在仓头发卖。[④] 这里聚集的木材，通过河南向北方各省乃至江苏转输。

[①] ［日］今堀诚二：《中国封建社会の构造》第 3 部《县城》第 2 编《托克托·关帝庙所在资料》。载乌敦《近代绥远地区城镇体系研究》，博士学位论文，内蒙古大学，2014 年，第 30 页。

[②] ［日］今堀诚二：《中国封建社会の构造》第 3 部《县城》第 2 编《萨拉齐·关帝庙所在资料》。载乌敦《近代绥远地区城镇体系研究》，博士学位论文，内蒙古大学，2014 年，第 30 页。

[③] 乾隆二年三月十二日杀虎口监督色楞泰奏，见第一历史档案馆藏档案。

[④] 《晋政辑要》卷 11，户制，杂税 8；乾隆八年十月十八日山西巡抚刘于义奏折，见《历史档案》1990 年第 3 期。

十　萨拉齐厅城

萨拉齐，蒙语是"挤奶者"的意思。地处大青山南部，黄河以北，位于西包头镇以东，归化城西南。战国时属赵国云中西界地。西汉为咸阳、犊和两县。北魏为怀朔镇东南境。隋开皇四年（584）置油云县。唐朝置云中守提使。辽金时为云内州辖地。明嘉靖时为西土默特的放牧之地。雍正十二年（1734）在当地添设笔帖式一员驻扎，① 协助归化城理事同知办理当地"蒙古民人事件"。而在此之前，这里仅有一个名叫察罕库伦的小村落。乾隆初年改协理笔帖式为协理通判。乾隆六年（1741）隶归绥道。乾隆二十五年（1760）改设理事通判厅，设厅之后，改称萨拉齐。萨拉齐厅城初建时没有城垣，同治七年（1868）出于防御目的而始筑土垣，高1丈7尺，女墙5尺5寸，周围9里18步，壕深3丈5尺，四面各筑砖门，上有门楼，高2丈。次年西门额以石匾"保障西陲"。② 此后，又于西北添修一门。萨拉齐厅城内共有4条大街，14条小街，52条巷道，城中"干净和不太嘈杂，其建筑整齐和外表相当雅致"，且"街衢宏阔"。③ 城内商业以经营粮、布、茶、烟、炭等5种商品为大宗。据记载，乾隆十四年（1749），萨拉齐城内即有店行、面行、杂货行及当行等四大行业。④ 中街居于大街中心，廛舍栉比，是全城商业荟萃之所。至19世纪60—70年代，已是初具规模的城池了。⑤

十一　宁远厅城

宁远厅，位于归化城东南140里。雍正十三年（1735），朝廷在助马口外的察哈尔正红旗后营子设立怀宁所千总一员，在杀虎口外的镶蓝旗哈尔图设立宁朔卫守备一员。同时设立大朔理事通判，管理宁朔卫和怀

---

① 《清世宗实录》卷150《雍正十二年十二月乙巳》。
② 民国《绥远通志稿》卷17《城市》。
③ ［法］古柏察等：《鞑靼西藏旅行记》，耿升译，中国藏学出版社1991年版，第166—171页。
④ ［日］今堀诚二：《中国封建社会の构造》第3部《县城》第2编《萨拉齐・城隍庙等所在资料》。载乌敦《近代绥远地区城镇体系研究》，博士学位论文，内蒙古大学，2014年，第29页。
⑤ 民国《绥远通志稿》卷17《城市》。

宁所的各项事务。乾隆十五年（1750），裁撤宁朔卫和怀宁所，合并为宁远厅，随后朔平府通判移驻哈尔图城。光绪十年（1884），理事通判改为抚民通判，直隶于归绥道。① 宁远厅城，蒙古语称哈尔图，初建时并无城垣，城内有东、西、南、北四条大街，无市场，但街道两侧有店铺。至嘉庆、道光年间，城内仅有一些小型字号，城内居民所需货物大部分从丰镇厅城购进。光绪以后，四条大街交叉处成为商贸繁盛之地，市肆集中，衙门设立于此。②

十二 保德州城

保德州城，"迫临黄河，密迩西徼"③，位于太原府西北的黄河岸边，隔黄河与陕西府谷相望，自宋明以来曾不断修缮增建。保德州城虽规模不大，但城内街巷纵横，并建有衙门、学馆和祠庙等建筑。雍正二年（1724），保德州升为直隶州，最初管辖河曲、兴县两县，后只管辖河曲一县，遂为定制。保德州城在清初曾进行重修，于乾隆时期形成了"周围七里二百五十步，高一丈八尺，南大北小，形如葫芦，西、南各一门，东、北、西各一角门，各建楼于其上。……县扁城楼，东曰望东、西曰安西、南曰治内、北曰来远"④ 的城池。城内街巷纵横，"中街，自州治抵南门；东街，自州治抵东门；西街，自州治抵儒学门；新街，南口通东街折而西，逾州治后抵北门；□春巷，在儒学西北；辛家胡同，西口通中街，东抵草厂沟；草厂胡同，西口通中街，东抵草厂沟；张家胡同，西口通中街，东抵承天寺后台；钟楼巷，西口通中街，东抵乔家墟，中有一条小巷至承天寺前；东营，西口通中街东抵三清观；所营，中巷通东营，西抵所治左，东抵奇圪沱；戴家堡，西通钟楼巷；大寺胡同，东口通中街，西抵西页巷；观音巷，南通西页巷，东抵大寺后再抵土地庙，北抵苦水沟，拖西四乐坡抵西门；西页巷，东通大四胡同，北抵文昌阁，西有何家台，南通西胡同；西胡同，东口通中街，西抵孙家沟堎；翟家

---

① 光绪《大清会典事例》卷27《吏部·官制》。
② 民国《绥远通志稿》卷17《城市》。
③ 光绪《山西通志》卷99《风土记上》。
④ 乾隆《保德州志》卷1《城垣》。

胡同，东通中街，西抵孙家沟垯；仓巷，东口通中街，西抵冯家十字巷；孙家营，南通冯家十字巷，西有下营坡抵孙家沟；冯家十字巷，东通仓巷，西抵臭水坑，北抵孙家营，南抵白家胡同；白家胡同，东口通中街，西抵西营；娘娘庙胡同，东口通中街，西抵娘娘庙；西营，东口中中街，折而西抵白家胡同"①。

清中叶以前，由于"地偏僻且瘠薄，舟车不通"，因此保德州城"商贾罕至，民贫鲜生理"。当地日常生活用品全靠外来供给，虽有商贩，但也"仅小贩无大贩，累旬不见银，惟以钱米贸易"②。"商仅小贩，积货者少，日用常物往往不继，城中尤甚，食品不足，取之蒙古，出外谋生半居蒙古部落，商贾全赖河上水运油粮，他物绝少，半年油粮拥塞，别无生理，肩挑贸易而已，按近日约七百人。"③ 乾隆四十八年（1783）《重修关帝庙捐资碑记》中镌刻有71家字号布施的记录，可以从商号名称直接看出经营商品的店铺有当铺、油坊、盐店、碾坊、皮坊、染坊、银局、渡口、香料店、锦店等。由此可以从一个侧面反映彼时保德州城的商业情况。嘉庆、道光年间，保德州的商业有了一些发展。道光八年（1838），保德州建楼修殿，共有52家商铺的捐款记载，其中有17家外地字号，分别来自榆次、禹门、绛州和湖南安仁，且捐资金额占全部捐款的三分之一，也可看出彼时保德州商业贸易的范围和对象较前广泛，商品运销范围也有所扩大。

清末民初，由于靠近黄河，保德州城逐渐成为当地著名的"水旱码头"。"赖有黄河北由包头南去河南，运输变通，商务受其利益。"④ 彼时，保德州城外的黄河岸边，"有货船可载二万斤，由包头镇顺流而下，舟行至此，必用土人执舵，乃可平稳出峡，又有浑脱为筏，亦来自包头"⑤。因来往船只运送货物数量较大，保德州城外东关建有数家仓房货栈。彼时，保德口岸的过境商品急剧增多，东关的商业更加发展，经济趋向鼎盛。商人从包头、河口运回的药材、粮油、盐碱等商品，除了在

---

① 乾隆《保德州志》卷1《因革·街巷》。
② 乾隆《保德州志》卷2《形胜·风尚》。
③ 光绪《保德县乡土志》第6章《户口》。
④ 光绪《保德县乡土志》第2章《商务》。
⑤ 光绪《保德县乡土志》第3章《水运》。

当地销售以外，还将甘草、柴胡、锁阳、苁蓉、胡麻油及本地龙骨、果丹皮等通过水陆两条通道运销河南禹州及泗水、河北的祁州、山西中南部等地。据记载，直至光绪末年，保德州城的"东关有铺户七十余家、居民达到五千六百六十二口"①。民国初年，保德州城有各种商号220余家，从业人数达3000余人。行业以绒毛、皮张、甘草、布庄为盛，百货次之，其余寥寥。

十三 徐沟县城

徐沟县城位于省治太原城南40里，地处晋中盆地中心，北近省城太原、南接太谷、祁县，东邻榆次，自古即为连接山西南北的要冲，为山西商人往返晋蒙的必经之路。明代，徐沟县的商业已经有了较大发展，民人外出经商者众多：如明宣德年间，就有当地人王氏天禄堂在北京前门外开店经营珠宝古董，并在徐沟县开设名为"茂盛王"的杂货铺的记载。彼时，徐沟县城集市交易亦甚繁盛，明万历《徐沟县志·市集》记载："县南街：初二、十二、二十二；西街：初四、十四、二十四；北街：初六、十六、二十六；正街：初八、十八、二十八；东街：初十、二十、三十。"

清代，徐沟县城经过多次重修，共有四门及城楼，"东曰懋勤东作、南曰薰风解愠内向曰曼临丙德、西曰硕望西成内向曰长庚乘庆、北曰晋阳锁钥"，后"又于北关城东西开二耳门，农务甚便，复改正北开北门，上建巍阁，扁曰徐封重镇"。②康熙年间"县（城）南街赶集轮流三个月，西街赶集轮流三个月，北街赶集轮流三个月，东街赶集轮流三个月，大常镇赶集每逢单月"③。随着城内交易的繁荣，逐渐形成了十行九市：十行为钱行、粮行、当行、油面行、酒行、药行、彩帛行、南京行、颜料行、花布行等；九市为布市、粮市、花市、羊市、木市、鸡市、菜市等。徐沟城内店铺林立、商贾云集，共有当铺36家，木店22家，粮店40多家，饭店13家。不仅如此，彼时徐沟城内的各行各业已经初步形成

---

① 光绪《保德县乡土志》第6章《商务》。
② 康熙《徐沟县志》卷1《城池·市集》。
③ 康熙《徐沟县志》卷1《城池·市集》。

了行业集聚，如粮行多集中在粮店街，市楼底为布市，市楼北部为花市，南关为羊市，南关东及文昌阁前后为木市。

彼时，徐沟县城内的粮食业、酿造业和金融业发展最快。徐沟地处晋中，且位于通衢，境内农业条件优越，因此徐沟城逐渐成为南北粮食之总汇：雁北所产高粱、豆类；晋南汾霍所产小麦、面粉；东南沁州、潞安所产小米、杂粮等均集中于此地，而后再分销各地。徐沟城内的粮店街聚集了很多粮商，县城北门外的"裕兴公"是当地最大的粮店，民国二十四年（1935），该店铺不仅包揽了500吨军粮供应，同时每月外销小麦100多吨。每日外派运输粮食的车辆就有二三十辆。粮食业的发达，使当地的酿酒业亦有很大发展，城内酒坊众多，所产大曲烧酒远近闻名，"聚庆泉""晋恒达""福源涌""天源盛"等均为当时较为有名的酒坊，所产烧酒除当地使用外，亦多销往外地。徐沟县城的金融业由钱庄、当铺、银号等不同形式的金融组织组成，其中钱庄和银号共有十多家；当铺则多达36家。

十四　高平县城

高平县，清代隶属泽州府。彼时，本县在外经商者甚多，仅在河南新乡一带开设店铺就有20多户。[1] 高平县城在"泽州府北少东九十里，布政司东南六百一十里，京师西南一千七百一十里"[2]。城"周四里，高二丈五尺，池深一丈，三门东曰东作，南曰南薰，西曰西成"[3]。清初，高平城已经颇具规模，南北大街贯穿该城，十余条小街巷错落城中，计东边有东子城巷、市北街巷、石佛头巷、儒学巷、大成街巷；西边有西子城巷、钟楼巷、西门巷、馆驿巷、书院巷、观巷；南边有官道大街，因其通往东南和西南两个方向，因此俗称裤裆街。彼时，南北大街、市北街、裤裆街是县城的主要商业街道，分布着上百家商业店铺。"清末，高平饮食业发展兴旺，县城的南关、东关、西关及正街共有饭铺10多

---

[1] 高平县志编委：《高平县志》第8编《第一章·商业》，中国地图出版社1993年版，第36页。
[2] 乾隆《高平县志》卷4《疆域》。
[3] 乾隆《高平县志》卷4《城池》。

家。米山、寺庄、河西、建宁、野川、原村、周纂等镇共有饭铺20多家，另有不少摊贩为农闲临时摆摊设点的农民。"① 城内集市"南关、西关、东关俱三六九日"②。由于商品交易的繁荣，使得高平县"生齿稠密，土质丰腴。四郊东务农，西服贾，南尚角，较北安椎鲁，旧称勤俭，今渐侈靡"③。高平县境内物产较为丰富，文纸、平铁、大绸、农桑绢、素绢、潞绸、黄蜡等均为岁贡。④ 在市场上亦有交易。高平境内清代共有商镇12个，分别是高平城、米山、马村、周纂、寺庄、换马、野川、丁壁、建宁、唐安、玉井、赵庄。至乾隆以降，除建宁、寺庄、米山、野川、马村、唐安等六镇外，其他渐衰。光绪时期，高平境内"市会二月在焦河村、赤土坡、河西镇、香神岭。三月在李门村、建宁镇、米山镇。四月在东关厢。五月在衙前庙。九月在马村镇、永禄村、米山镇。十月在东关厢"⑤。市集频繁，交易畅旺。

十五　太平县城

太平县，清代隶属平阳府。太平县城"自县北趋九十里为平阳府，自府北趋五百六十里为山西省城，自省北趋一千二百五十里达京师"⑥。清代，太平县城屡经重修，"顺治十年知县修北门及小东门，易北门为承恩门，小东门为勤政门。康熙十八年秋，霪雨累旬，城墙多坏，知县修。乾隆十六年知县于城东南隅建奎楼一座，四十年秋雨兼旬，城东南隅颓圮，知县修。四十三年兼修西北角楼。五十四年知县重修东北角楼"。至道光年间，太平县城已经成为"周围三里二百四十步，高三丈，上阔一丈五尺，濠深二丈六尺，阔三丈，门楼五，南曰太平门、北曰承恩门、东曰镇安、小东门曰勤政门、西曰顺化，角楼四"的城池。⑦ 清代中叶，太平县城"蔚然以繁富称"⑧，城内街巷纵横：县门前街、鼓楼街、南门

---

① 李纪元主编：《高平县志》，中国地图出版社1992年版，第241页。
② 乾隆《高平县志》卷4《里甲·市集》。
③ 雍正《高平县志》卷11《风俗》。
④ 光绪《续高平县志》卷6《贡篚》。
⑤ 光绪《续高平县志》卷2《里甲·市会》。
⑥ 道光《太平县志》卷1《疆域·舆地》。
⑦ 道光《太平县志》卷2《建置·城池》。
⑧ 光绪《太平县志》卷1《序》。

街、北门街、东门街、西门街、学门前街、角口街、二郎庙巷、皮匠巷、东仓巷、西仓巷、南寺巷、郑家巷、韩家巷、南关大街、斜儿街（骡马市在此）、北关大街。① 由于太平县城位于晋陕通衢，且当地农业生产条件甚好，故物产良多，且市集贸易繁荣。城内主要有"南关北集，每月初四、初十、十六、二十二、二十八，凡五集"；庙会一年两次，分别为"四月十一起，十五日止；十月初五日起，十二日止"。② 清代，太平县境内"辚辚而络绎者，羁旅过也；阗阗而声闻者，市人语也。虽兵燹之余不无改观，然康庶顿复，渐几乐土"③。据清初重修泰岳帝庙碑记显示，彼时太平县城内的55家字号参与了该庙的捐资重修，若加上没有参与捐款的，则城内字号数量不止于此。彼时，由于太平县城的商业发达，因为被称为"金襄陵、银太平"。

十六　平陆县城及各渡口、市镇

平陆县清代属解州，"自县至山西省城太原府一千里，至京师二千五十里"④。平陆地处条岗，俯临大河。⑤ 物产主要有：木棉、桃、鲤。⑥ 平陆县城在清初经过数次重修和增建扩建，于乾隆年间成为"周二里五十步，高二丈有奇，厚如之，池壑一丈有奇，阔如之，为门三，上各建楼，东曰传说故里，南曰虞芮质成，北曰太伯至德，西无门，惟北有重门"的城池。⑦ 由于城内商业繁荣，每日清晨均有市集。⑧

彼时，平陆县全境商品经济发展迅速，境内物产主要有木棉、桃、鲤。其中，"广植木棉，以花易馍为正供所出"⑨。平陆县"北距条山，南濒大河，地当水陆之冲，值八省通衢，自虞坂以下，依山凿径，绵延百

---

① 道光《太平县志》卷1《建置·街巷》。
② 道光《太平县志》卷3《坊里·市集》。
③ 康熙元年（1662）《重修泰岳帝庙记》。载高春平《晋商与明清山西城镇化研究》，三晋出版社2013年版，第105页。
④ 乾隆《解州平陆县志》卷1《疆域》。
⑤ 乾隆《解州平陆县志》卷2《风俗》。
⑥ 乾隆《解州平陆县志》卷2《物产》。
⑦ 乾隆《解州平陆县志》卷3《城池》。
⑧ 光绪《平陆县续志》卷上《营建·集会》。
⑨ 乾隆《解州平陆县志》卷2《物产》。

余里，扼关陕咽喉，由晋入豫者道所必经。故里华冠盖之络绎，仕宦商旅之辐辏，纷至沓来，不胜纪计。而三省鹾商辇运盐斤，尤当孔道"①。正因为如此，该县境内渡口众多。乾隆时期的官渡有四个：一在城南二里，为太阳渡；一在县西四十里，洪阳渡；一在县东二十里，茅津渡，旧设巡检一员，专司豫引过渡，巡缉私贩。嘉庆四年（1799），裁巡检改设县丞；一在县东一百二十里，白浪渡。民渡有一：在县西三十里车村。② 至光绪时期，从西往东又增加了葛赵渡、尖坪渡、南沟渡等，这些渡口都是沟通晋、豫的通道。

平陆县境内除了县城外，亦有一些市镇发展迅速，且镇上商品交易繁盛，集期频繁。茅津堡，在县东20里，茅津镇西黄河北岸形险天成，为秦豫咽喉，前明邑侍御刘翀所建。国朝设游击衙门，驻扎防守，③ 光绪间该镇"东西广二里余，南北袤一里，阔五里"④，镇上每日有集。每年的三月初五日、四月初五日、五月二十五日、六月二十四日、七月三十日、十二月十五日均有庙会。⑤ 张店堡，在县东60里，即虞城外郭，为南北孔道。曾经为人烟凑集的巨镇，⑥ 镇上每日有集，每年三月十五日、四月十二日、七月初七日、十月十二日还会举办庙会。⑦ 八政堡，在县东大路，⑧ 每年三月二十八日、九月十三日还有庙会。⑨ 此外，平陆县境内的张峪镇在县西15里，常乐镇在县西30里，葛赵镇在县西40里，洪池镇在县西40里，亦为较繁盛的市镇。其中张峪庙会在每年二月十五日、十月十八日、十二月十一日；常乐会在每年三月十九日、十二月初八日；葛赵会在每年十月十五日、十二月十八日；洪池会在每年三月初三日、十月初十日、十月十五日。⑩ 除此之外，平陆县境内的32个村镇每年还

---

① 光绪《平陆县续志》卷下《艺文》。
② 光绪《平陆县续志》卷上《营建·津渡》。
③ 乾隆《解州平陆县志》卷3《城池》。
④ 光绪《平陆县续志》卷上《营建·里镇》。
⑤ 光绪《平陆县续志》卷上《营建·集会》。
⑥ 乾隆《解州平陆县志》卷3《城池》。
⑦ 光绪《平陆县续志》卷上《营建·集会》。
⑧ 乾隆《解州平陆县志》卷3《城池》。
⑨ 光绪《平陆县续志》卷上《营建·集会》。
⑩ 光绪《平陆县续志》卷上《营建·集会》。

有共44次庙会。①

十七　平定州城

平定州，"东迫常山，扼井陉之重险，西驰汾、曲，据太原之上游，并、冀有事，其必争之地"②。位于晋省东部，州治在京西南870里，省东南270里。③ 平定州城是陕西关中经汾河谷地东出太行通往燕赵的通衢，为晋冀往来的必经之路。平定州城分上下城，上城依山为之，仅2里许，而池则无焉；下城增廓于后，面里则倍之。上城和下城经清初多次重修后，在乾隆年间成为"上城周二里三百四十八步。下城周六里三十八步"的两座城池。其中"上城两门：南曰迎薰，东曰榆阙门，外有月城。下城亦为两门：东曰拱岱、西曰瞻华。两城统计雉堞二千一百一十，有四炮台，角台三十有四门，各有楼。上下两城共修有水门三，以杀水患"。④ "平定山多田少，一岁所入不足支半岁，率籴食于乐平、寿阳。"⑤ 乾隆《平定州志》载："平定山多土瘠，民劳俗朴，国朝百余年，休养生息，户口日繁，计地所出莫能给，力耕之外，多陶冶砂铁等器以自食，他若商贾于燕赵齐鲁间者十之五。"此外，平定土产以炭为最。货则有丝、麻、羊毛、羊绒、蜂蜜、石炭、磨石、浮石、火石、水溜石等。亦有铁货、砂器产出。⑥ 由于平定州的特殊地理位置，当地商人与冀及京津地区的商业往来十分频繁。平定州城内市集交易繁盛，每逢双日集。境内平定州城、平潭、柏井驿、甘桃驿等地均为繁华的商业市镇。

十八　灵丘县城

灵丘县清代属大同府，"周邑二百余里，环邑皆山，山且险峻，河流经邑南，自西入东"⑦。灵丘县城"在大同府东南二百七十里，西南至太

---

① 据光绪《平陆县续志》卷上《营建·集会》统计。
② 光绪《山西通志》卷99《风土记上》。
③ 光绪《平定州志》卷2《舆地·疆域》。
④ 光绪《平定州志》卷3《建置·城池》。
⑤ 光绪《平定州志》卷5《食货志》。
⑥ 光绪《平定州志》卷5《食货志·物产》。
⑦ 康熙《灵丘县志》卷4《艺文·灵丘风土记》。

原省治五百五十里"①。该城始建于唐开元年间，明清多次重修。②清代灵丘县城周围五里，③"城止一门，在邑治南甍，城东向出过云中襟带坊，一街横亘，分东西关出入，凡贸易工作悉居之，士民亦杂处焉。双日为集，不过肩蔬负薪粟粮布匹之类，集初设关厢内。近数载，贸易颇伙，往来拥挤，士民咸以市集起色，三十年未有，请移集于关外"④。城内"商贾皆阳汾两郡人，世侨寓此，与土著姻"⑤。灵丘县境内在清代中叶集市庙会开市频繁，集市有"东关集、西关集、南山村集（城东二十四里）、东河南集（城西三十里）、赵壁村集（城西四十五里）、上寨村集（城南七十里）、下关镇集（城南九十里）。集期，东西关双日，而村镇二、五、八，三、六、九不等"⑥。庙会有"西关府君庙，六月初一日起，十日而罢。东关东岳庙，九月十五日起，半月而罢。东河南村，六月十五日。冉庄村，五月十五日。上寨村，六月二十三日下关镇，四月初三日"⑦。每年"六月初三日为南岳府君圣诞，士民祭祀，四方商贾皆至，邑之人终岁日用所需以及男女婚嫁钗裙衣帕之类，皆于此日置办，市易三日毕，居民各归农业，商贾亦行，岁以为常"⑧。

第三节 活跃的市镇及村

在大城市和一般的县城、厅城发展的同时，山西省内的市镇随着经济的发展亦活跃起来，特别是位于交通要道或河流渡口的市镇，商品交易活跃，城建规模亦较大。

一 碛口镇

碛口镇，清代属汾州府临县，在汾州府西 200 里，在临县南 80 里，

---

① 光绪《灵丘县补志》卷1《疆域》。
② （清）《大同府志》卷12《建置》。
③ 康熙《灵丘县志》卷1《城池》。
④ 康熙《灵丘县志》卷4《艺文·灵丘风土记》。
⑤ 康熙《灵丘县志》卷1《疆域》。
⑥ 光绪《灵丘县补志》卷1《市集》。
⑦ 光绪《灵丘县补志》卷1《庙会》。
⑧ 康熙《灵丘县志》卷1《市集》。

与陕西境内水路码头吴堡隔河相望，处于西通秦陇、东连燕赵、北达蒙古、南接中原的位置，是"境接秦晋，地邻河干，商旅往来、舟楫上下之要津"①，"实为临县之门户"②。乾隆年间，"河水汜溢，冲毁县川南区之侯台镇并黄河东岸之曲峪镇，两镇商民渐移居积于碛口"③，随着人口的增多，碛口设镇，"碛口之名已古，而碛口镇之名则自清乾嘉间始著"④。碛口位于黄河与湫水河交汇的大同碛的上游。黄河主河道流经碛口镇脚下，形成平水期水面宽350—500米，是可以停泊200—300艘木船的天然码头。有两条主要商道将碛口镇的货物外运：一顺湫水河北上，经侯台镇、樊家沟、经离石到吴城，再经由吴城转往晋中各地；一渡湫水河，南下麒麟滩，沿黄河滩下孟门，至军渡，赴晋南、河南各地。⑤ 良好的水陆运输条件下，碛口成为山西境内黄河上一处重要的水陆码头。碛口镇便利的地理位置和交通条件，成为晋省西部……"人烟辐辏，货物山积"⑥的城镇。至道光初，碛口镇已是"水陆小阜"了。⑦ 据道光二十七年（1847）的统计，彼时碛口镇有坐商60余家，行商则不可计数。清末，碛口镇的商业进入鼎盛，为了便于管理，清政府于"咸丰初，汾州府通判移驻碛口，设三府衙门，又设厘税局"。光绪三十三年（1907），复设临县巡检于此。⑧

彼时，碛口镇主要由三条商业街、13道小巷构成，小镇依山就势，院院层叠。城内商号来自河北、河南、山东、直隶、绥远、包头、呼市、榆林、河口、河曲、绥德、府谷、孟门、汾阳、平遥、祁县、孝义、交城、文水、介休、临县、西包头、下三交、柳林等地。城内有坐商360余家，日渡船只50多艘，装卸货物不下百万斤。有搬运工人2000余人，日过驮货牲畜3000余头。全年营业额在50万元（银元）以上者有10余

---

① 王洪廷：《碛口志》，山西经济出版社2005年版，第232页。
② 民国《临县志》卷9《山川》。
③ 民国《临县志》卷9《山川》。
④ 民国《临县志》卷9《山川》。
⑤ 阎刚平：《碛口——黄河古码头，晋商西大门》，《文史月刊》2005年第7期。
⑥ 高春平：《明清以来山西碛口镇的商业兴衰》，张正明等主编：《中国晋商研究》，人民出版社2006年版，第177页。
⑦ 民国《临县志》卷9《山川》。
⑧ 民国《临县志》卷9《山川》。

家，每年货船不下 4000 余艘。有油店、花店、分金炉、银匠铺、染坊、磨房、当铺、皮毛店、盐碱店、饭铺等多种行业，[1] 可见当时碛口繁荣景象。

二 河口镇

清代隶属托克托厅，厅南 5 里，地处黑河汇入黄河的交汇处，因此得名。由于其便利的河运条件，河口镇在清初即为有名的水路码头，康熙三十二年（1694），为补给西征噶尔丹，在此地"造仓房 50 间……以备粮运"[2]。嘉庆二十五年（1820），清廷批准在河口镇囤积转运盐碱等物，该镇成为蒙地盐碱囤积内运之场。[3] 同时，"由河套运来之粮食、盐碱、甘草，均囤积于此，转销各地"[4]。此时的河口镇，不仅是托克托厅最大的市镇，而且是仅次于归化城的繁荣城镇。[5] 彼时，河口镇筑有城垣，镇内以禹王庙为中心，向东南、南、西、北等四个方向形成三道街、二道街、头道街和后街四条大街，大小商号店铺鳞次栉比，亦有多座寺庙点缀其中，全镇街市的建筑"甚为宏阔"。[6]

道光三十年（1850）黄河决口，河口镇及码头被毁，黄河货运码头西移，当地商业受到影响。即便如此，河口镇仍不失为一个重要的商市。19 世纪 60 年代，当地"米粟汇聚"。清末，河口镇商业仍"尤称繁盛"。

三 张皋镇

清代隶属丰镇厅，在厅东北 140 里的回子河畔，是归化城土默特地区通往京师及张家口的要道。由于张皋以东车辙较窄，而以西车辙较宽，所以当地成为来往商旅休息、更换车轴的重要站点。据说清初张皋已经有居民二千余户，雍正五年（1727），开垦太仆寺牧场辖地时，选择此处

---

[1] 山西史志研究院编：《山西大典》卷 2《地市概览》第 9 编《吕梁地区·临县》，中华书局 2001 年版，第 149 页。
[2] 子和：《古商埠——河口》，《内蒙古地名》1983 年第 5 期。
[3] 民国《绥远通志稿》卷 27 下《商业》。
[4] 民国《绥远通志稿》卷 17《城市》。
[5] 民国《绥远通志稿》卷 81《水路》。
[6] 民国《绥远通志稿》卷 17《城市》。

置巡检司，以资佐治。① 乾隆四十年（1727），置张皋镇，仍设巡检衙门，隶属于丰镇厅。② 随着垦务深入，张皋镇周边所产的大量山药、莜麦、小麦等粮食均集中于该城，继而外运，因此该镇是当地的粮食集散中心。张家口、大同等地商人也常到此地收购粮食，镇上设有与张家口、大同等地粮食商人有密切银钱往来的银号。③ 彼时，全镇有数十家商号，主要经营粮食、金融、茶、烟、酒、油和花布等业，并与归绥、京津，乃至库伦等地通商。民国时期，镇内街衢已是"街道迂回，市廛湫隘"④，形成东、南、西、北及人市街等数条街道，店铺鳞次栉比，百余家商号充塞街巷。⑤

四　隆盛庄村

清代隶属丰镇厅，在厅东北 80 里的隆庄河畔，是丰镇厅最大的镇，汉族人称之为"隆盛淖尔"，蒙古人称之为"隆兴浩特"。⑥ 隆盛庄北连察哈尔游牧地，且为蒙古西部前往五台山朝觐的必经之路，处于口外交通要道之上，因此不仅是牧民采购粮食、茶叶、布匹等日用品，出售牛、羊等畜产品的市场；亦为每年成千上万朝觐者经过此地时添置旅途必要商品之处，故而当地的小商品交易比较活跃。19 世纪 90 年代，"镇子西端集中着许多小商店"，"几家烟馆"，还有一个专为卖杂货的摊贩开辟的市场。⑦ 隆盛庄交易商品以粮食、牲畜和皮毛为主。由于"牲口贩子""肉商"及周边农民常常到此地与蒙古人及其他地方的商人进行粮食、牲畜等商品的交易，使得隆盛庄逐渐繁荣，人烟稠集，成为绥远东部地区

---

① 光绪《归绥道志》卷 5《十二厅治考》。
② 朱力：《古镇张皋》，载乌兰察布盟地方志办公室编《乌兰察布修志文荟》第 2 辑，1985 年版，第 40 页。
③ ［俄］波兹德涅耶夫：《蒙古与蒙古人（第二卷）》，刘汉明等译，内蒙古人民出版社 1983 年版，第 42 页。
④ 《绥远通志稿》卷 27 下《商业》。
⑤ 朱力：《古镇张皋》，载乌兰察布盟地方志办公室编《乌兰察布修志文荟》第 2 辑，1985 年版，第 50 页。
⑥ ［俄］波兹德涅耶夫：《蒙古与蒙古人（第二卷）》，刘汉明等译，内蒙古人民出版社 1983 年版，第 45 页。
⑦ ［俄］波兹德涅耶夫：《蒙古与蒙古人（第二卷）》，刘汉明等译，内蒙古人民出版社 1983 年版，第 36 页。

重要的畜产品和粮食市场，清末粮食年交易量达到 15 万石左右；① 同时成为"张家口到归化城这条大道上最大的居民点之一"②，并成为丰镇厅之巨镇。

隆盛庄镇有东、西、南、北四条大街，南北长一里半，东西长半里。③ 马桥街为最繁盛的商贸荟萃之处。该城外筑土堡，周围 6 里，土堡开 7 门，北门通向察哈尔游牧之地，南门则通向山西的阳高、大同等地，四通八达。④

五　隆兴长镇

隆兴长镇位于萨拉齐厅城以西 400 里，五原厅城东南 5 里许，地处河套通往蒙古地区的要道，是后套富庶之地，因此于同治、光绪年间，就有外地农民前来开垦。隆兴长初为当地商人王同春的农庄中心，光绪十八年（1892），王同春独资开挖义和渠，于光绪二十六年（1900）挖至隆兴长，由西南向西烟镇是穿街而过，渠上架桥，为当地最热闹繁荣之地。彼时，黄河上的船只可以顺渠穿城而过，因此渠水来时，镇内热闹非凡。彼时，隆兴长镇有东、西、南、北四条大街，其中东街最为繁华，商号林立，人烟稠集。⑤ 光绪二十九年（1903）设置五原厅，曾一度商议将厅城建于隆兴长镇。历史的发展具有延续性，民国初年，由于开通了通往包头的汽路，隆兴长较前更为繁荣，镇内商号达 170 余家，⑥ 其中以粮行、杂货业为多，分别有 25 家以上。⑦ 隆兴长亦于民国时期开始修筑城垣。至此，隆兴长成为当地最大的镇，也是后套三大粮食、货物集散中心之一。⑧

---

① 马步峰：《丰镇县解放前的商业》，载丰镇县丰镇县志编纂委员会编《丰镇史料》第 4 辑，1984 年版，第 106 页。
② ［俄］波兹德涅耶夫：《蒙古与蒙古人（第二卷）》，刘汉明等译，内蒙古人民出版社 1983 年版，第 44 页。
③ 民国《绥远通志稿》卷 27 下《商业》。
④ 民国《绥远通志稿》卷 17《城市》。
⑤ 民国《绥远通志稿》卷 17《城市》。
⑥ 民国《绥远通志稿》卷 27 下《商业》。
⑦ 民国《绥远省河套调查记》第 4 编《工商·现今商业概况》。
⑧ 民国《绥远省河套调查记》第 4 编《工商·现今商业概况》。

六　南海子镇

清代隶属萨拉齐厅，在萨拉齐厅城以西 100 里，西包头镇以南 15 里处的黄河北岸。乾隆末年黄河改道，当地成为一片滩涂，逐渐形成村落。由于地势宽平且靠近黄河，因此航运条件便利，至道光二十二年（1842），南海子镇已经逐渐成为一处"货船云集"的河运码头。[1] 道光三十年（1850），因黄河改道而发大水，位于托克托厅城以南的河口镇被洪水淹没，南海子码头遂逐渐代替河口镇而成为黄河中上游的水运枢纽，以及皮毛集散中心，西包头镇亦因此契机而崛起，从而使其在西北地区的经济地位发生了重大变化，一跃成为西北地区重要的商业中心城镇。清末，曾在南海子镇置官渡口，有官船 2 只，兵 15 名，[2] 兵设巡查事务所，负责管理渡口事务。[3] 彼时，该镇居民 200 余户，大小商铺十数家。[4]

七　张兰镇

汾州府，控带河山，肘腋秦、晋。[5] 张兰镇清代为汾州府"介休县所辖"[6]，在汾州府东南 60 里，在介休县东北 40 里，位于晋南前往太原府及北上京师的必经之路，该镇镇北门外自古为驿道，乃"孔道咽喉，亦县东屏蔽"[7]。"张兰……盖即古之张南，南兰声相近，故音变焉。镇向有城，不知建自何时，无碑板可考。"[8] 清代汾州府同知衙门驻于镇内，时称二府衙门。彼时，张兰镇筑有城墙，其"城堞完整，商贾丛集，山右第一富庶之区"[9]，"城镇周五里，屋舍麟次，不下万家，盖藏者什之三，

---

[1] ［日］今堀诚二：《中国封建社会の构造》第 2 部《港市与港町》第 1 编《南海子》"南海子河神庙所在资料、包头镇税务碑记"。载乌敦《近代绥远地区城镇体系研究》，博士学位论文，内蒙古大学，2014 年，第 30 页。

[2] 光绪《土默特旗志》卷 4《要隘》。

[3] 武虎瑞：《南海子口岸兴衰史话》，载乌敦《近代绥远地区城镇体系研究》，博士学位论文，内蒙古大学，2014 年，第 43 页。

[4] 光绪《归绥道志》卷 5《十二厅治考》。

[5] 光绪《山西通志》卷 99《风土记上》。

[6] （清）祁韵士：《万里行程记》，道光祁氏家刻《问影楼舆地丛书本》。

[7] 乾隆《介休县志》卷 1《城池》。

[8] 嘉庆《介休县志》卷 12《艺文》，刘尔聪《修张兰城记》。

[9] （清）祁韵士：《万里行程记》，道光祁氏家刻《问影楼舆地丛书本》。

四方辐辏，俨如大邑"①。乾隆年间，张兰镇月十五市，②至嘉庆时，集期更加频繁，每逢单日集，③且每年九月下旬有泰山庙古庙会，届时有文水皮货、沁州麻货、浑源挽具、上党药材、内蒙古骡马上市交易。此处"地当冲要，商贾辐辏，五方杂处，百货云集，烟火万家，素称富庶，为晋省第一大镇，与湖北之汉口无异"④。由于张兰镇的繁华及特殊的地理位置，清廷于乾隆十七年（1752）将静乐巡检移驻于此，二十一年（1756）又将汾州同知移驻于此。⑤ 在张兰镇派驻巡检之时，"除命盗大案仍归该县审理外，其一切奸匪逃窃，以及赌博、斗殴、追比客欠等事，悉令该巡检稽查办理"⑥。所谓客欠，即商贾控告牙行欠客商款项。以后，山西巡抚在申请张兰镇派驻同知的奏折中称："汉口镇系将汉阳府同知移驻，就近准理客欠，及查拿赌博逃盗等事。"由此可见，其时张兰镇的商业地位与汉口镇情形相同。⑦

八 义堂镇

清代隶属汾州府介休县，在汾州府南60里，在县西20里⑧，西与孝义县相邻，南与灵石县接壤，当汾水南出之口，道通霍县，为太原、平阳间之要隘。故为通衢锁钥，一邑藩篱也。⑨ 义棠镇由于其优越的地理位置而格外繁华，市集与庙会频繁，"义棠镇，三月十七日会，九月十七日会。⑩ 义棠镇月十五市"⑪。

---

① 嘉庆《介休县志》卷12《艺文》，刘尔聪《修张兰城记》。
② 乾隆《介休县志》卷1《堡寨·市集》。
③ 嘉庆《介休县志》卷1《堡寨·市集》。
④ 《宫中档乾隆朝奏折》第15辑《乾隆二十一年十月十二日山西巡抚明德奏》，台北"故宫博物院"1982年版，第714页。
⑤ 乾隆《介休县志》卷1《疆域·关隘》。
⑥ 《宫中档乾隆朝奏折》第2辑《乾隆十七年四月二十五日山西按察使唐绥祖奏》，台北"故宫博物院"1982年版，第792页。
⑦ 《宫中档乾隆朝奏折》第15辑《乾隆二十一年十月十二日山西巡抚明德奏》，台北"故宫博物院"1982年版，第715页。
⑧ 乾隆《介休县志》卷1《城池》。
⑨ 段木干主编：《中外地名大辞典》，人文出版社1981年版，第4192页。
⑩ 嘉庆《介休县志》卷1《堡寨·市集》。
⑪ 乾隆《介休县志》卷1《堡寨·市集》。

九 茅津渡镇

清代隶属解州平陆县,在解州东南 70 里,在平陆县东 20 里。"茅津之地,境冲而势阻,乱峰竞耸,浊水奔流,其先为古茅城,又以临流设渡,故曰茅津。"[1] 该镇"东西广二里余,南北袤一里,阔五里"[2]。"茅津镇西黄河北岸形险天成,为秦豫咽喉,前明邑侍御刘翀所建。国朝设游击衙门,驻剳防守"[3],并设巡检一员,专司豫引过渡,巡缉私贩。嘉庆四年(1799),裁巡检改设县丞。[4] 由于盐运及客运的繁忙,茅津镇在清代的商业发展迅速,"街内有南北路一条"[5],集市和庙会交易频繁:茅津镇每日集;[6] 茅津镇每年三月初五日、四月初五日、五月二十五日、六月二十四日、七月三十日、十二月十五日均有庙会,[7] 商贸活动繁盛,"商民富足"。[8]

茅津镇外的茅津渡"与河南陕川之会兴头地方两岸相对,为晋豫通津"[9],"地当水陆之冲,值八省通衢。自虞版以下,依山凿径,绵延百余里,扼关陕咽喉,由晋入豫者道所必经。故皇华冠盖之络绎仕宦,商旅之辐辏,纷至沓来,不胜纪计,而三晋卤商輂运盐斤,尤当孔道"[10]。从而使茅津镇"市里麟次,商贾云集……称一邑巨镇"[11]。

十 黑峪口镇

清代隶属太原府兴县,在兴县西 50 里的黄河岸边。黄河上游的货物在黑峪口起岸后沿着蔚汾河谷先到兴县城,然后分别经东、南、北三条

---

[1] 光绪《平陆县续志》卷下《艺文》。
[2] 光绪《平陆县续志》卷上《营建·里镇》。
[3] 乾隆《解州平陆县志》卷 3《城池》。
[4] 光绪《平陆县续志》卷上《营建·津渡》。
[5] 光绪《平陆县续志》卷下《艺文》。
[6] 光绪《平陆县续志》卷上《营建·集会》。
[7] 光绪《平陆县续志》卷上《营建·集会》。
[8] 光绪《平陆县续志》卷下《艺文》。
[9] 中国第一历史档案馆编:《雍正朝汉文朱批奏折汇编》第 19 册,江苏古籍出版社 1986 年版,第 402 页。
[10] 光绪《平陆县续志》卷下《艺文》。
[11] 光绪《平陆县续志》卷下《艺文》。

陆路运往省内：东路经东家庄铺、阳会崖铺、界河口铺至岚县，继而再往东南到达太原；南路经平渊头铺、柏树坡铺、康宁庄铺、界堠塌铺至临县白文镇；北路经触河沟铺、苏家吉铺、赤峪沟铺可至县境北部。[①] 因此，黑峪口镇在清代乃至民国是当地主要的货物集散地。彼时，因晋陕两省数量众多的商品，如粮食、土特产品等源源不断运来黑峪口镇，再经此地转运他处，因此清廷在此设立税关，并驻扎军警、建筑碉堡，以便保护。黑峪口镇作为黄河中游的重要水运码头，常住人口及商民曾一度达到2000人，而各地往来的客商除来自邻近县镇外，亦有来自北京、蒙古、山东等地者。彼时，黑峪口镇的两条商业街上，店铺林立，饭馆、商铺、药铺等鳞次栉比。镇上集市交易亦十分活跃，隔天便有集期。因此，黑峪口镇为晋陕两岸闻名的商业繁荣之所在。

十一　孟门镇

清代隶属永宁州，在州西60里，位于黄河岸边，北临碛口，南靠军渡，西南隔黄河与吴堡相望，自古为军事要地。北周曾在此地设置定胡县；唐改为孟门县；元置孟门关，并设离石巡检司衙署；明改离石巡检司署为孟门巡检司署，归永宁州管辖；清废孟门司，为孟门镇。清代随着商品经济的发展，孟门镇的军事性质逐渐削弱，而经济地位逐渐提升，成为当地商贸中心之一。各地商品在此云集，镇上商贾辐辏，店铺栉比。乾隆年间，蒙古所产之粟船筏装载，水运沿黄河而下，卸聚孟门市廛之处。南贾往来，奔趋于此要，皆为渔利而来也。集市之地，子午为街；从南至北一里之余，其形之直如矢。东西街市两厢排列，其势之形比如栉。[②] 清代孟门镇的繁华由此可见一斑。彼时，城内主要行业包括典当业、杂货业、酒坊、骡马店等，该镇是黄河中游一大商业市镇。

十二　壶口镇

清代隶属平阳府吉州，在平阳府西200里，在吉州西40里，紧邻黄

[①] 兴县地方志办公室：《兴县志》，中国大百科全书出版社1993年版，第218、222页。
[②] 《孟门镇史志资料》（内部资料），载高春平主编《晋商与明清山西城镇化研究》，三晋出版社2013年版，第2页。

河，为清代山西沿黄地区重要的水运码头之一。由于黄河流经晋陕峡谷水流湍急，行至壶口瀑布之处，舟楫便无法通行。因此，从陕、甘、蒙等地来的船只航行至此便停泊下来，或将所载货物起岸转运他处，或直接转手交易。正因如此，壶口镇外的龙王辿码头在明代已是商船云集，而壶口镇内则是店铺林立，成为繁荣一时的黄河中游著名的水旱码头及商品集散地。清代，壶口镇一带的商贸活动更加繁盛，每日来自黄河上游的船只多达数十艘，全年达到5000多艘，主要运输由上游省内及临近陕、甘、蒙等地所产甘草、红枣、粮食、皮革、煤炭、瓷器、木材、食盐、碱面等商品。龙王辿码头亦为重要的商品交易场所，各地客商纷纷驻扎于此进行交易。彼时，壶口镇聚集了来自陕北、晋南、晋北等地区的众多商号，极盛时字号数量达60多家，所经营的店铺主要有钱庄、当铺、皮货店、京货、粮店、盐店、药店、染坊、客栈等。清中叶，随着航运业和商品交易的迅速发展，壶口镇出现以当地村民为主的搬运组织——六股头，全镇有800多户，共3000多人参与该组织，壶口镇的航运贸易之规模巨大可见一斑。彼时，壶口镇的集市贸易也相当发达，每旬二、七为固定集期，每月至少开市6次，临近商民均前来交易。此外，每年农历七月十五的庙会亦为商品交易的重要场所，晋陕两省的客商均来此交易，期间还有戏曲名伶演出助兴，热闹非凡。

十三　风陵渡

清代隶属解州芮城县，在解州西南120里，在芮城县西70里，地处黄河大拐弯处，南与陕西潼关厅隔黄河相望，毗邻晋、陕、豫三省，素有"鸡鸣一声听三省"之说，区位优势突出。明洪武八年（1375）在此设置船政司和巡检司，统管两岸渡口，稽查往来商贾并征收税金，由此风陵渡航运贸易的发展可见一斑。

清代，晋、陕、豫三省及各州县之间的商品交流和商民往来更加频繁，陕西潼关、河南灵宝、山西永济等地商民云集于此，并设有商人会馆。彼时，渡口有货栈10余家，商铺30余家，航运贸易相当繁荣，交易物品亦十分丰富，当地及附近地区建筑所需木料均由陕西秦岭经潼关运抵风陵渡并中转；煤炭皆从禹门口船运而下，至风陵渡起岸，除这些被称为"西河松"和"船炭"的商品外，亦有诸如木材、煤炭、铁器、瓷器、铜油、日用百货、粮食、棉花、食用油等商品在此地进行交易和转运。最盛时，风陵渡的船只多达百余艘。

十四　河底镇

清代隶属平定州，在州北40里，古称青龙镇。清代该镇商业繁荣，有"商业一条街"之称。河底镇手工业发达，其手工业中较为著名的有陶瓷、砂货、煤炭、硫黄、冶铁等。当地生产的熟铁货尤为著名，吸引了本省忻州、定襄、五台、神池、原平，甚至河北获鹿、井陉、邯郸、平山、灵寿等外地客商前来购买。清末民初，河底镇的商业发展至鼎盛，镇上有商号近200家，从业人员有1000多人。经营行业包括铁货、粮油、食盐、茶叶、绸缎、布匹、服装、百货、药店、钱业、银匠铺、麻行、砂货、赁店、当铺、书局、皮铺、席铺、染坊、饭店、酒坊、靴铺、擀毡、钉鞋、钉掌、骡马店、货栈、客栈、骆驼店等。

十五　赛鱼村

清代隶属平定州，在州西20里，地当平定州至太原府的必经之路。赛鱼因位于通衢而具有优越的地理位置，在清末民初成为平定直隶州西部重要的商业市镇。赛鱼镇的主要街道长3里，每年有数十万石寿阳及盂县经赛鱼镇销往平定直隶州城。彼时，镇上有经营其他商品的字号数十家，主要经营有棉布庄、杂货店、小吃铺、钉鞋铺、钉掌铺、镶牙馆、理发馆、铁匠、木匠铺、旅店等。其中旅店数量最多，有20余家，规模较大的有大西店、小南店、永和店、大成店、烧锅店、天顺店、大东店、致和获堂老店等。由于赛鱼具有区位优势，当地饲养骆驼、马、牛等牲口从事运输业者甚众，有50—60家之多。他们将平定州所产铁货、陶器、煤炭等商品运往临近河北省获鹿县石门（石家庄），再将棉布、棉花、火柴、煤油等商品运回。清末，石太铁路通车，在赛鱼设站，由此赛鱼村的经济发展至鼎盛，先后开办了大型保晋煤矿、平记煤矿，并配有先进的锅炉、绞车、电灯等设备，产量大增，远销娘子关外。彼时，村中街市商服云集、人潮涌动、交易繁盛。

十六　西烟镇

清代隶属平定州盂县，在平定州西北 150 里，在盂县城西北 70 里。清末民初为盂县四大镇之一，是该县西部的经济文化中心。由于土地肥沃平坦，是全县最大的产粮区，素有"盂县米粮川"之称。此处南靠寿阳、西南与阳曲接壤，西北通忻州、定襄、五台、崞县，东可达平定及河北。彼时，西烟镇至寿阳县宗艾镇唯有一条大路相通，粮食主要从此路用驴、骡、骆驼等牲畜输出。因此，西烟镇成为当地重要的粮食、牲畜和各类杂货集散地。集市贸易繁荣，逢三、六、九为集期，期间四乡商民纷纷前来交易。民国时期，西烟镇共有商号 100 余家，经营京广杂货、花布、粮行、饭店、酒坊、醋坊、油坊、豆腐坊、药店、木匠铺、铁器、皮革等业。

十七　小店镇

清代属太原府太原县，在太原府南 25 里，太原县东 15 里。地处府、县官道交叉的十字路口、地势平坦，交通便利，东与榆次县接壤，南与徐沟县毗邻，为"四达道"也。曾为清代太原县四大镇之一。清代，随着商品经济发展和商贸流通的活跃，小店因其区位优势，逐步发展成为商贸集镇。彼时，小店镇上店铺鳞次栉比，人烟稠集，在康熙年间已经有了许多著名的字号。例如药店同心丹房，其主要商品"舒筋散"远销东北、蒙古等地。当地还有为商旅提供打尖、住宿、餐饮服务的店铺 40 多家，亦有多家为货运服务的骆驼店。此外，当地酿造业也较为发达，有十多家醋坊。

十八　晋祠镇

清代属太原府太原县，在太原府南 30 里，在太原县西 10 里。为晋中、晋南各府县前往太原府的必经之路。由于其优越的地理位置，清代晋祠镇的商业有很大发展。彼时镇上金融业发达，钱庄、银号林立，钱庄多为祁县、太谷金融业商人所开设，银号有大晋川、谦益永等。此外，镇上还开设有粮店、面行、布庄、旅店、杂货铺、鞋店、饭铺、药铺、矾行、银匠、赁铺、烟行、理发店、油坊、当铺、修车铺、肉铺、染坊等店铺。民国年间，还开设有照相馆、澡堂等。

十九　孟封镇

清代属太原府徐沟县，在太原府南80里，在徐沟县城东南40里，为该县六大名镇（清源、高白、尧城即古陶唐镇、徐沟、大常、孟封）之一。孟封镇北经徐沟、小店可达省治太原城，进而通京津；南经祁县、平遥可达黄河渡口而通陕、豫，为彼时京西官道之必经之路。地处通衢的优越性，使得孟封镇在清代商业发展迅速，镇内商贾辐辏、店铺栉比，有粮店、客栈、货栈、杂货店、药店、家具铺、木工作坊、大车铺、当铺、赁铺、绸缎庄、烧锅坊、饼面铺、肉铺、醋坊、粉坊、面食作坊等数十家店铺。

二十　楼烦镇

明代属太原府静乐县，设有巡检司。清代沿袭明制，雍正二年（1724），静乐县划归忻州。在太原府西北140里，在忻州西南180里，在静乐县南65里。汾水流经楼烦镇，故当地有"米粮川"之称。宁武管涔山、云顶山等林区的木材均通过楼烦销往太原等地。清末民初，楼烦镇商贸发达，是晋省西部一个较为繁华的商贸市镇。彼时，镇上有运输业、加工业、修理业、药店、当铺、钱铺、粮油铺、水果铺、客栈旅店等行业。从业者有本地人，亦有来自省内太原、晋中、忻州，甚至邻近河南、河北省的客商。①

二十一　布村镇

清代隶属潞安府长子县，在潞安府东南50里，在长子县南30里，因位于潞安府至泽州府的官道之上，故商贸繁盛，集期频繁，每月逢一、四、七，邻近商民均前来交易。彼时，荫城铁货；平顺、壶关的党参；长治、阳城的瓷器；襄垣的缸盆；还有产自其他地区的烟和碱，均在集市有所交易。清末民初，该镇东街、西街为商业街，店铺栉比。其中最著名商号为西街宋记大胜园和东街王记万晟和。此外，宋家亦为当地著

---

① 高春平：《晋商及明清山西城镇化研究》，三晋出版社2013年版，第86页。

名的豪商大贾，经营行业有斗行、银匠铺、京货铺、百货铺和粮行等，更垄断当地粮油交易，字号遍布西街。①

二十二　荫城镇

清代隶属潞安府长治县，在潞安府南50里，在长治县25里，交通便利，是清代山西省重要的铁货制造及交易中心。当地铁器生产规模巨大，产品具有特色，有"高平铁、晋城炭、离了荫城不能干"的民谚。清中叶，荫城镇周边有大小铁货生产店铺400余家，其中外地客商70余家，有从业人员500多人。长治县的东火、西火；壶关县的好牢；长子县的色头；长治城内的铁匙巷；凤城的大阳镇等地，均为荫城镇的供货地，当地每年铁货交易额达到1000万两白银，荫城镇时称中国北方最大的铁货交易市场。

彼时，荫城镇的后巷为铁货街，主营铁货零售业务。全镇有客栈、旅店上百家。常驻荫城的客商来自全国各地：东三省，称关东客；京津，称京客；太原、大同，称上府客；陕甘宁，称西府客；蒙古、新疆，称口外客；豫、鄂、皖，称河南客；云贵川，称西南客；还有山东客和两广客。因为当地客商众多，故有"户有八百，商五百"之说。

此外，荫城铁货业的发展，还带动了其他行业的发展。如采煤业、编织业、陶瓷业、纺织业、粮食加工业、旅店饭店业、当铺和银号等金融业等行业均有所发展，形成了"铁业兴，百业兴"的局面。彼时，荫城每月均有庙会，其中最盛大的为五月十三的关公会，该会又称为铁货会，届时当地商会邀请名伶前来镇上七个戏台演剧助兴，全国各地客商均前来交易。

二十三　鲍店镇

清代属潞安府长治县，在潞安府东40里，在长子县南35里，北距屯留县城15里，素有"雄鸡一唱鸣三县"之称，亦被称为"秦晋通衢"。由于其优越的地理位置及盛产著名药材——党参，而成为彼时重要的药材集镇，同时亦为当地重要的商品交易市场。彼时，长子鲍店会、河北

---

① 山西省政协：《晋商史料全览·长治卷》，山西人民出版社2006年版，第325页。

安国药材会、河南祁州药材会、山西解州药材会并称药行四大会。明末清初，鲍店有四个庙会，分别是农历二月初二、五月十七、七月初十和九月十三。其中以九月十三的庙会规模最大，会期最长。鲍店会起自何时，已难稽考，但它的极盛时代是在清代中叶。会期从农历九月十三日到十二月二十三日，历时100天，主要交易商品有牲畜、估衣、广货、京货、药材等。随着庙会经济的发展和商品交易的繁盛，鲍店镇上商铺云集，据清末统计，彼时全镇有字号259家，经营行业有杂货、药店、粮店、竹货店、京货铺、当铺、磨坊、酒坊、染坊、饭店、骆驼店、车马大店及客栈等。①

二十四　洪水镇

清代属潞安府武乡县，在潞安府北170里，在武乡县东是60里，因毗邻榆社、左权、黎城、襄垣而逐渐兴旺，是彼时武乡县东部地区最大的交通枢纽和商品交易中心。明末清初，该镇店铺、作坊、饭馆等遍布村中三条街道，多达70多家。经营行业主要有当铺、粮店、车马店、理发店、饭店、估衣铺、烟铺、药铺、杂货铺、铁货铺、酒坊、醋坊、粉坊、油坊等。每年农历七月十五为庙会之期，每月逢二、五、八日为集期，附近商民均前来交易，热闹非凡。

二十五　东阳关镇

清代属潞安府黎城县，在潞安府东北100里，在黎城县东20里，东与直隶之涉县相邻，因其地理位置优越而成为当地的商贸中心，有"山西的东大门"之称。清代该镇有华欣荣钱庄、京广苏杭绸缎庄、泰山隆、增寿堂等百货医药店铺及客栈近30家。当地每年农历二月十五和六月二十三的两次庙会，聚集大量客商进行交易。该地集市开市频繁，逢单日开集，商品交易繁盛。

二十六　常隆镇

清代隶属潞安府襄垣县，在潞安府西北60里，在襄垣县西南25里，

---

① 山西省政协：《晋商史料全览·长治卷》，山西人民出版社2006年版，第313、314页。

地处官道之上，曾为清代晋东南地区著名的商业市镇。彼时，常隆镇的商业街长1000米左右，街上店铺麟排，商贾辐辏。有字号50多家，经营行业包括钱庄、银匠铺、货栈、饭庄、客栈、绸缎庄、米铺、磨坊、油坊、盐店、药材店、皮货店、瓷器店、竹货铺、铁货铺、醋坊、糖果铺、麻绳铺、香烛铺、染布行、马掌铺、席店、武馆、镖局、当铺、瓦子勾栏（说书）等，被称为"遍地是黄金"的金常隆。①

二十七 西营镇

清代属潞安府襄垣县，在潞安府北140里，在襄垣县北45里，位于晋东南通往晋中太原府的必经之路。明代之前，西营镇只是一个村庄，万历年间，由于地处要道，南来北往的商民众多，逐渐形成商贸集镇。从明万历中叶当地商民先后捐修扩建了大觉寺，重修了关帝庙、泰山庙、三龙庙、龙王庙、瘟神庙、观音阁、三义阁、财神阁、南阁、北阁、珠江海市等诸多庙宇和佛堂，从另一个侧面反映出彼时当地的经济状况较好。清代，随着商品经济的发展，以及晋东南地区铁货为代表的手工业品的大量产出和外销，具有区位优势的西营镇商业有较大发展。清中后期，镇上店铺林立，街巷纵横：镇北街是货栈、车马店、药铺、肉房、杂货铺的集中之地；当街和南街主要集中了京货铺和酒饭行；西街主要是钱庄、当铺等金融业及裁缝店、估衣铺等店铺；财神阁周围以小吃摊为主；珠江海市门外到河渠，设有山货市场，三义阁外设有牲口市场；三龙庙圪廊则设有粮食市场。同时，该镇集市贸易频繁，每月逢三、六、九开集②，邻近客商均前来交易。

二十八 虒亭镇

虒亭镇清代隶属潞安府襄垣县，在潞安府城以北100里，在襄垣县城以西40里。虒亭位于晋豫两省通衢之上，故设立驿站较早，甚至可以追溯至3000年前。虒亭由于路当孔道，因此各地商品交汇于此，集市贸易繁盛。"虒亭是双日集，每逢集期，沁县粮商便从北大路来到虒亭；沁

---

① 山西省政协：《晋商史料全览·长治卷》，山西人民出版社2006年版，第344—345页。
② 山西省政协：《晋商史料全览·长治卷》，山西人民出版社2006年版，第397—398页。

源、故县镇一带所产粮食运至虒亭,当地有拉不完的故县镇,填不满的虒亭街之说;襄垣东乡一带的粮食,经夏店运至虒亭。武乡的粮食也运往虒亭。西营一带所产的粮食则从店上、王家裕、西岭、高庙岭运来虒亭。然后经余吾、鲍店到晋城,而后到达河南。年运粮食均在100万石以上。"① 清代,虒亭的京货铺由武安、邯郸、邢台一带的河北商人经营,商品由河北经东大路运来。

二十九 夏店镇

清代属潞安府襄垣县,在潞安府北90里,在襄垣县西20里,距虒亭30里,因地处交通要道,故有旱码头之称。明代即有所发展,至清末,夏店已经是晋东南重要的商业大镇,镇上中街最为繁华,开设有多家京货铺、估衣铺、杂货铺、斗铺粮行、当铺、酱醋坊、染坊、馍铺、马店、盐店等店铺。此外,夏店镇的庙会较多:二月初四阳春会、四月初八佛爷会、五月十三关帝会、八月初一真君会、九月二十三壁寺会、十月十六将军会。会期一般5—7天,会上除有迎神赛社及民间演艺外,更重要的是临近商民均会携带货物前来交易。"据宣统三年(1911)统计,夏店每年庙会的吞吐货物即在10万块大洋左右。"②

三十 大阳镇

清代属泽州府凤台县,在泽州府西北50里,是清代泽州铁业中心,当地出产的缝衣针畅销全国,出口海外。乾隆年间,大阳冶铁业发展渐成体系,根据制造工艺不同而分为生铁行及熟铁行,所用方、炒、条、货各炉一应俱全。彼时,大阳镇所产缝衣针因质优价美而远近闻名,行销全国各地,甚至远及中亚、俄罗斯。大阳镇也因冶铁业的兴盛而成为"商贾云集,人居万家"商业城镇。曾有"东西两大阳,南北四寨上,沿河十八庄,七十二条巷"的民谚。随着冶铁业的快速发展,大阳镇出现了诸多与该行业相关的字号,且发展蓬勃。例如高平靳氏开设的君太号,以及太盛岐铁厂;裴氏开设的左三合炉场等。与此同时,大阳镇的商业

---

① 山西省政协:《晋商史料全览·长治卷》,山西人民出版社2006年版,第333页。
② 山西省政协:《晋商史料全览·长治卷》,山西人民出版社2006年版,第342页。

也有所发展，逐渐在城内形成了木市、煤市、人市、棉市、席市、菜市、米市、枣市等专业市场。彼时，每逢农历五月十三关帝庙会，众多商家邀请名伶前来演出助兴，演出地点就设在祭祀冶铁业行业神——金龙四大天王的庙中。① 由此可见，大阳镇的铁货业在当地经济社会中的地位非同一般。

三十一　拦车镇

清代属泽州府凤台县，又名星轺驿，在泽州府城以南60里。该镇自古即为晋东南地区重要的驿站，是晋东南通往河南的必经之路。该镇地当要冲，商贾辐辏。光绪年间，拦车镇商业有较大发展，镇上街道南北长3里，宽1.8丈，南北两端各设界阁。因为交通要道，故镇上有多家车马店，最盛时达到60—70家，这种店铺多为二层铺面且店门高大，进深两丈四，方便驮骡进出及安置。另有多家规模较大的客栈，以住宿过往官吏及客商。此外，还有经营各类商品及服务业的店铺30—40家。彼时，拦车镇商贾辐辏，店铺栉比，每日来往住宿的驮骡达数百头之多。②

三十二　润城镇

清代属泽州府阳城县，在泽州府西北60里，阳城县东20里。古称老槐村，又称冶铁镇，是阳城通往泽州府、潞安府、沁州府、汾阳府；南下河南怀庆府、孟津县的必经之路。北齐曾在全国设置七大冶铁局，润城镇即为之一，朝廷曾派官员驻扎于此。明清两朝，润城镇及周边冶铁业发展迅速，加上地当孔道的区位优势，而逐渐成为客商络绎的贸易城镇。现存于润城镇东玄武庙中的一通清代石碑镌刻："润城阳邑巨镇也，居民稠密，商贾辐辏。"当地铁货交易畅旺，即便是凶荒之年，交易之势也不见弱。③ 康熙五十九年（1720）至雍正二年（1724）时值荒年，润城镇的铁货及其他商品交易集市仍然一派繁荣景象："清华粮食往西边搬运者如水索一般，太行山昼夜不断行人，小城河集市大兴，每一日有两

---

① 高春平：《晋商与明清山西城镇化研究》，三晋出版社2013年版，第124页。
② 山西省政协：《晋商史料全览·晋城卷》，山西人民出版社2006年版，第357页。
③ 高春平：《晋商与明清山西城镇化研究》，三晋出版社2013年版，第125页。

三千牲口往东贩卖。斗行三十多处，每处十多个伙计，自朝至暮，轰轰闹市。扫集儿童三四百有余，赶集群众不计其数。行炉锅厂改作过客店房者十有八九，大街小巷卖饭食火烧者直至三更。"[1] 清中前期，润城镇内商贾辐辏，店铺栉比，主要行业有锅店、客栈、饭铺、布店、杂货店等。随着该镇商业的发展，周围亦有不少商业村镇也繁荣起来，计有上佛、白巷、郭峪、王村、贝坡、北音、屯城、两孔、贾庄、北留、南留、大树、寺河口、门楼底等村。清代，润城商税银两占到阳城县的一半，由此可见当地商业之繁荣景象。

三十三　东冶镇

清代隶属泽州府阳城县，在泽州府西南75里，在阳城县东南25里。路通河南省济源县。因当地冶铁业十分发达而在乾隆二十二年（1757）移拦车镇同知驻扎于此，[2] 对当地的冶铁业进行专项业务管理，因此为清代山西境内的次府级城镇。

三十四　周纂镇

清代属泽州府高平县，在泽州府北50里，在高平县西南35里，距铁货业生产重镇——大阳镇10里，亦为清代泽州重要的制造钢针的地区。此外，修锁补锅亦为这一地区的传统工艺。彼时，镇内除铁货制造业外，当铺、盐店、杂货铺、布店、染坊、饭店、烟房、铁货铺、骡马店等其他行业亦有所发展。

三十五　石末镇

石末镇清代属泽州府高平县，在泽州府城东北65里，在高平县城东南40里。明末清初鼎盛时期，人家千余户，商号百余家，在东西近千米的大街上分布着当铺、盐店、烟店、酒坊、麻店、茶肆、银楼、木板店、杂货店、肉房、染坊、医局等店铺。

---

[1] 山西省政协：《晋商史料全览·晋城卷》，山西人民出版社2006年版，第397页。
[2] 段木干主编：《中外地名大辞典》，人文出版社1981年版，第1900页。

三十六　横水镇

清代隶属绛州直隶州，在绛州城西 20 里。横水镇地理位置优越，素有九龙口之称，是侯马、运城通往河南济源的交叉口。据考证，横水镇始建于春秋时期。清代，该镇以横亘于界沟之上的古桥为中轴，分东、西横水镇。清末民初时，东、西横水镇商号店铺多达 300 余家。此二镇庙会贸易繁盛，每年三月初八、三月二十八，两镇均会在本镇神庙举办庙会；此外集期也较为频繁。届时临近乡民和外地客商蜂拥而至，商品交易活跃。据记载，两镇曾为争抢集日而前往省城太原打官司，由此亦可管窥当地商业之发达。

三十七　北高腴村

清代隶属于平阳府太平县。在平阳府南 80 里，太平县东 10 里。该村位于姑射山下，是西通乡宁、吉县，南达绛州、稷山；北邻襄陵、平阳的交通要道。乾隆以来，逐渐成为商贸中心。当地民谣"二娃木场、贾氏油坊、王陈铁匠、张玉粉坊、金娃药铺、李相馍铺、盼盼京货、张顺杂货、郑氏染坊、胜科小铺、老白银楼、三宝羊坊、天顺肉架、胜林麻花、老李素菜、丑娃杂烂、玉生凉粉、管家热粉、福海火烧好、横子饭馆巧、大庙前面是戏台、当铺设在铁丝院"[①]，可以较为贴切地反映彼时村内商贸繁荣的状况。

三十八　太阳村

清代属绛州稷山县，在绛州西南 50 里，在稷山县南 20 里。该村附近有一处后稷庙，稷山人称之为"下庙"。清代，下庙庙会非常盛大，每年十月初五起，会期十天。四邻乡里的商民均会来此交易。此外，该村集日亦较为频繁，逢五、十五、二十五为集期。每逢过会，除本地外，临近新绛、闻喜、夏县、河津等地的客商均前来贸易。经营商品包括生活、生产用品等。由于集市、庙会规模较大，因此常设庙会管理机构，由村中"五社"自行组织，每年轮值，负责管理集期、庙会期间的市场区划、

---

① 山西省政协：《晋商史料全览·临汾卷》，山西人民出版社 2006 年版，第 287 页。

摊位设置、秩序维持、收取费用等。

三十九　翟店镇

翟店镇清代隶属绛州直隶州稷山县，在绛州城西南 60 里，在稷山县城南 20 里。稷山境内的 5 条通往各地的主要道路，均经过翟店：往西可达陕西、甘肃、宁夏；往东可至省内晋东南地区、太原以至北京；往南可至临猗、闻喜；往北可达乡宁、吉县。因此，翟店商业十分繁荣，有"河东十三县，古镇数翟店"的民谚。翟店的兴起源于明初的移民，彼时一些农工巧匠和善于经营之人聚居于此，逐渐形成了木业、药材、布行、粮食、运输等行业。清代，随着商品经济的快速发展和翟店本身的区位优势，该镇迅速成为当地的商品集散市场，城中粮、棉、药、木四种行业规模最大，经营此四业的店铺有 25 家之多。若再加上经营其他行业的字号，共有百家之多。由于商业的发达，吸引了各地客商纷纷前来，当地的饮食业亦十分发达，流传有"民以食为天，食源在稷山，稷山食味数翟店"的民谚。

四十　高显镇

高显镇清代隶属绛州直隶州曲沃县，在绛州城东北 50 里，在曲沃县城西北 14 里。明代置镇，汾河由东向西穿境而过，因在汾曲高埠而得名，是晋南通衢，因而为当地棉花、布匹的转运市场，"直隶栾城、获鹿所出棉花、布匹，贩运者皆卸集于此，商旅甚多"。其布市、棉花市、绒线市、菜市、果市、杂货市、枣市、靛市，俱在古南关厢；油市、柴市、米粮市，俱在古东关厢。① 猗氏县油村镇"为油聚之所"，其繁盛程度也不亚于其他北方市镇。②

四十一　北关镇

北关镇清代隶属平阳府翼城县，位于平阳府城南 85 里。北关镇兴起于明代，之前这里只有十几户居民的小村庄，叫北珊村。但因其紧邻县

---

① 乾隆《新修曲沃县志》卷 7《城池·附市肆村镇》。
② （清）祁韵士：《万里行程记》，道光祁氏家刻《问影楼舆地丛书本》。

城,又为东来西往的交通要道,且明清两朝有大量俗善商贾的西北回民迁入,因此逐渐得到发展。彼时北关镇的主要街道东西长 1000 米左右,宽 5 米,有十多条胡同纵横其间,街上店铺栉比,商贾辐辏,俗称"填不满的北关"。彼时,北关镇的行业有盐号、铁货、杂货行、京货行、药店等。民国初年还有多家经营煤油的店铺。该镇集市贸易繁盛,每月逢三、六、九为集期,加上正月十五、三月十六、三月二十八、七月二十二的数次庙会,四乡及临近地区的商民均前来交易,热闹非凡。

四十二 永乐镇

清代隶属解州芮城县,在解州西南 90 里,在芮城县西 35 里。该镇位于芮城过风陵渡到达陕西的必经之路,在黄河岸边设有渡口。雍正六年(1728),蒲州府永乐分府同知驻扎于此。当地人口聚集,周围村落连接。彼时,镇上有人口 1100 多人,有东西南北四条大街,其中东西大街长 600 余米,是重要的商业街,店铺林立,商贾辐辏,有杂货、酒坊、醋坊、炭场、当铺、花店等行业。当地盛产棉花,远销上海、南京等地。① 永乐镇集市贸易繁盛,每月逢三、六、九为集期;每年四月十五至二十、九月初一、九月十三为庙会。届时,周边商民均前来交易。

四十三 陌南镇豆津渡

陌南镇豆津渡在清代隶属于解州直隶州芮城县,位于解州城南 35 里,芮城县城东 40 里。陌南镇距黄河 15 里,在黄河边有著名渡口豆津渡,因地处水陆要冲,自古即为黄河上较为繁忙的渡口之一。《宋史·司马池传》载:"蒲坂、豆津、大阳路,官盐通道",故而此地亦为河东盐运往河南的要道。清代,河东池盐的生产采取畦归商种,使得池盐产量大增,盐运业亦发展迅速。盐运道路较前朝通达异常,大量河东盐由此地过黄河进入河南境内的同时,亦有大量各类商品由此地运销南北。陌南镇豆津渡因其优越的地理位置、便利的交通条件,而具有明显的区位优势,进而成为山西、河南两省商品交流的重要通道。清末,陌南镇有近百家商号,经营行业涉及餐饮、酿酒、药店、客栈、杂货铺、京货行、

---

① 山西省政协:《晋商史料全览·运城卷》,山西人民出版社 2006 年版,第 379 页。

当铺、粮油店、花行、成衣行、肉行、染坊等，商贾辐辏，热闹非凡，有"三十里豆津街"的民谚。①

四十四　忻州城及周边繁华市镇

忻州在晋中盆地北部，至京师 1300 里，至太原府 125 里，有"晋北锁钥"之称。该城始建于东汉建安二十年（215）。清代，忻州城"周二千一百九十丈有奇，四门，东永丰、南景贤、西新兴、北拱辰。南北门外皆有关厢筑郭"②。忻州地区"土满人稠，耕农之家十居八九，贸易商贩者十之一二，惟机杼纺绩之声无闻焉"，而且土产无多，生活所需棉布及石炭等，均由外地贸易而来。清中叶以后，"家有余丁，多分赴归化城营谋开垦，春季载耒耜而往，秋收盈橐襄而还"，从而得以养家。③ 由于忻州城是晋省中南部前往蒙古地区的必经之路，因此在清末民初，境内往来商民众多，形成了一些市镇。其中以三交镇和奇村最为繁华。

三交镇在忻州西 50 里，南临阳曲县，西毗静乐县，是连接东西南北的交通要道，具有区位优势，因此为商贾云集之所。奇村镇，在忻州西北 40 里，明初建村置，康熙间置镇，当地有丰富的温泉资源，历来吸引各地商民前来。城内店铺林立，商贾云集，所售商品包括各类五金、杂货、服装、棉布等。

四十五　砂河镇

清代属代州直隶州繁峙县，位于代州城东 110 里，繁峙县城东 55 里。砂河镇东抵灵丘县，西达繁峙县，北接应县、南邻五台山，为朝觐五台山的必经之路。明代的砂河驿曾设置于此，专为接待朝廷官员及北方少数民族首领前来朝觐五台山。明万历年间，在砂河驿原有土堡的基础之上加以砖包，筑城一座砖制城池。城内商号林立，商业繁荣。据统计，至清末，砂河镇内有商号 120 多家，是当地重要的商品集散中心。

---

① 山西省政协：《晋商史料全览·运城卷》，山西人民出版社 2006 年版，第 375 页。
② 乾隆《忻州志》卷 1《城池》。
③ 乾隆《忻州志》卷 2《物产》。

四十六　要村镇

要村位于榆次县东阳镇西北 10 里，车罔村北 3 里，是彼时榆次的重要商业城镇。该镇紧邻京陕官道，商贾往来络绎不绝，其优越的地理条件使其在清代发展成为当地重要的商业城镇。该城始建于明成化二十二年（1486），至清中后叶，逐渐发展成为榆次著名的商业城镇。该镇商贸繁盛、商贾辐辏，店铺鳞排，行业种类繁多，记有当铺、粮行、绸缎行、杂货行、煤店、栈房、屠宰行、熟肉店、饼铺、点心铺、席店、剃头铺、裱糊行、铁匠铺、车马店等。

四十七　范村镇

清代隶属太原府太谷县，在太原府东南 90 里，在太谷县东 50 里。地处太谷、榆社、榆次三县的交界之处，位于通衢，"有僻路可通直隶、河南二省。其东北与榆次县连界，又系进京孔道。该镇居民共有三千余户……商贾辐辏"。大约于乾隆中期兴起，"其附近七社复有四十余村，现俱户口繁庶"，"范村地方实系太谷县之巨镇，离城既远，路通邻省，商民聚集，人稠地广，倍盛于前"。①

四十八　曹张镇

清代属解州夏县，在解州北 85 里，在夏县西北 30 里。因位于京陕官道，故为南北、东西货物交汇之地。该镇始建于东汉，清代四周夯土城墙高数丈，东西南北四座大城门处砖石砌墙，城门既高且厚，城楼重檐斗拱。镇内店铺集中于东西南北四条大街，计有百余家字号，其中小手工作坊与杂货、百货铺户居多。该镇集市、庙会交易繁荣：每月逢三、六、九为集期；每年二月二的龙王庙会，会期三天；三月三的娘娘庙会会期亦为三日。每逢庙会，邻近各村、镇的商民皆前来交易，各地特产商品亦汇集此地，届时游人如织、摩肩接踵，热闹非凡。该镇由于聚集各地商民，因此民间信仰丰富，镇南东门外有龙王庙，西门外有娘娘庙，

---

① 《宫中档乾隆朝奏折》第 42 辑《乾隆四十三年三月初六日山西巡抚觉罗巴延三奏》，见台北"故宫博物院"1982 年版，第 293—294 页。

南城外有祖神庙和小关帝庙。十字街心还有将军庙。此外，镇内还有太阳楼、瘟神庙、马王庙、地亩庙、三圣祠、魁星楼、凤凰台、三神庙、观章堂等庙宇，林林总总不下40座。

第四节 普通城镇发展的局限

除发展较快的县城、镇之外，山西有些城镇受社会环境波动的影响较大，又受制于自身固有的限制，加上农村市镇兴起所带来的辐射空间的挤压，因而显得发展较为滞缓，有些城市的工商业活动处于停滞乃至衰退之中。

一 解州安邑县城

该城为一地政治经济文化中心，城内设有县衙，但随着清代其境内河东盐业的发展及运城的兴盛，从而使运城吸纳了更多的资金和劳动力，使得运城"五方杂处，富商大贾游客山人骈肩接踵……至安邑缙绅运城居半……是亦晋省一都会也"[1]。而安邑县城"渐形零落，仅成为县政中心，商肆居民不是增益，游观者或消为荒堡"[2]。

二 和林格尔厅城及清水河厅城

和林格尔在蒙古语中的意思为20间房子。康熙年间，御驾亲征准格尔部的噶尔丹叛乱，大兵过境，在此处设立驿站，因驿站有20户人家而得名。雍正十二年（1734）设和林格尔通判厅于归化城土默特旗东南部，该通判厅于乾隆二十五年（1760）改为理事通判厅。该厅筑有厅城，但无城垣，民国十九年（1930），始建城垣，周围四里140丈5尺，在西北、东南两方各开一门，又开东南两便门，以利交通。[3] 城内仅有一条自东南至西北门止的大街，长2里90步。商民在此列廛而居，城内没有大商号，也无市场。

---

[1] 乾隆《解州安邑县运城志》卷2《风俗》。
[2] 民国《安邑县志》卷2《城邑考》。
[3] 民国《绥远通志稿》卷17《城市》，内蒙古人民出版社2007年版，第234页。

清水河直隶厅，明朝为东胜卫千户所管辖，清朝渐废"卫所制"，乾隆元年（1736），设清水河协理通判厅于归化城土默特西南。乾隆六年（1741）隶属山西省"归绥道"，乾隆二十五年（1760），改清水河协理通判厅为清水河理事通判厅。至光绪十年（1884），改为"清水河抚民通判厅"。"清水河厅所辖属原系蒙古草地，人无土著，所有居民皆由口内附近边墙邻封各州县招徕开垦而来，大率偏关、平鲁两县人居多。"[1] 归绥各厅中，清水河厅的面积最小，其厅城位于金盖山之南，该厅城北、东、西三面靠山，南临清水河。城无城垣，市面亦狭小。城内仅有一条长2里的东西大街，名永安街，城池"形如箕"，建有东西二阁阛阓，贸易咸聚于此，为全厅商人汇聚之处。[2] 当地"布帛寻常日用之需，悉自外来，非地所产，其价亦皆昂贵，所有商贾主阛阓者，率皆边内人或负贩、或坐售"[3]。

上述和林格尔厅城及清水河厅城，虽为行政治所之所在，但仍然发展缓慢，无论从城市规模、街道布局等方面，均发展缓慢，无法与毗邻的萨拉齐等厅城同日而语。

三 兴和厅城、陶林厅城、武川厅城、五原厅城及东胜厅城

光绪二十九年（1903），在丰镇厅东部设置兴和厅，在宁远厅北部设置陶林厅，同时设置武川厅于在归化城厅北部，设置五原厅于达拉特旗报垦地。并于光绪三十二年（1906），设置东胜厅于郡王旗报垦地。此五厅连同雍正、乾隆时期设立的七个厅合称为口外十二厅，均由山西归绥道管理。

兴和厅城二道河，位于丰镇厅城东北部，因当地有两条小河分别从西南、西北东流汇合而得名。兴和厅原为察哈尔右旗正黄旗地，清代设厅之前由丰镇厅管辖，光绪二十九年，析丰镇厅东境"自丰镇东界卢家营、常胜窑至察哈尔正黄旗九佐领地止"，设兴和厅，厅城二道河、丰镇

---

[1] 光绪《清水河厅志》卷14《户口》。
[2] 光绪《新修清水河厅志》卷4《市镇村庄》。
[3] 光绪《清水河厅志》卷14《风俗》。

厅巡检驻扎于此。二道河原为丰镇厅属四大镇之一,① 该城在清嘉、道时已形成东西向大街,俗称下街,彼时下街两侧店铺作坊林立,颇具规模。② 咸丰初年,在下街北侧建成一座名为"丰盛寺"的大庙,此后,二道河便以该庙为中心向四周扩展,形成了庙西的马桥街;庙东的观音庙街;人市街及兴隆南街等多条街道。清末置厅之时,二道河城内已是"商贾辐辏、百业繁兴",几乎与"丰镇厅并称"了。③

陶林厅城名为科布尔,地处归化城东北。乾隆后期,科布尔初步形成屯落,时称"永顺庄"。咸丰八年(1858)始称"科布尔"。陶林厅原来是察哈尔右翼镶红旗的属地,光绪二十九年(1903),因清政府"划分宁远厅属地灰腾梁以北各村"的政令而设置陶林厅,并将厅城设在科布尔,宁远厅巡检曾经驻扎于该城。科布尔厅城内有东、西、南、北四条大街,其中商业中心位于东西二街,南北二街多为居民区,科布尔厅城内并无市场。④

武川厅城可可以力更,位于归化城厅以北,蒙语"可可"为青色,"以力更"意义不明确。清初,并未设置武川厅,该地属归化厅土默特及喀尔喀右翼旗。康熙、乾隆年间,汉族民众迁入渐多,租垦日众,聚居点渐增。清末设武川厅之后,并没有立即修建厅城,而是将厅同知衙门设置于归化城。⑤ 可可以力更由于地处要道,是归化城通往阴山以北的广袤草原,以及喀尔喀蒙古和新疆的必经之路,山西、陕西等省的商人很早就在此地进行商贸活动,虽在清代未至厅城,但商贸活动亦可圈可点。道光年间,可可以力更已建有关帝庙,⑥ 并以关帝庙为中心,形成南北大街一条及若干小巷,关帝庙周围被称为"巷前",商贸繁盛。⑦ 民国初年,裁撤武川厅而设置武川县,民国九年(1920)开始建设武川县城。

---

① 民国《绥远通志稿》卷27下《商业》。
② 孙丛林:《二道河的变迁》,兴和县文史资料委员会编:《兴和文史资料》第1辑,1990年,第9页。
③ 民国《绥远通志稿》卷27下《商业》。
④ 民国《绥远通志稿》卷17《城市》。
⑤ 民国《清史稿》卷60《地理志》。
⑥ 民国《武川县志略》卷2《沿革》。
⑦ 民国《绥远通志稿》卷17《城市》。

五原厅城白圪梁，位于萨拉齐厅城以西400里。在设置五原厅之前，该地属萨拉齐厅西部地。光绪二十九年（1903），萨拉齐厅西部地区（达拉特、杭锦、乌拉特旗地区）设五原厅，因位于萨拉齐厅西境的大佘太是当地较大村落，故曾议"（五原厅）治大佘太"①，但此议未果。次年又议厅城设于萨拉齐以西400里的繁盛村庄——隆兴长，仍未果。于是，五原厅衙门"侨治包头镇"。民国元年（1912），改五原厅为五原县，县衙仍侨治包头。直至民国三年（1914），才在各方努力下，于隆兴长以北数里外的白圪梁修筑县城。彼时县城"周围一千二百二十丈，高一丈二尺"②。城开四砖门，城外有"瓮圈，与城齐"，四隅及四门均建有登城马道。③

　　东胜厅城羊场壕，位于包头以南300里。清代东胜厅并不在山西省界范围之内，但行政上归山西归绥道管理。光绪三十三年（1907），设置东胜厅，专门管理郡王、札萨克两旗垦地的汉民事务。光绪三十三年十二月十七日，时任西盟垦务总局帮办的岳钟麟任东胜厅抚民理事通判。光绪三十四年（1908）正月，在东胜厅设立抚民理事府，衙门设于西包头镇，彼时抚民理事府设抚民理事通判1人，同时设文牍、司狱、仵作等若干人。宣统三年（1911），改抚民理事通判为同知。民国元年五月十二日，撤东胜厅而改东胜县，厅抚民理事府则改设为县署。原拟以左翼中、右翼前末两旗平衍之区板素壕为厅城。后因"垦界划疆"而移驻羊场壕。起初并未修建城池，地方官吏常侨居包头。直至民国十九年（1930）才于此地筑城建署。

　　综上所述，清末在山西北部地区新增的五个厅中，除兴和厅、陶林厅和东胜厅有修建厅城外，武川厅和五原厅在清代并没有修筑厅城，其衙门亦侨治于其他城池中。

---

① 民国《绥乘》卷4《疆域考下》。
② 民国《绥远通志稿》卷17《城市》。
③ 民国《绥远通志稿》卷17《城市》。

四　毕克奇及察素齐

毕克奇又名毕齐克奇，蒙语意为"撰文者"。位于归化城西约 70 里处的土默特平原，是归化城与包头之间的必经之路。嘉庆十四年（1809），清廷裁撤昆都仑巡检，移至毕克齐。① 19 世纪下半叶，毕克齐因其优越的地理位置而成为归化城西部的商品集散中心之一，交易货品以烟草为主。② 城内有大街 10 条，小巷 14 条，市廛繁盛。③

察素齐，蒙语意为造纸者。位于归化城西约 100 里处，因当地煤产量丰富，因而"运贩络绎，车马塞途"④。城内大街 8 条，小巷 19 条，居民主要由"农圃、贾贩、工匠、粮店、蒙古"等五种要素组成，其中农民占一半以上，⑤ 亦为归化城厅西部的大镇。⑥

然而毕克齐及察素齐两镇，由于距离归化城、萨拉齐及包头较近，上述三城对其产生分流作用，故商业及城镇规模均没有较大发展。

五　右玉城与左云城

右玉城位于山西省西北部，与蒙古接壤，"至京都一千一十五里，东南大路自府南门外起至左云县七十五里，至代州三百五十里，至省城五百九十五里"⑦。明建文四年（1402）始建右玉城，永乐七年（1409）设大同右卫于此，同时修筑城垣，东西长 1117 米，南北长 1460 米，城池东、西、南、北各开一门。明正统间改右卫为右玉，万历三年（1575）将城墙包砖，城内设有将军府、都统府、县署等衙门。清在此地设右玉县，隶朔平府，府治右玉城。自古右玉即为北方军事要塞，清代由于地理位置靠近蒙古，成为汉蒙货物交流的重要通道，故商业得到一定发展。

---

① 咸丰《古丰识略》卷 14《地部·公署》。
② 光绪《归绥识略》卷 17《市集》。
③ 张相文：《塞北纪行》，民国四年（1915）影印本，第 311 页。
④ 民国《绥远通志稿》卷 17《城市》。
⑤ ［日］今堀诚二：《中国封建社会の构造》第 4 部《镇》第 2 编《察素齐》，第 645 页。载乌敦《近代绥远地区城镇体系研究》，博士学位论文，内蒙古大学，2014 年，第 30 页。
⑥ 民国《绥远通志稿》卷 27 下《商业》。
⑦ 雍正《朔平府志》卷 1《疆域》。

左云城位于山西省西北部的黄土高原东北缘,北部与蒙古地区接壤,南部毗邻山阴县,东部连接大同、怀仁,西部则与右玉相连。明洪武二十六年(1393)在此地设置镇朔卫,并筑城池,也即今之左云城。永乐七年(1409),大同左卫从大同徙治镇朔卫城,卫城遂名左卫。并开始增筑城垣,开有北三门。洪武二十八年(1395)移太原府及平阳府的民众为兵户在此屯田戍边,以加强对北方的防御。正统十四年(1449),长城以北的云川卫并入左卫,遂称为左云川卫。进入清代,于雍正三年(1725)裁撤左卫而改设左云县,隶朔平府。此时的左云城南北、东西均长1500米左右,北门通向南门的街道为城内主干道,街道两侧建有太平楼、鼓楼、钟楼、聚奎楼等建筑。① 清代由于地理位置靠近蒙古而成为蒙汉贸易的主要城镇,县内许多居民去往蒙古贸易,城内商业发展程度有限。"自杀虎口开,东西往来皆由北路,遂成偏僻,微觉寥寂。"② 光绪《左云县志》载:"本邑缸油布当粟店多系代州、崞县寄民,而土著之民合伙贸易于邑城者少,大半皆往归化城,开设生理或寻人之铺以贸易,往往二三年不归。以致征粮之际或偕室以行,或家无男丁,有司不能过而问焉,且有以贸易迁居者大半,与蒙古人通交结,其利甚厚。故乐于去故乡而适他邑也。"③

不仅如此,随着一些商业城镇的兴起及繁盛,曾经盛极一时的大城市中的某些支柱行业也有被逐渐取代的趋势。归化城即属此列,该城的牲畜贸易被其西部的西包头镇在光绪中叶所取代。据光绪十九年(1893)的记载称:"近十几年以来,呼和浩特(归化城)的牲畜交易比过去减少了一半以上……不仅在购买牲畜方面,而且在购买蒙古的各种原料方面,归化城的作用都已让位于包头和克克伊尔根。目前来自蒙古的牲畜和原料主要是运往后两个地方。现在呼和浩特之所以参与这类贸易,只是因为这里有许多家银号,支付货款比较方便。"④

保德州城的商业命运与之前河口、河曲相似,由于平绥、同蒲铁路

---

① 光绪《蒙古志》卷2《城池》。
② 雍正《朔平府志》卷3《方舆·风俗》。
③ 光绪《左云县志》卷3《风俗》。
④ [俄]波兹德涅耶夫:《蒙古与蒙古人(第二卷)》,刘汉明等译,内蒙古人民出版社1983年版,第99页。

的开通而使其作为水运码头的优越性丧失,加之社会动荡,而是商业再难现辉煌。归化厅城,在清代是万里茶路上的重要中转站,但随着俄罗斯商人通过水运将茶叶从汉口运到天津,再转运欧洲后,归化城的中转位置逐渐变得不那么重要。茅津渡"大祲后,商贾星散,民各糊口"①。

---

① 光绪《平陆县续志》卷下《艺文》。

第 六 章

清代山西城镇发展的特点

第一节 城镇的发展与城镇体系的完善

山西城镇形成的省、府（包括直隶州、直隶厅）、县和镇四级城镇体系，由于政治、经济等若干因素的变化，城镇发展表现出数量的增加，城镇体系在空间构成上有了新的变化。

一 府、州城

（一）府、州城镇的发展

清代，山西府一级的城镇在明代城镇的基础上有所发展。明代山西地区共有五个府级城镇，其中，太原是省级城市，其余四个府一级的城镇分别是平阳府治临汾城、汾州府治汾州城、潞安府治长治城、大同府治大同城。另外，还有四个直隶州城与府城等级相当，分别是泽州城、沁州城、辽州城、汾州城。所以在清统治山西地区之前，府城以及与府级相当的直隶州城一共有8个，是低于省城的地方二级城镇。

顺治初，蒙古诸部落已经归顺清廷，西北疆域进一步扩大，山西地区已不再是边防重地。这一重大变革使山西地区城镇的功能和结构面临新的调整。雍正二年（1724）至乾隆四十二年（1777），清政府进行了第一次行政区划的改制，改制的主要内容是将原来的军事卫、所改为府和县；把诸多散州升为直隶州，并增设许多新的直隶厅。这样做是为了加强中央对地方的统治和管理。第二次府级城镇的变革是在同治年间回民起义被平定之后，这次改革的结果是诞生了一些新的府、州级城镇。两次改革使府、州等地方二级城镇的数量大幅增加，自明以降的城镇格局发生了较大变化。

表6-1　　　　　　　　清代山西地区府城与直隶州城镇

城镇	行政级别	建置年代	今址
汾州	汾州府治	袭明制	汾阳市
长治	潞安府治	袭明制	长治市
泽州	泽州府治	袭明制	晋城市
临汾	平阳府治	袭明制	临汾市
大同	大同府治	袭明制	大同市
辽州	辽州直隶州治	袭明制	左权县
沁州	沁州直隶州治	袭明制	沁县
蒲州	蒲州府治	雍正二年（1724）	永济市西南蒲州镇
平定州	平定直隶州治	雍正二年（1724）	平定县
隰州	隰州直隶州治	雍正二年（1724）	隰县
绛州	绛州直隶州治	雍正二年（1724）	新绛县
解州	解州直隶州治	雍正二年（1724）	解县
保德	保德直隶州治	雍正二年（1724）	保德县
代州	代州直隶州治	雍正二年（1724）	代县
忻州	忻州直隶州治	雍正二年（1724）	忻州
吉州	吉州直隶州治	雍正二年（1724）—乾隆三十六年（1771）	吉县
宁武	宁武府治	雍正三年（1725）	宁武县
右玉	朔平府治	雍正三年（1725）	右玉县西北右玉镇
归化城	归化城直隶厅治	乾隆元年（1729）	内蒙古自治区呼和浩特市西南
绥远城	绥远城直隶厅治	乾隆四年（1739）	内蒙古自治区呼和浩特市东北
和林格尔	和林格尔直隶厅治	乾隆二十五年（1760）	内蒙古自治区和林格尔县
清水河	清水河直隶厅治	乾隆二十五年（1760）	内蒙古自治区清水河县
托克托	托克托直隶厅治	乾隆二十五年（1760）	内蒙古自治区托克托县
萨拉齐	萨拉齐直隶厅治	乾隆二十五年（1760）	内蒙古自治区土默特右旗
霍州	霍州直隶州治	乾隆三十六年（1771）	霍县
五原	五原直隶厅治	光绪二十八年（1902）	内蒙古自治区五原县
武川	武川直隶厅治	光绪二十八年（1902）	内蒙古自治区武川县
东胜	东胜直隶厅治	光绪三十三年（1907）	内蒙古自治区东胜市

资料来源：据牛平汉主编《清代政区沿革综表》整理，中国地图出版社1990年版。

根据表6-1，清代山西地区府州二级城镇共有 28 个。其中，吉州直隶州于乾隆年间被降为散州。至清末，山西境内作为二级城镇的府、直隶州和直隶厅共有 27 个。二级城镇数目的增加，是清政府中央集权加强的表现。此外，蒙古地区的一种特别行政设置也与山西有关，即盟所。内蒙古在清代"朝贡凡二十五部，为五十有一旗"，诸部组为盟，有盟所、贡道。其中"鄂尔多斯一部七旗……自为一盟，其盟所曰伊克台，其贡道由杀虎口"。盟设正副盟长一人，"以简军实，阅边防，理讼狱，审丁册"。[①] 彼时，归化城土默特隶属将军都统及各厅同知，并未设置盟长，会盟在归化城，这两处盟所应当是高于旗的政治中心地区。

(二) 次府级城镇

次府级城镇是府同知或州判分驻于府所辖的一些重要关镇或市镇，以及其对某些方面的控制和管理而形成的一级行政城镇。山西地区的此类城镇在明代就已经有所设置，但数量较少。清代次府级城镇有所增加。

表6-2　　　　清代黄土高原地区主要的次府级城镇

城 镇	属 府	位 置	设置年代
永乐镇	蒲州府	永济县东南	雍正六年（1728）设同知驻节
张兰镇	汾州府	介休县东40里	乾隆十一年（1746）移同知驻节
东冶镇	泽州府	阳城县东南50里	乾隆二十二年（1757）移拦车镇同知于此
拦车镇	泽州府	凤台县南60里	乾隆二十二年（1757）前同知驻节
碛口镇	汾州府	临县南100里	咸丰（1851—1861）初移汾州府通判驻节
运城镇	解州直隶州	安邑县东南	雍正十三年（1735）设粮捕州判
归化城		现呼和浩特市	雍正元年（1723）增同知二员、后省一员；乾隆元年（1736）置直隶厅

资料来源：《嘉庆重修一统志》（四部丛刊续编本，上海书店1984年版）；民国《临县志》（1917年铅印本）。

清代山西的次府级城镇大致可分为两类：一是位于重要交通孔道，

---

① （清）王锡祺辑：《小方壶斋舆地丛钞》（二），杭州古籍书店1985年影印版，第67页。

并关乎一方安危的重镇。这一点在多数城镇有共同性，但也有些城镇有侧重。如张兰镇，是介休东部"孔道咽喉，亦县东屏蔽"[①]。乾隆十七年（1752）曾在此处设置巡检司。乾隆二十二年（1757），裁撤巡检司，进一步由汾州府同知驻扎此处分理。说明其重要意义非一般镇可比。蒲州永乐镇价值和意义与此相似。二是专项业务管理中心。从表面上看有盐业、冶铁等两种不同行业。城镇有运城镇、东冶镇。上述镇作为加强地方统治和管理的地区行政中心，其设置视地方治理的难易与对州府的价值而定，是地方行政机构的补充。

二　县城

（一）北部县、厅城镇的兴起

由于旧有边地政治、军事格局的变化，原有的边陲城镇在功能上发生了转变。一些具有行政价值的城镇开始通过两条途径兴起：第一，清政府通过改制行政区划的方式，将部分军事功能的城镇转变为行政中心城镇。第二，通过屯垦兴农，促进新县的建立。这两种途径，以前者为主，都对山西城镇体系的平衡化发展有很大影响。

表6-3　　清代山西地区由军事城镇转化的县级城镇

县、厅城镇	设置年代	军事型城堡	今址
神池（县）	雍正三年（1725）	宁武卫神池堡	神池县城
五寨（县）	雍正三年（1725）	岢岚五寨堡	五寨县城
左云（县）	雍正三年（1725）	左云卫	左云县城
平鲁（县）	雍正三年（1725）	平鲁卫	平鲁县平鲁城镇
偏关（县）	雍正三年（1725）	偏关守御千户所	偏关县城
天镇（县）	雍正三年（1725）	天镇卫	天镇县城
阳高（县）	雍正三年（1725）	阳高卫	阳高县城
东胜（厅）	光绪三十年（1904）	东胜卫	内蒙古自治区鄂尔多斯市东胜市

资料来源：据上述地区地方整理。

---

① 嘉庆《介休县志》卷1《关隘》。

由军事型城镇转化为行政城镇。这一转变改变了原来山西地区军事型和行政型的二元城镇格局，使山西北部行政中心县级城镇得以兴起和发展，也使得以往行政中心过多偏集于中南部而造成的城镇体系不平衡的状态有所改变。

（二）地区中心县级城镇的增减

1. 新增县城

与北部县级城镇等兴起相比，山西中心区域县级城镇的变化很小。整个清代增加的县城只有山西省虞乡县。该县是雍正七年（1729），由蒲州府永济县东的虞乡镇升级而成为县城的。

2. 裁撤县城

清代，政府在改制中对山西裁撤的县级城镇一共有四个。详见表6-4。

表6-4　　　　　　　　　清代山西裁撤的县级城镇

县城	置撤年代	今址
清源	明—清乾隆二十八年（1763）	清徐县清源镇
平顺	明—清乾隆二十九年（1764）	平顺县城
乐平	明—嘉庆元年（1796）	昔阳县城
马邑	明—嘉庆元年（1796）	朔城区东北

资料来源：（清）光绪《山西通志》卷6，中华书局1990年版。

（三）次县级城镇

与次府级城镇类似，清代山西地区次县级城镇也有相当发展，它们是县城功能的延伸和补充。次县级城镇均为县属重要城镇，要么以交通孔道和县城屏障为胜，要么以经济繁荣称雄，或二者兼有。

表6-5　　　　　　　　　清代山西主要次县级城镇

城镇	属县与位置	设置年代
胡张镇	平陆县东20里	嘉庆四年（1799）改设县丞
范村镇	太谷县东	乾隆四十三年（1778）主簿驻此

资料来源：《嘉庆重修一统志》，四部丛刊续编本，上海书店1984年版。

三 市镇的普遍兴起及相关问题

清代，山西市镇在数量上，以及地域分布上，都较前代有显著发展。明代晋北地区未有市镇见著于记载。至清代，怀仁、阳高、广灵、平鲁、静乐①、五台②、繁峙③、应州④、天镇⑤、灵丘⑥、定襄⑦、代州⑧、崞县⑨、河曲⑩等州县均有镇出现。

表6-6　　　　　　　　清代中叶山西地区市镇分布

府州名称	市镇数量	府州名称	市镇数量
太原府	27	平阳府	33
大同府	5	汾州府	27
朔平府	—	宁武府	—
蒲州府	17	潞安府	40
泽州府	26	代州直隶州	3
忻州直隶州	6	保德直隶州	—
隰州直隶州	6	绛州直隶州	17
解州直隶州	17	沁州直隶州	11
辽州直隶州	14	平定直隶州	7

资料来源：《嘉庆重修一统志》，四部丛刊续编本，上海书店印行，1984年。

作为次级市镇的乡村集市在市镇普遍发展的基础上也有了广泛发展。表现在各府州县的一些较大村庄，特别是交通较为方便的村镇常有定期集市，有个别集市已发展为常市。此外，还有许多村庄及山庙等均有定

---

① 以上5县见民国《清史稿》卷7《地理志》。
② 光绪《五台新志》卷1《治所·市集》。
③ 光绪《繁峙县志》卷2《建置志·市集》。
④ 民国《清史稿·地理志》。
⑤ 光绪《天镇县志》卷2《关隘志》。
⑥ 光绪《灵丘县补志》卷10《补遗志·市集》。
⑦ 雍正《定襄县志》卷3《田赋志·市场》。
⑧ 光绪《代州志》卷4《建置志·镇集》。
⑨ 光绪《续修崞县志》卷1《舆地志》。
⑩ 同治《河曲县志》卷1《沿革·村集》。

期庙会，进而逐渐成为当地经济和社会活动的中心。

第二节 城市规模扩大

山西城市经过顺康雍时期的重建、初步发展，到清代中期乾隆、嘉庆时，随着山西北部归绥六厅及晋东南地区的进一步开发，山西社会经济发展水平显著提高，从而促进了城镇的兴起和繁荣，进而使之达到传统城镇发展的一个新的高度。这一时期，城镇发展的特征是城镇规模扩大、商业日渐繁盛。经过清前期城市的重建以及初步发展，至清中后期，特别是乾嘉时期，山西城镇规模进一步扩大，主要表现在城镇面积的扩大和城镇人口的增加两方面。

一 城市人口的增加

人口是城市的决定性构成要素之一，任何城市都是居民聚居区。一般来说，城镇人口的增长与城市社会经济发展呈正相关关系。葛剑雄在其《中国移民史》中明确指出，任何一个地区只有拥有一定数量的人口，才能使多数可以利用的土地得到开垦。同样也只有人口增加到一定数量才能使粗放型的农业向精耕细作的农业和多种经营方向发展。而商业和手工业则更需要来自农业生产的剩余劳动力，并且需要具备一定的消费人口。[①] 因此在分析清中后期山西城市发展状况时，就必须了解彼时城市人口的情况。

我们知道，清前期只有人丁统计数字而无直接人口统计数字，不同时期、不同地区丁口的比例又很不一致，各地丁口记载也不全面，且缺乏系统性。因此我们无法依据现有文献中丁口记载准确推测当时的人口情况，因此我们就没有办法单独探究清中期山西城市人口发展状况。为了更好地佐证我们提出的观点，现将清代山西人口发展作为讨论对象进行整体分析。

清初，受明末战乱影响，山西人口大幅度减少，到康熙二十年（1681）前后才有所改变。参见表6-7。

---

① 葛剑雄：《中国移民史》，福建人民出版社1997年版，第97页。

表 6-7　　　　　　　　　　清代山西人口表

年　代	人数（万人）	年　代	人数（万人）
顺治十八年（1661）	627.869	咸丰七年（1857）	1604.9
康熙二十四年（1685）	678.026	咸丰八年（1858）	1608.8
雍正二年（1724）	750.9738	咸丰九年（1859）	1612.8
乾隆二十二年（1757）	965.42	咸丰十年（1860）	1619.9
乾隆二十七年（1762）	1023.99	咸丰十一年（1861）	1624.2
乾隆三十一年（1766）	1046.8349	同治元年（1862）	1628.9
乾隆五十一年（1786）	1319	同治二年（1863）	1632.4
乾隆五十二年（1787）	1323.2	同治三年（1864）	1633.25
乾隆五十三年（1788）	1326.8	同治四年（1865）	1634.1
乾隆五十四年（1789）	1330.7	同治五年（1866）	1634.95
乾隆五十五年（1790）	1334.6	同治六年（1867）	1635.8
乾隆五十六年（1791）	1338.7	同治七年（1868）	1636.6
嘉庆十七年（1812）	1400.421	同治八年（1869）	1637.5
嘉庆二十四年（1819）	1432.5	同治九年（1870）	1638.35
嘉庆二十五年（1820）	1435.2	同治十年（1871）	1639.2
道光十年（1830）	1465.8	同治十一年（1872）	1639.27
道光十一年（1831）	1467.8	同治十二年（1873）	1639.3
道光十二年（1832）	1469.6	同治十三年（1874）	1639.4
道光十三年（1833）	1471.4	光绪元年（1875）	1640.6
道光十四年（1834）	1473	光绪二年（1876）	1641.9
道光十五年（1835）	1480.7	光绪三年（1877）	1643.3
道光十六年（1836）	1482.4	光绪四年（1878）	1555.7
道光十七年（1837）	1481.4	光绪五年（1879）	1556.9
道光十八年（1838）	1485.8	光绪六年（1880）	1458.7
道光十九年（1839）	1487.5	光绪七年（1881）	1434.9
道光二十年（1840）	1489.2	光绪八年（1882）	1221.1
道光二十一年（1841）	1492.7	光绪九年（1883）	1074.4
道光二十二年（1842）	1494.6	光绪十年（1884）	1090.9

续表

年 代	人数（万人）	年 代	人数（万人）
道光二十三年（1843）	1496.6	光绪十一年（1885）	1079.3
道光二十四年（1844）	1495.6	光绪十二年（1886）	1084.7
道光二十五年（1845）	1500.8	光绪十三年（1887）	1065.8
道光二十六年（1846）	1503.1	光绪十四年（1888）	1098.4
道光二十七年（1847）	1505.6	光绪十五年（1889）	1103.4
道光二十八年（1848）	1507.8	光绪十六年（1890）	1105.9
道光二十九年（1849）	1510.3	光绪十七年（1891）	1107.1
道光三十年（1850）	1513.1	光绪十八年（1892）	1126.1
咸丰元年（1851）	1569.27	光绪十九年（1893）	1145.44
咸丰二年（1852）	1589.2	光绪二十年（1894）	1165.1
咸丰三年（1853）	1592.1	光绪二十一年（1895）	1110.4
咸丰四年（1854）	1595.7	光绪二十二年（1896）	1119.1
咸丰五年（1855）	1599.2	光绪二十三年（1897）	1149.3
咸丰六年（1856）	1601.6	光绪二十四年（1898）	1153.1
		宣统三年（1911）	1009.9

资料来源：据赵文林、谢淑君《中国人口史》《各省清代人口数统计表》的核算数，人民出版社1988年版，第452页。

由表6-7可知，清代前期的山西人口，在乾隆二十二年（1757）前为一个阶段，人口大体在600万—900万之间。从乾隆二十七年（1762）起，为第二个阶段，人口达到千万以上，到道光二十年（1840）山西人口已近1500万人。

表6-8　　嘉庆二十五年（1820）山西各府州人口密度统计

府州别	人口（人）	面积（平方公里）	密度
太原府	2086640	16500	126.46
平阳府	1397546	12300	113.62
蒲州府	1398811	3300	423.88
潞安府	940514	9000	104.50
汾州府	1807377	15000	120.46
泽州府	899698	8700	103.41
大同府	764923	19200	39.84
宁武府	238692	6000	39.78
朔平府	536066	27000	19.85
平定府	640484	8100	79.07
忻州直隶州	366146	5400	67.80
代州直隶州	513135	8700	58.98
保德直隶州	140769	3300	42.66
霍州直隶州	351147	3000	117.05
解州直隶州	799521	3730	214.34
绛州直隶州	1017312	5400	188.39
隰州直隶州	134045	6300	21.28
沁州直隶州	266811	5700	46.81
辽州直隶州	212715	4500	47.27
归化城厅	120776	缺	缺
合计	14597428	—	—

资料来源：梁方仲《中国历代户口、田地、田赋统计》，第274页，甲表88之《清嘉庆二十五年（1820）各府州人口密度》，上海人民出版社1980年版。

从表6-8可以知道，嘉庆二十五年（1820），山西省的太原府、汾州府、蒲州府、平阳府、绛州人口最多，人口密度以蒲州为最，其次为解州、绛州、太原府。

人口迅速增长进一步加剧了山西地区的人地矛盾，诸如人均耕地面积减少、农村人口日益过剩、大量人口出走口外谋生。而随着城市社会经济的发展，大量人口向城市迁移，农村人口纷纷移居城市，广泛从事商业、手工业、运输业等各类行业。进而增加了城市人口的总体数量，在促进城市社会经济文化发展的同时,为城市的进一步发展储备了人力资源。

省城太原,城内人口,呈"举袂如云,挥汗如雨"之势。[①] 光绪二十六年(1900),太原城四关之内共有3万人,清末已发展到5万人。晋北的大同为九边重镇,明代城内西北隅设总镇署,统8卫、7所、额军13.5万。清代以来,成为汉蒙贸易的重要商城,城内人口更盛。杀虎口关城,最盛时住户多达5000余户,人口突破5万。[②] 丰镇全城"土著民人"4480余户,男妇大小约3万口。[③] 晋中介休县张兰镇,康熙年间有"住户七百、商间四千","屋舍鳞次,不下万家,盖藏者十之三商贾,复四方辐辏,俨如大邑"。[④] 晋南盐池附近在雍正时有"河东坐商数百户",雇佣盐工数千人进行潞盐生产。[⑤] 彼时麇集于运城及解池周边依盐务为生者规模庞大,有2万余人。[⑥] 晋东南襄垣县城在清末,"邑里颇繁庶,人文复兴。县治既设阛阓用兴,襄虽僻壤,而人民辐辏"[⑦]。

清代山西的城镇人口数量已经相对较多。参见表6-9。

表6-9　　　清代至民国初年山西部分城镇人口数量及变化表

城镇名称	城镇等级	时间及人口
稷山	县城	乾隆三十一年(1766),1542户,7387口
平陆	县城	乾隆二十九年(1764),623户,4169口; 光绪六年(1880),3357口
虞乡	县城	乾隆三十七年(1772),1834口; 光绪六年(1880),141户,469口
荣河	县城	光绪六年(1880),538户,2477口

---

① 乾隆《太原府志》卷16《城池》。
② 黄鉴晖:《杀虎口的消长隆替》,《文史研究》1992年第1—2期。
③ 光绪《丰镇厅志》卷6《风土》;光绪《丰镇厅志》卷5《户口》。
④ 嘉庆《介休县志》卷12《艺文》。
⑤ 雍正《山西通志》卷45《盐法》。
⑥ 山西省地方志办公室编:《民国山西实业志(上册)》,山西人民出版社2012年版,第135(丙)页。
⑦ 民国《襄垣县志》卷1《疆域·街坊》。

续表

城镇名称	城镇等级	时间及人口
猗氏	县城	光绪三年（1877），4695 口；光绪六年（1880），2444 口
绛州	县城	光绪六年（1880），812 户，3420 口
垣曲	县城	光绪六年（1880），701 户，2265 口
襄陵	县城	光绪六年（1880），1611 户，5125 口
吉县	县城	民国初年（1912），449 户，1267 口
长子	县城	光绪八年（1882），1250 户，8039 口
临晋	县城	民国初年（1912），406 户，1580 口
曲沃	县城	民国初年（1912），818 户，3767 口
大同	县城	道光年间（1821—1850），7054 户，35345 口
闻喜	县城	乾隆二十八年（1763），1513 户，7035 口

资料来源：同治《稷山县志》、民国《平陆县志》、民国《虞乡县志》、光绪《荣河县志》、光绪《续猗氏县志》、光绪《直隶绛州志》、光绪《垣曲县志》、民国《襄陵县志》、民国增补光绪《吉县志》、光绪《长子县志》、民国《临晋县志》、民国《曲沃县志》、道光《大同县志》、乾隆《闻喜县志》。

从表 6-9 可以知道，乾隆时期，山西县城中的人口规模相差较大，一些县城人口规模已达 7000 人以上，如稷山县城；一些还不到 2000 人，如虞乡县城。而光绪三年（1877）以后，由于受到连年灾害的影响，人口损失较大，城镇人口普遍下降，有些城镇的人口还不足 1000 人，如虞乡县。但大部分城镇的人口都在 2000 人以上，长子县县城人口甚至超过 8000 人。这表明乾隆以后山西地区的城镇人口仍有较大的增长。[①]

随着城市人口的增加，经济的繁荣，城市的规模也日益扩大。

二 城池规模的扩大

一般而言，清代大部分城市的主体部分都建在城墙之内。因此要探究城市规模的大小就要对城垣内的城市规模进行分析。清代山西城镇规模受历史、经济、军事等条件的影响，表现出差别较大的特点。城池规

---

① 王社教：《辽宋金元时期山西地区城镇体系和规模演变》，《陕西师范大学学报》（哲学社会科学版）2003 年第 4 期。

模也与行政级别的高低紧密联系。

城周在5公里（即10里）以上的城镇有7个，分别为太原府城24里，太谷县城12里，平遥县城12里82分，长治县城24里，临汾城11里288步，大同城13里，左云县城10里120步，若加上关城，则还有汾阳和介休二城。其中阳曲、平遥、临汾、大同、左云及汾阳为新筑或在前代基础上扩建的，太谷县城为后周显德四年（957）所筑，长治和介休的筑城年代不详。除平遥、太谷和左云为三级行政区治（县级）所外，其他四座城镇均为二级行政区治所（府城）。

城周在3—5公里（即7—10里）之间的城镇有太原、文水、永宁、凤台、平定、永济、猗氏、荣河、解州、运城、平陆、绛州、隰州、霍州、阳高、天镇、右玉、宁武、忻州、代州、保德州21个，囊括了除辽州、沁州之外的所有二级行政区治所。

城周在2.5—3.5公里（即5—7里）之间的城镇有26个，除沁州外皆为三级行政区治所。

城周在2.5公里（即5里）以下的有45个，除辽州外皆为三级行政区治所。①

城垣的规模虽然是确定的，但城内的街巷及坊里设置随着人口及市场繁荣程度而有所变化。

（一）城垣及城内街道

清代，山西诸多城镇内街巷纵横，坊里遍布。晋北大同城内街坊以四牌楼十字街为适中之地，街口四面建坊，街东曰和阳，街西曰清远，街南曰永奉，街北曰武定，四条大街直抵四座城门，②将大同城分为四隅，城内共有大小街巷136条。③房舍比栉，毫无隙地。④丰镇城"大街通衢有九，小巷僻路亦数十余条，民房廛舍比栉鳞密"⑤。临汾城内的"东西街，商号栉比，道线亦较长，东一段街分三路，中街而外南北复有

---

① 光绪《山西通志》卷23—30《府州厅县》；民国《清史稿》卷7《地理》。
② 道光《大同县志》卷5《坊表》。
③ 道光《大同县志》卷8《风俗》。
④ 道光《大同县志》卷8《风土》。
⑤ 光绪《丰镇厅志》卷6《风土》；光绪《丰镇厅志》卷5《户口》。

夹道，因之过往行人拥挤殊甚"①。

省治太原为清代山西最大的城市，城周 24 里，城墙高 3 丈 5 尺，外包以砖，护城河深 3 丈，开城门 8 座：东曰宜春、曰迎晖，南曰迎泽、曰承恩，西曰阜城、曰振武，北曰镇远、曰拱极。由迎泽门至承恩门 2 里，由承恩门至宜春门 4 里有奇，由宜春门至迎晖门 2 里，由迎晖门至拱极门 4 里有奇，由拱极门至镇远门 2 里，由镇远门至阜城门 5 里有奇，由阜城门至振武门 1.5 里，由振武门至迎泽门 3 里有奇。② 并在城西南角修满洲城，周围 843 丈，驻八旗兵。③ 太原城内主要街道有：大东门街、小东门街、大南门街、新南门街、水西门街、旱西门街、大北门街、小北门街 8 条，分别直对 8 座城门的大街，以及城中鼓楼大街。

康熙时期，永宁州有在城大街 9 条：州前大街，在州治东；丹桂巷，在州治东；铨巷街，在州治东；小十字街，在州治东；学坡街，在州治东南；瑞雾街，在州治南；大楼街，在州治西南；新兴街，在州治西；扫长街，在州治北。④ 宁乡县城内有 4 条主要街道：东街、西街、南街和北街。各条街道上均有标志性建筑：东街有关帝楼；西街有五龙楼；南街有三圣楼；北街有城隍楼。⑤ 文水县城周围 9 里 18 步，门四：东曰瞻太，表曰朝阳；南曰通薰，表曰带汾；西曰靖陆，表曰环岫；北曰望恒，表曰拱辰。内中央大观楼一座，中分为四街，各分四巷。东北隅贵信街巷四：郑家巷、草场巷、关王庙巷、城隍庙巷。东南隅忠孝街巷四：马家巷、高家巷、成家巷、李家巷。西南隅武修街巷四：向家巷、文魁巷、布政司巷、潘家巷。西北隅善治坊明教街巷四：贾家巷、蔚家巷、田家巷、郭家巷。⑥

乾隆时期，运城内人烟繁茂，共设十坊：厚德坊、和睦坊、宝泉坊、货殖坊、荣恩坊、贤良坊、二十泉坊、永丰坊（后又并为二曰贤良坊）、

---

① 民国《临汾县志》卷 1《城郭考》。
② 道光《阳曲县志》卷 3《城池》。
③ 杨纯渊：《山西历史经济地理述要》，山西人民出版社 1993 年版，第 380 页。
④ 康熙《永宁州志》卷 2《街市》。
⑤ 康熙《宁乡县志》卷 3《楼阁》。
⑥ 康熙《文水县志》卷 3《城池》。

里仁坊、和厚坊。① 孝义县城周 4 里 13 步，高 2 丈 7 尺至 3 丈余，基厚 1 丈 9 尺至 2 丈余，4 面建门，东曰宾旸、南曰观明、北曰拱极、西曰秩成，门皆建楼，东西北筑月城。……城四面方正，西门偏南，东门偏北，南北门当中正对。城内建筑丰富，街巷纵横：自北而南为中城大街，入北门数十步有霍姓升平人瑞坊，坊左右为东西沙姑巷，又前为中阳楼，楼东西俱大街，西街尽城下，依城面南为城隍庙，东街有太平寺，为官员朝贺所，又东三义庙，俱街北面南，又东出城东门由中阳楼南行数步为霍姓三世尚书坊，又数步有进士坊，又前为县巷口，巷口西折，出城。西门大街，街适中建鼓楼，三层楼，南数十步复左旋为四贤祠楼，北通中阳楼之西街，城隍庙前楼西即县治，楼中空，基数亩。旧察院署址，建营房于其北，又东有赵纳进士坊，由县巷口南行数步为仓巷口，巷口东折有梁明翰石坊，又东即常平仓，又东为学宫，面城，城上建有魁星楼，与学宫内文昌阁正对。由仓巷口南行数十步出城。② 保德州城内街巷纵横：中街，自州治抵南门；东街，自州治抵东门；西街，自州治抵儒学门；新街，南口通东街折而西，逾州治后抵北门；□春巷，在儒学西北；辛家胡同，西口通中街，东抵草厂沟；草厂胡同，西口通中街，东抵草厂沟；张家胡同，西口通中街，东抵承天寺后台；钟楼巷，西口通中街，东抵乔家墟，中有一条小巷至承天寺前；东营，西口通中街东抵三清观；所营，中巷通东营，西抵所治左，东抵奇圪沱；戴家堡，西通钟楼巷；大寺胡同，东口通中街，西抵西页巷；观音巷，南通西页巷，东抵大寺后再抵土地庙，北抵苦水沟，拖西四乐坡抵西门；西页巷，东通大四胡同，北抵文昌阁，西有何家台，南通西胡同；西胡同，东口通中街，西抵孙家沟垓；翟家胡同，东通中街，西抵孙家沟垓；仓巷，东口通中街，西抵冯家十字巷；孙家营，南通冯家十字巷，西有下营坡抵孙家沟；冯家十字巷，东通仓巷，西抵臭水坑，北抵孙家营，南抵白家胡同；白家胡同，东口通中街，西抵西营；娘娘庙胡同，东口通中街，西抵娘娘庙；西营，东口通中街，折而西抵白家胡同。③

---

① 乾隆《解州安邑运城志》卷 3《城池》。
② 乾隆《孝义县志》卷 1《疆域》。
③ 乾隆《保德州志》卷 1《因革·街巷》。

第六章 清代山西城镇发展的特点 / 231

道光时期，太平县城内有县门前街、鼓楼街、南门街、北门街、东门街、西门街、学门前街、角口街、二郎庙巷、皮匠巷、东仓巷、西仓巷、南寺巷、郑家巷、韩家巷、南关大街、斜儿街（骡马市在此）、北关大街。① 平遥县城，其城墙周长 12 里，高 3 丈，四周有 6 座城门，东西各二，南北各一，有瓮城。县城平面方正端庄，由 4 大街、8 小街、72 小巷道。

光绪时期，潞城县城内设有 4 坊：怀仁坊、嘉义坊、执礼坊和崇智坊。怀仁坊为东街，正街、天仙庙巷、奎星楼底、凤池头、上攀巷、龙王庙街、武家胡同、桥街口。嘉义坊为西街，前巷、石梯上、禹王庙底、十字口、牌坊底、中巷、任家巷、引路上、西城濠、后巷、牛王庙底、关家巷、衙坡西。执礼坊为南街，南门口、南城濠、梁家胡同、前关庙底、十字口、正关庙底、宋家胡同、马家巷、三教阁巷、麻池岸。崇智坊为北街，北门口、寺前、寺后、新街、儒学胡同、泰昌胡同、衙道街、煤市、衙公庙底。② 崞县城有 4 座城门，城内有大小街巷 15 条，分别是：东门内的临沱街；西门内的保和街；南门内的景明街；北门内的定远街；儒林坊（青贤坊）东的聚奎街；县治前的位民街；县治西的草场街；县治东的钟楼巷，以及位于城内西南的上下仓街；大南门外的王府街、益利街；岱山庙南天齐街；天齐街南的阁儿街；中南门内的雄藩街；秒南门内的楼烦街。③ 繁峙县城者入西门出东门，必经大市曰永丰街，转而南为尚义街，转而北为承宣街，再北逼城垣为崇礼街，五街皆东西向纬道也。鼓楼当大市中起直南门曰中顺街，其左曰东顺街，其右曰西顺街，县署在承宣街前有通衢达大市曰新顺街，四街皆南北向经道也。④

清末民初，襄垣县城内有 11 条街道：立政街在北门内；立教街在西门内；育贤街在学前；崇仁街在龙洞庙前；崇文街在南门内；新民街在南关；东厢街在北关东；西成街在西关；立义街在东门内；明德街在县治前；西厢街在北关西。⑤ 岳阳县城有街道：衙门前街、中街、南街、北

---

① 道光《太平县志》卷 2《建置·街巷》。
② 光绪《潞城县志》卷 2《建置沿革考·城池》。
③ 光绪《续修崞县志》卷 2《建置志·城池》。
④ 光绪《繁峙县志》卷 2《建置志·市集》。
⑤ 民国《襄垣县志》卷 1《疆域·街坊》。

街、文庙街、养佳胡同、任家巷、摇上巷、财神庙巷、士巷、东城壕巷、北街巷、南关街、北关街。① 洪洞县城内有10条街道：宣化街，大南门内北至宣化坊止；菜市街，宣化坊至刘家巷口止；花集街，刘家巷口至大北门内止；估衣街，宣化坊西至石塔止；牛站街，菜市西至草集止；关帝街，刘家巷口东至春秋楼止；粮市街，春秋楼东至学宫止；文昌街，学宫东转北至东岳庙止；炭市街，官义学至小南门内止；东关街，县治西北隅至小北门止。② 凡此种种，不胜枚举。

（二）市政工程建设

随着清代城市经济的恢复发展和城市规模的扩大，至清中期，山西城市开始普遍注重市政工程的建设，其重点在城池的修缮、街巷整修、城市排水系统及堤防、风水及城市景观等方面。

1. 城池的修缮

清代山西城市的街道建设许多由民间自主修建。芮城县城池"向系民修"。③ 绛州州城亦有"四乡百姓农隙时分段补修"的旧例。④ 解州于清代"凡岁修，四关门洞、谯楼系四关居民分修；土身砖垛系四乡居民分修。每年正月，点充乡约，新旧接替，随时补葺，城上刻石为界"⑤。其他城市亦类似。高平县城"城垣原属百里民修，各有丈尺"，并立有石碑为记。⑥ 应州城"士民请愿捐修土牛及女墙"⑦。交城县城同治七年（1868）的重修由"绅士等创捐"而成。⑧ 祁县城"北东女墙下有沟洼四十七处"由"父老（乡亲）……平之"。⑨ 虞乡县城"（乾隆十三年）绅士邵汝为、薛正伦等十三人所捐助工费，始砖砌砌雉堞，遂建南北二门楼，亦各三楹而轨制乃倍"⑩。太平县城在道光四年（1824）重修城内南、

---

① 民国《新修岳阳县志》卷3《建置·街道》。
② 民国《洪洞县志》卷7《舆地志·城池》。
③ 乾隆《解州芮城县志》卷3《城池》。
④ 光绪《绛州志》卷3《城池》。
⑤ 光绪《解州志》卷3《城池》。
⑥ 乾隆《高平县志》卷4《城池》。
⑦ 乾隆《应州志》卷1《城池》。
⑧ 光绪《交城县志》卷3《建置·城池》。
⑨ 光绪《祁县志》卷2《城池》。
⑩ 光绪《虞乡县志》卷2《建置·城池》。

北两关时"伐石运灰，纵横以度计分段，鳞次派砌，一律刨土铺石，内外坦平，居民铺户分认，其费力众，故易举也"①。平陆县城于雍正七年（1729）重修，此次重修为合邑士民乐输而成。②汾阳县城于乾隆十七年（1752）由"县民贾诚等十六人，捐赀缮北城三十七丈五尺又奇"③。保德州城南门外的保德桥，于乾隆十一年（1746）由州民募筑，东偏麻池，栽柳以固土基。④

绅民对城池的捐修不止捐输银两，还有土地。虞乡县城即在当地绅士石化光、罗廷仪等与蒲州绅士王绳圻所捐输的地基之上，于雍正八年（1730）重修而成。⑤

而这些民间修建，有相当一部分是由政府订立章程予以规定而有序进行，如凤台县即于乾隆十六年（1751）"详订章程统归民户修补"；继而于乾隆二十三年（1758）具体指明"各里承修，分认工段"，并刊石为记。⑥乾隆《曲沃县志》里亦有"凡城垣以及城楼角楼城坡、炮台并北面砖城，在乡三十二里。各任一分。在城四里，各任半分。城中每里，应各任一十五丈五尺。在乡每里应各任三十一丈。南薰里自南面西角起，挨里分转东而北而西至西南角，诸牛里止。偶有些小损坏，该管里分，拨夫修补"⑦的记载。

除县里民众独自维修外，亦有知县同绅民共同修建的情况。陵川县知县和绅士于乾隆二十二年（1757）"捐修葺又补修门楼三座，角楼四座"⑧。阳城县城在咸丰年的补修即为"知县协同邑绅"重新修建，"凡城周围二里三百一十二步，高三丈五尺，雉堞五百四十五。东西南三门，门各有楼，外拱极阁一座。望远楼一座，小敌楼六座"⑨。忻州城于同治

---

① 道光《太平县志》卷2《建置·街巷》。
② 乾隆《解州平陆县志》卷3《城池》。
③ 光绪《汾阳县志》卷2《城池》。
④ 乾隆《保德州志》卷1《城垣》。
⑤ 光绪《虞乡县志》卷2《建置·城池》。
⑥ 乾隆《凤台县志》卷3《城池》。
⑦ 乾隆《曲沃县志》卷2《建置志·城池》。
⑧ 乾隆《陵川县志》卷8《城池》。
⑨ 同治《阳城县志》卷3《城池》。

间的重修亦为"知州倡捐,邀集绅商"而共同完成。① 马邑县城康熙三十二年(1693)由邑绅及侍郎倡导重修。② 岳阳县于雍正八年(1730)由知县、训导、典史等捐金倡修,士民以次乐输,石砌成街。③ 安邑县城于"乾隆二十三年邑令修筑,民情踊跃。金成工缭,垣加厚五尺,腹裹不完者,补之。上筑女墙,东月城戍铺角楼皆甃以砖,屹为重镇"④。运城于顺治十年(1653)"御史陈喆暨绅衿商庶捐葺"被流寇姜瓖毁坏的城池。⑤ 崞县城于雍正七年(1729),"知县刘泽民率众修南北城圮三十丈;同治七年,知县万启钧复募邑人重修四门,换包铁叶"⑥。丰镇县城于乾隆十八年(1753)大朔由"理事厅色明倡率居民修筑土垣"⑦。兴县城于光绪二年(1876)重修时"邑令邀集绅耆孙德涵、贺泰来、孙树春、孙福昌等,倡捐兴工,外间仍砌以砖,裹墙用石筑成,横长数十丈"⑧,等等。

2. 街巷的修整

随着商业的发展,城市街道宽阔,两旁店铺林立。例如祁县城,其布局以十字街口为中心,东、南、西、北四条大街垂直交叉,南正北直,东西对应,四条大街路面均宽6—7米,以十字交叉为骨架,全城辅以28条街巷。东、西、南、北四条大街均为商业街,临街门面大都为商号店铺,其中东、西二街更为繁荣。

亦有城市不仅城墙为砖砌,且街道均为石条砌成。如介休县城自明崇祯年间始将外层砌砖,有门5道,即文家庄门、东关门、侯家门、师家门、西关门,均有门楼。城内旧有东西大街1条,南北大街1条,两条街在城中心交叉后分割为东、西、南、北4条街,4条大街全用石条铺

---

① 光绪《忻州志》卷1《城池》。
② 雍正《朔平府志》卷4《建置·城池》。
③ 民国《新修岳阳县志》卷3《建置·街道》。
④ 乾隆《解州安邑县志》卷3《城池》。
⑤ 乾隆《解州安邑县运城志》卷3《城池》。
⑥ 光绪《续修崞县志》卷2《建置志·城池》。
⑦ 乾隆《大同府志》卷12《建置》。
⑧ 光绪《兴县续志》上卷《营筑·城垣》。

筑。① 凤台县城于康熙年间重修时"甃城中石街"②。岳阳石砌成街，历年久远，倾倒不平。于雍正八年（1730）四月，"自南城外至北关共修一百五十五丈，自东门至正街，自古楼至学巷共修六十五丈宽八尺，城门底俱用石条铺平，间治水道，增修水门，自是而街道坦平矣"③。

3. 疏浚河道及修建堤防

随着城镇规模的扩大，街道的延伸，城镇排水系统在城镇生活中的重要性就凸显出来，进而成为彼时山西一些城镇重要的基础建设之一。例如介休县城，除5道城门外，另有排水门两道，在南者为南水门，在北者为北水门，两门之间为水渠，垣墙上有角楼4座。环城东、西、南三面建有护城河，深宽均为2丈。④ 凤台县城于康熙年间被地震所圮，重修时"疏浚城壕"⑤。高平县城于康熙四十四年（1705）重修女垣并濬壕。⑥ 沁水县由于紧邻漳河，清代数朝均对护堤进行过重修："顺治中重修城池并护堤；康熙元年（1662）甃建长62丈，高1丈2尺的石堤，并立漳河神庙以镇之；康熙三十三年（1694）河水复溢，知县导河治之；雍正七年（1729）知州重甃城西北石堤，长17丈；⑦ 雍正十二年（1734）知县筑城西南堤"⑧。壶关县康熙二十年（1681）买石于东北城壕间，随其高下筑堰障水。⑨ 岳阳县城雍正八年治水道，增修水门。⑩ 道光五年（1825）创建护城河堤百余丈以防水患，十一年（1831）知县徐文翰修西南隅城垛，二十九年（1849）知县修补河堤六十余丈。⑪ 太谷县顺治年间"环邑被水渐成巨浸，（顺治）十一年于西北隅开水门以泄之。乾隆二十

---

① 山西省介休市志编纂委员会编：《介休县志·建置·古县城》第1编，海潮出版社1996年版，第23页。
② 乾隆《凤台县志》卷3《城池》。
③ 民国《新修岳阳县志》卷3《建置·街道》。
④ 山西省介休市志编纂委员会编：《介休县志·建置·古县城》第1编，海潮出版社1996年版，第23页。
⑤ 乾隆《凤台县志》卷3《城池》。
⑥ 雍正《泽州府志》卷16《营建志·城池》。
⑦ 乾隆《沁州志》卷2《城池》。
⑧ 雍正《泽州府志》卷16《营建志·城池》。
⑨ 道光《壶关县志》卷3《城池》。
⑩ 民国《新修岳阳县志》卷3《建置·街道》。
⑪ 民国《新修岳阳县志》卷3《建置·街道》。

八年于四门深壕重加疏濬……"① 乡宁县于康熙年间增筑北护城石堰,后又修建石堤一道。② 长治县乾隆年间疏浚城壕。③ 河津县因堤低屡被水患,于乾隆二十八年(1736)在城北三郎沟鞍子岭等处坚筑堤防,俱甃以砖。④

4. 因风水学对城池进行相关改造及城市景观

我国传统文化极其重视人与自然的和谐共生,历来倡导"天人合一"。具体到清代山西城镇建设中即表现为通过改变城市的某些建筑、道路等方式,使城镇未来能够繁荣昌盛。

太谷县城于乾隆五十八年(1793)"以北城垣稍平,形家者言于邑中风水有碍,遂于城上建楼三座,榱栋窗楹钜丽宏敞,又于其前筑廻墙一道,长五十二丈,高二尺二寸"⑤。徐沟县城于康熙九年(1670)重修时"于北关门上建巍阁以镇渚池潞水"⑥。岳阳县城于咸丰三年(1853)以县治癸山丁向不宜开,东门塞之。……同治七年(1868)知县以东门既塞,城楼不宜独存,乃拆其木瓦添修南北二楼,凡城垣之破损者悉修焉,并改东南角文昌祠为奎光楼,增其崇肖魁星像于其中。⑦ 乡宁县康熙年间于城东外创立牌坊一座以迎柏山生气。城东南角建文昌楼一所。⑧ 屯留县城本县城"南坡在城南莲岗之余支也。形家言其煞气冲城。故雍正间将南郭门改为东南门以避之。邑人屡议改筑未果。同治九年,知县始同士民输财兴工,填塞之。逾三年,知县令开坡取土,至今称通衢焉"⑨。而这样做的目的无非是希望城市可以繁荣稳固。

城市景观建设也是清代中后期山西省城镇中市政建设的一个重要方面,不仅各个城市在修建城垣时修建楼阁,且书写匾额。而且在栽槐种柳,除起到稳固城壕的作用外,更增加了城市的美观。如应州城于顺治

---

① 乾隆《太原府志》卷6《城池》。
② 乾隆《乡宁县志》卷3《城镇》。
③ 乾隆《潞安府志》卷5《城池》。
④ 光绪《河津县志》卷3《城池》。
⑤ 乾隆《太谷县志》卷2《风水》。
⑥ 乾隆《太原府志》卷6《城池》。
⑦ 民国《新修岳阳县志》卷3《建置·街道》。
⑧ 乾隆《乡宁县志》卷3《城镇》。
⑨ 光绪《屯留县志》卷2《城池》。

十四年（1657）重修时"沿壕植榆柳数百株"①。太原县城，康熙四十年（1701）"濬壕植树"②。平遥县城于康熙"四十五年二月沿城植槐柳"③。孝义县城雍正四年（1726）于"城壕两旁增植柳树数千株"④。一些城市在建设过程中十分重视城市景观的设置。如清末洪洞县城，"城垣高三丈三尺，周五里二百五十步，垛口二千二百九十五个，门六，东曰宾旸、西曰拱汾、南曰迎薰、北曰望霍、东南曰安流、东北曰玉峰，上建层楼，四维角楼各一，门左右为敌台，前为重门，又前为吊桥，城上东北隅增筑一层，高丈余，长五丈余，下为洞二十，名曰重城，城外为池，旧深一丈，宽三丈，流水环抱，栽种芙蕖，每当盛夏，翠盖红衣，望如云锦，兼以锦鳞游泳，蜻蜓水鸟点缀其间，往来行人诧为美观"⑤。而较为普遍的城市景观则是拥有标志性建筑：太谷县城大观楼、平遥县城市楼、解州城关帝庙，等等。

这些市政工程建设在一定程度上改善了山西传统城市的基础设施，提高了城市居民的生活质量。只是由于受制度和城市社会各个阶层缺乏科学而规范的城市建设理念，所以制约了城市面貌的改善。

第三节　城市经济日益发达

清代山西城镇经济日益发达，由于地处中国北方中部地区的区位优势，山西很好地融入了全国性的商业贸易体系。成为清代万里茶道的重要组成部分，境内的多座城镇成为万里茶道上的重要节点。同时，随着山西商人商业实力的增加，山西诸多城市随着商人活跃的贸迁活动而日益繁荣。

一　城内商业活动繁盛

清中后期山西城镇经济相当活跃，中部的省城太原，北部的府城大

---

① 乾隆《大同府志》卷12《建置》。
② 乾隆《太原府志》卷6《城池》。
③ 光绪《平遥县志》卷2《建置·城池》。
④ 乾隆《孝义县志》卷1《疆域》。
⑤ 民国《洪洞县志》卷7《舆地志·城池》。

同，南部的绛州、运城、蒲坂、解州等城，均呈现繁荣的商业活动。一些如曲沃、平遥、祁县、太谷、盂县等的县城亦商贸活跃的景象。

省治太原，清代中期以后，城内商业更为繁荣。主要商业区集中在大钟寺、大南关、大北关一带，① 以大钟寺最盛，"寺内及东西街，货列五都，商贾云集，踞街巷之胜"②。此外，城内许多同行业店铺都聚集在一条街巷，这些街巷遂以行业来命名，例如，靴巷、帽儿巷、酱园巷、柴市巷、馒头巷、豆芽巷、估衣街、麻市街、西米市街、东米市街、纸巷子、前铁匠巷、后铁匠巷、南北牛肉巷、南市街、活牛市街、西羊市街、东羊市街、鸡鹅巷、炒米巷、棉花巷、麻绳巷、刀剪巷等。

位于晋北的大同城，明代虽为以军事功能为主的城镇，城内"军民杂处，商贾辐辏"③，其"繁华富庶，不下江南"④。进入清代，大同城军事地位下降，而随着中蒙贸易的繁荣其经济地位提升，"城之有南关也，是商贾货财之所凑集"⑤。清中叶，城内商贾云集，"邑之懋迁者太原、忻州之人固多，而邑民之为商者亦不少"⑥。同样位于晋北的丰镇，旧系大同县德胜口外衙门口村，并无城池，自乾隆二十一年（1756）设丰镇厅后，新关牧地招民垦耕，烟户贸远，廛舍鳞密，环土城而居者较之城内更为殷繁。⑦ 自此，该城无论从居民人数，还是从本地贸易和转口贸易量来说，都算是张家口与归化城之间最大的一座城市。⑧ 晋南的绛州城，位于汾河岸边，城内店铺鳞比，市肆繁华，与晋北的商城代州一同被誉为"南绛北代"。李燧著《晋游日记》中描写："绛州城临河，舟楫可达于黄，市廛辐辏，商贾云集。州人以华靡相尚，士女竞弋绮罗，山右以小

---

① 杨纯渊：《山西历史经济地理述要》，山西人民出版社1993年版，第380页。
② 道光《阳曲县志》卷2《舆地图下》。
③ （明）戴金编：《皇明条法事类纂》卷42，科学出版社1994年版。
④ （明）谢肇淛：《五杂俎》卷4《地部二》，中华书局1959年版。
⑤ 顺治《云中郡志》卷13。
⑥ 道光《大同县志》卷8《风俗》。
⑦ 乾隆《大同府志》卷12《建置》。
⑧ ［俄］波兹德涅耶夫：《蒙古与蒙古人（第二卷）》，刘汉明等译，内蒙古人民出版社1983年版，第47页。

苏州呼之"①,"登浮图,俯视阛阓,烟火万家"②。

此外,一些县城的商贸活动也较为繁荣。例如,晋中的平遥、祁县、太谷、榆次及介休等县城,其繁华程度不亚于府城。平遥县城嘉庆年间"迩来商贩云集,居奇罗珍增前数十倍"③,到宣统年间平遥城内"商战益烈"成为山西"商务之中心点"④。太谷县城于乾隆年间发展至极盛,太谷城内:"街衢交错,衡宇骈连。百货所集,列为肆廛。行者不得顾,御者不得旋。玑贝璀璨,锦绮斓褊,阜雍通豫,屯幽集燕。吴越之所炫耀,交益之所懋迁……波斯之所未娴,以时而至,充塞乎其间"⑤,且"兴马游人,蹄踵如织……闾巷绣错,烟火万家,不可悉计然"⑥,祁县城是"万里茶道"山西段的重要节点,彼时祁县城内除茶庄、票号外,零售商业亦十分活跃,销售烟货的有"祥云集"和"长盛源"。此外,还有酒、油、面、南货、首饰、药材等商行存在。⑦榆次县城商业发达,市廛繁华。其商业区主要在城内南大街和富户街,南关的阁北街、小西关内和阁南街之北段,多为当铺、绸布庄、烟店、糕点铺、醋酱坊、粮店、杂货店、药店的木店。随着商业的发展,清代乾隆以降,钱庄在境内开始盛行。同治元年(1862)在城三铺开新集,逐步形成新集街。介休县城"四方商贾辐辏,物务日就奢靡"⑧,城内店铺林立,"俨如都会"⑨。

晋南的曲沃县城,在乾隆时有多达十五处专业集市,分别为布市、棉花市、绒线市、菜市、果市、杂货市(以上俱在古南关厢)、油市、柴市、米粮市(城内关外以三日递转,俱在古东关厢)、羊市(在上西门内)、书市、靴市(俱在古通利坊)、枣市、靛市(俱在南关厢)、带子

---

① (清)李燧:《晋游日记》,山西经济出版社2003年版,第75页。
② (清)李燧:《晋游日记》,山西经济出版社2003年版,第76页。
③ 嘉庆十八年(1813)《重修市楼碑记》,现在平遥市楼下。
④ 宣统三年(1911)《重修平遥县市楼碑记》,现在平遥市楼下。
⑤ 民国《太谷县志》卷10《古迹考》。
⑥ 乾隆《太谷县志》卷6《艺文记·重修鼓楼碑记》。
⑦ 山西文史资料编辑部:《山西文史资料全编》第95辑,2002年版,第1050页。
⑧ 乾隆《介休县志》卷1《序》。
⑨ 山西省介休市志编纂委员会编:《介休县志》第1编《建置·古县城》,海潮出版社1996年版,第76页。

市（在小南关神桥）等，① 城内商业繁荣。

即便位于偏僻山区的一些县城，商业也很繁盛。如盂县县城东关，"居民烟火万家，冠盖之族如云。廛邸市肆，交错于内，币帛、财货、米粟之所积，商贾往来之辐辏，治内繁华之区，于是称最"②。河曲县城在清代发展成为晋西北"水旱码头"。县城河堡营，"城垣巩固，商贾云集，居民官廨，枍比崇墉，巍然重镇，西域每市于此"③。陵川县城"居人往来，商贾辐辏"④。灵丘县城"城东向出过云中襟带坊，一街横亘，分东西关出入，凡贸易工作悉居之，士民亦杂处焉。双日为集，不过肩蔬负薪粟粮布匹之类，集初设关厢内。近数载，贸易颇伙，往来拥挤，士民咸以市集起色"，因这种繁荣的商业状况三十年未有，而城内窄小，贸易不便，遂"请移集于关外"⑤。繁峙县城内廛肆鳞比，百工商贾毕萃于是，交易间日一集，集场无定。⑥

清代山西城镇经济活跃的另一个重要表现是县级以下的"镇"迅猛发展。根据王社教的研究，宋金时期，山西地区县级以下城镇曾有一定发展，最多时达70余个。⑦ 清末则达到580余个，平均每县近6个，多者如阳曲县和盂县，各有21个。⑧ 这些"镇"是地方的经济中心，贸易繁盛，而其中的一些的经济发展程度甚至超过了当地的县城。

如位于晋南的运城是一座盐务专城。康熙中叶，城内"贾旅辐辏，儥贩云集，輈蹄鼛互，杂糅于阛阓间"⑨。乾隆年间，运城市场"百货骈集，珍瑰罗列，几于无物不有，是合五方物产即为运城物产"⑩。随着盐业及城内商业的发展，运城成为"五方杂处，富商大贾游客山人骈肩接

---

① 乾隆《新修曲沃县志》卷7《城池》。
② 光绪《盂县志》。
③ 同治《河曲县志》卷5《营建》。
④ 光绪《陵川县志》卷12《艺文》。
⑤ 康熙《灵丘县志》卷4《艺文·灵丘风土记》。
⑥ 光绪《繁峙县志》卷2《建置志·市集》。
⑦ 王社教：《辽宋金元时期山西地区城镇体系和规模演变》，《陕西师范大学学报》（哲学社会科学版）2003年第4期。
⑧ 光绪《山西通志》卷23—卷30《府州厅县》。
⑨ 乾隆《解州安邑运城志》卷14《艺文·重修运城记》。
⑩ 乾隆《解州安邑运城志》卷2《物产》。

踵"的晋省都会。①

再如黄河岸边的碛口镇,境接秦晋,地邻河干,为"商旅往来舟楫上下之要津……人烟辐辏,货物山积"②。清末民初,碛口城内有坐商360余家,日渡船只50多艘,装卸货物不下百万斤。有搬运工人2000余人,日过驮货牲畜3000余头。全年营业额在50万元(银元)以上者有10余家,每年货船不下4000余艘。有油店、花店、分金炉、银匠铺、染坊、磨房、当铺、皮毛店、盐碱店、饭铺等多种行业。③

此外,位于通衢的介休县境内的张兰镇、义棠镇,由于其优越的地理位置而格外繁华。"义棠镇,县西二十里,与灵石接壤,南依山阜,北临汾水,为通衢。"④"张兰镇,县东四十里,孔道咽喉,亦县东屏蔽"⑤,"张兰……盖即古之张南,南兰声相近,故音变焉。镇向有城,不知建自何时,无碑板可考……我镇城周五里,屋舍麟次,不下万家,盖藏者十之三,商贾复四方辐辏,俨如大邑"⑥。张兰镇每年九月下旬有泰山庙古庙会,届时有文水皮货、沁州麻货、浑源挽具、上党药材、内蒙古骡马上市交易。张兰镇还筑有城墙,其"城堞完整,商贾丛集,山右第一富庶之区"⑦,其"城镇周五里,屋舍麟次,不下万家,盖藏者什之三,四方辐辏,俨如大邑"⑧。此处"地当冲要,商贾辐辏,五方杂处,百货云集,烟火万家,素称富庶,为晋省第一大镇,与湖北之汉口无异"⑨。由于张兰镇的繁华及特殊的地理位置,清廷于乾隆十七年(1752)将静乐巡检移驻于此,二十一年(1756)又将汾州同知移驻于此。⑩ 在张兰镇派驻巡检之时,"除命盗大案仍归该县审理外,其一切奸匪逃窃,以及赌

---

① 乾隆《解州安邑运城志》卷2《风俗》。
② 张正明等主编:《中国晋商研究》,人民出版社2006年版,第177页。
③ 山西史志研究院编:《山西大典》卷2《地市概览》第9编《吕梁地区·临县》,中华书局2001年版,第378页。
④ 乾隆《介休县志》卷1《城池》。
⑤ 乾隆《介休县志》卷1《城池》。
⑥ 嘉庆《介休县志》卷12《艺文》,刘尔聪:《修张兰城记》。
⑦ (清)祁韵士:《万里行程记》,道光祁氏家刻《问影楼舆地丛书本》。
⑧ 嘉庆《介休县志》卷12《艺文》,刘尔聪:《修张兰城记》。
⑨ 《宫中档乾隆朝奏折》第15辑《乾隆二十一年十月十二日山西巡抚明德奏》,台北"故宫博物院"1982年版,第714页。
⑩ 乾隆《介休县志》卷1《疆域·关隘》。

博、斗殴、追比客欠等事，悉令该巡检稽查办理"[1]。以后，山西巡抚在申请张兰镇派驻同知的奏折中称："汉口镇系将汉阳府同知移驻，就近准理客欠，及查拿赌博逃盗等事。"由此可见，其时张兰镇的商业地位与汉口镇情形相同。[2]

位于解州东南部平陆县的茅津渡，也因潞盐南运而发展起来。"平陆县之茅津渡与河南陕川之会兴头地方两岸相对，为晋豫通津"[3]，"地当水陆之冲，值八省通衢。自虞版以下，依山凿径，绵延百余里，扼关陕咽喉，由晋入豫者道所必经。故皇华冠盖之络绎仕宦，商旅之辐辏，纷至沓来，不胜纪计，而三晋卤商辇运盐斤，尤当孔道"[4]。从而使茅津"市里鳞次，商贾云集……称一邑巨镇"[5]。

又如太谷县的范村镇，"介于山谷之口，垣土堡，辟六门，城楼市阁，层焉耸峙，洋洋乎东七里之大都会也"，"镇之内有货廛，有客寓"[6]。榆社县的云簇镇，"间阎鳞次，商贾云集，殆胜于县治云"[7]。榆次县的什贴镇，"人烟稠密，为一巨镇"[8]。凡此种种，不一而足。

二　城内集市交易频繁

除了繁荣的城镇经济，作为城镇经济补充的、广布乡村的集市也在相当程度上反映了当地商业的发展情况。

清前期，山西各地已经有较为丰富的集市贸易。顺治年间，浑源州城每月逢二日东门集，逢四日州门前集，逢六日西门集，逢八日西门外顺成街集，逢十日西关集。[9]康熙年间永宁在城大街为居民常川贸易之

---

[1]《宫中档乾隆朝奏折》第2辑《乾隆十七年四月二十五日山西按察使唐绥祖奏》，台北"故宫博物院"1982年版，第792页。

[2]《宫中档乾隆朝奏折》第15辑《乾隆二十一年十月十二日山西巡抚明德奏》，台北"故宫博物院"1982年版，第715页。

[3] 中国第一历史档案馆编：《雍正朝汉文朱批奏折汇编》第19册，江苏古籍出版社1986年版，第402页。

[4] 光绪《平陆县续志》卷下《艺文》。

[5] 光绪《平陆县续志》卷下《艺文》。

[6] 民国《太谷县志》卷10《古迹考》。

[7] 光绪《榆社县志》卷2《舆地志》。

[8] 杨纯渊：《山西历史经济地理述要》，山西人民出版社1993年版，第149—161页。

[9] 顺治《浑源州志》上卷《市集》。

所，而关厢各处俱有集市，分日氽汆，乡民以有易无。① 夏县城内县集在学巷口；尉郭集在关王庙前；曹张集在东街；水头集在西街；裴介集在北街；胡张集在南关；以上六处旧每月二十四举，今则循环无定日。曹张、胡张、裴介，每月皆十二举。② 蒲州府城内"大市在东关，急递铺南，北牛站巷，东西皆列肆店，交易者朝往暮归，日率为常……鼓楼下新集，每月六次"③。临县"城内每逢单日则集，由四坊递轮。逢一在东关，逢三在下市楼，逢五在贤良坊，逢七在文庙西，逢九在东门"④。雍正年间浮山县城内，旧集四门，按季轮转，雍正年间总汇于县治东、西两街，每月以三、六、九日为期，一集在东张镇。⑤

清中后期，山西各地集市贸易更盛。晋东南地区的许多城镇虽部分位于上党盆地，且道路崎岖，但并不妨碍其城镇集市的繁荣。乾隆年间，武乡城内市集逢一、三、五、七、九开市。⑥ 襄垣县城则逢单日开市。⑦ 高平城内南关、西关、东关集市俱三六九日。⑧ 陵川县的城中市，月遇五日集；东关市，遇九日集；南关市，遇三日集；西关市，遇七日集；北关市，遇一日集。⑨ 沁源县城内，市集有四：中正街，遇一日、五日市；真武楼北，遇七日市；承宣街，遇三日市；尚贤街，遇九日市。⑩ 长治县市集之在城者旧有六，曰大石桥、曰小石桥、曰义井头、曰果子市、曰大市门、曰小市门。在关厢者二，则西若北。⑪

位于晋南的诸多城镇，城内集市交易亦非常繁荣。绛县县城西南二街集。⑫ 曲沃县城内有定期集市15处，且均为专业市集。⑬ 更有的城镇为

---

① 康熙《永宁州志》卷2《街市》。
② 康熙《夏县志》卷1《建置·市集》。
③ 康熙《蒲州志》卷2《市集》。
④ 康熙《临县志》卷2《集市》。
⑤ 光绪《浮山县志》卷5《城池·市集》。
⑥ 乾隆《武乡县志》卷1《疆域》。
⑦ 乾隆《重修襄垣县志》卷2《市镇》。
⑧ 乾隆《高平县志》卷4《甲里·市集》。
⑨ 乾隆《陵川县志》卷8《城池》。
⑩ 雍正《沁源县志》卷1《封域·市集》。
⑪ 乾隆《长治县志》卷4《疆域·市集》。
⑫ 乾隆《绛县志》卷3《城池》。
⑬ 乾隆《新修曲沃县志》卷7《城池》。

了规范城内集市交易而制定了相关规定。如解州安邑县运城,因城内市集频繁,商业旺盛,由御史杨绳武制定了八条制度规范交易:一、粮食到市,每石止许牙用一升;二、斗户不许调鬼,欺哄乡愚;三、客贩任赴行家,不许斗户远接;四、斗遵官较,禁置副斗及铲削口底,并用鸡子木刮;五、籴米先仅穷民;六、斗户止许正身,不许朋伙窝巢;七、生员、衙役、宦仆不许揽充斗户,市棍不许插身把持;八、集场务于东西北三关,十日一轮,摆列通衢,不许隐藏场院之内,后渐废止在北关立集。康熙三十二年仍令四关各十日轮转,今遵之。①

道光年间霍州城中集,四街各五日。赵城县城内,城中集市,北门逢一,南门逢七;完璧巷,路北逢三,路南逢五;南关厢,关外逢七,关内逢九。灵石县城集市,逢三、六、九开集。② 岢岚州,定居仁街为总集,日行交易,岁每于九月初一至十五分南薰西街集,十六至月底分肃穆西街集,十月初一至十五,分肃穆北巷集,十六至月底分肃穆东街集。十一月初一至十五分南薰东街集,十六以后仍归居仁街总集。③ 赵城县城内集市北门逢一,南门逢七。④ 太平县城内市集开市频繁,庙会亦多。南关北集,每月初四、初十、十六、二十二、二十八,凡五集;城内会,四月十一起,十五日止;十月初五日起,十二日止。⑤ 同治年间,河曲县五、十日集。⑥

光绪年间,汾阳县东关、小南关、北关、西关,每关轮流一月。五月,府城隍庙会半月,六月县城隍庙会半月。⑦ 平定州在城,每逢双日集,二日在东门镇、四日在西门镇,六日在学门镇,八日在东关镇,十日在西关镇,一、五日在上城镇。⑧ 屯留县在城俱正街三截,每逢双日转

---

① 乾隆《解州安邑运城志》卷3《城池·城内集市》。
② 道光《直隶霍州志》卷10《物产·市集》。
③ 光绪《岢岚州志》卷2《形胜·市集》。
④ 道光《直隶霍州志》卷10《物产·市集》。
⑤ 道光《太平县志》卷3《坊里·市集》。
⑥ 同治《河曲县志》卷3《村集》。
⑦ 光绪《汾阳县志》卷1《疆域·市集》。
⑧ 光绪《平定州志》卷2《舆地·都鄙·市集》。

遞而集。① 长子县城内以二、四、六、八、十日市。② 文水县：城市，奇日各关厢轮开、孝义镇、小城南、开栅镇、石侯村。③ 汾西县城在光绪大祲前，县治前东西长街建肆立市，粜粜贸易，其地分属四街，祲后市肆荒凉，由东门至署前尚存规模，南西北三方一片断瓦颓垣，蓬蒿弥望。④ 祁县城内集市，奇日各市伦开，自辰圭午。⑤ 徐沟县城内，南街赶集轮流三个月，西街赶集轮流三个月，北街赶集轮流三个月，东街赶集轮流三个月，大常镇赶集每逢单月。⑥ 平遥城内设有"衙巷二市、十字街一市、市楼街二市、东街二市、西街二市、大西城二市、小西城二市、南门街二市"⑦ 等多个市场。左云城内有米粮市；东、西、南、北四关轮集，每市十日周而复始；草市，南北街二处；炭市，东北街二处；牛驴街，在城内鼓楼北。⑧ 永济县城，大市旧在东关急递铺，南北牛站巷，东西皆肆店，交易者朝往暮归，日率为常。鼓楼下集，顺治八年（1651）分守道祝思信因城内居民寥落，招商聚货为一郡辐辏。⑨ 长治县城，市集之在城者四门及上党门，均无定期，以次相及。⑩ 崞县城内遇奇日市。⑪ 繁峙县在城集，每月双日集，税厅设县治前街口；⑫ 街名以九而永丰廛肆鳞比，百工商贾毕萃于是，交易间日一集，集场无定。⑬ 定襄县城逢单日集。⑭

清末民初时，岳阳县城内集三、六、九日；四月初十日本城南关会；五月十三日南关会；十月初三南关会。⑮ 襄垣县城，县市逢单日市。⑯ 临

---

① 光绪《屯留县志》卷3《乡里·市镇》。
② 光绪《长子县志》卷4《建置志·市集》。
③ 康熙《文水县志》卷3《市集》。
④ 光绪《汾西县志》卷3《城池·市镇》。
⑤ 光绪《祁县志》卷2《疆域·市集》。
⑥ 康熙《徐沟县志》卷1《城池·市集》。
⑦ 光绪《平遥县志》卷2《建置》。
⑧ 光绪《左云县志》卷2《市集》。
⑨ 光绪《永济县志》卷1《市集》。
⑩ 光绪《长治县志》卷3《建置·市集》。
⑪ 光绪《续修崞县志》卷2《建置志·城池》。
⑫ 道光《繁峙县志》卷2《建置·集场》。
⑬ 光绪《繁峙县志》卷2《建置志·市集》。
⑭ 光绪《定襄县补志》卷3《建置·集场》。
⑮ 民国《新修岳阳县志》卷4《市集》。
⑯ 民国《襄垣县志》卷1《疆域·市镇》。

县城内逢三、五、七、九等日集；四月十五至十七日、七月二十一至二十三日、十月十五至十七日会。①

第四节　城镇集聚发展日益明显

除上述特点外，清代山西城镇集聚发展特征明显。

第一，随着商品经济的发展，城内商业繁荣，人口众多。太原"民居比栉，铺业鳞排"②；平遥城内"迩来商贩云集，居奇罗珍增前数十倍"③；太谷城内"栋雨云连，阛阓鳞次，民物殷阜，商贾辐辏"④；介休"四方商贾辐辏，物务日就奢靡"⑤；运城"商民辐辏，烟火万家"⑥；绛州"市廛辐辏，商贾云集"⑦；杀虎口"商贾络绎"⑧；归化城"商贾云集，诸货流通"⑨；大同城内商贾云集，"邑之懋迁者太原、忻州之人固多，而邑民之为商者亦不少"⑩；丰镇城内"大街通衢有九，小巷僻路亦数十余条，民房廛舍比栉鳞密"⑪；河曲"百货云集"⑫；碛口"人烟辐辏，货物山积"⑬；永济城内市集频繁，商业繁华，"大市旧在东关……南北牛站巷，东西皆肆店交易者，朝往暮归日率为常"⑭；茅津"市廛麟次，商贾云集……称一邑巨镇"⑮。

第二，在某些产业特征明显的区域均形成了一批特征相似的城市。例如，晋中的平遥、祁县、太谷是山西票号总号聚集地，其金融特征明

---

① 民国《临县志》卷8《疆域·城镇集会》。
② 道光《阳曲县志》卷2《舆地图下》。
③ 嘉庆十八年（1813）《重修市楼碑记》，现存放于平遥市楼内。
④ 乾隆《太谷县志》卷1《序》。
⑤ 乾隆《介休县志》卷1《序》。
⑥ 雍正《河东盐法志》卷8《运城》。
⑦ （清）李燧：《晋游日记》，山西经济出版社2003年版，第85页。
⑧ 雍正《朔平府志》卷7《赋役·税课》。
⑨ 张正明、薛慧林：《明清晋商资料选编》，山西人民出版社1989年版，第50页。
⑩ 道光《大同县志》卷8《风俗》。
⑪ 光绪《丰镇厅志》。
⑫ 河曲县志编纂委员会编：《河曲县志·序》，山西人民出版社1989年版。
⑬ 张正明等主编：《中国晋商研究》，人民出版社2006年版，第177页。
⑭ 光绪《永济县志》卷1《市集》。
⑮ 光绪《平陆县续志》卷下《艺文》。

显；晋南区的运城、解州、绛州是围绕河东池盐的生产、运输和销售而发展起来的城市；晋东南的长治、凤台、阳城、荫城是以冶铁业和铁器制造业为主的城市；晋北的杀虎口、归化城、大同、丰镇则是由于中蒙贸易而发展和繁荣的城市；黄河沿线的西包头、河曲、碛口、永济是以黄河航运业为主的城市。

第三，出现核心城市。如运城"为巡盐治所，牢盆聚集，商贾辐辏，往来者莫不道经于其地"①。同时，"运治物产盐，为大合两池所出，以供三省所需，美利溥矣，余与解安大略相同。顾商贾聚处，百货骈集珍瑰，罗列几于无物不有，是合五方物产，即为运城物产"②。从而使运城吸纳了更多的资金和劳动力，使得运城"五方杂处，富商大贾游客山人骈肩接踵……至安邑缙绅运城居半……是亦晋省一都会也"③。而运城所在安邑县之安邑城"渐形零落，仅成为县政中心，商肆居民不是增益，游观者或消为荒堡"④。

第四，商业城镇数量增加。除府治、县治外，由于商品流通和商品生产的发展，一些小城镇逐渐发育成为工商业繁华的商业城市，如张兰镇、荫城镇、西包头镇、碛口镇等均在此列。

城市是区域经济活动的中心，是经济活动集聚体，第二、第三产业主要集中在城市中，城市从而成为各个经济小区中经济发展最快的点。清代山西城市发展的特点表明，城市集聚特征明显。

城市集聚的重要特征就是经济核心城市的出现，经济核心城市是指在经济区域中居于核心地位、对于区域中其他各类城市在经济上发挥主导作用的城市。著名学者赫希曼（A. O. Hirschman）的不平衡增长理论，以及哈格斯特朗（T. Hagerstrand）的扩散理论，都把城市与区域间各种"力"的消长概括为两种力的作用——"集聚力"和"扩散力"。

美国著名城市理论家刘易斯·芒福德和英国的埃比尼泽·霍华德进一步用"磁力"理论来阐释城市的集聚与扩散功能。刘易斯·芒福德指

---

① 民国《安邑县志续编》卷15《文选下》。
② 乾隆《解州安邑县运城志》卷2《风俗》。
③ 乾隆《解州安邑县运城志》卷2《风俗》。
④ 民国《安邑县志》卷2《城邑考》。

出：城市作为一个封闭型容器的本质功能，是将各种社会成分集中起来，并为它们提供一个封闭的场所，使之能最大限度地相互作用。但是城市又不仅仅是一个容器，它的"形状和容量"并不是完全预定好的，必须首先吸引人群和各种组织，否则它就无生命可言。对于这一现象，埃比尼泽·霍华德称之为"磁力"。一座城市就是一个巨大的"磁场"，它通过"磁力线"向外放射出强烈的磁力，吸引着周围众多的人、财、物。这些人、财、物一旦被吸引到城市里来，便会被"磁化"，从而与城市里原来的人、财、物一起放射出更强烈的磁力。通过城市"磁场"磁化了的这些"磁化物"——物质产品和精神产品，即使离开了城市，被抛到偏僻遥远的山乡，依然带着这个城市明显的"烙印"，成为传播城市文明的重要媒介物。磁力理论亦把核心城市的各种"力"高度抽象为两种磁力——集聚力和扩散力。

核心城市的集聚主要源于核心城市的规模效益、市场效益、信息效益、人才效益、设施效益等，正是这些效益的吸引，使得区域中的第二、第三产业，人口、人才、原料、资金和科学技术向核心城市集聚。

第 七 章

清代山西商业城镇的集聚发展及理论分析

第一节 清代山西商业城镇的集聚现象

清代,随着商品经济的发展和商人贸迁的活跃,山西境内的大批城镇繁荣起来。城镇中的商业资本异常活跃,城镇建设也得到了相当大的改善。清代山西的城镇,无论从数量、规模,还是城镇类型、城镇机能等方面,均较前代有了显著的发展和变化,特别是出现了城市以地区或产业为轴心的集聚。以下我们将对有代表性的城镇集聚现象进行讨论。

一 以产业发展为基础的城镇集聚

(一)以运城为中心的盐业城镇集聚[1]

清代,随着河东池盐的运销,以运城为中心,行盐线路沿线的一些城镇逐渐兴起,成为繁荣的商业城镇。绛州濒临汾水,为池盐北运的必经之路,亦为清代汾水沿岸的重要码头。永济城"为秦晋要扼",西控潼关,俯临黄河,[2] 是路盐入陕的必经之路。清代中叶以来,永济城内市集频繁,商业繁华,"大市旧在东关……南北牛站巷,东西皆肆店交易者,朝往暮归日率为常"[3]。临晋县城,位于潞盐运陕的通道之上,潞盐运陕

---

[1] 乔南:《传统社会中资源型城市的商业发展》,《晋阳学刊》2014年第4期。《传统社会中支柱产业与区域经济发展:清代运城地区为例》,《兰州商学院学报》2014年第8期。

[2] (清)李燧:《晋游日记》,山西经济出版社2003年版,第85页。

[3] 光绪《永济县志》卷1《市集》。

最要之隘口——吴王渡、夹马口即在其县境内。① 彼时，临晋县市集频繁，集期密集，"临有十集，曰西关、七级、樊桥、城西、城子埒、夹马口、卓里、角杯、周吴、宋家庄，今举四集，以既其余。集期有逢六逢七，从一至十，各集各分其期"②。茅津镇位于运城东南部，其渡口——茅津渡"与河南陕川之会兴头地方两岸相对，为晋豫通津"③，因为"三晋卤商辇运盐斤，尤当孔道"，而使得此地"皇华冠盖之络绎仕宦，商旅之辐辏，纷至沓来，不胜纪计"④。清代，茅津镇"市廛鳞次，商贾云集……称一邑巨镇"⑤。运城西关村，亦称运城西门外，清以降至民国时期，曾有多家过载盐店开设于此，从事潞盐出场后的存放及往陕西的发运业务，西关村由此而一度成为繁荣的盐运小镇。⑥ 芮城风陵渡，有货栈十余家，商铺30余家，航运贸易相当繁荣。永乐镇位于芮城过风陵渡到达陕西的必经之路，在黄河岸边设有渡口。雍正六年（1728），蒲州府永乐分府同知驻扎于此。镇上有人口1100多人，有东、西、南、北四条大街，店铺林立，主要经营杂货、酒坊、醋坊、炭场、当铺、花店等行业。当地所产棉花，远销上海、南京等地。⑦ 陌南镇豆津渡在解州南40里，因地处水陆要冲，此地成为河东盐运往河南的要道，同时也是晋、豫两省商品交流的重要通道。清末，陌南镇有近百家商号，经营行业涉及饭馆、酒坊、药店、客栈、杂货铺、京货行、当铺、粮油店、花行、成衣行、肉行、染坊等，商贾辐辏，热闹非凡，有"三十里豆津街"的民谚。⑧ 清代，在晋南地区形成了以运城为中心，包括盐运路线周边的永济、临晋、茅津渡、运城西关村、风陵渡、永乐镇、豆津渡等相关集镇在内，大中小结合、多层次、紧密联系的城市体系。

---

① 民国《临晋县志》卷1《疆域考·要隘》。
② 乾隆《临晋县志》上篇《市肆篇》。
③ 中国第一历史档案馆编：《雍正朝汉文朱批奏折汇编》第19册，江苏古籍出版社1986年版，第402页。
④ 光绪《平陆县续志》卷下《艺文》。
⑤ 光绪《平陆县续志》卷下《艺文》。
⑥ 《山西文史数据》编辑部：《山西文史资料全编》第6卷，1998年版。
⑦ 山西省政协：《晋商史料全览·运城卷》，山西人民出版社2006年版，第379页。
⑧ 山西省政协：《晋商史料全览·运城卷》，山西人民出版社2006年版，第375页。

（二）以凤台、长治为中心的冶铁业城镇集聚

长治城与凤台城分别是位于晋东南地区的潞安府和泽州府的府治所在。因当地冶铁业及铁器铸造业非常发达，潞泽地区形成了以长治、凤台两座府城为中心，包括许多中小城镇在内的多层次城市体系：当地所产铁货主要来自泽州府之凤台、阳城，潞安府之荫城，时称三城。此三城为铁货萃聚之区，各省行返铁货之商人络绎不绝。道光年间是泽州冶铁业最为繁盛的时期，凤台县共有熔炉 100 余座，熟铁炉计 100 余座。铸铁业共有熔炉 400 余座，① 产量十分巨大。阳城县位于泽州府南部，县城虽"水陆不便，舟车不通"②，但丰富的铁矿及铁制品的生产使得当地从事此类生产及贸易的商人较多，并随之带来了其他商品的流通。彼时荫城镇内共有铁行 30 余家，制造铁器之炉 300 余家。③ 此外，潞安府长治县的西火镇，"相距县城九十里，居民稠密，商贩络绎。且界连壶关、高平、陵川三县，而附近之荫城、桑梓、桥头等村镇，均系居民众多，商贾聚集之区"。西火镇周围的村镇，与西火镇有经济联系，因此，朝廷将长治县丞派驻该镇，进行管理。④ 甚至其附近之桑梓、桥头等村镇，亦因铁冶业而"居民众多，商贾聚集"⑤。泽州府凤台县的大阳镇原本是一个小村镇，随着当地冶铁业的繁盛，逐渐成为"人烟稠密"的城镇，并且产量巨大，"在欧洲的进口货尚未侵入以前，足有几亿人是从凤台县取得铁的供应的"⑥。清代潞泽地区的冶铁和铁器制造业十分繁荣，光绪年间隶属潞安府的长治县南乡，有冶铁炉 20—30 座，每炉每日产铁 300—400 斤不等，总计每天产铁 1 万斤左右。⑦ 在泽州府属高平县东乡的陈曲河、米山河一带，西乡的香庄河、山后一带，共有铁矿炉 156 座，每日每炉出铁 300—500 斤，总计每天产铁 7 万—8 万斤。凡此种种，我们可以知道，

---

① 彭泽益：《中国近代手工业史资料》，中华书局 1962 年版，第 143—144 页。
② 民国《阳城乡土志》卷 2《商务》。
③ 彭泽益：《中国近代手工业史资料（第二卷）》，中华书局 1962 年版，第 145 页。
④ 乾隆二十九年八月初一日山西巡抚和其衷奏，见《宫中档乾隆朝奏折》第 22 辑，第 339 页。
⑤ 乾隆二十九年八月初一日山西巡抚和其衷奏，见《宫中档乾隆朝奏折》第 22 辑，第 339 页。
⑥ 彭泽益：《中国近代手工业史资料（第二卷）》，中华书局 1962 年版，第 139 页。
⑦ 彭泽益：《中国近代手工业史资料（第二卷）》，中华书局 1962 年版，第 145 页。

清代山西潞泽地区形成了府城、县城、镇、村等大中小相结合、层次分明的冶铁和铁器制造业的城市系统。

（三）以绛州为中心的商业、运输业城镇集聚

清代绛州舟楫畅行，州城内车马、骆驼络绎不绝，街道两旁车马店、过载店、各类店铺鳞次栉比，且行业齐全，有京货、花行、典当铺、木器行、铁货、六陈行、饭铺等23行，有"小苏州"之称。而绛州属内之城关、南樊、横水、大交4镇，亦为当地商品交易繁荣之所在。其时，南樊镇已成为绛州、曲沃、翼城三县商品集散地，镇内店铺林立，市井繁荣，客商云集。最盛时，仅南樊镇西堡就有72家绸缎店。① 此外，曲沃县高县镇是棉花、布匹的转运市场，"直隶栾城、获鹿所出棉花、布匹，贩运者皆卸集于此，商旅甚多"。其布市、棉花市、绒线市、菜市、果市、杂货市、枣市、靛市，俱在古南关厢；油市、柴市、米粮市，俱在古东关厢。② 猗氏县油村镇"为油聚之所"，其繁盛程度也不亚于其他北方市镇。③ 在绛州西20里的横水镇，因地理位置优越，素有"九龙口"之称，是侯马、运城通往河南济源的交叉口。清末民初，横水镇商号店铺达300余家，同时该镇庙会和集市贸易频繁，届时邻近乡民和外地客商蜂拥而至，商品交易活跃。在绛州西南50里的太阳村亦为彼时商品交易繁盛的所在，每年十月初五起为期十天的庙会是当地重要的商品交易活动，四邻商民均会来此交易。此外，该村集日亦较为频繁，逢五、十五、二十五为集期。每逢过会，除本地外，临近新绛、闻喜、夏县、河津等地的客商均前来贸易。经营商品包括生活、生产用品等。在绛州西南60里的翟店镇位于通衢，因此当地商业繁荣，有"河东十三县，古镇数翟店"的民谚。随着商业发展，在清代逐渐形成了木业、药材、布行、粮食、运输等行业，其中粮、棉、药、木四种行业规模最大，经营此四业的店铺有25家之多。若再加上经营其他行业的字号，共有百家之多。

（四）以大同、归化城为中心的边贸商业城镇集聚

随着晋北地区城镇化的日趋发展，蒙汉贸易的日渐繁荣，晋北重镇

---

① 绛县志编纂委员会：《绛县志》卷13《商业·经营体制·私营商业》，陕西人民出版社1997年版，第987页。

② 乾隆《新修曲沃县志》卷7《城池·附市肆村镇》。

③ （清）祁韵士：《万里行程记》，道光祁氏家刻《问影楼舆地丛书本》。

大同逐渐由明代的军事堡镇转变为清代的贸易城镇，城内经济繁荣，商贸活动空前活跃。临近的归化厅城、绥远厅城和丰镇厅城，也因为蒙汉贸易，当地农田的开发，及路当蒙汉交通孔道而开始兴起并逐渐繁盛，成为商贸中心城市；同时，周边的宁武府城、杀虎口、萨拉齐厅城、托克托厅城、清水河、宁远厅城等城镇也逐渐发展并繁荣起来。除此之外，随着蒙汉贸易的进一步发展，一些小的村镇亦有所发展。

清代，大同城"虽涉边徼，商贾辐辏，以浮靡相炫耀"[1]，城内人口众多，使"城中四角街巷一百三十六条，房舍比栉，毫无隙地"[2]。同时，城内商贾云集。归化厅城内商贾云集，"冠盖云屯，市廛置列，极民物繁庶之盛"[3]，已然是塞外大都会了。邻近的绥远厅城虽然以行政职能为主，但城内南街一带"民兵拥集，廛舍栉比"，且"商贩骈列，百货杂陈"[4]。丰镇厅城商贩麇集，人口众多，是彼时张家口与归化城之间的一座大城市。宁武府城因位于太原通往大同的官道，因此商贸活动繁荣，城内店铺林立，并设有夜市，每至夜间南门街车水马龙，热闹异常。杀虎口则因为税关曾设置于此，而成为交易繁忙的关城。萨拉齐厅城"街衢宏阔"[5]，廛舍栉比，至19世纪60—70年代，已是初具规模的城池了。[6] 大同府应州居雁门之外……其糊口四方者，则画工最伙，凡归化城、张家口、杀虎口、和林格尔、托克托诸处及陕西之榆林，宁夏之缘边一带，绘佛像，饰寺宇皆应州工人为之，故习之者众，每有出门数年，即拥厚赀而归者。……其布棉则取于直隶之行唐、山东之恩县。大抵太原、汾州贸易之人为多，间有服牛牵马走他乡者，亦不过迩什一之微利，非能拥陶猗之赀。[7] 托克托厅城被视为"黑河沿岸居民辐辏、商贾络绎的古丰州雄都"[8]。宁远厅城，在光绪以后，四条大街交叉处成为商贸繁盛之地，

---

[1] 雍正《山西通志》卷46《风俗》。
[2] 道光《大同县志》卷8《风俗》。
[3] 光绪《归化城厅志》卷19《风俗》。
[4] 民国《绥远通志稿》卷17《城市》。
[5] ［法］古柏察等：《鞑靼西藏旅行记》，耿升译，中国藏学出版社1991年版，第166—171页。
[6] 民国《绥远通志稿》卷17《城市》。
[7] 乾隆《应州续志》卷1《风俗》。
[8] 乌敦：《近代绥远地区城镇体系研究》，博士学位论文，内蒙古大学，2014年，第30页。

市肆集中，衙门亦设立与此。① 张皋镇是归化城土默特地区通往京师及张家口的要道。清初张皋已经有居民2000余户，镇上设有与张家口、大同等地粮食商人有密切银钱往来的银号②，并有十多家字号经营粮食、金融、茶、烟、酒、油和花布等业，与归绥、京津，乃至库伦等地通商。隆盛庄镇是丰镇厅最大的镇，为蒙古西部前往五台山朝觐的必经之路，该镇人烟稠集，是绥远东部地区重要的畜产品和粮食市场，是"张家口到归化城这条大道上最大的居民点之一"③。隆兴长村地处河套通往蒙古地区的要道，是河套富庶之地，市面尤称繁盛。隆兴长有东、西、南、北四条街，其中东街最为繁华，商号林立，人烟稠集。④ 是河套三大粮食、货物集散中心之一。⑤ 位于西包头镇南15里的黄河北岸的南海子镇在清中期已经逐渐成为"货船云集"的河运码头。⑥ 道光三十年（1850）黄河改道，南海子码头代替河口镇而成为黄河中上游的水运枢纽及皮毛集散地，居民200余户，大小商铺十数家。⑦

（五）以平遥、太谷、祁县为中心的金融业城镇集聚⑧

清代平遥城商业的繁荣，主要得益于其优越的地理环境。"平遥……地仅百里，而西通秦陇，北达燕京，洵乎腹地要区，邑称繁剧也。"⑨ 平遥因此而成为山西中部与山西南部商品流通的枢纽。平遥城内南大街、西大街、东大街、北大街、城隍庙街、衙道街等几条主要街道店铺林立，不少店铺以经营大批量、大宗项的中转业务为主。各种南北货物源源不断地载运进城内，再发往外省、外县。至光绪朝，平遥城内设有"衙巷二市、十字街一市、市楼街二市、东街二市、西街二市、大西城二市、

---

① 民国《绥远通志稿》卷17《城市》。
② [俄] 波兹德涅耶夫：《蒙古与蒙古人（第二卷）》，刘汉明等译，内蒙古人民出版社1983年版，第42页。
③ [俄] 波兹德涅耶夫：《蒙古与蒙古人（第二卷）》，刘汉明等译，内蒙古人民出版社1983年版，第44页。
④ 民国《绥远通志稿》卷17《城市》。
⑤ 韩梅圃编著：《绥远省河套调查记》第4编《工商》"现今商业概况"。
⑥ [日] 今堀诚二：《中国封建社会の构造》第2部《港市与港町》第1编《南海子》"南海子河神庙所在资料、包头镇税务碑记"。
⑦ 光绪《归绥道志》卷5《十二厅治考》。
⑧ 乔南：《清代山西经济集聚论》，经济管理出版社2008年版，第164—201页。
⑨ 光绪《平遥县志》卷1《地舆志》。

第七章　清代山西商业城镇的集聚发展及理论分析　/　255

小西城二市、南门街二市"① 等多个市场，更加繁荣。在票号产生之后，平遥更加成为华北地区，乃至中国的金融中心。清代中叶，为太谷商业发展的鼎盛时期，太谷县城成为山西重要的商城之一，其城内"栋雨云连，阛阓鳞次，民物殷阜，商贾辐辏"②，有"旱码头""小北京""金太谷"之誉。道光中叶的太谷县城金融业的组成是多种多样的，既有票号，也有账局，还有当行和钱铺，同时还存在较小的金融机构——赁局和炉院。同治、光绪年间，太谷县成为省内的金融中心，"俨然操全省金融之牛耳"③。由于太谷在金融业中的重要地位，使得当时"太谷标"成为省内金融界放宽利率的一项重要指标。"山西之标，分为两种，一为太谷标，即为太谷一县之标；一为太汾标，即太原府所属之祁县、榆次、与汾州府所属平遥、介休之标……实系太谷县在当时经济上占大势力，其一县之势力可抵榆次、祁县、平遥、介休等数县，故独立一标。且各路汇来之现银，先集中太谷，办收交，开利率，悉以太谷为先为准。又省库所收之银，其元宝上有太谷县孟家银炉所印的'孟合'二字，即当做十足银使用而不化验，可知太谷县在当时经济势力之大。"④ 祁县"扼汾潞之要，控豫引雍"⑤，地当要冲，交通便利，历来为山西交通枢纽之一。乾隆《祁县志》载："祁县南道河东，通秦陇，东南逾上党，达中州，北当直省孔道，固四达之衢也。"⑥ 道光十七年（1837），祁县第一家票号合盛元创立，随后相继成立了大德兴、大德通、元丰久、三晋源、存义公、大德恒等票号。至光绪十九年（1893），祁县城内先后创办票号13家，⑦ 形成祁县帮票号，祁县城逐渐成为山西省金融中心之一。

在清代，山西城市发展史上存在一个或几个中心城市带动其他中小城市和市镇发展的现象。工商业城市在崛起的过程中，与附近的行政城

---

① 光绪《平遥县志》卷2《建置》。
② 乾隆《太谷县志》卷1《序》。
③ 民国《太谷县志》卷1《序》。
④ 中国人民银行山西省分行、山西财经学院：《山西票号史料》，山西经济出版社2002年版，第17页。
⑤ 光绪《祁县志》卷2《疆域·城池》。
⑥ 乾隆《祁县志》卷2《关梁》。
⑦ 中国人民银行山西省分行、山西财经学院：《山西票号史料》，山西经济出版社2002年版，第1279页。

市关系日益紧密，最终在清代中期以后形成了以运城、长治城市等为中心的，大中小结合、多层次、紧密联系的城市体系。

二 道路两旁的城镇集聚

地理位置优越促进了城市集聚，由于紧邻通衢，使得大道两旁的城镇发展迅速，同时随着两旁城镇的迅速繁荣，道路亦成为商品、资本的流通动脉。

（一）晋东南地区城镇集聚

位于山西东南部，上党盆地的潞安、泽州二府，位于晋中通往河南的要道之上，交通方便，地理位置重要。潞安府的驿站：漳泽驿、余吾驿、虒亭驿等均乃省会通衢，南达中州，北入云中。①其境内屯留县为上党关隘，地接太行之脉，水连洛河之流，②自古有"韩国要地""三晋通衢"之称：东经潞城、黎城有官道可直达河北邯郸；北经境内的老爷山有官道，可达并州；往西通过境内摩坷岭上的上党关可达平阳；南经潞安、焦作即达新郑、洛阳。境内有八个镇均位于通衢之上，集市繁盛：余吾镇，在县西北一十八里，系南北通衢，每逢单日集；上村镇，在县东北二十里，系潞、沁通衢，三六九日集；常村镇，在县北二十五里，潞沁通衢，逢双日集；丰义镇，在县西南四十里，路通平阳府，每逢单日集；良马镇，在县西南一百一十里，路通平阳府，双日集；河神庙镇，在县西三十里，路通平阳府，双日集；张店镇，在县西六十里，路通河东，双日集；驼坊镇，在县东南三十里，路通潞安府，双日集。③潞安府境内黎城县也位于交通要路，"黎（城）处二漳之间，与豫州接壤。壶口一关有车不得方轨，人不得口肩之势，故设巡检以司之……盐法于是有赖，商旅皆悦，而愿出于其路矣"④。另外，潞安府的潞城县自古亦为上党重镇，潞城其属邑去云中不远千里……乃冀并之腹背，泽潞之襟喉也，城视他邑尤急。⑤泽州南临河南省，从清代祁县乔家开设的大德诚茶庄赴

---

① 乾隆《潞安府志》卷6《驿站》。
② 光绪《屯留县志》卷1《疆域》。
③ 光绪《屯留县志》卷3《乡里·市镇》。
④ 康熙《黎城县志》卷2《职官十二》。
⑤ 光绪《潞城县志》卷2《建制沿革考·城池》。

湖北办茶的"水陆路程底"中可知，办茶必经泽州府。①

（二）黄河沿线城镇集聚

再如山西境界黄河沿线的各级城镇，西包头属萨拉齐厅，在归化城以西 300 里，濒临黄河。清初它不过是个小村落，嘉庆十四年（1809）升镇，设巡检司。道光三十年（1850），黄河土默川航段中心码头河口镇被淹，河运中心西迁至包头的南海子渡口。以此为契机，该镇商业得以迅速发展，很快成为宁夏、甘肃、青海等地皮毛、药材和粮食的集散中心。② 河曲县城位于山西省西北部的晋、陕交界处，西、北濒临黄河，与陕西隔河相望。黄河由北环西向南流经县境长达 74 公里。是清代晋西北的"水旱码头"。由河曲输出货物，以烟草、石炭（煤）等为主，且"近河者水运有舟楫"③ 运往蒙地贩卖。河曲输入的货物主要是盐斤、胡麻油和稻米。此外，清代山西境内的黄河若干河段还有木材运销。这里聚集的木材，通过河南向北方各省乃至江苏转输。碛口镇，清代属汾州府临县，地处晋西北吕梁山西麓，面向黄河，背靠卧虎山，位于黄河与湫河交汇处，与陕西境内水路码头吴堡隔河相望，处于西通秦陇、东连燕赵、北达蒙古、南接中原的位置。清初由永宁州与临县各管其半，于"咸丰初，汾州府通判移驻碛口，设三府衙门，又设厘税局。光绪三十三年（1907），复设临县巡检"④。良好的水陆运输条件下，碛口成为山西境内黄河上一处重要的水陆码头。碛口镇主要由 3 条商业街，13 道小巷构成，小镇依山就势，院院层叠。乾隆年间，碛口镇已很繁荣。"碛口之名已古，而碛口镇之名则自清乾嘉间始著。"⑤ 彼时碛口镇"为商旅往来舟楫上下之要津也……人烟辐辏，货物山积"⑥。临县位于黄河边，境内有多座黄河津渡，分别是马家焉渡、高家湾渡、克虎寨渡、杏林庄渡、曲峪镇渡、白道峪渡、郭家塔渡、堡则峪渡、嘴头渡、高家塔渡、索达干

---

① 史若民等：《平、祁、太经济社会史料与研究》，《祁县至安化水陆路程底》，山西古籍出版社 2002 年版，第 483 页。

② 内蒙古自治区地方志编纂委员会：《内蒙古自治区志·商业志》，内蒙古人民出版社 1998 年版，第 218 页。

③ 同治《河曲县志》卷 5《风俗》。

④ 民国《临县志》卷 1《建置》。

⑤ 民国《临县志》卷 1《建置》。

⑥ 张正明等主编：《中国晋商研究》，人民出版社 2006 年版，第 177 页。

渡、小园子渡、桥子沟渡等渡口，湫水入川，出口之处，以及东南山之石门堰，称为孔道，官商来往必出其途。① 兴县亦位于黄河岸边，壶口瀑布即在其县境西部。该县之西境，皆绿黄河，上下绵亘150里，共设渡口8处，分别为北会渡、南会渡、裴家川渡、黑峪口渡、巡检司渡、罗峪口渡、石灰口渡、大峪口渡。② 稷山县境内亦有众多渡口：荆平渡、杨村渡、薛村渡、苑曲渡、费村渡、崔村渡等。③ 永济，是蒲州府治之所在，位于晋省最南端，东临解州，西濒黄河，为晋陕交通要冲，与陕西隔河相邻，"为秦晋要扼，西控潼关，俯临黄河，重镇也"④。临晋县吴王渡在县城西30里滨潢湖，为由晋渡河运炭载盐口岸；夹马口在吴王渡，南邻永济界，为陕西运盐之过载处，以上二处为通陕最要之隘口。此外，该县境内樊桥驿在县城东樊桥镇，为通陕西大道；贯底桥在县城东南20里，为官路通衢；城子埒桥在县城南30里，通运城盐车。⑤ 平陆县官渡四：一在城南2里，太阳渡；一在县西40里，洪阳渡；一在县东二十里，茅津渡，旧设巡检一员，专司豫引过渡，巡缉私贩。嘉庆四年（1799），裁巡检改设县丞；一在县东120里，白浪渡。民渡一：在县西30里车村。⑥ 其中茅津堡，在县东20里，茅津镇西黄河北岸形险天成，为秦豫咽喉，前明邑侍御刘翀所建。国朝设游击衙门，驻劄防守。张店堡，在县东60里，即虞城外郭，南扼岭，北控盐坂，为南北孔道，旧时人烟凑集，颇称巨镇。八政堡，在县东大路。⑦ 此外荣河县西头渡，在西头村，西对韩城之芝川镇，秦晋商民往来皆由此渡河。⑧ 这些聚集在山西境内黄河岸边的城镇，除一些县城、市镇外，更多的是各类渡口，形成了黄河上的运输业城镇集聚。

（三）河东盐路城镇集聚

河东盐业带动行盐路线周边城镇经济的繁荣。清代，官府为防私贩

---

① 民国《临县志》卷8《疆域·津渡》。
② 乾隆《兴县志》卷4《疆域·渡口》。
③ 同治《稷山县志》卷2《城池·渡》。
④ （清）李燧：《晋游日记》，山西经济出版社2003年版，第85页。
⑤ 民国《临晋县志》卷1《疆域攷·要隘》。
⑥ 光绪《平陆县续志》卷上《营建·津渡》。
⑦ 光绪《平陆县志》卷3《城池》。
⑧ 乾隆《荣河县志》卷2《建置·津梁》。

潞盐，对行盐路线及行盐日期均实行官控，潞盐运销路线大致分为三条：其一，由运城到平陆县茅津渡过黄河销至河南；其二，由运城到临晋县夹马口过黄河销至陕西；其三，由运城销省内各个州县。位于行盐路线周边的一些城镇逐渐因潞盐产销而兴起或繁荣。前有述及，此处略作补充：如有"小苏州"之称的绛州城，其地濒临汾水，交通便利，自古为晋南重要的水旱码头，早在春秋时代便开通今横水经郑柴、南樊由仪门入曲沃境的盐道。清代，随着商品经济的发展及潞盐的运销，绛州城内商贾辐辏，各类店铺鳞次栉比，市廛繁华。再如蒲州府治——永济，该城东临解州，西濒黄河，为"秦晋要扼，西控潼关，俯临黄河"的重镇，[①] 是潞盐入陕的要道之一，在明中期"世州萃而居者，巷陌常满，既多仕宦，甲宅连云，楼台崔巍，高接睥睨，南郭以外别墅幽营，贵家池馆，绮带霞映，关城所聚，货别队分，百贾骈辏，河东诸郡，此为其最"[②]。清代，更随着大量潞盐的运销陕西而成为"一郡辐辏"[③]。再如临晋县，其境内西南有潞盐运陕最要之隘口——吴王渡及夹马口。其中，吴王渡为由晋渡河运炭载盐的口岸；夹马口为陕西运盐之过载处。[④] 清代，该县从事潞盐业的坐商为数众多，且因邻近陕西而县民"经商陕省者常万余人，凡子弟成年除家无余丁及质地鲁钝者外，余悉遣赴陕省习商"，以至于陕西省的金融业大半归"临人掌握"，使得临人"每岁吸收之金钱不下数万金"[⑤]。又如垣曲县，扼垣、绛、闻喜三县之隘，为来往商旅的必经之路，亦为晋豫之通津，潞盐运豫的要道。据现存于垣曲县博物馆的宋代"垣曲县店下样"载："雇发舍口、垣曲两处盐货……卸车装船"[⑥] 可知，早在宋代，垣曲县已是潞盐运豫的必经之路。再如茅津镇，其渡口——茅津渡"地当水陆之冲，值八省通衢。自虞版以下，依山凿径，绵延百余里，扼关陕咽喉，由晋入豫者道所必经"，"与河南陕

---

① （清）李燧：《晋游日记》，山西经济出版社2003年版，第85页。
② 光绪《永济县志》卷1《市集》。
③ 光绪《永济县志》卷1《市集》。
④ 民国《临晋县志》卷1《疆域攷·要隘》。
⑤ 民国《临晋县志》卷4《生业略》。
⑥ 南风化工集团股份有限公司编：《河东盐池碑汇》，山西古籍出版社2000年版，第24—25页。

川之会兴头地方两岸相对，为晋豫通津"，① 是清代潞盐运豫的孔道，从而使此地"皇华冠盖之络绎仕宦，商旅之辐辏，纷至沓来，不胜纪计"②。清代，为管理"豫引过渡"，曾在茅津渡设巡检一员，以"缉私贩"，并于嘉庆四年（1799）"裁巡检改设县丞"③。茅津镇因潞盐的运销而成为市廛麟次，商贾云集的巨镇。此外，位于运城西门外的西关村，于清以降至民国时期，开设过多家从事潞盐的存放及往陕西的发运业务的过载盐店，西关村由此一度成为繁荣的盐运小镇。

此外，还有一些位于贯通山西南北官道之上的城镇，甚至是驿城，因位于通衢而发展迅速。例如，繁峙县砂涧驿城，周2里有奇，高3丈，东西二门，角楼六。……驿为通京孔道，皇华策遣往来不绝，加之民居稠密，市廛冗集……④榆次县城在光绪三十三年（1907）正太铁路通车之后，京省官道重要性大不如前，原先官道上所开设的客栈、饭店，如大兴栈、丰州栈、谦义栈、永成栈、中西饭店等均陆续迁至城北车站附近，在站南的荒草滩上形成了"栈房街"。在北关外原东大街开设粮店8家，东大街遂易名为"粮店街"。由于北关外交通地理条件优越，城市商业区也逐渐向北发展，城内北大街从民国十六年（1927）起，纷纷开设银行、钱庄、金店、布庄、粮面店、药店、麻铁店、杂货店，在新集街上也开办了正兴裕银号等。榆次县城一跃而成为彼时晋中地区的粮油商贸中心。参见表7-1。

表7-1　民国榆次市场采帛等五种行业字号及产品产地列表

行　业	字　号	经营产品
采帛业	吉履新、晋丰泰、德生远、联成、瑞凝霞、广和蔚、晋裕成、元生利、恒丰和	沪、杭、津和本省乃至外国的绸、缎、布、呢、绒等产品

---

① 中国第一历史档案馆编：《雍正朝汉文朱批奏折汇编》（第19册），江苏古籍出版社1986年版，第402页。
② 光绪《平陆县续志》卷下《艺文》。
③ 光绪《平陆县续志》卷上《营建·津渡》。
④ 道光《繁峙县志》卷2《建置·城池》。

续表

行　业	字　号	经营产品
花布业	晋通、吉逢、协成裕、义兴长、大盛魁、祥泰隆	河北赵州的棉花和青岛、上海、石家庄等地的棉布
货栈业	义盛通、吉泰隆、万丰厚、义胜合、同和公、聚义成、大丰祥	堆放棉花
粮食业	吉泰公、吉履亨、德丰恒、晋源涌、义逢权、义聚兴、聚锦川、晋昌	本地所产玉米、小麦、小米、黑豆
干菜纸张业	公兴顺、聚兴顺、晋丰厚、广云集	糖、蜜饯、茶叶、海味、调料、干果干菜、纸张、颜料油漆、日用杂品、红白矾等10类商品

资料来源：《榆次市志》卷14《商业》，中华书局1996年版，第520页。

介休县"方百里疆域，非广也。乃入其市，地俨如都会，附郭桑麻，四郊衍沃，无旷土。村落星罗棋布，烟火万家。……又境属康庄往来，冠盖相望于道，拥以关隘限，以河渠洵乎。腹地要区，邑称繁剧焉"[1]。境内的张兰、义安、洪山、义棠等镇由于地处要冲，市廛繁华，镇上除有京货、杂货等商号外，还有钱庄、当铺、金珠铺等商行。永和县城"石门山即双山，由陕甘至临汾、新绛直达运城，为西北东南通衢，山路崎岖，面积狭窄，行者咸病其险。民国十一年修宽八尺为准，路旁有水道……自城外至桑壁镇五十里，轻车可以通行，往来行旅皆称便利"[2]。赵城县城"周五里百有二十步，崇二丈，濠深七尺，广倍之，门四，上各建楼。……东城楼曰撷翠、曰环青、曰霍峰峙秀；西城楼曰怡云、曰罨画、曰汾水廻澜；南城楼曰迎禧、曰望极、曰简城古治、曰解愠阜财；北城楼曰瞻云、曰就日、曰河东股肱、曰拱卫神京。……晋之南当孔道者二十州县，赵为脊"[3]。

---

[1] 嘉庆《介休县志》卷1《疆域》。
[2] 民国《永和县志》卷2《建置志·道路》。
[3] 道光《赵城县志》卷5《城池》。

三 其他城镇及其周边的集市、庙会所形成的集聚

"南方曰趁墟，北方曰赶集，又曰赶会，集期以日计，会期以月计。"① 集市及庙会贸易不仅是山西农村经济生活中的一项重要内容，而且是山西城镇商业发展的重要补充。集市庙会的繁荣和发展从另一个侧面反映了商业的集聚。

（一）集市

集市是人们约定俗成进行定期交易的场所。山西集市的发展兴起于明代，明末清初由于战乱灾荒而一度衰落，经康熙、雍正年间的恢复、整顿，到乾隆时进入全面、持续的发展阶段。据估算，清代中叶山西集市数量已达到1600个左右，光绪年间再增至近2100个，平均每州县有集市20个左右。康熙、雍正年间，清政府对集市牙行、税收制度进行了一系列清理、整顿，使集市管理开始走上制度化、规范化的轨道，从另一方面来说对农村集市的发展起到了促进作用。随着集市数量增长，集市分布密度也大大提高，到清中叶，山西已经形成一个具有相当稳定性和相当密度的集市网。

省治太原周围有许多集市：阳曲镇集在城北30里、青龙镇集在城北50里、黄土寨集在城东北60里、东黄水集在城东北80里、大盂镇集在城东北90里、阳兴镇集在城东北130里、东社村集在城西15里、河口村集在城西80里、向阳镇集在城西北30里、西高庄集在城西北40里、泥屯镇集在城西北55里、官头村集在城西北90里、大川都集在城西北90里、逢子坡、岔上村集在城西北100里、小店镇集在城西北120里等，共有15处。② 位于晋南的蒲州府，周围集市也较多，城外"东丰镇集在州东30里，考老镇集在州东北30里，东张镇集在州北50里，大阳屯集在州南50里，焦卢屯集在州南50里，小李屯集在州南80里，永乐镇集在州南110里"③。永济县境内有赵伊镇集，在县东30里；考老镇集，在县东北30里；东张镇集，在县北50里；匼河镇集，在县南50里；韩阳镇

---

① 光绪《高平县志》卷2《甲里·市会》。
② 道光《阳曲县志》卷7《户口》。
③ 康熙《蒲州志》卷2《市集》。

集，在县南 50 里；小李村集，在县南 80 里。① 同样位于晋南的蒲县市集：在县方内者三，而县不论最大者，化乐集月无闲日，井沟克城二集次之，乔家湾集又次之。② 曲沃县有东关集，在县东南 25 里；王村集，在县东北 25 里；曲村集，在县北 25 里；下坞集，在县东北 32 里；高县集，在县西北 20 里；西庄集，在县西 20 里；侯马集，在县西 30 里；隘口集，在县西南 50 里。③ 沁源县乡集有 5：官军镇、绵上镇、栢子镇、韩洪镇、郭道镇。④ 绛县有东关集、大交集（在县东北 40 里大交镇）、横水集（在县西 20 里横水镇）、吉峪集（在县东北 20 里吉峪村）、荆姚庄集（在县东北 30 里南樊镇）。⑤

即便是在偏远的晋北地区，各个县均有集市。广灵县，在南关一处，三、六、九集。⑥ 河曲县巡检司三、八、日集，桦林堡楼子营二、七日集。⑦ 定襄县的南王村，逢四、八、十、日集；南兰台镇，逢四、八日集；南受禄镇，逢双日。⑧ 有的县份不仅集市相对较多且开市频繁。灵丘县有东关集、西关集、南山村集（城东 24 里）、东河南集（城西 30 里）、赵壁村集（城西 45 里）、上寨村集（城南 70 里）、下关镇集（城南 90 里）。东西关双日集，而村镇则二、五、八，三、六、九不等。⑨ 代州在明清时期是晋北地区商业繁茂之地，与晋南的绛州被称为"南绛北代"，清代代州境内亦有不少集市：四镇在河北者二，曰阳明堡，曰广武城；在河南者二，曰聂营，曰峨口。市集，峨口以双日，广武、聂营以单日；州城则朝聚夕散，无定期也。其非城镇而曰有集者，为张家庄，在关北。⑩ 值得一提的是，光绪年间繁峙县的砂河集，去城 60 里，每月以单

---

① 光绪《永济县志》卷 1《市集》。
② 乾隆《蒲县志》卷 2《建置·城池》。
③ 光绪《曲沃县志》卷 2《建置志·城池·集八处》。
④ 雍正《沁源县志》卷 1《封域·市集》。
⑤ 乾隆《绛县志》卷 3《城池》。
⑥ 乾隆《广灵县志》卷 1《方域·市廛》。
⑦ 同治《河曲县志》卷 3《村集》。
⑧ 光绪《定襄县补志》卷 3《建置·集场》。
⑨ 光绪《灵丘县补志》卷 1《疆域》。
⑩ 光绪《代州志》卷 4《建置志·镇集》。

日集，税厅即砂涧驿；大营集，去城 100 里，每月以双日集。① 该二镇皆巨镇也。②

　　山西集市以每旬开市 3—5 次最为普遍，或更多者间亦有之。乾隆时，临晋县有十集：曰西关、七级、樊桥、城西、城子埒、夹马口、卓里、角杯、周吴、宋家庄……日别双单，集分双日单日。期分六七，集期有逢六逢七，从一至十，各集各分其期。③ 道光时，灵石县境集市开市频繁：小水镇，期四、五、八；苏溪，期一、三、五、七、九；静升村，期三、六、九；仁义镇，期一、六；峪口，期二、四、八；双池镇，期一、三、五、七、九；段纯村，期一、三、五、七、九；夏门村，期一、三、五、七、九；梁家圪塔，期二、八。④ 光绪时，晋东南地区的县份，其农村集市开市频率大都在每旬 3—5 次。如长子县的鲍店镇、石哲镇、大堡头村、张店村、南漳村、东里村、南苏村俱以一、三、五、七、九日市；璩村镇以三、六、九日市；南呈镇、郭村俱以二、五、八日市；布村以一、四、七日市。⑤ 高平县集市众多：米山，二、五、八日集；寺庄，一、四、七日；河西、马村、徘徊、建宁俱一、四、七日；野川，二、五、八日；原村，三、六、九日；周篓，二、五、八日；下台，二、五、八日；陈区，一、四、七日。⑥ 襄垣县境内有 6 个集市，计有虒亭镇，在县西六十里，逢单日市；夏店镇，在县西三十里，逢双日市；下良镇，在县北三十里，北通辽州，一、四、六、八日市；西营镇，在县北四十五里，与武乡界接，二、五、七、十日市；长隆镇，在县西南二十五里，南通潞安府，北通沁州，单日市；史北镇，在县西北四十五里，与沁州接界，逢双日市。⑦ 长治县集市在乡者有 17 处：荫城镇三、六、九日；西火镇四、七、十日；韩店镇一、四、七日；东和镇二、五、八日；南董镇、北董镇、高河镇并单日；八义镇一、四、七日；大峪镇常

---

① 道光《繁峙县志》卷 2《建置·集场》。
② 光绪《繁峙县志》卷 2《建置志·市集》。
③ 乾隆《临晋县志》上篇《市肆篇》。
④ 道光《直隶霍州志》卷 10《物产·市集》。
⑤ 光绪《长子县志》卷 4《建置志·市集》。
⑥ 乾隆《高平县志》卷 4《甲里·市集》。
⑦ 民国《襄垣县志》卷 1《疆域·市镇》。

集；苏店镇双日；故县镇一、五、七日；关村镇二、五、八日；安城镇、柳林镇、北呈镇、经坊镇并双日；贾村单日。① 开市最频繁的大峪镇为常集，平均每月开市 30 天；其他如南董镇、北董镇、高河镇、苏店镇、安城镇、柳林镇、北呈镇、经坊镇、贾村等村镇均为隔日开市，平均每月开市 15 天。剩余的村镇亦每旬开市 3 次。潞城县市镇 7 处：黄碾镇、潞河镇，以奇日集；安昌镇、南垂镇，以偶日集；微子镇，偶日集；石梁里，集无定期；北社镇，二、五、八日集。②

此外，晋南平陆县的茅津镇张店街每日集，常乐镇中张村每逢单日集，洪池镇每逢双日集。③ 夏县尉郭镇，每月三、五、八、十，小建二十九，凡十二集；胡张镇，每月二、四、七、九，凡十二集；曹张镇，每月一、三、六、八，凡十二集；官庄镇，每月二、五、七、十，小建二十九，凡十二集；裴介镇，每月二、五、七、十，小建二十九，凡十二集。④ 晋中徐沟县的大常镇赶集每逢单日。⑤ 晋东平定州东乡柏井镇，每逢三、六、九日集；西乡平潭镇，每逢三、六、九日集；南乡松塔镇，每逢二、七日集；张庄屯，每逢三、六、九日集；北乡河底镇，每逢五、十日集；白泉屯，每逢二、七日集；岔口镇，每逢四、九日集。⑥

表 7-2　　　　　　清光绪年间盂县境内的集市统计表

地　区	集市名称	集　期
东乡	清城市	一五日集
	牵牛镇市	四九日集
	牛村市	三七日集
	土塔村市	一五日集
	仙人村市	二六日集
	坡头村市	四九日集
	庄头村市	五十日集

---

① 光绪《长治县志》卷 3《建置·市集》。
② 光绪《潞城县志》卷 2《建置沿革考·市镇》。
③ 光绪《平陆县续志》卷上《营建·集会》。
④ 光绪《夏县志》卷 1《风俗·市集》。
⑤ 光绪《徐沟县志》卷 1《城池·市集》。
⑥ 光绪《平定州志》卷 2《舆地·都鄙·市集》。

续表

地　区	集市名称	集　期
北乡	苌池市	三七日集
	上社镇市	一五日集
	下社镇市	四九日集
	侯庄市	一五七日集
西乡	西烟镇市	三六九日集
	东梁村市	一四七日集
	凌井店市	一四日集
	郭秋市	二五八日集
南乡	郭村市	五九日集
	管头村市	一五日集

资料来源：光绪《盂县志》卷6《地舆考·乡堡》。

每旬开市 2—3 次的也较多，集期大都以一六、五十、二七、四九、三六九相搭配。如康熙年间，隰州共有 7 个集市：均庄三、八日集；康城镇一、六日集；水头镇一五日集；大麦交镇和辛庄镇五十日集；石口子集以四九为集期；回龙镇三九日集。① 乾隆年间，汾州府介休县境较大市集有"东关月十五市，张兰镇月十五市，郝家堡月十五市，湛泉镇月十五市，孔家堡月十五市，义棠镇月十五市"②。陵川县附城镇，遇三六九日集；平城镇，遇双日集；礼义镇，遇二、五、八日集。③ 光绪时，汾阳县四乡市期：罗城镇三、九日，永安镇二、七日，仁岩村四、九日，冀村一、三、五、八日，见喜村三、六、九日，裴家会二、四、六、九日，田屯镇四、七日，三泉镇五、十日，阳城镇一、三、六、八日，小相四、六、八日，尽善四、九日。④ 清末民初，临县的三交镇，逢一、六日集；碛口镇，逢五、十日集；正月十三至十五日、七月十五至十七日、十月十三至十五日会；招贤镇，逢三、八日集；南沟镇，逢四、九日集；

---

① 康熙《隰县志》卷4《疆域·市镇》。
② 乾隆《介休县志》卷1《堡寨·市集》。
③ 乾隆《陵川县志》卷8《城池》。
④ 光绪《汾阳县志》卷1《疆域·市集》。

兔儿坂，逢五十日集；安家庄，逢四、九日集；业罗峪，逢二、九日集；梁家会，逢一、六日集；清凉寺，逢二、八日集；白文镇，逢四、九日集；① 平顺县北社镇二、五、八日集；苗庄镇一、四、七日集；龙溪镇三、六、九日集。②

表 7-3　　　　　　　　　清代寿阳县境内集市统计

地　点	位　置	时　间
张净镇	县正东三十里	二六日集
羊头崖镇	县正南三十五里	一四八日集
北河镇	县西南五十里	三六十日集
西落镇	县西南八十里	二五九日集
遂城镇	县西南七十里	（按今无集）
太安驿镇	县西南五十里	四九日集
胡家埋镇	县正西八十里	一六日集
段王镇	县正西四十里	三八日集
上峪镇	县正西三十里	四九日集
南燕竹镇	县正西二十五里	三八日集
平头镇	县西北六十里	五十日集
宗艾镇	县西北二十里	二六十日集
解愁镇	县正北四十里	四八日集

资料来源：（清）马家鼎等修，张嘉言、祁世长纂：光绪《寿阳县志·舆地志·市镇》卷1，光绪八年（1882）刻本。

表 7-4　　　　　　　　　清末民初万泉县农村集市统计

地　区	集市名称	日　期
东乡	皇甫镇	逢七日会
	四望村	逢九日会
	汉薛村	逢三日会
	乌苏村	逢四日会
	上村	逢五日会

---

① 民国《临县志》卷8《疆域·城镇集会》。
② 民国《平顺县志》卷2《疆域·集镇》。

续表

地　区	集市名称	集　期
西乡	高村	逢六十日会
	贾村	逢二七日会
	东苏冯	逢九日会
南乡	东坞底镇	逢一六会
北乡	解店镇北岳庙	逢八日会
	太庙村	逢七日会
	七庄村	逢六日会
	北张户	逢二日会

资料来源：民国《万泉县志》卷1《城池》。

集市所贸易的商品种类多样，如太原府榆次县农耕所用之牛马，家禽等多在集市上"买之旁县"，而县内民人善于用柳条编织器具和苇席，或种植时令瓜果，亦多在集市上交易，从而"岁资之为利，以供衣食租赋"[1]。解州集市和店铺的商品也较为丰富，"顾商贾聚处，百货骈集，珍瑰罗列，见于无物不有"[2]。大同府灵丘县城内集市贸易商品包括"肩蔬负薪粟粮布匹之类"[3]。保德州州市在城中，"仅枲米粟"，主要交易粮食，而城外"东沟集，每逢二七贸易杂货"[4]。临晋县集市商品主要有"凌杂米盐，陈列铫耜，夏茄冬瓜秋桃春李"[5]。

表7-5　　　　　　　　清代太平县集市地点及集期变化表

集市地址	道光时期	光绪时期
南关北集	每月初四、初十、十六、二十二、二十八，凡五集	

---

[1] 同治《榆次县志》卷7《风俗》。
[2] 乾隆《解州安邑县运城志》卷2《风俗》。
[3] 康熙《灵丘县志》卷4。
[4] 康熙《保德州志》卷1《市集》。
[5] 乾隆《临晋县志》上篇《市肆篇》。

续表

集市地址	道光时期	光绪时期
古城集	每月初五、十一、十七、二十三、二十九，凡五集	每月初五、十一、十七、二十三、二十九，凡五集
史村集	每月初一、初六、十一、十六、二十一、二十六，凡六集	每月初一、初六、十一、十六、二十一、二十六，凡六集
赵康	单日集	今惟腊月下旬有集；余月初三、初九、十五、二十一、二十七，凡五集
北柴	偶日集	今惟腊月下旬有集
膏腴集	每月初三、初九、十五、二十一、二十七，凡五集	每月初三、初九、十五、二十一、二十七，凡五集
中黄集	每月初五、十一、十七、二十三、二十九，凡五集	每月初五、十一、十七、二十三、二十九，凡五集
县城通集		每月初四、初十、十六、二十二、二十八，凡五集
永固集		每月初六、十二、十八、二十四、三十日，凡五集

资料来源：道光《太平县志》卷3《坊里·市集》；光绪《太平县志》卷2《建置·市集》
清代太平县境内的庙会从道光间的10处，到光绪间增至14处。

（二）庙会

城乡普遍存在的庙会，有着"敬事神明有祈有报，且因之立集场以通商贩"的作用。[1] 因此，庙会以祀神、祈福、演剧而聚众，商人因以设市贸易，具有的祀神、娱乐、贸易等多种功能。庙会又称货会或山会。各地较大的庙宇寺观，每逢节日，善男信女大量集中举行宗教礼仪。商人借此人众蚁集之际，进行商业活动。从商业角度看，庙会是农村集市的另一种形式。[2] 除祭神外，庙会的另一主要功能是贸易。

太原府榆次县五月城隍庙会，"届期资货云集四方，客商辐辏而至，

---

[1] 道光《武陟县志》卷10《风俗志》。
[2] 方行、经君健、魏金玉主编：《中国经济通史·清代经济卷》，中国社会科学出版社2007年版，第1086页。

发兑交易日余始罢"①。太谷县"立春……二十一日汾河村民于庙祀神演剧，四乡商贾以百货至交易"②。代州繁峙县城每年三月十八日有砂河香烟庙会，届时"远近士民各以鸡鸭羊只入庙酬神，是日商贾云集"③，"士女游观"④。平阳府浮山县每逢庙会，"招集远近商贾贩鬻诸般货物，邑人称便焉"⑤。绛州庙会以古龙坡的"老君庙会"和"东华山娘娘庙会"名气和规模最大，每逢会期，陕、甘、豫、冀、鲁等省客商云集。⑥长子县庙会"岳鄂王庙会九月二十六日在南关，旬日而止，且百货俱集"⑦。灵丘县"六月初三日为南岳府君圣诞，士民祭祀，四方商贾皆至"⑧。平阳府浮山县"每岁三月二十八日东门外东岳庙逢会，七月十五日城隍庙逢会，十月初六日南门外关帝庙、张公祠逢会，招集远近商贾贩鬻诸般货物，邑人称便焉"⑨。

　　清代，山西很多州县都有庙会，少则1—2处，多则十数处。太原府榆次县"正月于怀仁、二月于聂村东阳、三月郭家堡、四月王都村、五月于邑城隍庙中，七月源涡鸣谦驿，凡会则陈优伶合乐，其城隍庙则会场之尤大者"⑩。平定州盂县，一年之中有33次庙会，会期长则5天，短则3天，全年至少有100日之多。⑪晋南的平陆县由于地处水陆要津，一年之中，境内的39个村镇共有66场庙会。⑫保德州河曲县庙会正月3次，二月2次，三月3次，四月4次，五月2次，七月3次，八月2次，十月1次，共计20次。会期以3日居多，共计60多日。⑬汾州府临县的

---

① 同治《榆次县志》卷4《纪事》。
② 光绪《太谷县志》卷3《风俗》。
③ 道光《繁峙县志》卷2。
④ 光绪《繁峙县志》卷1《地理志·风土》。
⑤ 光绪《浮山县志》卷31《风俗》。
⑥ 绛县地方志编纂委员会编：《绛县志》卷10《商业》，陕西人民出版社1997年版，第375页。
⑦ 光绪《长子县志》卷4《建置志·市集》。
⑧ 康熙《灵丘县志》卷1。
⑨ 光绪《浮山县志》卷3《风俗》。
⑩ 乾隆《榆次县志》卷6《风俗》。
⑪ 盂县史志编纂委员会编：《盂县志·商业》，方志出版社1995年版。
⑫ 光绪《平陆县续志》卷上《营建·集会》。
⑬ 河曲县志编纂委员会编：《河曲县志·商业》，山西人民出版社1989年版。

城关、三交、碛口、招贤、南沟、兔坂、安家庄、从罗峪、白文等地有庙会。其中七月会最隆重,七月初一碛口会,继而三交、城关、白文、兔坂、刘家会相继进行,一直持续到月底。其次是正月会,正月十三碛口会,继而是三交、招贤、城关、白文。① 嘉庆、道光年间最盛,全县年百余次。②

大同府大同县庙会从正月初八的八仙日始,二月初三有帝君庙会、三月初三曹夫庙会、三月十八娘娘庙会、四月初八奶奶庙会、四月十五鲁班庙会、五月十一城隍庙会、六月初六玉龙洞庙会、六月十三龙王庙会、六月十九观音庙会、五月十三和六月二十三关帝庙会、六月二十三火神庙会、七月十五龙池盂兰会、八月二十七文庙会。城郊沙岭、寺村、阳和坡等村春祈秋收也举行庙会。③ 右玉县大寺庙庙会,农历四月初八;娘娘庙会,农历三月十八;雷公山慈云寺庙会,大南山显明寺庙会;牛心山庙会;封神台庙会;马莲滩村西六月六海子滩庙会。杀虎口从二月初八文昌庙会开始到十月十三东岳庙会,几乎每月有会。④ 辽州榆社县每年正月至十月间,月月有庙会。⑤ 夏县自年初二月初九日西门外白衣庵会始,二月二十五日中留关王庙会;三月初三日胡张真武庙会;十八日城中后土庙会、鲁因官庄俱会;二十二日禹王庙会;二十五日朱吕泰山庙会;二十八日张郭店泰山庙会;四月初一日堰掌关王庙会;初八日治头关王庙会;十五日官庄后土庙会;五月初五日学巷文昌帝君庙会;六月初六日城隍庙会;七月初七日西门外准提庵会;八月初一日南关真武庙会;初九日白衣庵会;十五日瑶台会;九月初九日胡张观音庵会;十三日在城关帝庙会;十月初十日墙下关帝庙会;十五日官庄后土庙会;十一月十五日南关真武庙会;十二月初八日城隍庙会止,全年共有23场庙会。⑥ 吉州城关、柏山寺、大庙沟等地有农历三月二十七、四月十五、七

---

① 临县志编纂委员会编:《临县志·商业》,海潮出版社1994年版。
② 垣曲县志编纂委员会编:《垣曲县志·商业》,山西人民出版社1993年版。
③ 大同地方志办公室编:《大同县志·商业》,山西人民出版社1992年版。
④ 右玉县志编纂委员会编:《右玉县志·商业》,中华书局1999年版。
⑤ 胡德荣编:《榆社县志·商业》,山西古籍出版社1999年版。
⑥ 康熙《夏县志》卷1《建置·会场》。

月十五、十月十五、腊月十三等庙会。①岳阳县则全年有三月十八日古县镇会、三月二十日西池茶房会、四月二十五日辛庄会、六月十五日并候茶房会、七月十八日三台山会、七月十五日古岳村会、七月二十日和川镇会、九月十三日古县镇会等八次庙会。②高平县二月在焦河村、赤土坡、河西镇、香神岭；三月在李门村、建宁镇、米山镇；四月在东关厢；五月在衙前庙；九月在马村镇、永禄村、米山镇；十月在东关厢等地有庙会。③

一些县份的某些地区，每年会举办多次庙会。例如，隰县仵城镇，正、七、十月，二、八、十一月会；义泉镇，州东四十里，二、七、九月会；蒿城镇，州北七十里，正、四、十月会；康城镇，州北一百十里，每月一六日集，正、三、八、十一月会；大麦交镇，州北一百八十里，每月五十日集；二、七、十、十二月会；回龙镇，周东北二百里，正、十月会；北门外，正月、十月会；西门外三义庙，五月、十二月会；东岳庙，三月二十八日会。④永和县北关镇，正月、四月、十月、十二月会；永和关镇，县西七十里，三月会；桑壁镇，县东五十里，三月、八月、九月、十月会。⑤

庙会会期虽长短不一，以1—5天为多。潞安府长子县"岳鄂王庙会九月二十六日在南关，旬日而止；关帝庙会九月十三日在县北乡鲍店镇亦旬日而止；草坊会五月十三日在县北乡三日而止；尧庙会四月二十八日在县西南乡五日而止"⑥。灵丘县六月初三庙会"市易三日毕，居民各归农业，商贾亦行，岁以为常"⑦。但也有会期较长的，如灵丘县西关府君庙会"六月初一日起，十日而罢"；东关东岳庙会"九月十五日起，半月而罢"。⑧而长治县鲍店庙会更是绵延数月不止。

庙会所交易的商品种类繁多，除有较高档的商品，如江南丝绸、江

---

① 光绪《吉州志》。
② 民国《新修岳阳县志》卷4《市集》。
③ 光绪《高平县志》卷2《甲里·市会》。
④ 康熙《隰县志》卷4《疆域·市镇》。
⑤ 民国《永和县志》卷1《舆地志·市镇》。
⑥ 光绪《长治县志》卷3《建置·市集》。
⑦ 康熙《灵丘县志》卷1。
⑧ 光绪《灵丘县补志》卷1《疆域》。

西瓷器、珠宝古玩裘皮等外，主要以日用百货、牲畜、农具为主。太原府太谷县的阳春会："卖货物者甚多，绸缎棚一巷，估衣棚一巷，羊裘棚一巷，竹木器具棚一巷，车马皮套棚一巷，其余磁器、铁器、纸张棚虽不成巷，而亦不少。此外杂货、旧货小坛，不可胜数。赶会之车辆约有数千乘，可谓大会矣。"① 汾州府介休县九月二十至二十九是张兰镇泰山庙庙会，届时平遥、沁源、霍县、孝义、汾阳等地商号和手工业作坊都前来参加，此外还有文水的皮货、浑源的挽具、沁州的麻货、上党的药材，内蒙古的骡马。② 解州庙会"商贾云集，百货具陈"③。临县正月和七月庙会是以牛、马、驴、骡为主的庙会。七月初一碛口会以瓜果为主。十月初二是丛罗峪妫羊会，上市妫羊可达数千只，汾阳等地客商前往购买。腊月十八为城庄公鸡会，上市公鸡可达数千只。六镇古会尤以三交会驰名晋陕，每年的骡马大会，陕西米脂、定边、关中、神木、榆林等地来的骡马驴数量可观；河南、河北、晋东南、洪赵等地前来购买牲畜者接踵摩肩。三交骡马大会时，周围十数里村庄都住满各地客人。④ 平阳府浮山县庙会交易内容十分丰富，包括百货、农具、瓜果、蔬菜、牲畜、金货、估衣、京广杂货、日用生活用品等。⑤ 高平县米山镇庙会，"羊马自千余里至"⑥。灵丘县六月初三庙会，"邑之人终岁日用所需以及男女婚嫁钗裙衣帕之类，皆于此日置办"⑦。

许多庙会有其固定的主要交易产品。如大同府大同城内六月十三的龙王庙会，以布行为主；六月十九的观音庙会以银匠为主。⑧ 宁武府神池县六月初六的八角镇庙会主要以交易牲畜为主。⑨ 绛州闻喜县三月初三县城祖师庙庙会也以交易牲畜为主，称为骡马大会。⑩

---

① （清）刘大鹏：《退想斋日记》，山西人民出版社1990年版，第76页。
② 山西省介休市志编纂委员会编：《介休市志·商业》，海潮出版社1996年版。
③ （清）李燧：《晋游日记》，山西经济出版社2003年版，第75页。
④ 临县志编纂委员会编：《临县志·商业》，海潮出版社1994年版。
⑤ 浮山县志编纂委员会：《浮山县志·集市》，中华书局2002年版。
⑥ 同治《高平县志》卷1《地理》。
⑦ 康熙《灵丘县志》卷1。
⑧ 大同地方志办公室编：《大同县志·商业》，山西人民出版社1992年版，第78页。
⑨ 神池县志编纂委员会编：《神池县志·商业》，中华书局1999年版，第135页。
⑩ 闻喜县志编纂委员会编：《闻喜县志·商业》，中国地图出版社1993年版，第270页。

清代，山西有四大庙会，即正月解州会、四月尧庙会、七月五台山会、九月鲍店会。其中长子县鲍店会，以商贾之繁盛、行业之众多、交易金额之巨大，在山西各庙会中首屈一指。① 鲍店，距长子县城北40华里，位于潞安府的长子、屯留二县中间，为晋、豫、秦交往的要道。鲍店会起自何时，已难稽考，但它的极盛时代是在清代中叶。会期从农历九月十三日到十二月二十三日，历时100天，主要交易商品有牲畜、估衣、广货、京货、药材等。

从以上分析，我们可以知道，庙会除提供一般家庭生活日用所需之外，还能够补充集市商品种类和档次的不足，满足农民婚嫁、年节之需，乃至富贵之家较高层次的消费需求。同时，越是集市商品匮乏的地区，对庙会的依赖程度也就越大。

表7-6　　　　　　　　清代太平县庙会地点及会期变化表

庙会地址	道光时期	光绪时期
北柴泰山沟会	三月十四日起，十六日止；十月十一日起，十五日止	三月十四日起，十六日止；十月十一日起，十五日止
龙王庙会	二月初一日起，初四日止	二月初一日起，初四日止
汾阳庙会	二月十四日起，十六日止	二月十四日起，十六日止
永固庙会	二月二十四日起，二十六日止	二月二十四日起，二十六日止
北李庙会	三月十六日起，二十日止	三月十六日起，二十日止
北贾坊庙会	三月二十二日起，二十四日止	三月二十二日起，二十四日止
峰坡庙会	三月二十六日起，二十九日止；九月二十四日起，二十九日止；十月十八日起，二十一日止	三月二十六日起，二十九日止；九月二十四日起，二十九日止；十月十八日起，二十一日止
姚村会	三月十一日起，十三日止；四月十七日起，十九日止	三月十一日起，十三日止；四月十七日起，十九日止
陈郭会	四月二十七日起，二十九日止	四月二十七日起，二十九日止
荀董会	清明节	清明节

---

① 王家驹：《长子鲍店会》，载《山西文史资料》第1卷，《山西文史资料》编辑部1998年版。

续表

庙会地址	道光时期	光绪时期
古城镇会		四月初一日起，十一日止；九月十一日起，二十三日止
五条斜会		三月初一日起，初三日止
赵康镇会		四月初一日起，初三日止；八月初一日起，初三日止
南姚村会		四月十一日起，十三日止

资料来源：道光《太平县志》卷3《坊里·市集》；光绪《太平县志》卷2《建置·市集》。

集市崛起归根结底是根植于农村经济实力的增强，没有农村经济的振兴，也就没有乡村中集市的勃兴。只有当农村经济实力增强，剩余农产品增多时，才有足够的交易量来维持一个集市的存在和延续，新集市的产生需要同样的物质前提。

庙会是农村集市的一种，但它的交易者和交易商品来源更广泛，交易规模更大，时间更长，会期间隔也更长，多循季节更替而举办。由于庙会具有如上特点，故庙会上交易商品也更为丰富，如太原府太谷县阳春会，所交易商品种类繁多，琳琅满目；潞安府长子县鲍店会，交易的商品同样包罗万象，且数量巨大。随着农副业产品商品化程度的加深，庙会因其举办周期与农业生产的季节性极为一致的特点而规模扩大，数量激增，从而吸收了农民的大部分农闲产品，集市交易商品则相对匮乏，不能提供农民生产生活所需物品。正如光绪《文水县志》记载："境内无多商贾，平居一篑之微，无从购置，惟恃有庙会，则四方齐集，百货杂陈，民间日用之需，耕获之具，皆取给焉。"[①]

庙会对集市的替代作用，实质上是核心城市的"扩散力"在起作用。核心城市的扩散功能主要源于核心城市自身结构的优化，科技进步的推动，也由于规模效益的消失，土地价格的上涨，生活费用的攀升。当经济发展到一定阶段，核心城市的扩散是不以人的意志为转移的客观规律。其扩散形式主要有周边式扩散、等级式扩散、跳跃式扩散、点轴式扩散

---

① 光绪《文水县志》卷3《市集》。

等。虽然事实上经济核心城市的扩散并不单纯采取一种形式，往往呈现出混合式扩散的情况，但近年来特别引人注目的是点轴式扩散形式，即由核心城市沿主要交通干道呈串珠状向外延伸，从而形成若干扩散轴线或产业密集轴带，反映出交通干道往往是产业经济向外扩散的基本传递手段，它们在形成合理的经济布局、促进经济增长中发挥着极其重要的作用。

第二节 理论分析

从经济学角度上讲，集聚是指资源、要素和各种经济活动在地理空间上的集中趋势和过程。它是区域经济不平衡发展的必然要求，对区域经济发展有着重大意义。集聚机制的作用存在一定的惯性，能够通过经济活动的空间集聚形成巨大的经济效应。其对区域经济的作用主要通过人口集聚、产业集聚、资本集聚和城镇集聚来实现。而城市集聚的前提就是人口集聚、产业集聚和资本积聚。

一 人口集聚

人口集聚是指人口由分散的广域空间向相对狭小的空间密集的过程，与产业集聚和资本集聚的关系密切，相互促进。产业集聚是指资金、设备、信息、技术和劳动力向相对狭小的地域空间聚合。严格意义上讲，资本集聚包括在产业集聚内，它是企业扩展自身实力的基础，资本的多少直接关系到商业活动的交易量及其扩展能力。城市是区域经济活动的中心，是经济活动的集聚体，工业、交通运输业、第三产业主要集中在城市这个特殊的经济区域中。但由于集聚和扩散都是相对而言的，当一个中心城市向周围的腹地产生扩散效应时，从更宏观的角度看，也是其他周围城市以中心城市为核心集聚的过程，即城市的集聚。

根据王社教的研究，明代山西有些地区的城镇人口比率已经达到相当高的程度。例如曲沃县，明嘉靖《曲沃县志》记载："夫曲沃四境不过百里，而民则十万有奇，其在城者无田之家十居其六，在野者十居其四。"① 由此可知，彼时曲沃县城镇人口的比率已达到60%。②

此外，清代山西境内许多城市由于人口集聚，使得人口向城外溢出，城市周边的关城也迅速扩大，成为溢出的城内人口较为集中居住的区域。光绪时，"交城县城外东、南各有关，惟东关袤二里许，民居稠密"。③ 浮山县四关：东关，附城平夷，人口稠密，为城护卫。西关，居民散处，密屋各半，设有客店，商贾寓宿于此。南关，在昔附城，闾间辐辏，崇祯间流寇滋扰，民不宁居，兼以康熙三十四年（1695），地震房屋尽倾，仅存瓦砾遗址，其近南河一带，坡埈上下傍崖穴居仍旧。北关，在广济桥北，地势卑下，人民依崖为屋。④ 清末民初，介休县顺城关有东西大街1条，有巷道12条。文家庄有东西街16条，有巷道1条，西关有正街1条，瓜市街1条，巷道2条。⑤ 一些关城，由于人口集聚，而使得关城的规模有所扩大：如祁县，其西关城，"周围二里，高二丈五尺，底阔二丈，顶阔一丈，陴墙高五尺，东北门各一座，南门三座，敌台八座，具设楼舍"，并且"西南北面各壕沟一道，深一丈，阔三丈，护墙一道，东倚大城壕"，早于明隆庆年间已经"砖甃"⑥。有的关城还有专门的名称，如岢岚州，其东关附城俗名砖堡。⑦

二 产业集聚

产业的集聚是城市化发展的重要推动力，是一个长期的过程。特定地域的产业集聚将吸收区域要素向特定地域流动、集聚，在整个区域范围内重新配置资源。在区域主导产业不断集聚的推动下，区域的增长中心和发展中心逐渐形成，从而为区域经济增长提供强大拉动力。同时产

---

① 嘉靖《曲沃县志》卷5《贡赋志》。
② 王社教：《明清时期山西地区城镇的发展》，《西北大学学报》（自然科学版）2007年第2期。
③ 光绪《交城县志》卷1《建置·城池》。
④ 光绪《浮山县志》卷5《城池·市集》。
⑤ 山西省介休市志编纂委员会编：《介休县志·建置·古县城》第一编，海潮出版社1996年版。
⑥ 光绪《祁县志》卷2《建置·城池》。
⑦ 乾隆《太原府志》卷6《城池》。

业的集聚在边际报酬递减规律的作用下，会促成集聚地的要素向周围地区转移，辐射整个区域，使区域资源在流动中实现再配置，从而对区域经济发展产生扩散效应。一定数量的人口不仅为区域经济发展提供必要的劳动力资源，而且为消费提供了市场。因此人口集聚是产业集聚和城市集聚的基础。城市的形成虽然必须以稠密的人口和商业与贸易等产业的发达为条件，城市的集聚必须以人口的集聚和产业的集聚为基础，但是城市的集聚也可以反作用于人口的集聚和产业的集聚。一个城市的规模越大人口越多，集聚性越强，对周围地区的产业和人口的向心力越强。一般地，城市的规模越大，则城市的功能越完善，交通运输网络更健全，为产业的发展和人民的生活提供的外部环境更好，则相关的产业更愿意集中到城市中，更多的劳动者和消费者也愿意随之流动到或移民到该城市中，从而形成更大规模的产业集聚和人口集聚。

此外，产业集聚亦是同一（或不同）产业在某个特定地理区域高度集中的现象。简单地说，就是在一个适当大的区域范围内，生产某种产品的若干同类企业、为这些企业配套的上下游企业，以及相关的服务业，高密度地聚集在一起。某一区域的产业集聚竞争力不仅表现在集聚体内部的某些集聚效应上，更重要的是还表现在地方特色产业群上，这就是大量相关企业空间集聚所形成的本地化的产业氛围，这是其他地区最难模仿的。产业集聚竞争力是一个国家或地区对该国或该地区资源禀赋结构和市场环境的反映和调整能力。同一产业相关的企业群居在一起，相互竞争和协作，对提高产业的竞争力有很强的促进作用。现代组织理论认为，产业集聚是创新因素的集聚和竞争能力的放大。在地理上的集聚，能够对产业的竞争优势产生广泛而积极的影响。产业集聚作为企业和市场之间的中间组织形态，把竞争从单个企业间个体竞争提升到群体竞争层次，这样就形成了在特定产业氛围环境下的两个层面，即微观层面上的集聚内各企业的竞争能力和中观层面上的产业集聚整体的竞争能力。

(一) 冶铁业

清代位于晋东南的潞泽地区最重要的产业是冶铁及铁器制造业。明代就曾有"以潞锅与诸部互市"[1]的记录。清代潞泽地区的冶铁和铁器制

---

[1] 光绪《长治县志》卷8《风土记》。

造业十分繁荣，潞安府"铁行炼石铸山，货于不涸之府"①，"潞之西山中，有苗化者富于铁冶，业之数世矣，多致四方之贾，椎凿、鼓泻、担挽，所借而食者常百余人"②。而泽州府无烟煤和铁矿分布颇广，陵川县和阳城县都有很多。③ 潞安府长治县和泽州府高平县交界处，铁矿蕴藏丰富，光绪年间隶属潞安府的长治县南乡，有冶铁炉20—30座，每炉每日产铁300—400斤不等，总计每天产铁1万斤左右。④ 在泽州府属高平县东乡的陈曲河、米山河一带，西乡的香庄河、山后一带，共有铁矿炉156座，每日每炉出铁300—500斤，总计每天产铁7万—8万斤。道光年间是泽州冶铁业最为繁盛的时期，凤台县共有熔炉100余座。熟铁炉计100余座。铸铁业共有熔炉400余座⑤，产量十分巨大。大阳镇和高平县是泽州府炼制生铁的主要地区。⑥ 潞泽地区的铁货主要产自泽州府之阳城、凤台；潞安府之荫城镇，当时号称三城。阳城以生铁货为主，大小锅、笼盖、笼圈，以及犁、耙齿、炉条等。凤台以生产锅鼎刀剪为大宗。⑦ 荫城镇属长治县，紧邻县治，是长治县和高平县铁矿"萃聚之区"，城内共有铁行30余家，制造铁器之炉300余家。⑧ 荫城以熟铁货为主，如铁锅、炒瓢、马勺、菜刀、斧头、锯条及锄、镰等。⑨ 潞泽地区的铁货或从产地运至绛州，顺汾河而下入陕⑩；或与当地所产无烟煤一起运至河南清化镇⑪。潞泽铁货运至清化镇的数量相当大，"路上……络绎不绝，成群结

---

① 顺治《潞安府志》卷1《地理四·气候·物产》。
② （明）唐甄：《潜书》下篇《富民》，光绪三十一年（1905）刻本。
③ 彭泽益：《中国近代手工业史资料（第二卷）》，中华书局1962年版，第141页。
④ 彭泽益：《中国近代手工业史资料（第二卷）》，中华书局1962年版，第145页。
⑤ 实业部国际贸易局：《中国实业志·山西省》第3编，第171—172页。载彭泽益《中国近代手工业史资料》，中华书局1962年版，第143—144页。
⑥ 彭泽益：《中国近代手工业史资料（第二卷）》，中华书局1962年版，第139页。
⑦ 实业部国际贸易局：《中国实业志·山西省》第6编，第465—466页。载彭泽益《中国近代手工业史资料（第二卷）》，中华书局1962年版，第144页。
⑧ 光绪《山西黎城县禀开潞属煤矿情形》卷5《政艺丛书·艺行通辑》。载彭泽益《中国近代手工业史资料（第二卷）》，中华书局1962年版，第145页。
⑨ 任永昌、杨作梅：《新绛县的航运业与铁货业》，载山西省政协文史资料研究委员会、山西省文史研究所合编《山西文史资料》第3卷，山西人民出版社1998年版。
⑩ 任永昌、杨作梅：《新绛县的航运业与铁货业》，载山西省政协文史资料研究委员会、山西省文史研究所合编《山西文史资料》第3卷，山西人民出版社1998年版。
⑪ 彭泽益：《中国近代手工业史资料（第二卷）》，中华书局1962年版，第143页。

（二）烟草加工业

曲沃烟业发端于明末，发展并繁荣于清代，至明末清初，曲沃烟坊的年产量达到 1000 多万斤，经营烟叶生产加工的烟坊有数十家，成为山西烟草生产基地。清代是曲沃烟叶种植与加工的鼎盛时期，在曲沃北荣裕、杨谈、北白集、城关等地均建有烟坊，相继出现了一批专业经营烟草的商号，如裕顺永、魁太和、东谦亨、西谦亨、南谦亨、北谦亨等。清末，全县种植面积约 8 万亩，年均产烟 900 万斤，最高年产达 1400 万斤。此时曲沃有大小百十家烟坊，烟叶生产成为曲沃重要产业，全县的烟坊年产烟丝 4000—5000 吨，烟丝从曲沃运至晋中平遥，而后运往广大的北方市场。② 清末，曲沃数百家烟坊中，规模较大、资金实力较强的有 31 家。在曲沃烟坊迅速发展的刺激下，晋东南许多县份相继有烟坊产生，清末拥有烟坊的县份发展到曲沃、翼城、芮城、襄陵、沁水、晋城、襄垣、汾城八个。

（三）池盐捞采业

运城原名潞村，因河东盐池所在，而久为盐商辐辏之区，晋南经济集中之地。由于历代皆将执掌河东盐务的机构设在位于河东盐池之北浒的潞村，故所产之盐称为潞盐。宋元之际，潞村因潞盐生产、销售及相关产业的发展而日渐发达，运使遂筑城以资保障，更名运城。明开中制后，运城盐务繁荣，商业随之兴盛。雍正年间，运城及周边居民以盐务为生者，几近两万余人，而外县来此经商者，亦人数众多且无不获利，彼时为运城盐业之黄金时期。

清代潞盐年产量最高时达到 15000 万斤③，若按每斤单价 25 文计④，则潞盐年产值约为 3125000 两白银（1 两白银折制钱 1200 文）⑤。乾隆五

---

① 彭泽益：《中国近代手工业史资料（第二卷）》，中华书局 1962 年版，第 143 页。
② 段士朴：《曲沃烟史简述》，《山西文史资料全编》第 2 卷，《山西文史资料》编辑部 1998 年版。
③ 阴朝英：《潞盐产量之起伏》，载山西省政协文史资料研究委员会、山西省文史研究所合编《山西文史资料（第 70 辑）》，山西人民出版社 2000 年版，第 378 页。
④ （清）张廷玉撰，嵇璜、刘墉等再撰，纪昀校订：《清朝文献通考（卷三十五）·征榷七》，江苏古籍出版社 1988 年版。
⑤ 杨端六：《清代货币金融史稿》，生活·读书·新知三联书店 1962 年版。

十四年（1789），解池有引额 417443 引，折合潞盐 85488600 斤，也即近 43000 吨。据姜道章先生统计，道光二十年至光绪十六年（1840—1890），潞盐平均年产量为 109002 吨。① 而道光时期，河东盐池的官盐销额更达到 1.8 亿斤。② 潞盐的运销范围涵盖晋、陕、豫三省的大部分地区。具体包括：山西平阳府、潞安府、泽州府、蒲州府，解、绛、吉、隰四州属，共 57 县；陕西西安一府，兴安、同华、商、耀、乾、邠七州属，共 44 县；河南的河南、南阳二府属，汝、陕二州属与许州之襄城等地，共 24 县，三省总计 125 县。③ 由此，可对巨大的潞盐产量管窥一斑。

清代平阳府曲沃县烟草种植业发达，在曲沃县境内先后建立了上百家烟坊，相继出现了一批专业经营烟草的商号，如裕顺永、魁太和、东谦亨、西谦亨、南谦亨、北谦亨等，并以曲沃为中心的，在包括翼城、芮城、襄陵、沁水、晋城、襄垣、汾城等县镇的广泛区域内，形成了烟草加工企业聚集地，烟叶生产成为该地区的重要产业④。

再如解州盐池附近聚集了大量盐商，据雍正《山西通志》记载，康熙十九年（1680），解州盐池有坐商 513 名，雇佣盐工数千人进行池盐捞采。⑤ 康熙二十七年（1688），盐池的产销商人分开，产商不管运销，运商不管产盐。⑥ 从而在盐池附近聚集了大量捞采商、运输商，以及为其提供服务的一系列不同部门的产业，形成了较为完整的池盐捞采运销产业链。

又如在潞泽地区、平定州平定县及盂县等地形成了冶铁、铸造、加工、运输等铁器制造业不同部门的产业聚集。潞泽地区除冶炼生铁的"方炉"、炒炼熟铁的"炒炉"之外，铸造铁器的"货炉"，煅打铁器的"烘炉""条炉"，以及打制铁钉的"钉炉"等也大量发展起来。道光年间，凤台一县有生铁炉 1000 多座，熟铁炉 100 多座，铸锅炉 400 余座。⑦

---

① 姜道章：《论清代的盐业贸易》，《盐业史研究》1989 年第 2 期。
② 魏明孔主编，李绍强、徐建青著：《中国手工业经济通史（明清卷）》，福建人民出版社 2004 年版，第 545 页。
③ 乾隆《解州安邑运城志》卷 1《疆域》。
④ 详见本章第一节内容。
⑤ 雍正《山西通志》卷 45《盐法》。
⑥ 介福平：《三晋宝湖——运城盐池》，《山西文史资料》第 6 卷，《山西文史资料》编辑部 1998 年版。
⑦ 张捷夫：《山西历史札记》，书海出版社 2001 年版，第 35 页。

陵川在雍正时期专门生产铁钉的作坊有12家。晋东南之阳城、凤台、荫城以出产优质铁货闻名。阳城以生铁货为主，大小锅、笼盖、笼圈，以及犁、耙齿、炉条等。①凤台主要有铁丝、铁钉、平锅、蒸锅、犁头、杂件、铁箍、刀剪等。长治县荫城镇，为高平县和长治县交界，是两县铁矿萃聚之区，共有铁行30余家，制造铁器之炉300余家。此外，还有专门从事铁货运输的挑夫和驴骡。②并且，潞泽地区的凤台县、陵川县和阳城县均出产无烟煤③，为当地冶铁业提供燃料，而当地千余座熔炉和百余座熟铁炉④所出产的铸铁又为当地铁制品加工工业提供原材料，从而在当地形成一条铁器制造产业链。平定州的平定县和盂县境内出产铁矿和煤炭，⑤以所产煤炭作为燃料冶炼生铁，光绪二十四年（1898）盂县铁炉60座，年产铁4500吨；平定县铁炉250座，年产铁18000吨⑥。也在不同程度上形成了铁器制造业的产业集聚。

  具体到清代曲沃烟草加工业、解州池盐生产运销业、潞泽地区及平定州的冶铁业均表现出产业集聚的特点。其中，曲沃的烟草加工业属于同产业部门集聚，这种集聚是基于地区的一种区位优势而集聚了大量同产业部门的企业的集聚。解州盐业属于多产业部门集聚，这种集聚是基于地区的同一优势而集聚了大量不同部门的产业，形成多产业群落。山西境内的一些冶铁产地，例如潞泽地区和平定州的平定县和盂县地区在冶铁业和煤炭业的产业发展过程中，逐渐表现出这两个产业的纵向经济联系，从而形成纵向经济联系集聚。具体而言即指一个企业的投入是另一个企业的产出，这是一种投入—产出关联关系。这种经济联系集聚，加强了地区内企业之间的经济联系，使得关联产业按一定比例布局，在地区内形成一个高效率的生产系统，为企业发展创造更为有利的外部条件，使区域整个生产系统的总体功能大于各个企业的功能之和。这种由

---

① 任永昌、杨作梅：《新绛县的航运业与铁货业》，《山西文史资料》第3卷，《山西文史资料》编辑部1998年版。
② 详见本章第二节内容。
③ 彭泽益：《中国近代手工业史资料（第二卷）》，中华书局1962年版，第140页。
④ 彭泽益：《中国近代手工业史资料（第二卷）》，中华书局1962年版，第143页。
⑤ 光绪《平定州志》。
⑥ 彭泽益：《中国近代手工业史资料（第二卷）》，中华书局1962年版，第144页。

于产业集聚获得的超出各个组成部分的效益,成为集聚经济效益。

产业集聚在客观上促进了产业内部的发展。当时,曲沃全县的烟坊年产烟丝4000—5000吨①;光绪二十四年(1898),山西铸铁产量为50248吨②;河东盐在清代产量最高时达到1500万斤③;光绪三十三年(1907),山西煤炭年产量为2215吨,至宣统三年(1911),产量达到133216吨④。

集聚化发展的行业集群内部的企业既有竞争也有合作,既有分工又有协作,彼此间形成一种互动性的关联,而这种互动所形成的竞争压力,以及潜在压力有利于构成集群内企业的持续创新动力,并由此带来一系列产品创新,促成产业升级的加快。同时,由于集群内积聚了大量的经济资源和众多企业,高度积聚的资源和生产要素处于随时可以利用的状态,为集群内的企业提供了极大的便利,从而降低了交易成本,提高了产品质量,进而增强该行业的整体竞争力。清代山西曲沃烟的畅销蒙俄;河东盐的行销陕、豫;潞泽铁货的畅销全国都是有力的证明。

三 资本集聚

清代,山西拥有百万、千万银两资产的豪商巨贾为数众多。清初的"山西富户,百十万家资者,不一而足"⑤。"山西太谷县之孙姓,富约二十万。曹姓、贾姓富各四五百万。平遥县之侯姓、介休县之张姓富各三四百万。榆次县之许姓、王姓聚族而居,计合族家资约各千万。介休县百万之家以十计,祁县百万之家以数十计。"⑥徐珂在《清稗类钞》中称:"山西富室,多以经商起家。亢氏号称数千万两,实为最钜。"其资产在"七八百万两至三十万两者"⑦ 共有14家。参见表7-7。

---

① 以下内容参看段士朴《曲沃烟史简述》,《山西文史资料全编》第2卷,《山西文史资料》编辑部1998年版。

② 彭泽益:《中国近代手工业史资料(第二卷)》,中华书局1962年版,第140页。

③ 阴朝英:《潞盐产量之起伏》,《山西文史资料》第70辑,山西省政协文史资料研究委员会1990年版。

④ 黄鉴辉:《明清山西商人研究》,山西经济出版社2002年版,第338页。

⑤ 《清高宗实录》卷1257,乾隆五十一年六月庚寅。

⑥ 《军机处录副》《广西道监察御史章嗣衡奏折》,咸丰三年十月十三日。载王尚义《明清晋商与货币金融史略》,山西古籍出版社1995年版,第81页。

⑦ (清)徐珂:《清稗类钞》第5册《农商类·山西多富商》。

晋商、商号大量从事对蒙俄贸易活动，其中规模最大，最为著名的是大盛魁、元盛德、天义德三家，大盛魁年均贸易总额在1000万两白银左右。① 元盛德，年贸易额800万两；天义德，年贸易额700万两，除此三家规模最大的商号外，其余规模较小的商号年贸易额多则500万—600万两，少则10万—25万两②。

茶叶是晋商对蒙俄贸易商品的大宗。清初，在江西经营茶叶的晋商资本约"二三十万至百万"③。清末，晋商每年经张家口运往库伦、恰克图等地的砖茶40余万箱，价值2083.1余万两白银；由漠北各盟旗运往张家口转销中原的兽皮、毛皮、贵重药材等，价值1767.5余万两。④

表7-7　　　　　　　　山西富商资产表

姓氏	资产额	住址
候	七八百万两	介休县
乔	四五百万两	祁县
常	数百十万两	榆次县
候	八十万两	榆次县
王	五十万两	榆次县
何	四十万两	榆次县
冀	三十万两	介休县
曹	六七百万两	太谷县
渠	三四百万两	祁县
刘	百万两内外	太谷县
武	五十万两	太谷县
孟	四十万两	太谷县
杨	三十万两	太谷县
郝	三十万两	榆次县

资料来源：(清)徐珂《清稗类钞》第5册《农商类·山西多富商》，中华书局1984年版。

---

① 葛贤慧：《商路漫漫五百年》，华东理工大学出版社1996年版，第49页。
② [俄]波兹德涅耶夫：《蒙古及蒙古人（第一卷）》，刘汉明等译，内蒙古人民出版社1989年版，第341页。
③ 衷于：《茶市杂咏》，载彭泽益《中国近代手工业史资料（第一卷）》，生活·读书·新知三联书店1957年版，第304页。
④ 葛贤慧：《商路漫漫五百年》，华东理工大学出版社1996年版，第55页。

票号创办后，晋商资本积累的主要表现形式除晋商自身的资本积累及商号贸易额之外，还表现为票号本身的资本额及汇兑业务的周转资本额。例如光绪末年，山西 27 家票号的资本总额为 519 万两白银。① 再如光绪三十二年（1906），日升昌票号 14 家分号收交汇兑银 3222.5 万两，② 其总利润为 60.17 万两白银。③

我们虽然没有山西地区彼时资本集聚的具体数额，但上述数字，可以从一个侧面反映山西在经商过程中所拥有的资本额度是相当巨大的。他们在其长达数百年的商贸活动中集聚了巨额商业资本，并且将其中的大部分运回山西省内，从而在山西省内形成资本集聚。

四 城市集聚

城市是区域经济活动的中心，是经济活动集聚体，第二、第三产业主要集中在城市中，城市从而成为各个经济小区中经济发展最快的点。清代山西城市发展的特点表明城市集聚特征明显。

城市集聚的重要特征就是经济核心城市的出现，经济核心城市是指在经济区域中居于核心地位、对于区域中其他各类城市在经济上发挥主导作用的城市。著名学者赫希曼（A. O. Hirschman）的不平衡增长理论，以及哈格斯特朗（T. Hagerstrand）的扩散理论，都把城市与区域间各种"力"的消长概括为两种力的作用——"集聚力"和"扩散力"。

美国著名城市理论家刘易斯·芒福德和英国的埃比尼泽·霍华德进一步用"磁力"理论来阐释城市的集聚与扩散功能。刘易斯·芒福德指出：城市作为一个封闭型容器的本质功能，是将各种社会成分集中起来，并为它们提供一个封闭的场所，使之能最大限度地相互作用。但城市又不仅仅是一个容器，它的"形状和容量"并不是完全预定好的，必须首先吸引人群和各种组织，否则它就无生命可言。对于这一现象，埃比尼

---

① 中国人民银行山西省分行、山西财经学院：《山西票号史料》，山西经济出版社 2002 年版，第 638—662 页。

② 中国人民银行山西省分行、山西财经大学：《山西票号史料》，山西经济出版社 2002 年版，第 469—474 页。

③ 中国人民银行山西省分行、山西财经大学：《山西票号史料》，山西经济出版社 2002 年版，第 630 页。

泽·霍华德称之为"磁力"。一座城市就是一个巨大的"磁场",它通过"磁力线"向外放射出强烈的磁力,吸引着周围众多的人、财、物。这些人、财、物一旦被吸引到城市里来,便会被"磁化",从而与城市里原来的人、财、物一起放射出更强烈的磁力。通过城市"磁场"磁化了的这些"磁化物"——物质产品和精神产品,即使离开了城市被抛到偏僻遥远的山乡,依然带着这个城市明显的"烙印",成为传播城市文明的重要媒介物。磁力理论亦把核心城市的各种"力"高度抽象为两种磁力——"集聚力"和"扩散力"。

核心城市的集聚主要源于核心城市的规模效益、市场效益、信息效益、人才效益、设施效益等,正是这些效益的吸引,使得区域中的第二、第三产业,人口、人才、原料、资金和科学技术向核心城市集聚。本章第一节所列举的以运城为中心的盐业中心集聚,以凤台、长治为中心的冶铁业城镇集聚,以绛州为中心的商业运输业城镇集聚,以大同和归化城为中心的蒙汉贸易城镇集聚等均属此列。

第八章

清代山西城镇集聚发展的影响

第一节 传统都市文明的确立

表面上，清代山西城市的繁荣只是前代持续发展的进一步延续。实际上，在此背后经历着城市形态的重大转变，其中既有阶梯布局和都市风貌的变化，更有经济和社会结构的调整，从历史角度讲，清代山西城镇由原来封闭的政治中心逐渐走向不同层次的开放性商业经济和社会中心，传统都市文明真正全面地确立起来。

一 市民阶层的崛起与壮大

（一）市民阶层的出现

从社会学的角度讲，城市居民和市民是两个既有联系又有区别的概念：前者是指生活于城市区地域范围内的所有人员；后者是指城市居民中具有城市意识和商业化特征的社会群体。历史上，城市居民是随着城市的产生而出现的，而作为具有相对独立性和群体特征的市民阶层则是城市发展到一定阶段后才逐渐形成的。清代山西地区的城市变革，从表面上看是工商业活动突破传统坊市制下的各种限制而获得前所未有的自由度和发展空间，其实质是以商业精神为核心的城市意识的觉醒，城市文明终于突破以小农意识为特征的农耕文明一统天下的格局，确立起自身的内在体系和社会地位。正是在这一过程中，市民阶层作为具有相对独立性和自主意识的社会群体开始崛起，并越来越多地显示自身的影响力。

从社会构成来看，清代山西城镇中的市民阶层应当包括工商业人员、部分具有商业理念和市民意识的官吏、文人,甚至农民等。其中,工商业群体是市民阶层的主体,而且伴随城镇经济的发展及规模不断扩大而逐渐增多。值得注意的是,工商业群体内部专业分工的发展。这种专业分工不仅表现为行业划分的日趋精细,也反映在同一行业不同经营活动的专门化。比如在商业领域,既有流通、批发、零售的专业分工,也有不同类型商品交易的专业分工,在此基础上形成的产业体系,使得不同类型和不同经营规模的商业人员在加强自主性的同时,又彼此紧密地联合起来,共同构成利益互动的产业群体。官吏和文人一直是古代城市居民的重要组成部分,但在传统社会环境下,他们往往是城市中思想最保守的。随着明清商品经济的快速发展和平民意识的增强,促使其中一部分人从贵贱有序、农商有别的观念中摆脱出来。山西历来地狭人稠,农业生产不足供给,从明代起,即有大量人口外出经商。商人地位逐渐上升,"经商"观念渐渐被大众所接受。明人利瓦伊祯记陕西商人王来聘告诫子孙:"四民之业,惟士为尊,然无成则不若农贾。"① 韩邦奇记山西商人席铭:"幼时学举子业,不成,又不喜农耕",曰:"丈夫苟不能立功名于世,抑岂为汉粒之偶,不能树基业于家哉"②,于是做了商人。归有光则指出:"士与农商常相混。"③ 由此可以看出,明清之际,商人四民观的排列顺序已经是:士商农工。四民可以分为两大类:士、商为社会上层,农、工为社会下层。这种观念在商人势力比较强的地区表现得尤为突出,人们纷纷外出经商,山西尤然,境内重商风气浓重。万历时,汾州府"多商贾……罔事本业"④。至崇祯"汾阳、临县,两县多商贾"⑤。临县民"勤于商贾"⑥。平阳府"服劳商贾"⑦。泽州与蒲州二府"浮食多者、民去本就末"⑧。

清代山西城镇集聚,不仅促进了商业的发展,更加快了全省各地更

---

① (明)利瓦伊祯:《大泌山房集》卷106《乡祭酒王公墓表》。
② (明)韩邦奇:《苑落集》卷6《大明席志铭》。
③ (明)归有光:《震川先生集》卷13《白庵程翁八十寿序》,光绪元年归氏重刊本。
④ 万历《山西通志》卷7。
⑤ 万历《山西通志》卷6。
⑥ 万历《山西通志》卷6。
⑦ 万历《山西通志》卷7。
⑧ (明)郭子章:《郭青螺先生遗书》卷16《圣门人物志序》。

多人口脱离土地，外出经商的速度，从而促进彼时山西商人称雄全国商界。山西境内许多州县的经商人口占总人口的比例很大。例如，太原府榆次县"人操田作者十之六七，服贾者十之三四"①。平定直隶州"贾易于燕赵齐鲁间者，几十之五"②。平定直隶州寿阳县"贸易于燕南塞北者亦居其半"③。"晋省向称财富之区，实则民无恒业，多半携资外出，贸易营生。"④ 绛州"绛人性质和平，故营商亦所长，除在本地约占全县人十分之二"⑤。大同府左云县"土著之民……大半皆往归化城，开设生理或寻人之铺以贸易"⑥。宁武府偏关县"关民多有出口谋生，从此寄籍他所，不再回里者"⑦。大量民人外出经商，增强了在全国以及蒙俄市场晋商的势力，扩展了其经营地域范围和商品范围。

这些参与商业活动和市场活动的官僚、文人以及普通百姓，无论在思想意识还是社会生活方面，都明显呈现出市民化的特点。明清山西城市文化和娱乐业发达，汇集了许多文化演艺人员，他们的文化活动和技艺表演，具有大众化、世俗化的特点。在经营方式上完全面向广大市民采用商业化的模式，这与传统的、仅仅局限于上层社会的演艺活动有很大区别。城镇作为人口聚集之地，集中了大批商人，因而也成为戏曲演出最为频繁与密集的地方。然而，在一些穷乡僻壤和边远山区是缺少戏曲演出活动的，这就为一些眼光独到的山西商人开辟了盈利道路，他们带戏班去开辟新的观众群，利用各地在庙会、集市或者节日举办演出活动，所到之处留下了戏曲文化的烙印。与此同时，异域的戏曲艺术也逐渐随商人贸迁而进入山西，促进了本土戏曲的发展和新剧种的诞生。如太谷秧歌、凤台小戏、曲沃碗碗腔、翼城目连戏等众多本土戏曲在表演形式和声腔艺术，在与外来戏种进行交流沟通之后，演变成为更加雅俗共赏的民间技艺。

---

① 乾隆《榆次县志》卷6《风俗》。
② 光绪《平定州志》卷5《食货志·风土》。
③ 光绪《寿阳县志》卷10《风土·风俗》。
④ 光绪《东华录》，光绪三年四月丙午。
⑤ 民国《新绛县志》卷3《生业》。
⑥ 光绪《左云县志》卷3《风俗》。
⑦ 道光《偏关志》卷上。

市民阶层中的农业人员，主要是指寓居城镇的地主和郊区从事商业化农副业的农民。明清时期，乡村地主宜居城镇的现象比较常见。这些居住在城里的地主不仅在经营活动上，与乡村地主有很大不同——他们往往直接参与工商业活动，并以市场方式经营在乡村的土地，而且生活方式也与市民无异。至于城市郊区的农民，其生产和生活更是与工商业结合在一起，他们的生产生活实际上已经成为城市经济的组成部分。

（二）城市中的行会组织

行、团、社、会馆之类城市社会组织的大量涌现和日趋活跃，是山西地区市民阶层崛起的另一个重要表现。行、团、社、会馆等组织形式古已有之，并非清代才出现。明清以前的"行"作为政府控制和管理城市商业活动的一种组织形式，有着鲜明的官方性质。徐松的《唐两京城坊考》卷3载：唐代都城长安的东市，"市内货财220行，四面立体邸，四方珍奇皆所积集"。也就是说市场内按不同类型的经营活动，划分为220个不同交易区分别在管理。山西的商业行会最早发端于何时已经不可考证，但据张正明的研究，在明万历年间，晋商行会就已经很完善了：山西人在异地建立行业会馆，最早始于明隆庆、万历时代，据《藤荫杂记》卷6《东城》记载："尚书贾公，治地崇文门外东偏，作客舍以馆曲沃之人，回乔山书院，又割宅南为三晋会馆。"[1] 随着开中法的实施，晋商逐渐成为最有势力的商人群体，京师也成为晋商活动的重要场所。明清时期，在北京的晋商行会，有颜料会馆、临襄会馆、临汾东馆、临汾西馆、潞安会馆、河东会馆、太平会馆、晋冀会馆、盂县会馆、平定会馆等四十余座会馆。此外，晋商还在国内其他城市，如天津；河南社旗、开封、洛阳、北舞渡、朱仙镇、浙川、舜阳；广东佛山、广州；湖南长沙、湘潭；广西南宁；青海西宁；新疆巴里坤；安徽芜湖、涡阳；山东聊城、馆陶、东阿、济南；上海；江苏扬州、南京、徐州、苏州、盛泽镇、镇江；湖北汉口、钟祥、当阳、郧西、随州、江陵、公安、沙市；浙江杭州；甘肃兰州；四川成都、灌县；重庆；福建福州；内蒙古多伦诺尔；辽宁沈阳；吉林等地设有会馆，明清晋商会馆几乎遍布全国各省、商埠。乾隆十一年（1746）《重修炉神庵老君殿碑记》载："吾山右之贾

---

[1] 张正明：《晋商经营文化》，世界图书出版社1998年版，第65页。

于京者，多业铜、铁、锡、炭诸货。以其有资于炉也，相沿尸祝炉神。其伏魔殿、佛店前后，修举于潞商。"① 民国九年（1921）《潞郡会馆纪念碑文》载："广渠门内，东兴隆街，今名土地庙，旧有潞郡会馆炉神庵一座。院外余地，是潞人坟茔。例如祭祀会议，养病停柩，向为郡人铜、锡、烟袋三帮经理。"②

晋商不仅在外开设会馆，在山西省内各个城市也开有大量的商业行会。例如在归化城的晋商会馆，多称为"社"。有生皮社、仙翁社、得胜社、药王社、钉鞋社、纸坊社、聚锦社、净发社、金炉社、鲁班社、吴真社、成衣社、集锦社、宝丰社、银行社、忻州社、太谷社等行业协会。清初归化城的商会组织称为"崇厚堂"，设"四乡耆"负责主持，民国以后改"崇厚堂"为商务会。"集锦社"即是包括在"崇厚堂"内的一个大社，是以在前后营经商的商号为主要成员。著名旅蒙商大盛魁便是"集锦社"内最大的一家商号。③ 这些行业协会还会组成"大行"，除了处理商务活动以外，甚至协助地方政府，"巡查弹压，拘捕人犯"，成为当地社会秩序的实际维护者。再如，清末包头在相当长的一段时间内，由关帝庙的大行及东河的农铺社维持社会和商业秩序。他们甚至拥有自己的武装，在保护商人财物之余，还协助清军正规部队作战。此外，在包头城内也有山西各地的商人按照祖籍或行业自发组织起来的各种行社，计有河曲社、代州社、忻定社，等等。

此外，清代运城的"集义会"也具有上述性质。"集义会"由河东坐商集资所成，道光十八年（1838）《集义会碑》载："我坐商等仰承优恤，诸荷栽培……以期同舟共济哉，是以集义会之设也。带众齐心，每遇春秋，竭诚祭祀，所以祈神福，报明赐也。"④ 由此可知，"集义会"为坐商行会组织，每年春秋两次祭祀池神。碑铭中镌刻彼时参与成立"集义会"坐商16人的姓名、籍贯及捐资额，另据该碑所载"碣小难以悉镌"可知，由于碑碣面积所限，有部分参与集资之坐商未镌于碑铭之

---

① 李华：《明清以来北京工商会馆碑刻选编》，文物出版社1980年版，第40页。
② 李华：《明清以来北京工商会馆碑刻选编》，文物出版社1980年版，第41页。
③ 崇厚堂、集锦社等均为清代至民国年间存在归化城的商社名称。
④ 道光十七年《重修盐池神庙碑记》，今在山西省运城市池神庙。

上。因此，参与集义会的坐商规模应不止 16 人。参见表 8-1。

表 8-1　　　　　道光十八年（1838）集义会捐资统计表　　　　单位：两

姓名	籍贯	捐银
王有于	解州	70
杨殿邦	解州	10
刘登霄	解州	8
惠双盛	安邑	30
王长太	安邑	12
朋成春号	安邑	12
乔文斗	运城	24
弓百亨	运城	12
张鹏	运城	12
姚长盛	临晋	24
杜双盛	临晋	12
杨同新	太谷	50
王道生	虞乡	40
张三兴	猗氏	36
赵万镒	渑池	36
陈永顺	夏县	20
合计		408

注：据道光十八年（1838）《集义会碑》统计，该碑今在运城池神庙。

从表 8-1 可知，集义会主要由解州、安邑、运城、临晋县、太谷县、虞乡县、猗氏县、夏县及河南渑池县等地的坐商组成。其中解州、安邑和运城最多，各有坐商 3 人，共捐银 190 两。其次为临晋县，有坐商 2 人，共捐银 36 两。其余为太谷县坐商 1 人，捐银 50 两；虞乡县坐商 1 人，捐银 40 两；猗氏县坐商 1 人，捐银 36 两；河南渑池县坐商 1 人，捐银 36 两；夏县坐商 1 人，捐银 20 两。此 9 地 16 位坐商共捐银 408 两。

除上述各类行会外，我们还可以从解州关帝庙会的日常管理中对彼时山西城镇中商人行会的行为略知一二。立于同治九年（1870）的《重修关帝庙碑记》记载：每遇庙会之期，前来交易的客商均须向关帝庙值年董事领取执照，登记备案，始可卖货；且各地客商多赁取关帝庙廊房充当铺面。庙会期间的廊房租金是关帝庙的一项重要收入，除去祭祀等费用外，每年租银可存留 1000 余两，用于大修关帝庙、荒年赈济灾民或资助解梁书院生童膏火等项。① 同时，参与庙会贸易的商人行会还积极参与关帝庙的重修。据乾隆二十七年（1762）《重修解州关圣庙记》载，此次重修施银总数为 6572 两 1 钱 6 分 6 厘，其中"四月会客商共捐银二百零三两六钱一分七厘，绸行廊租二百八十九两，故衣行廊租一百七十四两一钱五分，又捐银一十二两"②。此外，平阳府襄陵县"商会创办于宣统元年，至民国四年正式组织，全县商号联为一气，嗣邓庄另组商会，汾东汾西分权办事。南关商会于民国八年将桐树店地址改筑永远租占，邓庄商会租占市房，各带正副会长、会董"③。

晋商行会是被官方承认的民间组织，究其原因：一方面，晋商行会承担协助官府分摊和配合进行行业管理的职能，因此而得到官府的承认和支持。另一方面，晋商行会具有加强同业联系，维持工商秩序，协调市场活动的职能。随着商品经济的迅猛发展，工商业发展迅速，市场不断扩大，如何统筹同业商品生产销售，避免恶性竞争，便成为城镇中工商业者所面临的棘手问题。从某种程度上来讲，这种行业内的需求，是推动各种"行社"组织大量出现的主要因素。

清代，出现在山西城镇中的形式多样的行会组织，表面上是市民按照不同行业分工的组合，实际上却包含着市民对社会活动自主性的追求。理论上讲，这种局限于行业领域的自主意识，虽然并没有上升到完全自觉的程度，但它已经开始促使市民越来越多地以群体的方式处理与政府和社会的关系，协调彼此之间的活动，发挥自身的作用和影响，因而在很大程度上反映出市民阶层群体意识的增强。

一般而言，任何一种社会阶层的兴起和发展，必然会引起城市社会领域的相应变动。市民阶层的兴起和壮大，就在一定程度上改变了城镇原有的社会结构和文化体系。一方面，不断壮大的工商业群体和日趋市

---

① 同治九年《重修关帝庙碑记》，今在山西省运城市解州关帝庙。
② 乾隆二十七年《重修解州关圣庙记》，今在山西省运城市解州关帝庙。
③ 民国《襄陵县志》卷 5《生业》。

民化的官僚、文人、地主、农民等结合，推动城镇社会关系的重新组合，促使传统宗法观念下的世袭性、身份性等级划分逐渐向商业观念下的职业性、财富性等级划分转变。另一方面，以"重商"为核心的市民思潮和具有大众化、世俗化特征的市民文化的兴起，对长期以来作为城市意识形态主流的儒家思想和士人文化产生多方面的冲击。[1]

二 城市社会角色的调整

从城市化的角度讲，清代山西城市的繁荣和转型，其意义并不只是城市自身发展形态的变革，更重要的是，城市社会关系发生重大调整。一方面，随着城市普遍突破原有政治和军事性质所构成的限制，经济社会和文化功能不断增强，其在地区社会体系中的影响力显著扩大；另一方面，城市的扩张和市民文化的扩散，都市文明开始冲破农耕文明的樊篱，向社会各个层面渗透，引发思想意识文化生活的相应变动。与早期城市主要充当各级政治中心的情况不同，明清时期山西城市对社会的影响力显著提高，影响范围明显扩大，在继续发挥其政治功能的同时，越多地承担起不同层次经济中心、社会中文化中心的角色，从而引发社会领域的一系列相应变革。

从经济领域来看，城市的影响主要表现为推动商品经济的全面兴起和区域市场体系的发育成长。应该说，历史上商品经济在山西地区的出现并非始于明清，但在此之前，商品经济只是社会经济体系中的孤立和偶然现象，城市则主要属于纯消费中心。明清时期，城市在区域经济活动中的地位和作用发生了很大变化。

首先，城镇是以市场流通为基础的商品。在早期郡县城市，官吏及相关政府服务人员构成居民的主体，清物资供应主要通过政府行为，即赋税的征收户调过来进行，市场流通只是一种有限的补充形式。因而城市虽是消费中心，却没有成为推动商品生产的动力，在某种程度上，甚至可以说是抑制了商品生产。清代，山西城市的物资供应虽仍保留了原来的方式，但随着市民阶层的兴起，市场因素发挥出越来越大的作用，城市消费呈现市场化趋势。这意味着城市消费活动的主体逐渐由非商品

---

[1] 陈国灿：《中国古代江南城市化研究》，人民出版社2010年版，第129页。

性转向市场性，开始与商品生产和流通紧密结合起来。同时，城市规模的扩大和人口的大幅度增加，带来相关物资和商品的需求，特别是农副产品需求的大增，主要是通过市场来保证供应。但增长的城市市场性消费需求不仅引发了城乡之间商品流通的活跃，也促使广大农民想方设法多生产，将更多的产品投放市场，从而有力地推动了农村专业化、商品化生产发展。

其次，城镇是商品生产中心。城市经济的产业化和多样化，特别是手工业及相关行业的日趋兴盛，使城市不再是单纯的消费地，而是集商品生产与消费于一体的经济中心，而在一定程度上，改变了以往乡村供应物品，城市消费物品的模式，城乡之间的商品流通由单向转为双向，在此基础上，进而出现了彼此间的商品生产分工。城市手工业的兴盛，必然影响到作为家庭副业的农村手工业生产，使之朝着专业化的方向发展，并与相应的市场活动结合起来。

再次，城镇是商品流通中心。由于城乡市场并不只限于满足城市居民的消费需求，也发挥着城乡地区之间商品流通的职能，使各级城市朝着真正意义上的地区性中心市场转变，不仅城市之间的经济联系空前加强，而且越来越多地将农村生产纳入市场活动之中。其中县级城市的商品流通规模大多相对有限，其市场辐射范围主要局限于周边地区，并与广泛分布于乡村的镇级市场，成为区域市场的基础。地方中心城市充当着所在地区中心市场的职能，他们一方面将所属县、镇市场结合起来，构成本地区相对完整的城乡市场体系；另一方面，又与其他地区中心城市一起，构成更大规模的市场体系。部分繁华的大中城市，如太原、归化城、运城等，属于跨地区的中心市场，发挥着连接若干州府市场体系的作用。清代的归化城，是口外最高层次的中心市场。它是口外东西向，南北向商品流通中心，其消费能力也很大。从蒙古、俄罗斯、西伯利亚等北部地区运来的药材、皮毛、牲畜等商品，从中原腹地运来的手工业品、茶叶等商品，均汇聚该城，或就地消费，或转运其他地区。

最后，清代山西庙会的发展超过集市，是城市中商业外溢的一种表现。集市最基本的功能和作用，是满足当地居民生产和生活需求，而山西省内所产无多，因此，定期的集市不仅时间短，而且商品较为贫乏。城市集聚使得城市中的生活习惯和消费习惯影响了城市周围，乃至更远范围内的居民的生活。特别是许多富足的晋商，他们中的很多人并没有生活在城内，而是生活在家乡，很多是乡下，而又对城内所售商品有所需求。庙会较长的会期和丰富的商品则刚好满足了他们的消费需求。此外，庙会还有祭祀和娱乐的功能，这样不仅满足了人们的消费需求，而且丰富了文化生活。故而，清代山西庙会的发展超过集市。

从社会领域看，城市走向繁荣的过程，也是区域社会结构和形态发生一系列变革的过程。一方面，人口向城市的集中，既是人口空间分布格局与职业结构的变化，更意味着越来越多的人口由农业领域转向非农领域，以及在此基础上，工商业开始突破作为自然经济附属的地位，逐渐成为区域经济的重要组成部分。另一方面，市民阶层的全面兴起，不仅在一定程度上改变了地主阶级和农民阶级为主体的传统阶级结构，而且推动相应的新文化、新思想、新观念、新风气的出现。不断壮大的市民阶层要求承认工商业在社会经济发展中所起到的作用，承认他们在社会中所处的地位，使重商观念和风气日渐流行。

三　城市扩张与市民文化的扩散

早期州郡城市主要通过独特的政治地位实现社会活动向自身的集中，具有很强的封闭性。于是在整个社会体系中，一个个城市成为点状分布的"孤岛"。明代，特别是清代山西城市在进一步强化社会聚合功能的同时，由封闭走向开放，呈现出多层次的扩张和扩散。

城市的扩张既是有形的，又是无形的。有型的扩张主要表现为两种形式：一是城区空间区域的扩展，结果是城郊都市化现象的出现，系原本属于农村的城郊地带，成为城市的一部分，进而使城乡界限趋于模糊。如运城东南部的茅津镇，由于地理位置的重要及潞盐的运销而成为"市廛麟次，商贾云集"的"巨镇"①。运城西关村，清以降至民国时期，曾有多家过载盐店开设于此，从事潞盐出场后的存放及往陕西的发运业务，西关村由此而一度成为繁荣的盐运小镇。② 于是运城外数里至几十里的郊

---

① 光绪《平陆县续志》卷下《艺文》。
② 席瑞卿：《运城盐池・晒商・陕岸运商及其它》，载《山西文史资料全编》第 6 卷，《山西文史数据》编辑部 1998 年版。

区被划入城市管辖范围,与周边众多市镇结合形成了大规模的城市化地区。二是经济活动的扩张,包括市场活动、生产活动、投资活动等向乡村地区的渗透。其中市场活动的渗透主要表现为城乡市场向乡村扩展和城乡市场的结合。绛州城内商户店铺大多集中在城关、南樊、横水、大交4镇。行业齐全,有京货、花行、典当铺、木器行、铁货、六陈行、饭铺等23行。其时,南樊镇已成为绛县、曲沃、翼城3县商品集散地,镇内店铺林立,市井繁荣,客商云集。最盛时,仅南樊镇西堡就有72家绸缎店。[1] 生活的渗透主要表现为城市居民直接经营农村生产,使之成为商品化生产的一部分。如阳城"乡人治丝,以贸于中州,故无缣帛之出"[2]。解州出产一种黄丝,"妇女勤者饲蚕作茧,取丝成绢,朴素无花,六月二十三日关庙会中,贸鬻成市"[3]。投资活动的渗透主要表现为城市商业资本参与农民的生产过程。如晋商在包头,采取"买树梢"的方法,与当地农民进行具有早期期货性质的交易。

城市无限扩张主要是市民意识、社会风气和文化生活的扩散,这当中比较突出的有以下三个方面:

一是与活跃的商品经济相联系的逐利之风的盛行。山西地狭人稠,农业生产不足供给,从明代起,即有大量人口外出经商。商人地位逐渐上升,"经商"观念渐渐被大众所接受。明万历时汾州府"多商贾……罔事本业"[4]。至崇祯"汾阳、临县,两县多商贾"[5]。临县民"勤于商贾"[6]。平阳府"服劳商贾"[7]。泽州与蒲州二府"浮食多者、民去本就末"[8]。清代,山西重商习贾风潮更劲,"晋俗以商贾为重"[9],"晋省向称

---

[1] 绛县志编纂委员会:《绛县志》卷13《商业·经营体制·私营商业》,陕西人民出版社1997年版,第375页。
[2] 乾隆《阳城县志》卷4《物产》。
[3] 乾隆《解州全志》卷2《市集》。
[4] 万历《山西通志》卷7。
[5] 万历《山西通志》卷6。
[6] 万历《山西通志》卷6。
[7] 万历《山西通志》卷7。
[8] (明)郭子章:《郭青螺先生遗书》卷16《圣门人物志序》。
[9] 光绪《五台新志》卷2《生计》。

财富之区,实则民无恒业,多半携资外出,贸易营生"①。多数县份有民人外出经商或在本地习贾。"太原汾州所称饶沃之数大县,及关北之忻州,皆服贾于京畿、三江、两湖、岭表,东西北三口,致富在数千里或万余里外,不资地力。"②寿阳县"贸易于燕南塞北者亦居其半"③。平定州"(民)贾易于燕赵齐鲁间者,几十之五"④。孟县"往往服贾于远方,虽数千里不辞远"⑤。介休县"人民繁庶,重迁徙,服商贾"⑥。榆次县"人操田作者十之六七,服贾者十之三四"⑦。太谷县"向以田少民多",故"谷地故商于外者甚伙"⑧,县人重商习贾,"经商异域,讲信耐劳,足迹遍天下,执各大埠商界之牛耳,起家至数十百万者尤为谷人之特色"⑨。"自有明迄于清中叶,商贾之迹几遍行省。东北至燕、蒙、俄,西达秦陇,南抵吴、越、川、楚。"⑩经商所得为"惟谷地向以田少民多,故商于外者甚伙,中下之家除少数薄有田产者得以耕凿外,余背恃行商为生,涓涓滴滴为本地大宗来源"⑪。高平县"四郊东务农,西服贾"⑫。绛州"负贩贸迁以为谋生之计"⑬。曲沃县"重迁徙,服商贾"⑭。解州运城"阛阓之夫率趋盐利握算,佣工不务本业"⑮。甚至连晋北都有民人外出经商,左云县"(民)大半皆往归化城,开设生理或寻人之铺以贸易……且有以贸易迁居者大半"⑯。偏关县"关民多有出口谋生"⑰。保德

---

① 《东华录》,光绪三年四月丙午。
② 光绪《五台新志》卷2《生计》。
③ 光绪《寿阳县志》卷10《风土·风俗》。
④ 光绪《平定州志》卷5《食货志·风土》。
⑤ 光绪《孟县志》卷6《地舆考·风俗》。
⑥ 乾隆《介休县志》卷4《风俗》。
⑦ 乾隆《榆次县志》卷6《风俗》。
⑧ 民国《太谷县志》卷4《生业·商会》。
⑨ 民国《太谷县志》卷1《序》。
⑩ 民国《太谷县志》卷1《新修太谷县志序》。
⑪ 民国《太谷县志》卷4《生业·商会》。
⑫ 雍正《泽州府志》卷11《风俗》。
⑬ 乾隆《直隶绛州志》卷17《艺文》。
⑭ 乾隆《新修曲沃志》卷3《风俗》。
⑮ 乾隆《解州安邑县运城志》卷2《风俗》。
⑯ 光绪《左云志稿》卷4《风俗》。
⑰ 道光《偏关志》卷上《风俗》。

州"习俗惟利是趋,而不以五谷为本计也"①。河曲县"业农者多开油店,此商贾之业"②。就连雍正皇帝也说:"山右积习,重利之念,甚于重名。子弟之俊秀者,多入贸易一途,其次宁为胥吏。至中才以下,方使之读书应试。"③"山右大约商贾居首,其次者犹肯力农,再次者谋入营伍,最下者方令读书。"④

二是竞奢之风的盛行。太原"少年学业者,崇尚服饰,侈谈应酬,二岁工资不敷一年衣食耗费,无出者揽外事而荒本业"⑤,"在昔商贾贸易无攫利巧售之风,迩来业户日增,年多欠薄,货物争相参挤,无向时有三倍之息而有三倍之费。隐漏赔折势所不免失先民忧深思远之念矣"⑥。介休县"四方商贾辐辏,物务日就奢靡"⑦。解州"近趋骄奢,市井尤甚"⑧。运城"商民相习成风,贫富相耀成俗。乘坚策肥争奢斗靡"⑨。安邑县"习为侈靡"⑩。大同府"近颇奢侈"⑪,且"俗尚浮夸,妇女好曳绮罗,以妆饰相炫"⑫。偏关县"起居服物竞尚华靡,习尚为之一变"⑬。宁武府"比户相耀……被绮罗者几十五六矣"⑭。此外,被誉为"中国华尔街"的太谷,其富商每年要"花费至一万余金"用于待客。⑮ 而当地的婚丧嫁娶、待客迎宾变得更为复杂和排场。例如,太谷富商武氏小姐出

---

① (清)陆耀:《烟谱》卷46《昭代丛书》,载李文治《中国近代农业史资料》,生活·读书·新知三联书店1957年版,第84页。
② 同治《河曲县志》卷5《风俗》。
③ 《雍正朱批谕旨》第47册《雍正二年五月九日刘于义奏疏》,中国第一历史档案馆编,江苏古籍出版社1986年版。
④ 《雍正朱批谕旨》第47册《雍正二年五月十二日朱批》,中国第一历史档案馆编,江苏古籍出版社1986年版。
⑤ 道光《阳曲县志》卷2《舆地图下》。
⑥ 道光《阳曲县志》卷2《舆地图下》。
⑦ 乾隆《介休县志》卷1《序》。
⑧ 光绪《解州志》卷2《风俗》。
⑨ 乾隆《解州安邑县运城志》卷2《风俗》。
⑩ 乾隆《解州安邑县志》卷2《风俗》。
⑪ 道光《大同县志》卷8《风俗》。
⑫ (清)李燧:《晋游日记》,山西人民出版社1989年版,第78页。
⑬ 道光《偏关志》卷上《风俗》。
⑭ 乾隆《宁武府志》卷9《风俗》。
⑮ 刘大鹏:《退想斋日记》,山西人民出版社1990年版,第26页。

阁，首饰皆为"赤金、玉翠、玉宝石、珍珠"，衣服皆为"花缎、縠绸、锦绣、绮纨"，"约值五、六千金"[1]。忻州"居服竞尚奢靡，礼节多务炫耀"[2]。徐沟县清末"迩来竞尚奢靡矣，婚娶重财尤为非古"[3]。左云县"人文日甚渐就奢华，如妇女原爱鲜衣艳服，无论贫富，均思以整饬为耀"[4]。太平县亦随着商业发展而"趋华竞靡"[5]。吉州"习于奢侈"[6]。霍州"渐习奢靡，无论绅衿士庶服不衣纨绮者愧，食不登异味者耻"[7]。灵石县亦"渐习奢靡，无论绅衿士庶，服不衣绮纨者，愧食不登异味者，耻习俗移人贤者不免焉"[8]。长治县"渐趋奢靡"[9]。平定州"今则渐入奢靡……士民宴饮通宵，丝竹自娱，每岁冬，终夜不绝，至里巷，齐民秉烛夜游，俱不为禁"[10]。临县"境内舟车不通，故无富商大贾，梭布粟麦列肆交易从无银行钱铺、绸缎颜料各专行，是以俗戒奢靡。……今则洋绸羽缎充列市廛，商学各界渐行侈靡"[11]。永宁州"永宁近习亦稍奢焉"[12]。凡此种种，可见彼时山西地区民风"竞尚奢靡"，而老百姓"已非良士"矣。[13]

三是大众文化的活跃。市民阶层的崛起和壮大，不仅推动都市文化的兴盛，而且引发社会文化走向大众化。所谓大众化，是指原本粗糙、自然的民间文化，突破下层社会的活动空间，栖身主流文化行业，从而实现由俗到雅的转变。后者表现为戏曲演艺活动空前的繁荣。山西省是中国戏曲艺术的发祥地之一，蒲州梆子发端于明代，时至今日逐渐衍生出山西的四大剧种：晋剧、蒲剧、北路梆子、上党梆子。明代中叶以后，

---

[1] 刘大鹏：《退想斋日记》，山西人民出版社1990年版，第109页。
[2] 乾隆《忻州志》卷2《风俗》。
[3] 光绪《补修徐沟县志》卷5《风俗》。
[4] 光绪《左云县志》卷3《风俗》。
[5] 道光《太平县志》卷3《坊里·风俗》。
[6] 光绪《吉州全志》卷6《风俗》。
[7] 道光《直隶霍州志》卷15《风俗》。
[8] 嘉庆《灵石县志》卷1《风俗》。
[9] 乾隆《长治县志》卷8《风俗》。
[10] 光绪《平定州志》卷3《食货志·风土》。
[11] 民国《临县志》卷13《风土》。
[12] 康熙《永宁州志》卷1《风俗》。
[13] 民国《太谷县志》卷4《礼俗·风俗》。

山西民间戏曲蓬勃兴起，唱戏演剧之风日盛。各村镇都有大小不同的村社戏班，他们不仅拥有各自如百戏技艺、吹弹歌舞、民间小戏等种类繁多的传统节目，还时常邀请梆子戏团唱大戏。每逢年节，唱戏演剧必不可少：迎神赛社要唱戏、宗祠祭祖要唱戏、天旱祈雨也要唱戏、消灾免病更要唱戏、晚年得子还要唱戏。即使办丧事不便唱戏了，也要吹鼓手来"吹"戏。

第二节 城市化的困境

与城市的发展状况相对应，清代山西的城镇集聚使当地城市化在前代的基础上有所深入，并表现出一些新的特点和趋向，但这种升华是在历史的延续和完善的基础上进一步产生的。此时的城市化逐渐走出困境，面临重大调整。

一 城市化走向深入的三个层面

明代中后期至清前期，山西城市化的发展就地域层面而言，是都市区的形成，是传统市民阶层的成熟；就经济层面而言，是商品经济的活跃。

都市区是现代城市化理论的概念，它"包括一个大的人口聚集核心和附近区域联系为一体的小区"①。是城市化由城市扩张：上升为城乡一体化的必然反映。每个都市区一般由两部分组成：一部分是具有一定规模的都市；另一部分是一定范围的城市地区，即已实现城市化的乡村地区。如果按照这个标准，清代山西大中城市自身城区规模的扩张基本完成，已经出现都市区的基本雏形。城市周边乡村地区的发展主要表现为大量城镇的新区兴盛，并与大城市呈网状联络。

市民阶层作为一种社会群体力量兴起较早，但早期市民阶层的群体意识尚不突出，不同职业群体之间联系较为松散。到清代，山西市民阶层不仅在人口数量上进一步增加，群体规模进一步扩大，更重要的是其群体的意识和社会意识的增强，从而在社会体系中发挥出超越行业范围

---

① 成德宁：《城市化与经济发展——理论模式与政策》，科学出版社2005年版，第22页。

的影响。各种社、会馆、公所是山西各地城市广泛出现的工商业组织。与宗族组织的发展状况不同,在山西各地的民间组织——村社却在商人的积极参与下,不断地扩展其职能和权威,成为乡村乃至部分城市最重要的制度。晋商的行会组织对地方社会秩序的维护和管理起到了十分重要的作用。

孔祥毅编著的《晋商学》中对晋商行会组织维护地方社会秩序进行了较为系统的阐述。① 首先,组织市场公平交易。晋商行会维护市场公平交易,不仅是因为山西商人做生意需要有一个稳定的市场环境,同时也是行会取信政府,维护本行会员利益的必需,故经常根据需要,在政府支持下制定相应的管理办法并付诸实施。例如,雍正二年(1724),河南赊旗镇因市场上的戥秤问题,经行会协商后规定:赊旗店,四方客间集货兴贩之虚。原初,码头买卖行户原有数家,多年来人烟稠多,开张卖载者二十余家,其间即有改换戥秤,大小不一,独网其利,内弊难除。是以合行商贾会同集头,齐集关帝庙,公议称足十六两,戥依天平为则,庶乎校准均匀者,公平无私、俱遵依。同行有和气之雅,宾主无棘戾之情。公议之后,不得暗私戥更换,犯此者,罚戏三台。如不遵者,举称禀官究治。惟日后紊乱规则,同众禀明县主蔡老爷,发批钩谕,永除大弊。②

其次,协助政府整理货币。清末市场上不法之徒,私造沙板钱,冒充法定制钱流通,归化城一带到光绪年间,沙钱越来越多,为维护经济秩序,归化城各行会积极配合当局,整理货币。经各行会负责人与有威信的长者共同协商,决定在三贤庙内设立交换所,让人们以同等重量的沙钱换取足制钱,并将沙钱熔毁,铸成铜牌一块,立于三贤庙内,上书"严禁沙钱碑"。

再次,处理商务纠纷。山西商人在外经营,不可避免会发生与行内、行外之间的业务纠纷,对此,商人行会有调解与仲裁的义务及权利。归化城马王社是同城马车业者的行会,因成立较早,社规废弛,外来车业者与会员勾结,抢劫乘客财物之事屡屡发生。宣统元年(1909),萨拉齐

---

① 孔祥毅编:《晋商学》,经济科学出版社 2008 年版,第 68 页。
② 《同行商贾公议戥秤定规矩》,《文史研究》1995 年第 1、2 期。

车业者来归化城后，与会首王玉柱勾结，胡作非为，会员忍无可忍，向当局起诉，经官方调查，罚外来车业者与王玉柱分别向马王社缴纳衮灯一对和挂灯一对，并向会员赔礼道歉。对此事行会刻石于海窟龙王庙内，无论外来者还是本会会员都必须恪守社规，以维护本行会会员的利益。

最后，维护社会秩序。维护社会秩序的安定本是朝廷的任务，晋商行会为了保卫自己的经济利益，积极协助朝廷，维护社会秩序。包头，原是一个村子，后来城市发展了，但始终没有朝廷办事机构。直到清末，仍是由萨拉齐厅派一名巡检来负责，到民国初年也只由萨拉齐县巡警分设了一个驻所。此时包头商民有五六万人，社会治安基本是由商业行会和农民的"农圃社"维持街面。直到包头建县以前，一直是大行出代表四人，农圃社出代表一人，组成议事机构，在大行内办公。受萨拉齐厅委托，由巡检和巡官监督协助，处理包头地方各种事务，大行基本代替了行政机构。当然，这也许是一个特例。但行会参与地方政事，协助城市公共设施建设等无疑是积极的。

进一步来看，清代的会馆和公所不仅在协调行业之间和同业者之间的关系、维持工商业和市场秩序、处理与政府的关系、推动社会救济和慈善事业等方面发挥出积极的作用，其内部管理和运作机制也酝酿着近代社会自治和民主政治的某种萌芽。例如，在归化城的商人行会，设一正一副两位会首，为大行的总管，由各"小行"会首轮流义务担任，其威信资格不是以个人能力来决定的，而是由所在的"小行"地位决定。每年春季庙会，改选大行会首，任期一般为一年。大行会首之下还有若干办事人员，处理会内事务。大行拥有自己的武装卫队，他们除处理商务活动外，还协助地方政府，维持市面秩序。并且规定了具体的开会日期，便于处理事务："兹定于每月初一、十五两日为大会之期，准于上午十一钟聚会，下午一钟散会，同业各家执事齐集到会，或有益于商务者，或有病于商务者，即可公平定议，禀请大部核夺施行。如同业中有重要事宜，尽可由该号将情告知商会董事，派发传单随时定期集议。"[①] 此外，商会内部还定有会规，也称"规牌"。主要规定会员义务、行为、会费及

---

① 中国人民银行山西省分行、山西财经学院：《山西票号史料》，山西经济出版社1990年版，第677—678页。

惩罚办法等，如归化城鲁班社道光九年（1892）的《新立规碑记》载："兹因世道不古，人心不齐，有亏于圣事者多矣……严立新规，严其责于铺头、工头，董其事于值年会首。"并立下新规，具体对会费缴纳、支出，以及不守会规的惩罚等进行了具体规定。①

清代城市工商业的兴盛和市场发达，有力地推动了山西区域商品经济的发展，商品生产领域不断扩大，专业化水平进一步提高，而且还出现了生产过程中诸多环节的专业化分工，每个专业生产环节及产品都有相应的市场和流通体系，这在相当程度上突破了前代以自然分工为特色的商品生产格局。这一时期，山西冶铁业在前代发展等基础上继续发展，除冶炼生铁的"方炉"、炒炼熟铁（低碳钢）的"炒炉"之外，铸造铁器的"货炉"，锻打铁器的"烘炉""条炉"，以及打制铁钉的"钉炉"等也大量发展起来。道光年间，凤台（即晋城县）一县有生铁炉1000多座，熟铁炉100多座，铸锅炉400余座②，实际铁产量应在12.5万—13万吨③。高平县最盛时有各种铁业炉1076个，从业人员约3.9万人。德国人李希霍芬说："在欧洲的进口货尚未侵入以前，是有几亿的人是从凤台县取得铁的供应的……大阳镇的针供应着这个大国的每一个家庭，并且远销中亚一带。"④ 当时，山西的潞安和泽州是北方最大的铁器制造中心。

另外，商品流通范围和规模不断扩大，从山西内部的商品流通看，前代主要是基于地理特征的差异和生产的自然分工形成的简单商品流通，清代则更多地受专业化商品化生产的影响。如晋东南地区的潞安和泽州两府，明代是山西最重要的潞绸和泽绸产地，随着煤炭业和冶铁业的迅速发展，于清代逐渐不再生产丝绸，转而成为铁器生产区。

二 内外因素的制约

清代，在山西城市化进一步深化的同时，所遭受的阻力也越来越大。

---

① 孔祥毅：《金融贸易史论》，中国金融出版社1998年版，第161—162页。
② 张捷夫：《山西历史札记》，书海出版社2001年版，第47页。
③ 彭泽益：《中国近代手工业史数据（第二卷）》，中华书局1962年版，第143、145页。
④ 彭泽益：《中国近代手工业史数据（第二卷）》，中华书局1962年版，第139页。

这种阻力既来自发达的农耕文明对都市文明的多重束缚和限制，更与传统城市固有局限性的日益暴露直接相关。

　　清代，山西一些大城市和部分中小城市的工商业较为发达，经济结构也趋于完整，影响也较大，但这种工商业发展主要限于"量"的增长，而非"质"的提升：首先，城市商业的兴盛和商品流通的活跃并没有导致市场体系的升级，市场活动仍停留于简单化的空间范围，扩大和流通环节的初级分工。其次，商品经济的发展和专业化程度的提高，并没有导致规模化商品生产和工厂化经营方式的普遍出现，即便是在山西城市手工业最为发达，也最具代表性的铁货业、池盐业和皮毛业，工厂化经营也只是个别现象，个体和家庭生产仍是普遍的经营方式。最后，在城市商品经济中，雇佣现象明显增多，但基本停留于分散的劳动力出租和家庭式的个体雇佣，仍带有浓厚的封建特征。从某种意义上讲，这种雇佣关系只是传统农村租佣关系的一种发展和在手工业生产领域的扩展，而不是真正具有近代性质的资本主义萌芽。从社会形态方面来看，清代的山西城市，尤其是大中城市的人口规模较前代有所扩大，但居民的社会结构并没有明显的变化。特别是市民阶层的发展壮大，虽显示出自身的社会力量和影响力，但始终未能摆脱传统的束缚和封建政治的控制，更谈不上形成自身的政治要求和社会变革主张。事实上，在封建统治的压制下，市民阶层在社会思想上越来越消沉，在生活方式上越来越颓废，其结果是城市社会越来越失去活力。

　　进一步来看，清代山西各地的农村经济显著发展，尤其是商品生产的活跃，给城市的进一步飞跃提供了相当有利的条件，这也正是该时期山西城镇全面兴盛的基础。但随着封建统治的日益僵化，对城市的控制和盘剥也达到无以复加的程度。以明代为例，其突出表现为：

　　一是严格限制农村人口向城市流动。明初，政府就制定了极为严厉的"路引"制度，明文规定："若军民出百里之外，不给引者，均以逃军论，民以私渡关津论。"① 民人要取得外出的路引，须由当事人事先向户籍所在地官府提出申请，详细说明外出事由及具体去向，经由官员酌情审批后方可成行。与此同时，明政府还实行较前代更为苛刻的市籍制度，

---

① 刘惟谦：《大明律》卷15《兵律三》，日本景明洪武刊本。

规定凡工商业者要在城镇中取得居住和营业的合法权，首先必须获得官府批准，并登记在册，违者一经发现，"按游民之无籍者驱出城"，① 并没收家产。

二是强化城市厢坊管理体制。城市厢坊制在宋代就已实行，明代则更为严密，每个厢坊都设有厢长、坊长，对该厢坊进行统一管理，下设铺头进行分区管理。每户居民"家给鯀牌，悬之门，具书籍贯、丁口、名数，发现有异言异服者，即自纠发，不告讦同罪"②。

三是实行铺行、火甲制。铺行在明代以前早就有之，"盖铺居之民，各行不同，因以为民"③。明代各个铺行所承担的科役十分沉重，再加上官吏趁机敲诈勒索，许多行户不得不"或点卖家赀，或出息假贷"，"资本既少，无所经营，多至失所"，④ "疾痛悉叹之声，彻于市井间"。⑤ 火甲是横加在市民身上的一种差役。开始是按市民每户人丁数轮番摊差，"在城市关厢巡夜，原为救火防贼"。后虽改为征银募役，又征丁夫，"民间苦累，莫甚于此"。⑥

四是限制市场活动。为了牢牢把控城市工商业活动，明政府先后颁布了一系列限制市场活动的规定。如凡在城内开设店铺者，必须事先向所在官府申请，并作出遵守各项政策法令的书面保证，然后由官府审批，才可发给凭证。再如对城镇中市场的开设，虽然宋代已经相当宽松，但到了明代却又重趋严厉，规定凡市场的开设地点、营业时间等都由官府规定。

五是实行苛商政策。明政府对城市工商业的税收名目繁多，税额沉重。除一般的商业税外，还不断增设各种杂税。如明仁宗洪熙元年（1425），增收市肆门摊税。宣德四年（1429），颁布塌房等项纳钞则例，明文规定：凡塌房、库房、店舍等停放客商货物者，驴骡马车受雇装载货物者，以及油房、磨房、堆货、木植、烧造、裱褙等店铺均要按定额

---

① 《明世宗实录》卷272《嘉靖二十二年三月》。
② 《皇明世法录路》卷43《兵制》。
③ （明）沈榜：《宛署杂记》卷13《铺行》，北京古籍出版社1982年版。
④ 《明宪宗实录》卷53《成化四年四月》。
⑤ 顾起元：《客座赘语》卷2《铺行》，明万历刻本。
⑥ 吕坤：《实政录》卷5《上巡按条陈利弊》，卷2《请编火夫》，康熙吕慎多刻本。

纳税。弘治七年（1494）后，又陆续增设条税、落地税等。这些杂税一经设立，税额便不断增加。明中后期，明政府先后派出大批税监赴各地横征暴敛，"水陆行数十里，即树旗建厂。视商贾懦者，肆为攘夺，没其全货，负载行李，亦被搜索。又立土商名目，穷乡偏坞，米盐鸡豕，皆令输税"①。从事长途贩运的行商，货物经过钞关要交关税，过河要交坝税，进城要交门税等。②始于宣德四年（1429）的钞关是各地商品转运中心地带的税收机关，其所征之税称为"关税"，数额十分庞大，已经成为明廷一项重要的财政收入。有些胥吏与相关官员相互勾结，胡作非为，使许多商人破产。

六是推行匠户制度。明代的许多大城市设有官营手工作坊，规模和数量远比以前历代更为庞大。为了保证这些官营手工业作坊的运行，明政府实行匠户制度，征发大批工匠服役。明太祖洪武年间，全国列入匠籍的匠户，除坐匠外，仅轮班匠就有23万多人。到宣德时，"天下工匠，又数倍祖宗之兴"③。这对各地手工业的发展，尤其是城市手工业的发展产生了严重影响。明成化二十一年（1485）后，虽改为以银代役，但这只限于轮班匠，广大坐匠仍照旧服役。即便是轮班匠，也仍隶属匠籍，一旦明政府需要，随时可能再次被迫服役。

朝廷对城市活动的控制和压制工商业的政策，一方面，严重阻碍商品流通和市场活动，限制了商品经济的正常发展，也导致城市社会矛盾不断激化，各种形式的市民反抗斗争此起彼伏。另一方面，传统强势固我的内在局限也越来越明显地暴露出来，从内部阻碍城市的自身革新潜力的发挥。传统城市作为各级统治中心，历来是官僚贵族、地主士绅等特权阶层密集制定。这些特权阶层的消费需求常常成为城市工商业兴盛的直接推动力，从而使城市具有很强的寄生性。虽然在一定条件下，部分城市的生产性倾向有所加强，成为所在区域的商品经济中心，但从历史的角度看，这只是一种暂时现象。清代，大中城市特权阶层的人数进一步增加，朝廷对城市的控制也日益严密，使城市的寄生性更为明显，

---

① 《明史》卷99《食货志五》。
② 王圻：《续文献通考》卷30《征榷考·杂征下》，明万历松江府刻本。
③ 《明宣德实录》卷39《宣德三年三月》。

不少城市所谓的繁荣其实不过是一种畸形的、虚假的繁荣。

可以说内外因素的制约，导致清代山西城市化陷入了困境。这种困境就城市而言，是如何摆脱封建统治的束缚，实现从传统城市向近代城市的飞跃；就城市化而言，是如何摆脱传统农耕文明限制，实现从以小农经济和个体工商业为基础的城市化形态向以机器工业和工业文明为基础的近代形态的飞跃。

第三节 清代山西的城市转型

清代山西城市的繁荣和转型，其意义并不只是城市自身发展形态的变革。更重要的是城市与社会关系发生了重大调整：一方面，随着城市普遍突破原有政治、军事性质所构成的限制，经济、社会、文化功能不断增强，其在地区社会体系中的影响力显著扩大；另一方面，城市的扩张与市民文化的破绽都是文明开始冲破农耕文明的园囿，向社会各层渗透引发思想意识文化生活的相应变动。

一 城市形态转变及区域体系调整

古代早期的城市是依托不同等级的政治中心发展起来的，其工商业和市场活动一直是附属性的，受到朝廷的严格控制，不仅经营空间局限于有围墙封闭的"市"中，而且经营时间也通过市门和城门的定时起闭而强制划一。但随着社会经济的不断发展和城乡之间、地区之间商品流通的日趋活跃，晚唐以降这种基于统治需要而人为压制城市工商业活动的做法已越来越难以继续。

工商业的兴盛不仅冲垮了传统坊市下的街区格局，使城市由规整、宏大而单调沉寂，走向杂乱、纷繁而充满活力，也直接推动城市活动，跃出城墙向城外扩展，引发城郊都市化现象。清代，这种现象愈加明显。例如大同府灵丘县城"止一门，在邑治南瓮，城东向出过云中襟带坊，一街横亘，分东西关出入，凡贸易工作悉居之，士民亦杂处焉。双日为集，不过肩蔬负薪粟粮布匹之类，集初设关厢内。近数载，贸易颇伙，往来拥挤，士民咸以市集起色，三十年未有，请移集于关外"①。代州繁峙县城东关"店宇整齐，民居稠密，真金汤之固也"②。介休县张兰镇"在县东四十里，孔道咽喉，亦县东屏蔽"③，"城周五里，屋舍麟次，不下万家，盖藏者十之三，商贾复四方辐辏，俨如大邑"④。张兰镇每年九月下旬有泰山庙古庙会，届时有文水皮货、沁州麻货、浑源挽具、上党药材、内蒙古骡马上市交易。张兰镇还筑有城墙，其"城堞完整，商贾丛集，山右第一富庶之区"⑤。此处"地当冲要，商贾辐辏，五方杂处，百货云集，烟火万家，素称富庶，为晋省第一大镇，与湖北之汉口无异"⑥。

此外，近郊集市的大量兴起是城郊都市化的另一种形式。例如大同府灵丘县，清代康熙年间即有东关集、西关集、南山村集（城东二十四里）、东河南集（城西三十里）、赵壁村集（城西四十五里）、上寨村集（城南七十里）、下关镇集（城南九十里）等集市。集期，东西关双日，而村镇二、五、八，三、六、九不等。亦有西关府君庙，六月初一日起，十日而罢；东关东岳庙，九月十五日起，半月而罢；东河南村，六月十五日；冉庄村，五月十五日；上寨村，六月二十三日；下关镇，四月初三日等庙会。⑦

城郊都市化现象是城市空间范围越出城墙向外扩展的反映，这一过程正是城市由封闭走向开放的转变过程。高高的城墙，曾是护卫城市的屏障，也是禁锢城市的枷锁，不仅将城市活动围圈起来，而且是城乡之间泾渭分明的分割标志。城郊都市化在很大程度上打破了这种传统格局，也改变了自我封闭的城市意识。从此，城市不再只是一个孤立的统治据点，而是通过经济、社会、文化、观念等方面不断扩散，真正成为影响整个社会发展演变的重要力量。

---

① 康熙《灵丘县志》卷4《艺文·灵丘风土志》。
② 道光《繁峙县志》卷2《建置·城池》。
③ 乾隆《介休县志》卷1《城池》。
④ 嘉庆《介休县志》卷12《艺文》，刘尔聪《修张兰城记》。
⑤ 祁韵士：《万里行程记》，道光祁氏家刻《问影楼舆地丛书本》。
⑥ 《宫中档乾隆朝奏折》第15辑《乾隆二十一年十月十二日山西巡抚明德奏》，台北故宫博物院1982年版，第714页。
⑦ 光绪《灵丘县补志》卷1《市集·庙会》。

发展形态的转变，意味着城市越来越多地突破原有政治、军事性质所构成的各种限制，经济、社会和文化功能不断增强，原来相对单一的活动模式也由此发生分化。清代，山西逐渐形成了综合型、资源型、济型、口型等不同特色的发展类型。

就综合性城市而言，典型的有太原、大同、解州等。它们既是重要的政治或军事中心，又有着发达的工商业，其经济职能并不逊色于政治和军事职能。太原作为省治，是彼时山西地区的政治中心，同时又是当时山西最为繁华的工商业大都市和文化活动中心。大同位于山西的北部地区，明代设大同镇，是北击蒙古的重要政治和军事中心，城内驻有众多的政府机构和大批军队；清代以来，随着其军事地位的下降，以及它连接蒙汉的优越的地理位置，大同城内工商业和市场商品流通极为活跃。平阳是位于山西南部产粮区的重要府治，是山西南部地区重要的政治经济和文化中心。解州为山西南部解州直隶州的州治所在，因邻近河东盐池，故于运城兴起之前，大量盐务治所驻于解州城内，为彼时晋省南部较大的政治、经济中心。

就经济型城市而言，较典型的有绛州、归化城、平遥、祁县、太谷、运城、包头、永济、榆次等，其特点是工商业兴盛，经济影响超过了政治影响。绛州是山西汾河岸边最早发展起来的水运码头，是清代山西南部绛州直隶州的州治所在，为秦晋间商品集散市场。归化城是漠南的政治经济中心和交通枢纽，也是沟通漠北、漠西、天山以北各地区的经济联系的总汇，也是山西与蒙古商贸往来的咽喉，商品流通规模庞大，城内"商贾云集，诸货流通"[1]。乾隆年间规定归化城落地税银15000两，牲畜税钱9000串；嘉庆四年（1799）增盈余银1600两。[2] 平遥、祁县、太谷都是重要的晋中金融城市，金融服务业是城市经济的支柱。此三城较早均为县政中心，随着商品经济的发展及晋商贸易的活跃，平遥于清中叶以后成为晋中地区的商品交易中心，清末成为金融中心；祁县于清中前期发展成为茶叶贸易中心，清末票号创办之后成为金融中心；太谷于清中叶之后成为金融业城市，被称为"中国的华尔街"。运城是因盐而

---

[1] 张正明、薛慧林：《明清晋商资料选编》，山西人民出版社1989年版，第50页。
[2] 光绪《大清会典事例》卷239、卷237、卷238，中华书局1991年影印本。

兴的晋南商城，是山西境内典型的资源型城市，随清代河东池盐"畦归商种"，池盐产量大增，众多盐运官署移驻运城，城内聚集官署衙门的文武官员。同时，"或以科第奋迹，或以赀郎起家"的安邑县缙绅，以及"游客山人"均聚集于此，城内商业繁荣，运城逐渐成为晋南最繁华的都市。包头、永济都是重要的水运码头，航运贸易是城内的支柱产业之一。包头是连接口外与内地的皮毛业及粮食集散地，城内皮毛业、粮食字号众多，清末包头的牲畜和原料产业已经取代了归化城。永济为蒲州府治所在，其城外的蒲津渡自古以来就是黄河最繁忙的渡口之一，故该城是"秦晋要扼，西控潼关，俯临黄河"的"重镇"①。榆次为晋中地区榆次县的县治所在，是连接晋省南北的通衢，城内商业发达，市廛繁华。

新城市是传统城市形态的延续，其特点是工商业虽有一定程度的发展，但没有真正成为所在地区的商业和市场中心。例如明季的保德州府，"货物鳞集，乡民交易称便。陕西府谷县沿河六堡皆取货于州"，但至乾隆年间"俱久废"焉。②清代的保德州府"地偏僻且瘠薄，舟车不通，商贾罕至，民贫鲜生理。商，仅小贩无大贩，累旬不见银，惟以钱米贸易"③。再如大同府怀仁县城，"邑民之为商者实不少，无大贾，亦无奇货，聚于市者不过通其有无而已。邑中之富商不过数家"④。广灵县"乡不能牵车服贾，凡俯仰、交际、租税之费皆取给于田"⑤。应州"州僻边邻，非舟车四达之衢，物产无多，不通商贾"⑥。汾州府石楼县"农不商贾，女不纫织"⑦。霍州赵城县"商无逐货于远，大者牛马，小者绳铁，锦文、珠玉虽入市，鲜过问者，故以末致财者少"⑧。绛州垣曲县"不谙商贾，不事华靡"⑨。

---

① （清）李燧：《晋游日记》，山西经济出版社2003年版，第85页。
② 乾隆《保德州志》卷1《沿革·集市》。
③ 乾隆《保德州志》卷2《形胜·风尚》。
④ 光绪《怀仁县新志》卷4《风俗》。
⑤ 乾隆《广灵县志》卷4《风土·乡俗》。
⑥ 乾隆《应州续志》卷1《风俗》。
⑦ 雍正《石楼县志》卷3《风俗》。
⑧ 道光《霍城县志》卷18《风俗》。
⑨ 光绪《垣曲县志》卷2《风俗》。

二 城市工商业的分化与产业化

工商业历来是城市经济的主体。清代山西城市转型的一个表现，就是工商业活动日益向城市各街区扩散呈现出空前繁荣。在这一过程中，城市工商业的内在结构和形态也发生了一系列变化，实现了由简单的经济活动到多层次、多形式的产业体系的飞跃。

在山西早期的城市商业主要停留于满足城市居民消费需求和商品经营活动，属于结构单一的低层次商业形态。清代，城市形态的转变意味着传统的消费型商业也很难适应新的社会环境：一方面，城市人口规模的扩大，及其社会结构的多样化和复杂化，对商业活动提出了更高的要求；另一方面，城市经济和市场功能的显著增强，要求商业活动由面向城市转变为面向社会。正是这些现实社会要求，推动城市商业文化，专业经营日趋发达，进而发展为由流通商业、批发商业和零售商业构成的庞大体系。

（一）流通商业

流通商业是指各级城市，尤其是大中城市商业体系的上游产业，专门从事此类经营活动的，也就是通常所说的行商。行商一方面源源不断地将各种商品销往城市，然后又将城市生产的商品销往外地。进一步走向专业化的流通商人，也将城市之间、城乡之间、地区之间的经济活动连接起来，既强化了城市的市场中心功能，又推动了区域市场和跨区域市场体系发育成长。清代活跃于山西北部、蒙古地区及俄罗斯的通事行即属于此列。

在清代山西的商号中，经营对蒙古贸易的字号占有很大份额，被称为旅蒙商，山西旅蒙商最早进入归化城所建立的商号是天元号、宏图号、范家号，稍后兴起的是元盛德、天义德和大盛魁。据俄国人波兹德涅耶夫1893年在《蒙古与蒙古人》一书中记载："归化城的大盛魁由几个商人合股经营，商号的资本计2000万两，约合4000万银卢布……每年向呼和浩特输送的羊为80000—100000只；元盛德，年贸易额800万两，有驼900峰往来于归化和乌里雅苏台；天义德，年贸易额700万两，有驼900峰，除此三大外路商号外，其余小外路的商号年贸易额多则500万—600

万两，少则 10 万—25 万两，自养骆驼也在 150—200 峰。"① 老三号的经营状况已无从考证，但新老六大号以大盛魁发展最为兴盛，下面我们将就清代著名旅蒙商——大盛魁的经营、管理进行讨论。

大盛魁创立于清前期，于 1938 年歇业，在长达 200 多年的时间里，成为垄断漠南到漠北贸易的最大商号，其年均贸易总额在 1000 万两白银左右。② 大盛魁在极盛时，商号伙计 6000—7000 人，大小分号、联号发展到 20 个左右，还设有茶庄、绸缎庄、钱庄、票号等；饲养用于运输货物的骆驼 1600 余峰，牧羊犬 1200 余条。其年交易额在整个归化城的商业交易额中占绝对优势，特别是在占归化城商品交易大宗的牲畜交易上更是居于垄断地位，被称为清代北方最大的通事行。

（二）批发商业

批发商业是城市商业产业，专门从事此类经营活动的就是通常所说的中间商，他们从行商那里购入各种商品，转而销售给各色零售店铺，同时又收购城市所产的各种物品，转销给行商，从中赚取差价。例如道光年间，大同城乡存在大量牙人：其中有从事斗行、牲畜贩卖、泥靛补衬、棉麻、铁、炭货、水果、烧酒业、车辆、棺板、木材、脚力等行业的官牙 310 人。③ 斗牙在官牙总数中最多，共 74 人，斗牙是与粮食买卖有关的牙行。大同城内人口众多，所需粮食数量巨大，而大同本地"地界北边，气寒土瘠，春分后始播麦，六月终始熟，亦有立秋后始登麦者"④，所产无多。但由于清代的大量开垦荒地，使得口外归化城诸厅成为粮食产区，故本城所售粮食来自归绥六厅。牲畜牙共 68 人，在众牙行中排第二。大同界连蒙古草原，是内地通往蒙区与俄国的商品贸易孔道，各种牲畜和皮毛制品及手工业产品云集，除供本城消费外，更多的是转运省内其他地区。"蒙古人民专事畜牧，故其物产以家畜为大宗。输出诸品以此为最"⑤，蒙民所产牲畜有部分自大同转运省内。城内从事皮毛制

---

① ［俄］波兹德涅耶夫：《蒙古及蒙古人（第一卷）》，刘汉明等译，内蒙古人民出版社 1989 年版，第 341 页。
② 葛贤慧：《商路漫漫五百年》，华东理工大学出版社 1996 年版，第 49 页。
③ 道光《大同县志》卷 8《赋役》。
④ 道光《大同县志》卷 8《风俗》。
⑤ 光绪《蒙古志》卷 3《物产》。

品的手工艺匠人为数颇多，"其匠艺之最众者尤有毛袄匠、口袋匠，十倍于它处"①。炭牙位列第三，共49人。大同在康熙年间就大量出产煤炭，康熙己巳年（1689）大疫，"（大同）西山煤佣，死者甚众，暴骨于野"②。道光年间"西乡一带农人冬日多贩煤"③，因此，城内炭牙众多。

（三）零售商业

零售商业是城市商业活动和商品流通的下游产业，具体又可分为两种形式：一种是遍布大街小巷的各色店铺，属于固定的商业网点，从事这类商业活动的，就是通常所说的坐贾。其中有的是兼营各种物品的杂货铺，有的是自产自销的作坊式店铺，有的是分工明确的专业商店。例如清代的代州城有大小商号300多家。商务远涉迪化（乌鲁木齐）、库伦（乌兰巴托）、海拉尔、北京、上海、苏州、成都等大中城市。归化（呼和浩特市）城内还有大小票号56家，当铺26家，钱庄30家。另一种是机动灵活的流动商业，从业者多为小商小贩。

流通商业、批发商业与零售商业的相互结合，直接推动了专业化特点的新型商业街市的出现。如清代太原城有靴巷、帽儿巷、酱园巷、柴市巷、馒头巷、豆芽巷、估衣街、麻市街、西米市街、东米市街、纸巷子、前铁匠巷、后铁匠巷、南北牛肉巷、南市街、活牛市街、西羊市街、东羊市街、鸡鹅巷、炒米巷、棉花巷、麻绳巷、刀剪巷等。

与商业一样，山西地区的城市手工业在彼时较为活跃。例如雁北之丰镇，皮毛业是其重要行业之一。该镇"从蒙古收购羊毛、皮张和熟羊皮，转销大同府、天津及中国其他地方"④。《丰镇厅志》记言，该镇手工业以"皮革、毛袄、口袋等物匠艺最繁，较他处为十倍云"⑤。雁门关《丰镇布施碑》中，有西盛毛店、三成皮店、义源毛店、三成皮店等的捐款。其中西盛毛店一次就捐银120两，位居全镇之首，甚至超过当行、缸油碾面行等行业捐款，其经营规模由此可见一斑。再如，清代汾州府的

---

① 道光《大同县志》卷8《风俗》。
② 光绪《山西通志》卷143《祥异》。
③ 道光《大同县志》卷8《风俗》。
④ ［俄］波兹德涅耶夫：《蒙古与蒙古人（第二卷）》，刘汉明等译，内蒙古人民出版社1983年版，第50页。
⑤ 光绪《丰镇厅志》卷6《风土》。

交城主要加工产自甘肃的滩羊皮①，当地皮商贩洗皮革，腥秽填壅，地方官为此发布告示，禁止在圣母庙前溪水中沤制皮革。

城市民间手工业的兴盛，不仅改变了城市经济的传统格局与体系，在一定程度上也改变了城乡经济关系。一方面，城市手工业的生产有赖于农村提供的原料，其产品销售除了满足城市居民的需要外，也面向农村居民，这就有力地推动了城乡之间的经济活动。另一方面，城市民间手工业的发展，意味着越来越多的农村家庭手工业趋于专业化，并向城市集中，这种城乡经济和产业分工的反应所引发的是整个社会经济结构的变动。

三 多种产业的兴起与发展

除了发达的商业，清代山西城市经济还包括多种形式的服务业，其中有的是从原有经济活动中深化和发展起来的，有的是新兴的产业，由此确立起较为完整的城市经济体系。服务业是从工商业中分化出来的城市产业，其种类繁多，分工精细，有的是面向人们的生活需求，如借贷业、运输业、货栈业、餐饮业等；有的是面向工商业活动，如金融、运输、仓储等。其中最为常见和活跃的是金融业、运输业、货栈业、餐饮业等。

（一）金融业

金融业是市场的润滑剂，它起到融通资金、活跃市场的重要作用。发达的金融业是一个地区商业活动繁荣或商品交易频繁的象征。同样，发达的商业也可以促进金融业的迅速发展。金融业包括典当行、钱庄、印局、账局、票号等金融组织。康熙二十四年（1685）山西省有当铺2562家，乾隆年间增加到4695家，较康熙时增长83.25%。② 清末著名银行家李宏龄说："凡是中国的典当业，大半是山西人经理。"③ 钱庄很早就在山西出现，其所出具的钱票在民间流行已久。④ 在嘉庆八年（1803）

---

① 杨大金编：《现代中国实业志（第一编）》，商务印书馆1937年版，第263页。
② 黄鉴辉：《明清山西商人研究》，山西经济出版社2002年版，第156页。
③ （清）李宏龄：《山西票商成败记》，山西经济出版社2003年版。
④ 道光十八年六月二十五日山西巡抚申启贤奏折，见第一历史档案馆藏档案。

时"晋省行用钱票,有赁帖、兑帖、上帖名目。赁帖系本铺所出之票;兑帖系此铺兑与彼铺;上帖有当铺上给钱铺者,有钱铺上给钱铺者。此三项均系票到付钱,与现钱无异"①。可见山西境内的钱庄、典当都在签发钱票。这些钱票在本地区"与现钱无异",已成为有较高信用的流通手段了。汾州府平遥县乾隆二十三年(1758)重修市楼时即有5家钱铺参与集资。② 此外,印局、账局也是彼时山西城市中常见的金融组织。嘉庆十八年(1813),平遥《重修市楼碑记》有印局参与集资的记录。③ 历史上最早的一家账局是张家口的"祥发永",于乾隆元年(1736)由山西汾阳县商人王庭荣出资40000两开设,并在京师设立了分号。④ 随后,汾州、平阳两府的"富人携资入都,开设账局"⑤。据黄鉴辉统计,咸丰时期"京城有账局268家,其中210家是山西商人开设的",且"帮伙不下万人"。⑥ 票号是山西商人首创的金融组织,在省内各通商大埠均建有分号,从事远程大额汇兑业务。

(二) 运输业

运输业包括陆路运输和水路运输两种。陆路运输的工具主要是马、牛、骆驼、驴、骡等牲畜,晋商大量从事对蒙、俄贸易,使用的主要交通和运输工具为骆驼、马,因此牲畜行在中蒙贸易中充当十分重要的角色。晋商经雁门关至杀虎口,再出走口外,经过长途运输将货物运至库伦及恰克图。乾隆二十二年(1757),大学士陕甘总督黄廷桂在山西境内,见到商人运货驼甚多,与山西布政使蒋洲商议在当地购办300—400峰。⑦ 同年奏明在"晋省归化城、朔平府一带,商贩驼只盛多",请旨敕

---

① 道光十八年六月二十五日山西巡抚申启贤奏折,见第一历史档案馆藏档案。
② 据乾隆二十三年(1758)《今将捐资姓名开列于后》统计,史若民、牛白琳编:《平、祁、太经济社会史料与研究》,山西古籍出版社2002年版,第157—161页。
③ 据嘉庆十八年(1813)《重修市楼碑记》统计,史若民、牛白琳编:《平、祁、太经济社会史料与研究》,山西古籍出版社2002年版,第161—190页。
④ 清度支部档案《账局注册·宣统二年十月》,载黄鉴晖《山西票号史》,山西经济出版社2002年版,第10页。
⑤ (清)李燧:《晋游日记》,山西经济出版社2003年版,第57页。
⑥ 黄鉴辉:《山西票号史》,山西经济出版社2002年版,第11页。
⑦ 《清高宗实录》卷502,乾隆二十二年十二月戊申,中华书局1986年影印本。

令在此地采买1000—2000峰。① 运输业是归化城的重要行业。除各商号自备骆驼运输之外，专门从事归化城到古城一线的货运；双兴德、天兴恒等10家商号共有骆驼2430峰，往返于蒙古各部和东土耳其斯坦，或从张家口把茶叶运往库伦。此外，归化城还有上百家有30—40峰骆驼的小商号，全城可供出租的骆驼总数有7000—7500峰，可以运输货物10万普特。其贸易范围主要在蒙古西部的乌里雅苏台、科布多和古城等地。②

在太谷县，道光二十二年（1842）《重修大观楼捐银碑》所镌施银商号中，亦有车铺、驼店的捐资记载。③ 此外，在宣统元年至二年（1909—1910）《重修雁门关道路碑记》中有牲畜行参与捐资的记录，其中包括3家驼社，还有马行、马店和马店社各1家，共捐资71两。

水路运输也是清代山西运输业的重要组成部分。嘉庆十八年（1813）《重修市楼碑记》中有通源船行和合兴船行各捐银一两的记载。④ 位于汾河岸边的太原、平遥、绛州，黄河上西包头镇、河曲、碛口镇、永济等商业城镇均为航运业较为发达的城镇，由蒙区转运而来的粮食、盐⑤、胡麻油⑥等均可由水道南下。关中输往山西的粮食依靠渭、汾两水之航运入晋。⑦ 其运输工具见于记录的有圆底船、平底船和牛皮混沌等。

（三）货栈业

货栈业，主要从事存放来往商旅货物、商客住宿以及协助运输等业务。清代，晋商往来于蒙俄与内地，贩运大量货物，由于是长距离贩运，而口外自然环境较为恶劣，因此需要在沿途市镇进行休整，故中俄商道上的货栈旅店行较为发达。平遥城在清代中叶是晋中重要的商品集散市场，南省运来的茶叶、蒙古出产的皮货、潞泽地区生产的铁器，以及省

---

① 《清高宗实录》卷502，乾隆二十二年十二月庚戌，中华书局1986年影印本。
② ［俄］波兹德涅耶夫：《蒙古与蒙古人（第二卷）》，刘汉明等译，内蒙古人民出版社1983年版，第96—97页。
③ 史若民、牛白琳编：《平、祁、太经济社会史料与研究》，山西古籍出版社2002年版，第364—371页。
④ 史若民、牛白琳编：《平、祁、太经济社会史料与研究》，山西古籍出版社2002年版，第188页。
⑤ 同治《河曲县志》卷5。
⑥ 同治《河曲县志》卷5。
⑦ 曹新宇：《清代山西的粮食贩运路线》，《中国历史地理论丛》1998年第2期。

内各地出产的各种土特产品均集中于此，故货栈旅店业十分发达，从乾隆二十三年（1758）《重修金井市楼碑》可以看出，当时参与集资的货栈旅店有存仁店、信成店、天元店、和盛店、恒裕店5家。另据《平遥古城志》记载：乾隆四十二年（1777），城内著名货栈旅店有13家。① 嘉庆十八年（1813），栈店有50余家。② 此外，《重修雁门关道路碑记》中镌有店行和驻店的捐资记录③，两店共捐银6两，钱42千文，折白银27两④。此外，光绪三十三年（1907），正太铁路通车后，京省官道居次，榆次原官道的客栈、饭店如大兴栈、丰州栈、谦义栈、永成栈、中西饭店陆续迁至北车站附近，在站南的荒草滩上形成了"栈房街"。在北关外原东大街开设粮店8家，东大街遂易名为"粮店街"。

（四）饮食业

饮食业经营内容广泛，形式多样，具体可以分为两类：一类是固定的餐饮店铺，包括分布于大街小巷的各种酒楼、饭馆、面店、茶肆、点心铺等；另一类是肩挑负贩的流动饭摊，经营规模小数量多活动于街头巷尾和圩间。随着饮食业的发展，餐食的品种也很丰富。彼时太谷城内各个商号宴请宾客，皆"酒馔华美"，且竞相攀比，"率皆过分"，如果有商号稍微"俭约"，则会被同行"群焉咻之"⑤。如此一来催生了太谷城内的众多美食。例如"太谷饼"，其原名为"甘饼"，酥甜可口，专门为迎合城内富商巨贾的口味而制作。而产于太谷县西街的隆盛长油面，及后来的"文"字号油面，亦因其复杂的工艺及上乘的用料而成为当地大户人家喜用的食品。⑥ 此外，为迎合太谷富商对美食的要求，当地饭店还开发出了诸如"干烧肘子"⑦ "溜冰花"⑧ "烩江池"等菜肴。⑨ 与此同

---

① 杜拉柱：《平遥古城志》，中华书局2002年版，第178页。
② 史若民、牛白琳等编：《平、祁、太经济社会史料与研究》，山西古籍出版社2002年版，第161—194页。
③ 该碑现存雁门关，笔者曾于2005年夏前往抄录。
④ 据杨端六编《清代货币金融史稿》，生活·读书·新知三联书店1962年版。
⑤ 刘大鹏：《退想斋日记》，山西人民出版社1990年版，第103页。
⑥ 张成基：《晋食纵横丛书·面食之乡》，书海出版社2000年版，第206页。
⑦ 张成基：《晋食纵横丛书·面食之乡》，书海出版社2000年版，第49页。
⑧ 张成基：《晋食纵横丛书·面食之乡》，书海出版社2000年版，第92页。
⑨ 张成基：《晋食纵横丛书·面食之乡》，书海出版社2000年版，第50页。

时，许多太谷当地的传统美食也被进一步开发，制成做工精细、程序复杂，花样繁多的各类食品，如糕点有月饼、剥痂饼、养胃糕、蜂糕、瓦甬糕及百子糕等；拉面有空心面、圆拉面、三棱面等，再配以不同寓意，在各种特别的场合食用。① 再如太原城，饮食业是太原商业的重要组成部分，售卖于大街小巷的太原面食，品种繁多，口味香醇，用多种面粉制作而成。如河漏，荞麦为之；拨鱼子，豆、麦二面为之；抿蛆子，豆面为之，如蝌蚪状；甜浆，白米豆汁所熬，各街巷皆有铺，五更起造，日出成，天寒尤宜，工匠每碗只钱可以充饥，可以御寒；头脑，用羊肉、黄酒糟于收市后煮成，黎明挂红灯笼于幌上出卖，味淡而醇，不加调料，养生最宜。② 同时，还有多家与餐饮有关的字号相继创立，例如创办于嘉庆年间的太原宁化府街的"益源庆"醋坊，其酿售的陈醋，色泽黑红透亮，口味绵甜香酸；创办于道光年间的自制酱、醋、腐乳、腐干的大兴号，开办于同治年间的永寿亨酿酒作坊；开办于光绪年间的榨油坊——丰盛泉；经营干菜业的世兴号等。③

（五）娱乐业

文化娱乐业的兴起是商业和社会因素向城市文化领域扩展的结果。清代山西城市经济发达，文化领域的商业氛围亦相当浓厚。在许多城市民间商业性的演艺活动十分活跃。例如太谷城的富商非常热衷于戏曲。太谷曹氏富商除平日邀请好友欣赏外，每年冬季更邀集各地晋剧名伶前来唱堂会，时长达一个月，每年前来参加的晋剧名家不下百余人。其间，除每天丰盛宴席款待外，还奉送高额酬金及贵重礼物。此外，山西富商对戏曲的热衷还表现在不仅自家宅邸修建豪华戏台，邀请各地名伶前来表演，更有太谷曹氏富商出资创立"自乐班"、王姓富商出资创办"全胜和"等戏班自娱自乐。

综上所述，服务业从城市工商业的附属形式发展成为相对独立的产业体系。这与城市人口规模的扩大与居民社会结构，生活方式的变化有很大的关系。但更重要的是，城市工商业发展到一定阶段所出现的产业

---

① 殷俊玲：《晋商与晋中民众的饮食生活》，《太原师范大学学报》2010年第3期。
② 道光《阳曲县志》卷2《舆地图下》。
③ 许一友、王振华：《太原经济百年史》，山西人民出版社1994年版，第14页。

分工的结果——商业的发展引发服务性商业与一般商业分离而走上专业化的道路。

四 清代山西城市转型及产业转型的个案研究

(一)河东盐业中心——运城

运城位于山西南部,因河东盐业而兴。河东盐池,因位于黄河东岸而得名。同时又因此地在解县境内,故又称"解池",所产池盐亦称"解盐"。河东盐池于秦汉已有所开发。明代,全国所设六个都转运司中,掌管河东盐的河东都转运盐使司即为其中之一,其治所设于潞村,即今之运城,故河东盐池所产之盐称为潞盐。[①] 清代,潞盐生产在人口集聚的前提下,出现多部门的产业集聚和资本积聚,随后逐渐形成以运城为中心的盐业城市集聚,由此运城作为区域核心城市而在山西南部崛起。

1. 清代运城因河东盐业的经济集聚而崛起

(1)人口集聚

运城建城于元代,而后随着河东盐业的发展,其城内商业繁荣,人口数量迅速增加。明末清初,已为"商民辐辏,烟火万家"的商业城市。由于清代允许商人自筹工本生产潞盐,故不仅生产规模较前有所扩大,盐工数量更是空前。据雍正《山西通志》载,康熙十九年(1680),河东盐池共有五百余名坐商,雇佣数千名盐工进行生产,若再加上负责潞盐运销的大量运商,则彼时直接从事潞盐产销的人员数量可达数千之多。[②] 同时,由于盐官驻节运城,隶属之书吏、人役、亲眷等亦为数不少。因此,彼时聚集于运城及河东盐池周边依盐务为生者,达两万余人。[③] 这些人口大都从事与潞盐业相关的生产经营活动,河东盐业经济集聚的基础——人口集聚逐步形成。

(2)产业集聚

清代,除解盐的浇晒、捞采、运输、销售外,在运城及盐池周围出

[①] (清)顾炎武:《天下郡国利病书》卷48,光绪二十七年(1901)刻本。
[②] 雍正《山西通志》卷45《盐法》。
[③] 山西省地方志办公室编:《民国山西实业志》(上册),山西人民出版社2012年版,第135(丙)页。

现了为解盐产销提供相应服务的行业，从而形成了解盐业的上下游产业链。①康熙二十七年（1688）随着坐、运两商的分开，盐商职能更为明确。坐商，于冬春两季从事垫畦、凿井、修筑水道等工作；并于夏秋两季在河东盐池设畦晒盐。②运商，则雇佣"车户、船户及脚户"等专事池盐的运输及售卖。因此，河东盐池附近聚集了大量从事池盐浇晒、捞采、贩运、售卖的畦丁、池脚、散车、缝袋、摇盐及办公员役等人员，这些为池盐产销提供一系列服务的不同部门，形成了较为完整的河东池盐行业的上下游产业链，初步形成盐业的产业集聚。

（3）资本集聚

河东池盐业的资本集聚是以人口集聚为前提，与产业集聚几乎同时发生。清代，河东盐业的资本集聚源于数量众多的坐、运两商，而关于河东盐商资本的记录并没有找到十分准确的数据，但我们可从盐商参与捐资重修其所供奉的行业神庙宇——池神庙对其资本实力管窥一斑。

根据现有资料，明代以前对池神庙的修葺大都由官府主持，虽有商民参与，但因参与人数及捐款数量均较少，故并非主流。明代以后，以商人为主要力量对池神庙的捐修开始增多，并渐成主流。明天顺三年（1459）对池神庙的大修，由运使倡议，其"僚属"及当地"商人"纷纷"各捐己赀"而成。不仅将该庙殿宇及廊庑"倾圮"和"摧仆"的部分进行了修葺，而且"又增构翼廊四十余间……增构殿前香亭一间"，③此为盐商对池神庙大规模捐修之始。清代以来，池神庙的历次重修大都可以看到商人的身影，且捐资不菲。乾隆四十八年（1783），商人自发重修池神庙，并谋划从捐资到修缮在内的一切事宜，依次对池神庙内的主要建筑进行了修葺，共花费银两"四千五百三十三两有奇"④。道光十四年（1834）动工，道光十七年（1837）完工的池神庙修葺，商人亦为主

---

① 山西省地方志办公室编：《民国山西实业志》（上册），山西人民出版社2012年版，第135（丙）页。
② 山西省地方志办公室编：《民国山西实业志》（中册），山西人民出版社2012年版，第46（戊）页。
③ 《重修盐池神庙记》（明天顺七年），碑现存山西运城市池神庙。
④ 《重修池神庙诸殿宇碑记》（乾隆四十八年），碑现存山西运城市池神庙。

要"捐资"成员。① 此次重修，"河东商人……乐输恐后"，不仅逐一将池神庙中殿、中条山风洞神殿、享殿、乐楼、午门、东厨、土地祠、海光楼、歌熏楼、关帝庙、甘泉祠、太阳庙及司雨庙等主体建筑修缮一新，而且还将"所有廊房角门以及牌坊、碑亭等建筑"围墙砌石，并"于庙右添设道院一所"②，可见此次重修规模之大，而重修所需花费由河东盐池坐、运两商"四六摊捐"。随着盐商实力的增强，于道光十八年（1838）成立了河东坐商行会——"集义会"，并从那时开始独立出巨资进行池神庙的祭祀活动。③

虽然由于数据的缺乏，我们无从知晓河东盐商对池神庙重修捐资的具体数字，但从盐商数次对池神庙捐资巨大的重修可以知道，河东盐商资本实力雄厚。因此我们判断，清代已经在运城形成盐业的资本集聚。

（4）城市集聚

清代，潞盐运销晋、陕、豫三省，形成了由运城为起点的三条池盐运销路线：运城往南，经平陆县茅津渡渡黄河，销河南；运城往西，经临晋县夹马口渡黄河，销陕西；运城往北营销省内多个州县。于是，行盐路线周边的城镇逐渐兴起并繁荣，形成了以池盐业为支柱产业，以运城为核心城市，以解州城、绛州城、临晋县城、垣曲县城、永济城、茅津镇、运城西关村等州县镇村为腹地的盐业城市集聚。关于解盐业城市集聚问题，笔者另文详述。④

清代，在运城及盐池周边，集聚了大量与解盐产销相关的人口，形成河东池盐业的人口集聚。依据盐池资源形成了以解盐为主导产业、上下游产业链较为完善的产业集聚，随后形成了河东池盐业的资本集聚。在人口集聚、产业集聚与资本集聚的三重作用下，形成了以运城为核心城市，以解盐生产为支柱产业的河东盐业城市集聚，参见图8-1。至此，

---

① 《重修盐池神庙碑》（道光十七年），碑现存山西运城市池神庙。
② 《重修盐池神庙碑》（道光十七年）、《重修盐池神庙碑记》（道光十七年），上述两通碑现存山西运城市池神庙。
③ 《重修盐池神庙碑记》（道光十七年），碑现存山西运城市池神庙。
④ 乔南：《传统社会中资源型城市的商业发展——以清代运城为中心的研究》，《晋阳学刊》2014年第4期。

运城作为一座典型的资源型城市而在山西南部崛起。

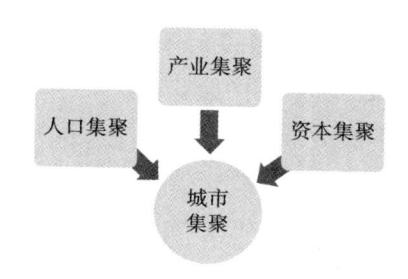

图 8-1　清代运城以河东盐业为支柱产业的经济集聚示意图

2. 运城的近代转型

近代，运城经历了由传统资源型城市到近代城市的转型，这一过程不仅引起了城市社会和经济的整体变化，而且表现出与众不同的特点。

（1）产业结构的变化

随着河东盐业的分工和专业化发展，运城由单一盐业生产结构向多元结构转化。清末民初，除解盐生产这一主导产业外，运城还出现了线毯业、毛巾业、制毡业、丝线业、油坊业、磨坊业、肥皂厂、染坊业、油漆业、麻绳业、木器业、刻字业、银楼业、制鞋业、印刷业、制墨业、制笔业、铜器店、洋铁器件业、石器业等 20 余种工业企业。据民国二十四年（1935）资料统计，上述企业共 55 家，雇佣工人 223 名，每年生产总值共 8 万余元。[①]

此外，河东盐业在近代的发展过程中，不仅形成了由浇晒、捞采、运输、销售所组成的产业链，而且分离出了为解盐产销服务的行业，如金融业、邮电业等。以金融业为例，清季解盐产销盛旺，调汇盐款之钱庄有十二家之多。另据《民国山西实业志》载，民国二十四年，国内连年时局不靖、盐税加重、豫陕两省引岸因别处之盐竟销而缩减，致使潞盐价格惨跌，产量日减，即使在这样的情况下，运城仍然有 3 家银行、6 家钱庄、1 家当铺等 10 家金融组织从事与晋、豫、陕三省所纳河东盐课

[①] 山西省地方志办公室编：《民国山西实业志》（上册），山西人民出版社 2012 年版，据第 141（丙）—148（丙）页数据统计。

直接相关的经营活动。据当时运城钱庄业与河东池盐业之间的借贷数据显示：民国二十二年（1933），运城钱庄放贷总额为62.311万元，其中盐商贷款40.5万元，占贷款总额的65%；民国二十四年（1935），运城钱庄放贷总额为66.942万元，其中盐商贷款高达55.742万元，占贷款总额的83%。而全省资本实力最雄厚之钱庄——运城兴业钱局，主要放贷对象即为河东盐池的刘增盐场、西安盐店及壶关盐店、平陆盐店等。此外，运城还于清末开设了邮局及电报局，并于民国二十二年添设挂线电话，此亦为河东盐业经营活动增添不少便利。[①]

由此可见，运城在近代转型过程中，不仅表现出制造生产企业多元化等产业结构变化的特点，更有以金融业、邮电业为代表的第三产业与池盐支柱产业相分离，自成一大行业体系的现象发生，此为近代资源型城市产业结构转型的重要标志。

（2）城市职能的变化

产业结构的变化引起运城城市职能发生变化。与许多传统城市先有行政建制而后才有发展不同，运城是因河东盐务兴盛而发展建城的。运城初建之时，城内所驻官吏多与盐务有关，而地方行政机关并未将衙门设于此地。清代以来，除巡视河东的监察御使外，运城还驻扎有河东陕西都转运盐使司、山西巡抚、河东道等，行驶统管和兼理河东盐务之责。此外，运城内还有专司保护河东盐池之职的运城营，设有教授、训导等人员专门负责盐务专学——运学等机构。[②] 由此可见，清代运城官员设置为专司河东盐务的体系，是独立于地方行政机构之外的。此时，运城的城市职能为盐务专城。

民国时期，运城内除设有盐运使公署、盐务稽核分所、河东解池场公署、陆军六十九师第二百十四旅旅部、运城警备司令部、运城公安局、运城法院、安邑第三区公所等行政机构外，还设有运城职业学校、盐务职业学校、运城师范学校、运城女子师范学校、明日中学、河东中学校、菁萃中学，以及模范小学、四街小学、第二小学及运城小学等小

---

① 山西省地方志办公室编：《民国山西实业志》（上册），山西人民出版社2012年版，第139（丙）页。

② 《河东盐法备览》卷3《官职门》。

学校,① 而上述学校及教育机构的设置使运城区域文化教育中心的职能显现出来。

商业方面,清代的运城就因其盐池资源及毗近秦豫的区位优势而成为商贾辐辏的晋南商城。民国时期,城内东西大街商业最盛,经营食品、衣料服装、书籍文具、家庭日用品、化学成品及医药、杂货六大类商品。其中,食品类以经营南货者家数最多,其商品以洋吉糖、南酒、豆油、棉烟、泥参、鱿鱼为大宗,除棉烟来自兰州外,其余都购自津沪两地。衣料服装以京货店和估衣店最多,其中京货店的商品多来自北京、天津及上海等地。书籍文具以纸店最多,所售麻纸、黑白纸、南毛边纸、晋毛边纸销于运城、安邑、临晋、解县、猗氏、平陆等地,其中麻纸产自平阳、晋毛边纸产自太原,黑白纸产自陕西,南毛边纸产自江西省。书局所主要出售的各种教科书籍,几乎来自上海来。杂货店与洋杂货店在运城市场数量最多,其中实力较大的为恒盛元、德兴泰两家铁行,贩卖潞安产之细铁、连铁、将军锅;河津产之改路锅;高平产之连詹钉、六红钉等铁制品。② 由此,运城货通八方的商业中心地位愈发突出。

此外,运城内还设有河东市商会、河东潞纲盐务总会、坐商产盐公会、豫岸运商公会、陕岸运商公会及晋岸运商公会等诸多社会团体机构。设有粥厂、养济院、同善局、育婴堂、养病所、牛痘局、公桑园、习艺所、义仓、运储仓、运阜仓等慈善机构。③ 而社团与慈善机构的设置,使得运城的城市综合职能更加完善。综上所述,运城开始由单一的盐务专城朝着区域政治、文化、经济中心的方向转化。

(3) 人口职业结构的变化

在传统城市的近代转型过程中,人口规模与结构的变化无疑是一项十分重要的指标。随着运城产业结构及城市职能的变化,城内人口来源地区较之前更为广泛,从事职业也有很大不同。运城的城市人口在清代

---

① 山西省地方志办公室编:《民国山西实业志》(上册),山西人民出版社2012年版,第137(丙)页。

② 山西省地方志办公室编:《民国山西实业志》(上册),山西人民出版社2012年版,第150(丙)页。

③ 《增修河东盐法备览》卷1《运治门·恤政》。

虽没有具体数字，但从现有数据我们可以知道，彼时运城人口构成主要有四部分：文武官员及隶属于他们的书吏、人役；安邑缙绅；盐丁、坐运两商、斗户（粮商）、揽户、牙人；富商大贾及外来人口。①

民国时期，运城人口数量及结构均较清有很大变化。据运城公安局民国二十四年（1935）八月调查，运城共有居民2663户，男子6780名，女子4018名，共计10798口，其中本省人占8162口，河南人占1102口，山东人占917口，河北人占472口，陕西人占128口，其他还有来自江苏、湖北、安徽三省者，但人数均不多。人口职业结构涵盖了政府工作人员、军人、盐商及盐工、行商、针工、教师、学生、农民等成分参见图8-2。

■ 运城人口数量单位（人）

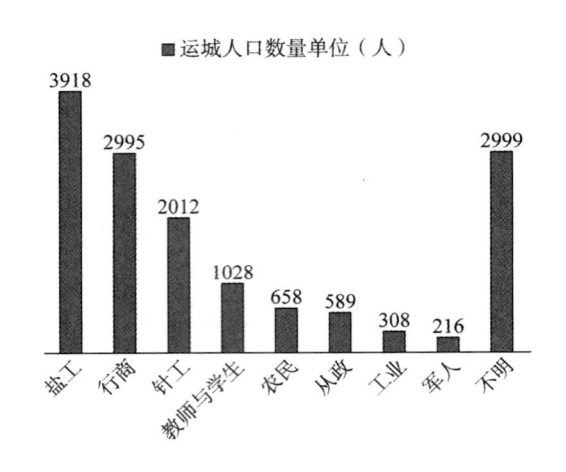

盐工	行商	针工	教师与学生	农民	从政	工业	军人	不明
3918	2995	2012	1028	658	589	308	216	2999

图8-2　民国二十四年运城人口构成的分类统计

由图8-2可知，运城职业人口仍以盐工最多，有3918名，他们除中大部分来自解州本地，亦有来自其他府州及河南省者。行商位居第二，计2995名。业针工者居第三，计2012名。②教师与学生则更次之，计1028名。业农者658名。服务政界者589名。业工者308名，从军者216名。职业不明者2999名。③ 由此可见，民国时期运城人口的职业结构较

---

① 乾隆《解州安邑运城志》卷2《风俗》。
② 针工，为针线、女红。
③ 据山西省地方志办公室编《民国山西实业志》（中册），山西人民出版社2012年版，第46（戊）—49（戊）表格统计。

清复杂很多,并出现全为女性的职业,如针工。这可以看作是运城近代转型过程中较为突出的一点。

3. 运城近代转型的特点

(1) 以解盐生产为核心的资源性产业工业化程度较低,其他产业亦发展缓慢

如何衡量近代资源型城市转型是否成功,当地资源性产业的工业化发展程度无疑是一个重要指标。近代,在运城转型过程中,其资源性产业——河东池盐业的工业化程度较低。清代解盐生产采取"集工捞采"与"垦畦浇晒"并重的技术手段。其具体步骤是:先将淡水引之入畦地,继而将卤水放入,晒三五日即成盐,刮放畦旁,待深秋停止晒盐后,将刮得之盐用车马载至一处,以泥封之,即告完成。这种人工浇晒解盐的生产方式耗费较高的时间成本和经济成本,而产量却很低。直至机器使用较为普遍的民国时期,解盐的生产仍然沿用此种方式,并没有将机器设备引入生产中来。

除河东盐业外,运城的其他行业,如丝线、线毯、制毡、毛巾、麻绳、磨坊、油坊、染坊、油漆、肥皂厂、木器、银楼、刻字、制鞋、制笔、印刷、制墨、铜器店、洋铁器件、石器等,由于尚未脱离手工业作坊的生产模式,故资本微小,产品粗陋,数量不多,销路不旺,因此发展颇为幼稚,参见表8-2。

表8-2 民国二十四年(1935)运城各产业分类统计表

行业	商人数量(家)	资本额(元)	雇佣工人(名)	产品名称	产量	产值(元)
潞盐业	40 坐商	338000 余	2653—3818①	潞盐	85.79 万担	338000 余
线毯业	3	150	11	线毯	460 条	612
毛巾业	2	资本微薄	2	毛巾	4800 打	2880
制毡业	1	40	5	毛毡	700 条	700 多
丝线业	2	540	9	各色丝线	1860 两	1782

① 民国二十四年(1935)夏季,据坐商40家之报告,共雇工人3818名,冬季则减去2653名。

续表

行业	商人数量（家）	资本额（元）	雇佣工人（名）	产品名称	产量	产值（元）
油坊业	1	340	15	香油、菜油、棉油	2500 担	19800
磨坊业	3	150	10	白面	168900 斤	6756
肥皂厂	1	10000	10	肥皂	3200 箱	16000
染坊业	3	200	3	染布服务	不详	920
油漆业	2	不详	5	油漆服务	不详	300 多
麻绳业	3	2100	23	麻绳	2360 担	4720
木器业	9	276	39	桌椅及零星器具	2470 件	1680
刻字业	3	不详	7	刻字服务	不详	570
银楼业	2	12000	21	首饰及金银原货交易	2600 两	5897
制鞋业	3	1380	24	布鞋、皮鞋	4200 双	2775
印刷业	3	1500	30	印刷服务	不详	3300
制墨业	1	200	2	墨锭	528 斤	422.4
制笔业	1	资本微小	4	毛笔	25000 支	2500
铜器店业	1	资本极少	3	铜环、马铃、零星铜件	500 斤	125
洋铁器件业	9	270	9	灯壶、茶壶、酒提	1250 件	253
石器业	1	资本微小	3	石牌	不详	240

数据来源：据山西省地方志办公室编《民国山西实业志》（上册），山西人民出版社 2012 年版，"第三编·都会商埠及重要市镇·第五章·运城·工业"统计，第 135—157 页。

（2）城市规模并无明显发展

城市规模也是对近代资源型城市转型进行考虑的一项重要指标。清代，运城周长 9 里 13 步，城墙高 2 丈，共有东、西、南、北 4 座城门，分别为放晓、留晖、聚宝、迎渠。城内有东、南、西、北 4 条大街与 4 城门相对,设厚德、和睦、宝泉、货殖、荣恩、贤良、甘泉、永丰、里仁9坊。[①] 然而民国时期,运城城周长仍为9里13步,城内虽地势平坦,但市区面积甚为窄小。城内除东、南、西、北4条横贯东西、纵贯南北的大街外,就只有阜巷、谢家巷、柴市巷等小街巷。因此,民国时期的运城无论城市面积、城内街巷布局,还是城墙周长等较之清代均无甚大变化,城市规模没有明显发展。

从上述分析,我们可以知道,虽然运城在近代经历了转型的过程,并在产业结构、城市职能及人口职业结构等方面较前代发生了很大变化,然而也表现出了资源性产业工业化程度低、其他产业发展薄弱、城市规模无明显发展等特点。若以资源性产业的工业化、城市建设与管理的近代化、城市人口职业的现代化等方面为城市转型衡量标准的话,那么,运城的近代转型无疑是有所欠缺的,是不彻底的。

4. 影响运城近代转型的因素分析

近代,运城作为一座因盐而生的资源型城市,随其产业结构、城市职能及人口结构等方面所发生的巨大变化而经历了由传统向现代的转型。然而,我们通过考察发现,运城在近代的转型是不彻底的,受到自然条件、生产方式、盐业制度、运销市场及社会环境等几方面因素的影响。

(1) 自然条件

城市的自然条件包括地理资源概况、交通运输条件及城市发展的时间轴线等内容,这些不仅决定城市的性质和职能,也会对城中人们的生存方式、习俗及文化产生重大影响。地理资源概况决定了城市所拥有的资源禀赋,这是资源型城市发展的前提和基础。运城紧邻河东盐池的地理位置,决定了其资源型城市的根本特性。

交通运输条件决定了城市与外界的联系,它与地理资源概况一同决定城市在区域经济中的地位。运城两面环山,一面盐池,城北十里虽有涑水河,但水浅不利交通,故运城货物,全恃陆运。清代运城外运路线计有:运城至茅津渡、运城至解州、运城至万泉、运城至闻喜四条。凡京货、杂货、药材及一切舶来品之输入,及潞盐、晋棉、煤炭之输出豫

---

① 乾隆《解州安邑运城志》卷3《城池》。

陕，均赖此四条道路转运。民国八年（1930），自晋北大同至晋南风陵渡之汽路完成，并于民国二十二年（1933）开通公路客运，此路适经运城北门。同年冬初，同蒲铁路（大同至蒲州）敷轨工竣，亦设车站于运城北关。① 由此，运城成为晋省南北交通干线上的重要节点，其货物运输、行旅往来之便捷，非昔日可比。便利的交通条件，使运城区域经济中心的地位凸显。

我们通常用时间轴线来表示城市发展的长时段历史。运城的发展可溯至汉代，盐池作为中央财政的一大渊薮，随其生产规模扩大而引起人口的聚集。元初始建圣惠镇（运城前身），元末在镇的基础上开工筑城，后经元明清三朝数百年发展，至清中叶已成为城周九里十三步，四城门，城内衙署星罗，街坊棋布，坛庙、仓库、学校无不备具的晋南都邑。因此，从运城发展的历史脉络可以看到，运城经历了由小到大、由简到繁、由镇到城的发展过程。

综上，地理资源概况是运城作为传统资源型盐业城市的基础，而交通运输条件使解盐获得了较好的运销环境，为运城成为五方杂处的都邑提供了前提。随着时间的推移，城市有所发展，运输道路的空间结构也有所改善。因此，包括地理资源概况、交通运输条件及城市发展的时间轴线在内的自然条件对运城的发展产生基础性的重大影响。

（2）生产方式

一般而言，我们用资源性产业工业化程度的高低来衡量资源型城市转型的成功与否。近代，除潞盐业的技术水准较为落后，没有采用机器生产外，潞盐的生产管理也较为落后。潞盐生产的内部组织甚为简单，大致分为经理、司账和工人。工人又分总工头、老伴、头张铣、二张铣、长工、短工、庵工等数种。其中，总工头，俗称老和尚，此人富有生产经验，所有工作皆属其指挥管理。老伴，协助老和尚统领下级工头和盐工。头张铣、二张铣，是位置在老伴之下的三、四等工头。② 盐工内部等

---

① 山西省地方志办公室编：《民国山西实业志》（上册），山西人民出版社2012年版，第139（丙）—140（丙）页。

② 山西省地方志办公室编：《民国山西实业志》（上册），山西人民出版社2012年版，第142（丙）—143（丙）页。

级森严，老和尚对下级工头有任免权，对盐工有事实上的制裁权，盐工对工头的人身依附关系较为紧密。据数据显示，由清代直至20世纪中叶，潞盐的生产一直使用上述传统方式进行管理，并未引入较为先进的现代管理制度。这种旧式管理方式不利于发挥盐工的创新性和积极性，阻碍潞盐生产的发展。可见，近代潞盐的生产技术、管理方法均无明显进步，甚至表现出明显的落后性，这是制约运城近代转型的重要因素。

（3）制度因素

政府为了达到一定的经济目标，会采取制定政策制度的方式对经济进行有目的的干预。顺治六年（1649），为鼓励潞盐生产，实行畦归商种，即将所有的盐池、盐畦、盐地交给商人生产，商人种盐纳课并拥行盐引。康熙二十七年（1688），为提高潞盐运销效率，又将盐池产销商人分开，形成专事浇晒的坐商及运贩潞盐的运商。上述"专事畦种"的浇晒方法及"畦归商种"的运销制度极大地提高了解盐产量，促进了河东盐业的发展。然而，随着清末潞盐生产施行官督商办，抑制了商人生产积极性。民国更因官制改编，晋、陕、豫三省盐税屡屡提高，而导致潞盐销路疲滞，运商大量倒闭。由此可知，制度因素对潞盐生产影响巨大，进而影响以潞盐支柱产业的运城的近代转型。

（4）市场变化及社会环境

市场以及社会环境等外部因素也在很大程度上成为影响城市转型的重要原因。清代，解盐营销晋、陕、豫三省113县。然近代以来，豫省引岸因被芦盐竞销而缩减。陕西省引岸又受蒲城、朝邑土盐影响而短销。省内则清源、文水、安邑、大同、浑源、应县、怀仁、山阴、阳高、天镇、朔县、忻县、代县等县民众皆食本地所产土盐，[①]进而使解盐在本省的销售也大幅缩减。因此，潞盐价格惨跌，产量日减，运城经济整体发展呈现疲态。此外，社会稳定是城市发展的有力保障，社会动荡会阻碍城市的正常发展。清末民初，朝代更迭、时局不靖大大影响了运城经济的整体发展。

---

① 山西省地方志办公室编：《民国山西实业志》（上册），山西人民出版社2012年版，第44（戊）—六四（戊）页。

(二)产业转型个案研究——明清潞泽地区丝织业向铁货业的变动

潞泽地区是指同处太行山脉南端,位于山西省境内东南部的潞安、泽州两府。该地区因地处山地,气候较寒,且地狭人众,故农业生产条件较差,产不敷食。然此二府却拥有良好的手工业基础及丰富的煤铁资源,故有"上党居万山之中,商贾罕至,且土瘠民贫,所产无几。其奔走十一者,独绸与铁耳"的记载。可见,潞绸业及铁货业为彼时潞泽地区的重要产业。

1. 明清潞泽地区的产业结构变动

(1) 潞绸业由明代的极盛到清代的衰落

潞绸产生于隋以前,因"机杼斗巧,织作纯丽"而在明代成为贡品,自万历三年(1575)至十八年(1590)的十五年中,朝廷向山西坐派潞绸15000匹,用银80064两。朝廷的征派刺激了潞绸的生产,潞安府城绸庄丝店遍布街巷,机杼之声随处可闻,从业人口十几万,顺治《潞安府志》有对前朝"其登机鸣杼者奚啻数千家……其机则九千余张"的记载。明季,潞绸生产达到空前规模,仅"长治、高平、潞州卫三处",就"有绸机一万三千余张",年产潞绸在10万匹以上。除大量纳贡外,潞绸亦"舟车辐辏者转输于省直",被商人转卖各地,"士庶皆得为衣",甚至通过互市而"流行于外夷",成为市场中颇受欢迎的商品,从而成为潞泽地区的一大利薮。

清代,潞安府的长治县和泽州府的高平县仍向朝廷贡纳潞绸,但其生产规模及数量远不及明。参见表8-3。

表8-3　　　　　　　　清代潞绸贡纳的部分统计

年　代	数　量	用　途
康熙年间(1662—1722)	每年300—400匹	贡纳
乾隆二十九年(1764)	潞缎90匹、泽绸50匹	运至新疆进行贸易
乾隆三十年(1765)	不详	供喀什噶尔贸易
乾隆三十三年(1768)	泽绸300匹	供新疆贸易
乾隆三十八年(1773)	凤台、高平产双色泽绸200匹	伊犁贸易

续表

年　代	数　量	用　途
嘉庆年间（1796—1820）	每年农桑绢 300 匹，生丝绢 1200 匹，大潞绸 30 匹，小潞绸 50 匹	上解户部

数据来源：《宫中档乾隆朝奏折》第 23 辑，台北"中研院"历史语言研究所 1984 年版，第 551 页。《户部提本》，乾隆三十年（1765）兼管吏部事务总管内务府大臣傅恒等《谨题为奏明事》，存第一历史档案馆。《宫中档乾隆朝奏折》第 32 辑，台北"中研院"历史语言研究所 1986 年版，第 370—371 页。《宫中档乾隆朝奏折》第 33 辑，台北"中研院"历史语言研究所 1986 年版，第 584—585 页。

由此可见，潞绸在清代虽仍为政府采办之物，但与明代相比，其征纳规模已大幅缩减，至清末则彻底绝迹。

（2）铁货业在明清时代的兴盛

潞泽地区蕴藏丰富煤铁资源，其冶铁业古已有之，于明代得到较大发展，至清达于极盛。明唐甄言："潞之西山中，有苗化者富于铁冶，业之数世矣，多致四方之贾，椎凿、鼓泻、担挽，所借而食者常百余人。"可见，潞安地区的冶铁业在明初已成规模。明洪武十八年（1385），裁撤冶铁所，变官冶为民冶，潞泽铁货业得到迅速发展，所产铁器流入各地市场，如"大同十一州县军民，铁器耕具，皆仰商人从潞州贩至"。明隆庆六年（1572）汉蒙"封贡互市"后，当地所产之潞锅更成为"与（蒙古）诸部互市"的重要商品之一。

清代，潞泽铁货业达到鼎盛。道光年间，泽州府凤台县共有熔炉 100 余座，熟铁炉计 100 余座，铸铁业共有熔炉 400 余座，产出十分巨大。光绪间，潞安府长治县南乡有冶铁炉 20—30 座，每炉每日产铁 300—400 斤不等，总计每天产铁 1 万斤左右。泽州府高平县东乡的陈曲河、米山河一带，西乡的香庄河、山后一带，共有铁矿炉 156 座，每日每炉出铁 300—500 斤，每天产铁总计 7 万—8 万斤。潞泽铁器的质量较高，据称如果价格相等，人们宁愿用山西熟铁而不用进口的欧洲铁。故在洋铁占领市场之前，潞泽铁器"曾经供应中国大部分地区销用"。

如果说，明代潞泽地区最重要的产业是潞绸业，那么，清代该地区最重要的产业则是铁货业。明清之际，潞泽地区经历了以潞绸业为支柱产业与铁货业共同繁荣，向铁货业发展一枝独秀的产业结构变动过程，这种产业结构变动不仅是潞泽地区产业结构自行调整的结果，也是多种因素综合发生作用所导致的结果。

2. 影响潞泽产业结构变动的因素分析

产业结构变动受到供给和需求两部分因素的影响。广义的供给因素包括资源禀赋、劳动人口、资金投入、原料供应、技术进步、制度与政策等。需求则主要指对产品的需求。明清之际，市场经济虽不及当代发育得成熟，但社会经济也呈现出一派高度繁荣的景象，手工业及商业发展均达到较高水平。因此，兼顾所研究问题的时段与对象，我们选取产品需求、原料供应、技术进步、政策等因素进行考察。

（1）产品需求

需求对产业结构变动的影响最为直接，需求的变化促使生产结构和供给结构发生变化，从而导致产业结构的相应变化。

如前文所示，明代，不论是贡纳部分还是市场部分对潞绸的需求量均较大。而清代，随着商品经济发展，区域间市场联系的紧密，出现了对潞绸的替代商品。且因各种原因，潞绸质量有所下降，因此，朝廷贡赋与市场均对潞绸需求大量减少。相对于潞绸需求的缩小，对潞泽铁器的需求则大幅增长。清代，我国绝大多数乡民不能自行打造铁器，因此潞泽铁器销路甚广。如阳城产铁"铸为铁器者，外贩不绝"。晋城大阳镇彼时被称为"九州岛针都"，所产缝纫针几乎满足全国需求。潞泽铁器除部分用于本地消费外，有相当数量被运往周边省份出售：直隶沧州"铁器来自潞（安府）、汾（州府），农器为多"；束鹿"铁器……多由获鹿、山西泽州、潞安等处运来"；河南林县"铁器自（潞安府）壶关县来"；陕西鄠县"铁货，如铁钉、铁锁之类，除自制外，由山西泽州、潞安等府水运至河口，由河口陆运至鄠，每年共销六七万斤"等。此外，山东聊城"铁货自山西贩来"；东平州"铁货陆运来自山西"，禹城"铁釜诸器，自山西购至本境，车运，岁约二千金"；潍县"铁器，山西客商贩来，销售岁约五千金"，而这些铁货中亦有不少为潞、泽二府所产。从潞泽铁货的广泛营销，可以窥见市场对其巨大的需求程度。

明清之际，随着市场及贡赋对潞绸需求的减少，其价格相应下降，产量亦相应减少，潞绸产业发展受到阻碍；而潞泽铁货方面，随着市场需求的增加，铁货价格相应上升，产量亦相应增加，铁货业得到蓬勃发展。因此，无论在何种经济环境下，生产活动无不是围绕需求进行的。无论产品技术含量高低，功能先进与否，如果没有需求，此种产品的生产者将无法生存，同时该产业也会走向衰退与消亡。

（2）原料供应

对产业结构变动产生较大影响的还包括直接关系到产品生产成本的原料供应。原料供应效率的高低在很大程度上取决于产品出产地的资源禀赋。

明代，作为北方最大的织造中心，潞泽本地茧丝原料供应严重不足，明初虽采取了鼓励栽桑养蚕的政策，然而自然条件所限及产量的巨大，使得潞绸生产所费大量丝线仍需远及川湖之地、山东、河南、北直隶等处购办。清代，为缴纳朝廷贡赋，山西商人依旧远赴四川等地收购生丝。位于川东的生丝交易中心——綦江扶欢坝丝市，"每岁二、三月，山陕之客云集，马驮舟载，本银约百万之多"；而川西生丝集散地——成都簇桥镇，丝店林立，每逢场期，亦有不少山陕商人前来买丝，这其中就有潞泽丝商的身影。原料的异地采购无疑增大了潞绸的生产成本。同时，潞绸的织造工序也颇为繁杂，顺治《潞安府志》载："（潞绸）络丝、练线、染色、抛梭为工颇细"，这些复杂、费时、费力的生产程序则增加了生产的时间成本。

相比潞绸生产的原料匮乏，潞泽铁货业的发展则具有得天独厚的条件。首先，冶铁所需的煤炭在潞泽地区储量丰富，且清代之前就已经得到开发和利用。康熙矿禁逐渐松弛后，准许商人各雇本地人开矿。乾隆以降，潞泽煤矿开采区域覆盖了现在该地区所有的开采矿区。其次，潞泽地区历代以来就是山西铁器的重要产地。山西冶铁业产生于汉代，《明实录》记载明初全国所设的13个铁冶所中，潞泽独占其二。明代所探明的山西铁矿就有晋城、长治、高平、阳城等县。嘉庆《通志》载："山西府州产铁之地十之八九，太原、泽州、阳城、高平大盛。"阳城更有"铁，近县二十余里山皆出矿，设炉熔造，冶人甚伙"的记载。

潞泽地区匮乏的茧丝资源及潞绸繁杂的生产程序，使得生产潞绸的总成本增加速度大于产量增加速度。而该地区丰富的煤铁资源则为铁货的生产提供了廉价的原料供应，从而使铁货生产的总成本增加速度小于产量增加速度。高昂的生产成本意味着较低的利润水平，因此潞绸的生产"获利最微"；而铁货则"获利最溥"。当然，明清时代潞绸的生产具有特殊性，且彼时市场经济尚未发达，故不可一概而论。然而，清代大臣屡次上书奏表请求减少潞绸贡赋，及潞绸机户的对外购买成品纳赋的现象，则可以从一个侧面反映出潞绸的生产成本高而利润低下的事实。

(3) 技术进步

产业技术进步是指产业内的发明、创新和技术转移渗透于产业的方方面面，它会带动生产成本的降低、产品质量的提升及产品需求的扩大等，会通过经济增长表现出来，促进产业发展。产业内技术扩散分三个阶段：第一阶段，扩散初期。速度较缓，参与企业数量有限。第二阶段，扩散中期。随着新技术的逐步推广，带来更大的收益，其他企业争相效仿，从而致使新技术扩散速度加快。第三阶段，扩散晚期。没有采用新技术的企业越来越少，而剩下的企业又缺采用新技术实力，致使新技术扩散速度再次缓慢下来。

第一，明代，潞绸织造工具的改进促使潞绸业快速发展。

明徐光启《农政全书》对潞绸的制造技术有"西北之机潞最工"的评价。万历二十五年（1597），刑部侍郎吕坤在其《天下安危疏》中称："山西之绸、苏松之锦绮，岁额既盈，造加不已"，将潞绸与江南苏州和松江两府所产锦绮相提并论，亦可见其织造水平之高。明代，潞绸生产广泛应用较为先进的卧机进行织造。卧机与原始腰机相比，解放了织工双手，提高了生产效率；与双综双蹑等多臂织机相比，具有体积小、易操作等优点，满足了农民自身的需要，在一定程度上促进了潞绸业的发展。然清以降，潞绸织造技术并无明显变化与提高，从而使潞绸产业发展停滞。

第二，清代，冶铁业在技术上的明显进步带动铁货业成为当地支柱产业。

清代，潞泽地区普遍地采用坩埚装矿石，以无烟煤作燃料与还原剂的方法进行冶炼。国外学者丁格兰在其专著《中国铁矿志》中说："山西铁矿在清季成为中国最大铁业者，在古时则尚无闻。推原其故，殆有山西铁矿在古时虽有采者，其量不多。迨稍迟发明以黏土作坩埚，及利用无烟煤为燃料之后,山西铁业始臻发达,此技术进步之关系也。"丁格兰所描述的冶炼小工厂具体如下:在一个铲平的、略有坡度的广场,大约 8 英尺长,5 英尺宽,两个长边垒起土泥墙。倾斜下去的一边为前边,是开敞的,第四个边则被一间小屋的泥壁封堵起来。小屋里是由 2—4 个人操纵的风箱,燃烧场上布满拳头大的无烟煤块,上面放 150 个坩埚,铁水如此从铁矿石中冶炼出来。同时,铁器生产的专业化分工也越发明显,除冶炼生铁的"方炉"、炒炼熟铁(低碳钢)的"炒炉"之外,铸造铁器的"货炉",煅打铁器的"烘炉""条炉"外,打制铁钉的"钉炉"也大量出现。彼时,更有专业化的铁器生产城镇形成:如泽州府的高平县、凤台县的大阳镇以冶炼生铁著称。陵川县主要生产铁钉,雍正年间曾有作坊 12 家。被称为潞泽"三城"的阳城、凤台和荫城,则以出产和出售优质铁货闻名。其中,阳城以生铁货为主,包括大小锅、笼盖、笼圈、犁、耙齿、炉条等。凤台主要产铁丝、铁钉、平锅、蒸锅、犁头、杂件、铁箍、刀剪等。荫城镇则因其优越的地理位置而成为潞泽铁货集散中心。

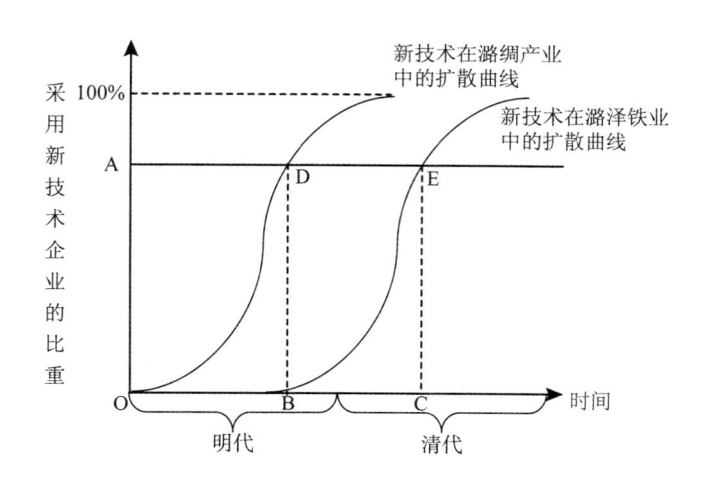

图 8-3　潞绸业和潞泽铁货业在清代的新技术扩散曲线比较

图 8-3 为潞绸业和潞泽铁货业在清代的新技术扩散曲线比较。从图中可知,明代潞绸业新技术的扩散在明代后期 B 点所表示的时间段里到达第二阶段,即扩散顶峰,以 D 点表示,此时的扩散速度与采用新技术的织户数量均达到较高,用 A 点表示,从而达到潞绸业发展的顶峰。而

在随后的清代，该产业的新技术扩散进入第三阶段，速度大为降低，发展停滞不前甚至有所倒退。潞泽铁货业的新技术扩散在时间上较潞绸业晚，其扩散的第二阶段发生在清中后期，以 C 点表示，在 E 点达到扩散速度的峰值，采用新技术的铁户数量达到最高，以 A 点表示。因此，潞泽铁货业发展的黄金阶段为清中后叶。与潞绸业相比，清代冶铁业在技术上有较大进步，不仅增加了铁产量，有效地降低了生产成本，制造出差别化的铁制品产品，而且突出了区域内不同商品产地的比较优势，使得铁货业在彼时成为潞泽地区的支柱产业。

（4）政策因素

政府为了达到一定的经济目标，会采取制定政策的方法对经济进行有目的的干预。因此政策环境对区域产业结构变动有重大影响。

第一，促进及阻碍潞绸业发展的政策因素。

明初，社会经济凋敝，为尽快恢复和发展经济，明政府大力推广种植经济作物，规定"凡种桑麻四年始征其税，不种桑者输绢，不种麻者输布"。并于明洪武二十八年（1395）下令山东、山西、河南农民自洪武二十六年（1393）以后栽种桑枣果树，"不论多寡，俱不起科"。此外，沈王朱模于明永乐六年（1408）就藩潞州后，从江南等地征数千机户来潞州织造。这些政令的颁布实施，为潞绸业的兴起和发展奠定了物质基础，在一定程度上保证了潞绸原料供应，促进了潞绸业的迅速发展。

明中后期，潞绸生产达到鼎盛，同时成为朝廷重点征派对象。潞绸织造实行分班定号制，共分 6 班 72 号，机户明注官籍，承应官司差制造。机户还要受到催绸费、验绸费、纳绸费等多种额外费用的盘剥，赔累繁重。随后，朝代更迭，至顺治时，潞泽止存织机 300 余张。然自顺治四年（1647）始，每岁仍派造 3000 匹潞绸，织户不堪其苦，于顺治十七年（1660）发生了"潞安织稠户焚机罢市"事件，至此潞绸业一蹶不振。终于光绪八年（1882），随中丞张之洞专折奏请，长治停额供之例，潞绸业彻底销声匿迹。

第二，促进铁货业发展的政策因素。

明洪武十八年（1385）和二十八年（1395），朝廷因冶铁库存过多，曾两次罢停各处官营铁冶，且后一次更"诏罢各处铁冶，令民得自采炼，而岁输课程,每三十分取其二"。潞泽地区因丰富的煤铁资源禀赋,而成为彼时民营冶铁较为活跃的区域之一,产量巨大。如泽州府阳城县在明天顺、成化间"每年课铁不下五六十万斤",按明代课铁税率计算,产量当有 800 万斤左右,相当于明初山西全省生铁产量的 7—8 倍,又几乎等于明宣德九年(1434)全国民铁的总产量。清代铁业采取商人"自出资本,募工开挖"的生产方式,将采得矿砂以"十分抽二,变价充饷"的税率交给官府,故铁业生产从规模、技术到分工,均比明代有所进步。此外,明清两代对民营冶铁业的税率始终没有大幅度增加,从而使得民营冶铁业得到良好的生存发展环境。据李绍强的研究,明洪武至正德年间,对民营铁业课税"每三十分取其二",大约 6.7%,较宋元时的"二八抽分",即 20% 低得多,嘉靖至明末民营铁课有所增加,但绝没有超过宋元时期的"二八抽分"。清代矿税没有完整的数字记录,但从数省铁税收入来看,显然所占比重甚小。且铁矿的开采冶炼对投资与技术的要求较高,因此铁税过高将无利可图而无人经营。由此判断,清代民营冶铁的税率不会太高。

政府相关政策的改变,对潞绸业与潞泽铁货业的发展产生了重大影响。先看潞绸业,明初政府劝课农桑,迁机户至潞州织造,使得潞绸供给增加,潞绸业得到发展。明末清初,政府对潞绸征纳过重,使得潞绸供给减少,潞绸业发展受阻。潞泽铁货业方面,明洪武年间的官冶退而民冶进,以及明清两朝对铁业的轻税政策,使得潞泽铁器供给增加,潞泽铁货业得到发展。由此可知,政策因素对产业结构变动的影响相当大,积极的政策会促进投资的增加,加速产业结构的快速演进;相反,则会阻碍产业的向前发展。

第四节 充满商业气息的社会生活和奢侈风气

一 教育和文化的发展

城镇不仅是农村工商业集聚地和商品经济中心,也越来越多地承担起农村教育和文化中心的角色。清代城镇工商业发达,人口规模不断扩大,加上交通便利、信息灵通的有利条件,其文化优势和影响力更为突出,从而进一步确立起农村文化教育中心的地位。特别是在晋中,晋南的一些城镇，以人文蔚起、教育发达、科第兴旺著称于世。

明代晋商即十分重视教育，河东盐商曾兴办运学，为盐工及盐商子弟提供教育机会。清代随着商业及金融实力的进一步扩大，社会地位的进一步提高，晋商更加重视教育，不仅高薪聘请学识渊博之人教授族中男丁，更有些家族开设女学堂，使族中女子受到良好教育。"有人言：此村之北八里之车辋村，前月设女学堂一所，女学生不一，有女、有妇凡十余人，年皆十七八，教习为某孝廉、某生员，皆未三十岁，所教皆效洋人之法，衣服亦效洋人之装饰，人多羡慕其所为，而不以为非。"[①]

王先明先生指出，地域社会结构和社会风尚的独特性，最终还是要消融在巨大的传统社会结构中。清代晋中社会阶层虽以"商"为流动中心，但富裕起来的晋商家族却渴望向"仕"流动，商人家族的人生走向选择相当程度上再次指向科举仕途。以晋中外贸世家常氏为例，常氏后代职业选择总体趋势由经商为主转向科举读书为主。19世纪末20世纪初，十四世、十五世出生较晚的子孙接受了近代教育，职业选择打破儒贾为业的传统，趋向多样化。

随着晋商逐渐成为当地的富裕阶层，其社会地位亦有所提高，他们积极参与和承担当地许多公共事务，并成为这些活动的组织和管理者。以太谷商人为例：

（一）商人促进了太谷教育事业的发展

1. 捐银助学。太谷商人对当地教育的支持，首先表现在其大力投资地方教育，弥补学校经费不足上。太谷的凤山书院，位于县城西门内，始建于明嘉靖九年（1530），但因经费等问题多次废立。清代，乾隆二十一年（1756），凤山书院重建，此后多次由太谷商人捐资弥补书院经费不足，以维系运转。例如，乾隆二十一年，绅士捐银"一千二百两"，并"交市肆行息"，以为"修金膏火"之用；并于乾隆四十二年（1777），再捐2210两，仍"依前存市肆行息"，作为"仕子膏火之资"，弥补办学经费的不足；[②] 道光三年（1823），由太谷绅士"经营筹划"，捐银3000

---

① 刘大鹏：《退想斋日记》，山西人民出版社1990年版，第161页。
② 乾隆《太谷县志》卷2《学校》。

两，以为"小课膏火以及大课供给"等各项费用；① 道光十八年（1838），太谷孟姓富商又以个人名义大力捐助凤山书院以"膏火经费"。② 凡此种种，不一而足。自乾隆二十一年（1756）至光绪二十八年（1902）的一百五十年间，太谷官绅为凤山书院捐银二万余两，以"供师生膏火"之用。③ 而上述所提及的"绅士"就有大量或通过读书入仕，或通过捐纳博取功名的太谷商人。

2. 筹资办学。太谷商人不仅为书院捐资，而且积极创建私塾及近代私立学校。早在明代，太谷巨商武氏即在家族中设立私塾，训育本姓子弟。创办于光绪三十二年（1906）的"山西私立铭贤中学校"，是位于太谷县东杨家庄铭贤公地，由美国总教会遴彼时太谷富商、毕业于欧柏林大学的硕士孔祥熙创立的一所在山西近代教育史上举足轻重的私立学校。而该校的办学资金除由宗教会筹拨外，大都由时任校长的孔祥熙屡次赴美筹得。后随孔祥熙权力地位日隆而办学经费愈大，进而使铭贤学校成为山西最富有的学校。铭贤中学校招收"高中、初中、高级、初级学生共三百余人"，其"规模之宏敞，设备之完善为全省之最"，并将贝露女校、毓德妇校收编麾下。④ 随后，铭贤学校进一步发展，于民国五年（1916）设师范、工商、教育、文理等四科，创办大学预科；而后成立农工专科学校；并于民国三十二年（1943）改称"铭贤学院"，由专科升为本科，成为全国较为重要的农业研究基地。⑤ 铭贤学校条件优越，收费却很少，孔祥熙还时常为贫寒学子减免学费，使更多的人可以读书上学。

3. 聘请名师。太谷商人不仅在当地助学及办学中慷慨解囊，更不惜重金聘请著名学者前来授课。以太谷富商、南京国民政府财政部长的孔祥熙所创办的铭贤学校为例，其聘请国学功底深厚的侯之麟、赵昌燮、

---

① 《中国地方志集成·山西府县志辑》卷19 民国《太谷县志》，凤凰出版社2005年版，第526页。
② 《中国地方志集成·山西府县志辑》卷19 民国《太谷县志》，凤凰出版社2005年版，第456页。
③ 民国《太谷县志》卷4《教育》。
④ 民国《太谷县志》卷4《教育》。
⑤ 庞桂甲、李卫朝：《铭贤校训"学以事人"思想研究——以孔祥熙教育思想为中心的考察》，《山西农业大学学报》（哲社版）2014年第12期。

吴连城等学者担任国文教授；其农科主任、工科主任、会计主任均由取得海外博士或硕士学位学者担任。即便其后任校长、代理校长、校务长、事务主任兼乡村服务部主任等管理人员亦均为留学归国的博士及硕士。铭贤学校还以当时较为先进的"教授治校"为其管理思想，不仅制定系统的规章制度，还成立教学委员会，用以维护教授权益及用人制度上的任人唯贤原则，从而有效地提高了教授教学、办学及管理学校的积极性，保证了教学及科研水平和质量。①

4. 协办图书馆。民国时期，太谷县图书馆是一座藏书量大、门类齐全，配有理化实验室的，在当时具有先进水平的图书馆。太谷商人在该图书馆发起并建设的过程中扮演了十分重要的角色。太谷图书馆的前身为文昌宫图书馆，其藏书来源主要有书院藏书、民间征集、绅民赠予及寄存等四部分。其中绅士赠予图书所占数量不少：出身于儒商家庭的近代著名太谷籍书法家——赵铁山，曾将其3.6万余册藏书赠予太谷图书馆；清末太谷县举人、县知事孙丕基亦于民国间将家中部分藏书捐给图书馆。此外，太谷商人亦积极参与图书馆的管理。彼时太谷图书馆"董事会"是其管理机构，一切与图书馆相关的重大事宜均由董事会定夺。该董事会成员分别由当地著名学者、知名绅士、军政要员组成，其中不乏太谷商人的身影，如前文述及出身儒商的书法家即于民国二十五年（1936）被聘为27名董事之一。②

综上所述，清代太谷商人通过捐银助学、筹资办学、聘请名师及协办图书馆等方式积极参与当地的教育活动，在弥补政府教育经费不足的同时，有效地推进了地方教育的发展。

（二）太谷商人积极参与地方性公共事务

1. 修庙建桥。太谷商人积极参与当地许多修庙建桥的公益事业。如距"（太谷）县治百余武"的大观楼，位于太谷县城中央，"下跨康衢"

---

① 闫志敏、李卫朝：《孔祥熙教育思想述略》，《山西农业大学学报》（哲社版）2014年第12期。

② 韩丽花、赵谐炯：《太谷县图书馆馆藏古籍及保护工作概述》，《山西档案》2014年第6期。

且"四面轩豁",为太谷城标志性建筑。① 据现存数据可知,大观楼始建于明初,至清代进行过 4 次重修,其中明万历四十三年(1615)及清道光二十二年(1842)的重修均有商人参与其中。② 明万历四十三年《太谷县新建古楼碑记》载,重修在当地官员捐俸金"倡首"后,由"富者出财",并"勇者出钱""巧者出技"而促成。遗憾的是,所费银两及商人捐款数额并无明确记录。③ 而道光二十二年(1842)的重修,则将参与捐银的商号、人名及所捐银两悉数镌刻于碑铭,使我们可以据此遥想商众踊跃捐修大观楼的盛况。太谷城内有 1042 家商民参与捐款,共捐银 3534 两 2 钱,钱 133150 文。④

清末民初阳邑村净信寺及县城西北借钱庙(赵襄子祠)等庙宇的重修中,也多次出现太谷商人的身影。阳邑村为清末民初"太谷四镇"之一,"村大户繁",⑤ 净信寺位于该村南隅,自唐开元元年(713)始建以来,历代多有修葺。据现存寺内碑刻数据显示,清代的修缮次数较为密集。清代的重修多达 9 次,商人以独立身份 4 次参与其中,且布施商号数量在此 4 次中逐年增多。参与道光六年(1826)净信寺重修的太谷商人数量为清代历次重修最多,占捐银总人数的 66%(参见表 8 – 4)。该次重修,共有分布于京、津、冀、内蒙古、陕、甘、宁、晋、豫、辽、吉、赣等地区的,共 1660 户太谷商人参与其中,共捐银 10147 两 2 钱 8 分;钱 218600 文。⑥ 位于太谷县城西北的借钱庙实为赵襄子祠,据光绪三十三年(1907)《重修古借钱庙碑记》载,此次重修由"本街商户……踊

---

① 道光二十二年《重修大观楼记》,史若民、牛白琳编:《平、祁、太经济社会史料与研究》,山西古籍出版社 2002 年版,第 363 页。
② 据明万历四十三年《太谷县新建古楼碑记》;康熙二十一年《太谷县重修鼓楼记》;道光二十二年《重修大观楼记》;光绪三十三年《太谷重修大观楼记》等碑刻资料统计,史若民、牛白琳编:《平、祁、太经济社会史料与研究》,山西古籍出版社 2002 年版,第 361、362、363、372 页。
③ 明万历四十三年《太谷县新建古楼碑记》,史若民、牛白琳编:《平、祁、太经济社会史料与研究》,山西古籍出版社 2002 年版,第 361 页。
④ 杨端六编:《清代货币金融史稿》,生活·读书·新知三联书店 1962 年版。
⑤ 光绪二十八年《阳邑大社六义堂碑记》,史若民、牛白琳编:《平、祁、太经济社会史料与研究》,山西古籍出版社 2002 年版,第 475—476 页。
⑥ 据道光六年《重修净信寺碑记》统计,史若民、牛白琳编:《平、祁、太经济社会史料与研究》,山西古籍出版社 2002 年版,第 432—474 页。

跃助资……二千余金"而成，经理人共有孔繁植、王志周、兴泰成、永全吉、宝益盛、保隆堂、义和公、蔚长盛、义顺永、晋萃丰10位，除孔繁植与王志周为富商外，其余均为彼时太谷城内的著名商号。①

表8-4　　　　　清代太谷阳邑净信寺重修布施分类统计

年　代	布施人数（人）	商人及商号数量（家）	商人及商号占总数百分比（％）
康熙二十六年（1687）	516	1	0.2
康熙四十二年（1703）	205	0	0
康熙五十三年（1714）	322	0	0
雍正十三年（1735）	552	3	0.5
乾隆元年（1736）	666	0	0
乾隆十二年（1747）	291	37	12.7
乾隆二十九年（1764）	130	0	0
道光六年（1826）	2514	1660	66

数据来源：据康熙二十六年《重修净信寺碑记》、康熙四十二年《净信寺增建禅室碑》、康熙五十三年《重修净信寺碑记》、雍正十三年《净信寺重修佛店金妆圣像增建社房门亭碑记》、乾隆元年《金妆碑记》、乾隆十二年《阳邑净信寺重建北禅堂院碑记》、乾隆十五年《后续重修北院禅堂碑记》、乾隆二十九年《阳邑西南社新修神阁禅院并开拓口途碑记》、嘉庆十四年《新建仓房碑记》、道光六年《重修净信寺碑记》等碑刻资料统计，史若民、牛白琳编：《平祁太经济社会史料与研究》相关资料统计，山西古籍出版社2002年版，第393—474页。

此外，太谷商人还积极参与村中修缮桥梁的事务。光绪二十八年（1902），太谷城外乌马河资善桥的重修，即由祖籍太谷阳邑村的外地"服官服贾"者，"四方募化"，进而"得金若干"而成。②

2. 赈济灾荒及宗亲救助。在清代的多次灾荒中，除政府积极应对外，商人也是地方赈灾的主要辅助力量。早在明代，即有太谷商人杜宏

---

① 光绪三十三年《重修古借钱庙碑记》，史若民、牛白琳编：《平祁太经济社会史料与研究》，山西古籍出版社2002年版，第379页。

② 史若民、牛白琳编：《平、祁、太经济社会史料与研究》，山西古籍出版社2002年版，第475页。

"（捐）粟黍一千五百石"以"赈济灾民"的记载。① 光绪年间的"丁戊奇荒"，山西受灾极重，平（遥）、祁（县）、太（谷）等县商人纷纷响应政府捐输救灾，仅数月就捐银 12 万多两。山西商人共为灾荒捐银 1455539 两，钱 144855000 余文，杂粮 4783 石。②

  宗族是我国传统社会的重要组成部分，而宗亲关系则是维系我国社会和谐稳定的重要纽带。宗族会对族中无力自养者通过义庄等方式进行救济，而太谷富商家族中的富者亦会对贫者进行周济。如民国《太谷县志》载，太谷贺家堡商人杨怀宽，倡修宗祠，并"施钱三千缗"，除作"祭祀费"外，还作"赡养族中鳏寡孤独"之用。③

二　社会生活与奢侈风气

  随着城镇商业的发展，山西豪商富贾增多，生活开始追求奢靡，于是民风为之一变：太原"少年学业者，崇尚服饰，侈谈应酬，二岁工资不敷一年衣食耗费，无出者揽外事而荒本业"④，"男子不务蓄积，数金之家，尽炫耀于服饰之间……妇人白髻而妖服，不蚕不织而习于砦窳"⑤。介休县"四方商贾辐辏，物务日就奢靡"⑥，且"物价日腾，而婚丧之用或至十倍于昔"⑦。运城"商民相习成风，贫富相耀成俗。乘坚策肥争奢斗靡"⑧。大同"近颇奢侈，其端始于富商嫁娶衣饰一切务期，丽都居阛阓者翕然效之"⑨，且"以浮靡相炫耀"⑩。偏关县"起居服物竞尚华靡，习尚为之一变"⑪。宁武府"比户相耀……被绮罗者几十五六矣"⑫。右玉

---

① 光绪《太谷县志》卷 5《孝义》。
② （清）曾国荃：《曾忠襄公奏议》卷 8《请停止捐输疏》，岳麓书社 2006 年版，第 338—339 页。
③ 民国《太谷县志》卷 5《义行》。
④ 道光《阳曲县志》卷 2《舆地图下》。
⑤ 道光《阳曲县志》卷 2《舆地图下·方产》。
⑥ 乾隆《介休县志》卷 1《序》。
⑦ 嘉庆《介休县志》卷 4《风俗》。
⑧ 乾隆《解州安邑县运城志》卷 2《风俗》。
⑨ 道光《大同县志》卷 8《风俗》。
⑩ 雍正《山西通志》卷 46《风俗》。
⑪ 道光《偏关志》卷上。
⑫ 乾隆《宁武府志》卷 9《风俗》。

县"奢靡相尚"①。平定州"今则渐入奢靡……士民宴饮通宵,丝竹自娱,每岁冬,终夜不绝,至里巷,齐民秉烛夜游,俱不为禁"②,且"习尚奢侈,婚丧宴会及服食用之属,率皆趋华厌朴,为观美富"③。忻州"迩来,俭人奢直趋役,居服竞尚奢靡,礼节多务炫耀"④。太谷县"竞尚奢靡"⑤。汾阳县"俗用侈靡"⑥。高平县"今渐侈靡,竞奇斗巧"⑦。安邑县"习为侈靡"⑧。太平人"尚淳朴,迩来趋华竞靡。……男力田亩,女务纺织"⑨。城镇将丰富多彩的市民生活引入乡村,在一定程度上,逐渐改变了农村封闭单调的传统生活方式。这种情况在清代极为普遍,许多城镇及周边地区往往酒楼茶馆遍布,娱乐场所繁多,不仅白天人涌流动,而且入夜也是热闹纷呈,每逢节日更是如此。晋商作为城镇中最活跃的存在,对城镇中充满商业气息的社会生活产生了重大影响。

以戏曲为例,凡有晋商活动的地方,均能找到梆子戏,凡梆子戏盛行的地方,必是山西商人云集的地方。山西商人与戏曲在经济上的联系表现在以下几个方面:

首先,表现在晋商出资举办梆子戏班。明末清初,随着蒲州梆子向山西中部流布,带动了许多晋商开始投资戏班(又习称娃娃班)。到道光、咸丰年间,戏班普遍兴起,到同治、光绪年间,达到兴盛。文献记载当时平遥、祁县、太谷就有著名的戏班36家。如咸丰九年(1859)榆次聂店富商王钺不惜投资重金创办的"四喜班"。他从苏州购置了全副戏箱,聘请太原著名鼓师宏计儿、琴师杨友庆,诚邀蒲州十多位著名演员加盟。同治七年(1868),祁县商界大亨渠元淦创办的"上下聚梨园"戏班,为壮大戏班的实力,派人到晋南、晋中各县张榜诚邀名角加盟,并

---

① 雍正《朔平府志》卷3《方舆·风俗》。
② 光绪《平定州志》卷5《食货志·风土》。
③ 光绪《平定州志》卷5《食货志·风土》。
④ 乾隆《忻州志》卷2《风俗》。
⑤ 雍正《山西通志》卷46《风俗》。
⑥ 光绪《山西通志》卷99《风土记上》。
⑦ 光绪《山西通志》卷99《风土记上》。
⑧ 乾隆《解州安邑县志》卷2《风俗》。
⑨ 道光《太平县志》卷3《坊里·风俗》。

从苏州购置了全副的上等戏装。①

一些晋商虽未亲自组建戏班，但却出资支持。山西中路梆子著名戏班"小梨园"是徐沟东罗村大富商时成赢于光绪七年（1881）出资兴办的。驰名晋中达24年之久的晋剧名班"锦克园"是太谷城内富商孙家资助，杨成斋出面创办的。光绪十一年（1885），郑三印在太谷韩村创办的晋剧科班"干梨园"是由榆次车辋所属票号"大德川""大德玉""三和源"三家财东资助成立的。光绪年间，平遥尹光禄承办的"大小祝丰园"得到日升昌票商的大力资助。②

其次，表现在对戏曲的传播与引进。城镇作为人口聚集与交通往来便利之通道，聚集了大批商人来此，因此也是戏曲演出最为集中与频繁的地方。但一些偏远山区和贫困乡村缺少戏曲演出活动，因而使有眼光的晋商从盈利的角度出发，带戏班去开辟新的观众群，利用各地在节日举办的各种庙会进行演出活动，所到之处都留下了戏曲文化的烙印。同时，通过在全国各地会馆内的戏台，把山西戏曲剧种艺术散播到更远的地方。像河北梆子、山东梆子、南阳梆子等周边省市的戏曲的唱腔与表演形式至今还刻有山西梆子的印记。在传播本土戏曲文化的同时，晋商积极把异域的戏曲艺术带入山西，促进了本土戏曲的发展和新剧种的诞生。如富商王钺在组建"四喜班"的同时，重金聘请蒲州艺人，促进了中、蒲两路艺人的艺术交流，对中路梆子的完善与发展起了重要的推动作用。使山西成为中国戏曲剧种最为丰富的地区之一。

最后，推动了以太原府为代表的晋中庭院与祠堂剧场的建设。

晋商对戏曲贡献的一个重要方面就是剧场建设，包括其家宅内的庭院剧场，家族共有的祠堂剧场及对公共剧场主要是神庙剧场的支持等。晋商不仅兴建属于"自家"的庭院和祠堂剧场，还大力支持彼时几乎是唯一的公共剧场——神庙剧场。太原府所属县大部分神庙的乐楼、戏楼新建于康乾年间，晋商则是重要的推动者。在清代道光、同治、光绪年间，又普遍出现过一次修缮高潮，特别是这次修缮与改扩建工程投资之巨、规模之大，都是每个庙宇历史上历次修建无法比拟的。

---

① 刘文峰：《山陕商人与梆子戏》，文化艺术出版社1996年版，第63页。
② 刘文峰：《山陕商人与梆子戏》，文化艺术出版社1996年版，第5页。

太原府商人在晋商中占有举足轻重的地位，祁县、太谷、榆次与平遥、介休、汾阳等晋中地区的商人，在晋商中实力最强，特别是首创票号以后，执全国金融之牛耳，至道光、咸丰年间，达到其发展的顶峰。商人对当地社会生活的方方面面都产生了深刻的影响，对戏曲的发展同样起了重要作用。在清代的太原府，晋商对戏曲贡献的一个重要方面就是剧场建设，包括其家宅内的庭院剧场，家族共有的祠堂剧场及对公共剧场主要是神庙剧场的支持。

晋商推动建设的另一类剧场就是祠堂剧场。我国古代社会的大部分时期是不允许普通庶民之家建祠堂的。直到明嘉靖十九年（1540），才由礼部尚书夏言上疏，建议"诏天下臣民建立家庙"，并获嘉靖皇帝批准。晋商的崛起，一般都是经过数代人的相继努力、家族成员的共同帮扶实现。发家后的晋商，既是血缘共同体，更是经济共同体，晋商的生意大部分是家族式的管理与分配，为了追念功劳卓著的祖先，为了增加家族的团结，也为了强化对族人的管理，常常建立祠堂。现在可确考和尚存的商家祠堂剧场有太谷任村贾氏祠堂至诚宫剧场、榆次车辋村北常祠堂剧场和南常祠堂剧场三处。其中至诚宫、南常祠堂均已不存，北常祠堂及其剧场经重修尚保存完好。

现存的许多庙宇的最后面貌就是在此时最终形成。

应该说奢侈之风的盛行，固然有其消极的一面，但也有其积极的意义，早在明代中期，松江人陆楫辑在《蒹葭堂杂著摘抄》一书中就提出"奢能致富"的观点。认为奢侈消费是以经济的繁荣为基础的，能促进工商业和服务业进一步发展，促进商品流通。清代顾公燮在《消夏闲记摘抄》中也说："以吾苏郡而论，洋货、皮货、衣饰、金玉、珠宝、参药诸铺，戏院、游船、酒肆、茶座，如山如林，不知几千万人，有千万人之奢华，既有千万人之生理。若欲变千万人之奢华的反于淳，必将使千万人之生理亦几于绝。此天地间损益流通，不可转移之局也。"

确实，与传统奢侈之风相比，曾经盛行于山西的奢侈风气，不仅与商品经济的高度发达有着直接的联系，而且还具有社会各阶层普遍参与的特征：第一，山西地区奢侈风气的盛行，解决了城市许多人口的劳动就业问题。第二，奢侈之风冲击了封建伦理道德，打破了封建等级观念，人们的精神生活和审美情趣也因此发生了很大变化，向来为道学家们所不齿的市井文艺越来越受到群众的欢迎。第三，奢侈风气的盛行，增加了人们对社会产品的需求，扩大了商品市场，从而刺激了商品生产和流通。

结　　语

从集聚视角看待清代山西商业城镇的发展，我们发现其既体现了中国城市发展的一般共性，又显示出区域性城市的典型个性，并与当代中国城市发展的整体进程息息相关。其所表现出来的传统性与现代性同样是清代中国城市发展的一个历史缩影，可以得出如下结论：

一　清代山西城镇发展水平得到很大提升

商业城镇数量增加。除府治、县治外，由于商品流通和商品生产的发展，一些小城镇逐渐发育成为工商业繁华的商业城市，如张兰镇、荫城镇、西包头镇、碛口镇、丰镇等均在此列。同时，省内形成了一批特征相似的城市：晋中地区的平遥、祁县、太谷是山西票号总号聚集地，其金融特征明显；晋南地区的运城、解州、绛州是围绕河东池盐的生产、运输和销售而发展起来的城市；晋东南地区的长治、凤台、阳城、荫城是以冶铁业和铁器制造业为主的城市；晋北地区的杀虎口、归化城、大同、丰镇则是由于中蒙贸易而发展和繁荣的城市；黄河沿线的西包头、河曲、碛口、永济是以黄河航运业为主的城市。

随着商品经济的发展，城内商业繁荣，人口众多。太原"民居比栉，铺业鳞排"[①]；平遥城内"迩来商贩云集，居奇罗珍增前数十倍"[②]；太谷城内"栋雨云连，阛阓鳞次，民物殷阜，商贾辐辏"[③]；介休"四方商贾

---

① 道光《阳曲县志》卷2《舆地图下》。
② 嘉庆十八年（1813）《重修市楼碑记》，现存放于平遥市楼内。
③ 乾隆《太谷县志》卷1《序》。

辐辏，物务日就奢靡"①；运城"商民辐辏，烟火万家"②；绛州"市廛辐辏，商贾云集"③；杀虎口"商贾络绎"④；归化城"商贾云集，诸货流通"⑤；大同城内商贾云集，"邑之懋迁者太原、忻州之人固多，而邑民之为商者亦不少"⑥；丰镇城内"大街通衢有九，小巷僻路亦数十余条，民房廛舍比栉鳞密"⑦；河曲"百货云集"⑧；碛口"人烟辐辏，货物山积"⑨；永济城内市集频繁，商业繁华，"大市旧在东关……南北牛站巷，东西皆肆店交易者，朝往暮归日率为常"⑩；茅津"市里鳞次，商贾云集……称一邑巨镇"⑪。

二 城市集聚发展特征显著

城市是区域经济活动的中心。城市集聚的重要特征就是经济核心城市的出现，经济核心城市是指在经济区域中居于核心地位、对于区域中其他各类城市在经济上发挥主导作用的城市。著名学者赫希曼（A. O. Hirschman）的不平衡增长理论，以及哈格斯特朗（T. Hagerstrand）的扩散理论，都把城市与区域间各种"力"的消长概括为两种力的作用——"集聚力"和"扩散力"。清代山西乡村的城市化显现出了集聚发展的特点，城市集聚特征明显。

第一，出现核心城市。如运城"为巡盐治所，牢盆聚集，商贾辐辏，往来者莫不道经于其地"⑫。同时，"运治物产盐，为大合两池所出，以供三省所需，美利溥矣，余与解安大略相同。顾商贾聚处，百货骈集珍瑰，

---

① 乾隆《介休县志》卷1《序》。
② 雍正《河东盐法志》卷8《运城》。
③ （清）李燧：《晋游日记》，山西经济出版社2003年版，第85页。
④ 雍正《朔平府志》卷7《赋役·税课》。
⑤ 张正明、薛慧林：《明清晋商资料选编》，山西人民出版社1989年版，第50页。
⑥ 道光《大同县志》卷8《风俗》。
⑦ 光绪《丰镇厅志》。
⑧ 河曲县志编纂委员会编：《河曲县志》卷1《序》，山西人民出版社1989年版，第2页。
⑨ 张正明等主编：《中国晋商研究》，人民出版社2006年版，第177页。
⑩ 光绪《永济县志》卷1《市集》。
⑪ 光绪《平陆县续志》卷下《艺文》。
⑫ 民国《安邑县志续编》卷15《文选下》。

罗列几乎无物不有，是合五方物产，即为运城物产"①。从而使运城吸纳了更多的资金和劳动力，使得运城"五方杂处，富商大贾游客山人骈肩接踵……至安邑缙绅运城居半……是亦晋省一都会也"②。而运城所在安邑县之安邑城"渐形零落，仅成为县政中心，商肆居民不是增益，游观者或消为荒堡"③。

第二，出现城市扩散效应。其突出表现在庙会对集市的替代作用上。庙会是农村集市的一种，但它的交易者和交易商品来源更广泛，交易规模更大，时间更长，会期间隔也更长，多循季节更替而举办。由于庙会具有如上特点，故会上交易商品也更为丰富，如太原府太谷县阳春会，所交易商品种类繁多，琳琅满目；潞安府长子县鲍店会，交易的商品同样包罗万象，且数量巨大。随着农副业产品商品化程度的加深，庙会因其举办周期与农业生产的季节性极为一致的特点而规模扩大，数量激增，从而吸收了农民的大部分农闲产品，集市交易商品则相对匮乏，不能提供农民生产生活所需物品。正如光绪《文水县志》记载："境内无多商贾，平居一箦之微，无从购置，惟恃有庙会，则四方齐集，百货杂陈，民间日用之需，耕获之具，皆取给焉。"④

庙会对集市的替代作用，实质上是核心城市的"扩散力"在起作用。核心城市的扩散功能主要源于核心城市自身结构的优化，科技进步的推动，也由于规模效益的消失，土地价格的上涨，生活费用的攀升，当经济发展到一定阶段，核心城市的扩散是不以人的意志为转移的客观规律。其扩散形式主要有周边式扩散、等级式扩散、跳跃式扩散、点轴式扩散等。虽然事实上经济核心城市的扩散并不单纯采取一种形式，往往呈现为混合式扩散，但近年来特别引人注目的是点轴式扩散形式，即由核心城市沿主要交通干道串珠状向外延伸，从而形成若干扩散轴线或产业密集轴带，反映出交通干道往往是产业经济向外扩散的基本传递手段，它们在形成合理的经济布局、促进经济增长中发挥着极其重要的作用。

---

① 乾隆《解州安邑县运城志》卷2《风俗》。
② 乾隆《解州安邑县运城志》卷2《风俗》。
③ 民国《安邑县志》卷2《城邑考》。
④ 光绪《文水县志》卷3《市集》。

三 初步形成了大中小城镇相结合的多层次城市体系

在清代，山西城市发展史上存在着一个或几个中心城市带动其他中小城市和市镇发展的现象。工商业城市在崛起的过程中，与附近的行政城市关系日益紧密，最终在清代中期以后形成了以运城、长治城市等为中心的，大中小结合、多层次、紧密联系的城市体系。

（一）运城及周边城镇

清代，随着运城池盐的运销，行盐路线沿线的一些城镇逐渐兴起，成为繁荣的商业城镇。绛州，濒临汾水，为池盐北运的必经之路，亦为清代汾水沿岸的重要码头。绛州不仅舟楫畅行，且州城内车马、骆驼络绎不绝，街道两旁车马店、过载店、各类店铺鳞次栉比，且行业齐全，有京货、花行、典当铺、木器行、铁货、六陈行、饭铺等23行，有"小苏州"之称。而绛州属内之城关、南樊、横水、大交4镇，亦为当地商品交易繁荣之所在。其时，南樊镇已成为绛县、曲沃、翼城三县商品集散地，镇内店铺林立，市井繁荣，客商云集。最盛时，仅南樊镇西堡就有72家绸缎店。[1] 永济城，"为秦晋要扼"，西控潼关，俯临黄河[2]，是潞盐入陕的必经之路。清代中叶以来，永济城内市集频繁，商业繁华，"大市旧在东关……南北牛站巷，东西皆肆店交易者，朝往暮归日率为常"[3]。临晋县城，位于潞盐运陕的通道之上，潞盐运陕最要之隘口——吴王渡、夹马口即在其县境内。[4] 彼时，临晋县市集频繁，集期密集，"临有十集，曰西关、七级、樊桥、城西、城子埒、夹马口、卓里、角杯、周吴、宋家庄，今举四集，以既其余。集期有逢六逢七，从一至十，各集各分其期"[5]。茅津镇位于运城东南部，其渡口——茅津渡"与河南陕川之会兴头地方两岸相对，为晋豫通津"[6]，因为"三晋卤商辇运盐斤，

---

[1] 绛县志编纂委员会：《绛县志》卷13《商业·经营体制·私营商业》，陕西人民出版社1997年版，第375页。

[2] （清）李燧：《晋游日记》，山西经济出版社2003年版，第75页。

[3] 光绪《永济县志》卷1《市集》。

[4] 民国《临晋县志》卷1《疆域攷·要隘》。

[5] 乾隆《临晋县志》上篇《市肆篇》。

[6] 中国第一历史档案馆编：《雍正朝汉文朱批奏折汇编》第19册，江苏古籍出版社1986年版，第402页。

尤当孔道",而使得此地"皇华冠盖之络绎仕宦,商旅之辐辏,纷至沓来,不胜纪计"①。清代,茅津镇"市廛麟次,商贾云集⋯⋯称一邑巨镇"②。运城西关村,亦称运城西门外,清以降至民国时期,曾有多家过载盐店开设于此,从事潞盐出场后的存放及往陕西的发运业务,西关村由此而一度成为繁荣的盐运小镇。③ 清代,在晋南地区形成了以运城为中心,包括盐运路线周边的绛州、永济、临晋、茅津渡和运城西关村及其相关集镇在内的城镇,形成了大中小结合、多层次、紧密联系的城市体系。

(二) 凤台、长治及周边城镇

长治城与凤台城分别是位于晋东南地区的潞安府和泽州府的府治所在。因清代当地冶铁业及铁器铸造业非常发达,潞泽地区形成了以长治、凤台两座府城为中心,包括许多中小城镇在内的多层次城市体系。当地所产铁货主要来自泽州府之凤台、阳城,潞安府之荫城,时称三城。此三城为铁货萃聚之区,各省行返铁货之商人络绎不绝。道光年间是泽州冶铁业最为繁盛的时期,凤台县共有熔炉100余座。熟铁炉计100余座。铸铁业共有熔炉400余座④,产量十分巨大。阳城县位于泽州府南部,县城虽"水陆不便,舟车不通"⑤,但丰富的铁矿及铁制品的生产使得当地从事此类生产及贸易的商人较多,并随之带来其他商品的流通。彼时荫城镇内共有铁行30余家,制造铁器之炉300余家。⑥ 此外,潞安府长治县的西火镇,也因铁器制造和贩运业而"居民稠密,商贩络绎"。甚至其附近之荫城、桑梓、桥头等村镇,亦因冶铁业而"居民众多,商贾聚集。"⑦ 泽州府大阳镇原本是一个小村镇,随着当地冶铁业的繁盛,逐渐成为"人烟稠密"的城镇,并且产量巨大,"在欧洲的进口货尚未侵入以

---

① 光绪《平陆县续志》卷下《艺文》。
② 光绪《平陆县续志》卷下《艺文》。
③ 席瑞卿:《运城盐池·晒商·陕岸运商及其它》,载《山西文史资料全编》第六卷,《山西文史资料》编辑部1998年版。
④ 彭泽益:《中国近代手工业史资料》,中华书局1962年版,第143—144页。
⑤ 民国《阳城乡土志》卷2《商务》。
⑥ 彭泽益:《中国近代手工业史资料(第二卷)》,中华书局1962年版,第145页。
⑦ 乾隆二十九年八月初一日山西巡抚和其衷奏,见《宫中档乾隆朝奏折》第22辑,第339页。

前,足有几亿人是从凤台县取得铁的供应的"①。清代潞泽地区的冶铁和铁器制造业十分繁荣,光绪年间隶属潞安府的长治县南乡,有冶铁炉20—30座,每炉每日产铁300—400斤不等,总计每天产铁1万斤左右。②在泽州府属高平县东乡的陈曲河、米山河一带,西乡的香庄河、山后一带,共有铁矿炉156座,每日每炉出铁300—500斤,总计每天产铁7万—8万斤。凡此种种,我们可以知道,清代山西潞泽地区形成了府城、县城、镇、村等大中小相结合、层次分明的冶铁和铁器制造业的城市系统。

四 城乡发展二元特征显著

有西方学者以中世纪欧洲城乡关系为主体与中国城乡社会的二元结构相对比,认为中国传统社会中没有理想类型的城市存在③;城乡只是空间连续的一个整体④。上述观点都认为在中国的传统社会中,城乡是毫无差别的。但这些都是有悖于中国城乡社会关系实际的。清代山西城镇发展,这种结构性对立矛盾越来越尖锐,它具体表现在城市在近代时期迅速由传统向早期现代化转型。现代化与农村基层社会严重脱节。早期现代化从一开始就只能在城乡分裂的空间结构中展开。这种分裂的空间结构使农村被隔离在现代化的进程之外。不但难以享受现代化的初期成果,还必须承担现代化启动的重负。从而在城乡之间产生了现代产业部门与传统产业部门的二元并立现象。城乡在政治、经济、社会和文化方面越来越大的差异,最终导致了城乡之间的全面对立。从而致使城市的扩散效应难以充分发挥作用,城市越发展农村越落后,城乡差异越显著,城乡对立越严重,现代性因子扩散越困难。在这种情况下,农村陷入了严重的衰败与动荡,而农村的衰败与动荡反作用于早期现代化运动,构成了山西城市早期现代化不能健康顺利发展的深层次原因。

---

① 彭泽益:《中国近代手工业史资料(第二卷)》,中华书局1962年版,第139页。
② 彭泽益:《中国近代手工业史资料(第二卷)》,中华书局1962年版,第145页。
③ [德]马克斯·韦伯:《非正当性的支配——城市类型学》,康乐、简惠美译,广西师范大学出版社2005年版,第22—23页。
④ [美]牟复礼:《元末明初时期南京的变迁》,载[美]施坚雅主编《中华帝国晚期的城市》,叶光庭等译,中华书局2000年版,第118—123页。